金融通识课

INTRODUCTION TO FINANCE

金融其实很简单

陈志武 著

湖南文艺出版社
博集天卷

© 中南博集天卷文化传媒有限公司。本书版权受法律保护。未经权利人许可，任何人不得以任何方式使用本书包括正文、插图、封面、版式等任何部分内容，违者将受到法律制裁。

图书在版编目（CIP）数据

金融通识课/陈志武著 .-- 长沙：湖南文艺出版社，2024.4
　　ISBN 978-7-5726-1575-7

Ⅰ．①金… Ⅱ．①陈… Ⅲ．①金融学－通俗读物 Ⅳ．① F830-49

中国国家版本馆 CIP 数据核字（2024）第 059758 号

上架建议：经管·金融

JINRONG TONGSHI KE
金融通识课

著　　　者：陈志武
出 版 人：陈新文
责任编辑：张子霏
监　　制：邢越超
特约策划：李齐章
特约编辑：王　屿
营销支持：李美怡
版式设计：潘雪琴
封面设计：主语设计
内文排版：百朗文化
出　　版：湖南文艺出版社
　　　　　（长沙市雨花区东二环一段 508 号　邮编：410014）
网　　址：www.hnwy.net
印　　刷：三河市中晟雅豪印务有限公司
经　　销：新华书店
开　　本：700 mm×980 mm　1/16
字　　数：410 千字
印　　张：28
版　　次：2024 年 4 月第 1 版
印　　次：2024 年 4 月第 1 次印刷
书　　号：ISBN 978-7-5726-1575-7
定　　价：68.00 元

若有质量问题，请致电质量监督电话：010-59096394
团购电话：010-59320018

目 录

金 融 通 识 课

序　言：金融其实很简单 /001

第一部分
金融无处不在

第 1 章 金融是什么？/003

1.1 金融到底为谁、为何？/003

1.2 左宗棠西征的金融故事 /007

1.3 金融的本质是价值的跨时空交换 /011

延伸阅读 /015

第 2 章 从金融的角度看传统社会 /017

2.1 养子防老：儒家文化是怎么来的？/017

2.2 养子防老：贞节文化的金融逻辑 /021

2.3 我们为什么只认亲子？/025

延伸阅读 /030

第 3 章 儒家与宗祠的历史绩效 /032

3.1 血案引爆"礼法之争"：礼教的根为何这么深？/032

3.2 你家宗祠背后的故事 /036

3.3 儒家文化的历史绩效 /040

延伸阅读 /044

第 4 章 婚姻是爱情还是避险手段？ /046

4.1 "爱情"终于在中国取得胜利？ /046

4.2 干吗把女儿外嫁很远？ /051

4.3 旧社会为什么是卖妻而不是卖夫？ /054

延伸阅读 /058

第 5 章 保险是怎么回事？ /060

5.1 保险产品有哪些？ /060

5.2 前海人寿背后的故事：保险业是怎么起来的？ /061

5.3 保险产品背后的经济学原理 /066

延伸阅读 /070

第 6 章 金融改变社会 /072

6.1 长治久安：金融何以减少犯罪？ /072

6.2 礼尚往来：中国人为什么爱送礼？ /076

6.3 体制改革：日本明治维新的金融故事 /079

延伸阅读 /084

第二部分 借贷

第 7 章 借钱是怎么回事？ /087

7.1 青年人借钱花不好吗？ /087

7.2 借钱花逼你有出息 /092

7.3 消费也是投资：借钱花的逻辑 /095

延伸阅读 /100

第 8 章 借贷关系中的重要变量：利率 /102

8.1 利率是怎么回事？/102

8.2 利率为何居高不下？/106

延伸阅读 /111

第 9 章 借贷是压榨还是便利？ /113

9.1 借贷命案中到底谁打死谁？ /113

9.2 印度免债风暴告诉我们什么？ /116

9.3 金融只是富人俱乐部吗？ /120

延伸阅读 /125

第三部分 现代企业与公司金融

第 10 章 横空出世的公司 /129

10.1 公司：现代世界中富可敌国的实体 /129

10.2 互联网企业的诞生：股票与公司 /134

10.3 公司的本质："一堆法律契约的组合体" /138

延伸阅读 /143

第 11 章 公司在中国 /145

11.1 为什么中国难有百年企业：济宁玉堂酱园的故事 /145

11.2 家族企业：商业联姻值多少？ /150

11.3 洋务运动强国梦："公司"在中国水土不服？ /155

延伸阅读 /160

第 12 章 现代公司的融资方法 /162

12.1 亚马逊的股权融资：烧钱发展成世界首富 /162

12.2 公司融资：债务和股权融资不是一回事 /167

12.3 恒大地产的烦恼：长期债还是短期债？ /171

12.4 公司资产证券化：安然如何表外融资？ /176

延伸阅读 /181

第 13 章 为什么公司要追求上市？ /183

13.1 远大集团：上市还是不上市？ /183

13.2 市值管理：上市不只是敲钟 /187

13.3 为何买壳上市？ /191

13.4 分众传媒回归路：去哪里上市最好？ /195

延伸阅读 /200

第四部分 商业模式的演化

第 14 章 商业模式的选择 /205

14.1 公司什么都做是馅饼还是陷阱？ /205

14.2 为什么发达国家公司在放弃产业多元化经营？/210

14.3 商业模式选择：邵氏兄弟 VS 嘉禾影业 /214

延伸阅读 /219

第 15 章 金融改变商业模式 /221

15.1 公司的边界：常州天合与无锡尚德的不同命运 /221

15.2 控制是金：安邦的商业模式 /226

15.3 金融是发展加速器：通用汽车与福特的故事 /230

延伸阅读 /235

第 16 章 哪个行业更赚钱？ /237

16.1 珍惜资本：如家酒店的故事 /237

16.2 规模制胜：沃尔玛的商业帝国 /241

16.3 公司文化：让员工高兴有啥好处？ /245

延伸阅读 /250

第五部分 投资理财

第 17 章 投资理财的选择 /255

17.1 风险与收益：选择金融产品的两大考量 /255

17.2 家庭如何配置财富——多国家庭资产结构对比的启示 /259

17.3 艺术品投资：从清朝精英资产结构说起 /263

延伸阅读 /268

第 18 章 投资股票的门道 /270

18.1 格力电器（1）：股票市盈率为何有高有低？ /270

18.2 格力电器（2）：公司为啥留这么多现金？ /275

18.3 北辰实业：如何挖掘投资价值？ /279

延伸阅读 /285

第 19 章 价值投资的窍门 /287

19.1 投资风格的选择：热门股票是好股票吗？ /287

19.2 不可忽视的股票流动性 /291

19.3 炒股行为学 /296

延伸阅读 /301

第 20 章 房产投资的教训 /303

20.1 理财教训：美国中产家庭为何财富缩水？ /303

20.2 房价为什么越调控越上涨？ /307

20.3 房产属性：投机炒房好不好？ /312

延伸阅读 /317

第六部分 银行与金融危机

第 21 章 票号与钱庄的兴衰 /321

21.1 钱庄的兴起与民间货币 /321

21.2 票号的兴起 /326

21.3 票号的衰落和教训 /330

延伸阅读 /335

第22章 银行是什么？/337

22.1 晚清银行：金融现代化的起源 /337

22.2 间接融资与直接融资 /342

22.3 金融体系差异：英美为何以资本市场为主？/347

22.4 银行的风险 /351

延伸阅读 /356

第23章 金融业的挑战与发展 /358

23.1 银行为什么会发生危机？/358

23.2 流动性管理：银行为何不宜投资股权和房产？/363

23.3 住房贷款证券化：流动性驱动金融创新 /367

23.4 互联网金融的变与不变 /371

延伸阅读 /377

第24章 金融危机的起因与监管 /379

24.1 银行存款保险的是与非 /379

24.2 2008年金融危机：历史会重演吗？/384

24.3 银行监管的多与少 /389

24.4 银行何以"大而不能倒"？/393

延伸阅读 /399

第25章 中央银行与货币政策 /402

25.1 中央银行是怎么回事？/402

25.2 货币的适度供应与经济增长 /407

25.3 外汇市场与汇率政策 /412

延伸阅读 /418

参考文献 /420

金融通识课

Preface

序言：金融其实很简单

对很多人来说，金融似乎太"高大上"，是一个搞不懂的谜。而对其他人来说，金融只是一门钱的生意，所以是一个很现实、低俗的事，就像孔子在《论语》中说，"君子义以为上""君子义以为质"，也就是君子立身行事应以道义为本，道义价值重于物质利益，不要动不动就谈钱！

那么，金融到底是什么？是为谁、为何？金融难道真的只是"用钱赚钱"的事情，没有道义价值吗？金融的社会意义在哪里呢？对一般人来说，又该怎么学好、用好金融呢？——这些都是这本书要回答的问题，当然还有更多。

从1986年我去耶鲁大学读金融开始，到现在，已经教金融、研究金融并从事一些金融实业32年。这些年里，我一直苦闷的一件事是：找不到一本适合大家学习金融、了解金融全貌的书。大学里关于金融课程的书，尤其是MBA（工商管理硕士）教材，都太侧重技术性，不谈及金融的社会价值，更不教你如何从金融的视角去理解历史、分析文化的起源，而一般的经济学教材又对金融谈得太少。所以，我一直准备写一本这样的书，开一门适合国人学习金融的课，这门课会避免抽象的理论和数学模型，会以通俗的语言讲解金融的逻辑。正好在2017年，喜马拉雅FM找我开一门这样的音频课，于是，就有了这门为期一年的金融课。目前的这本书是基于该课程的前半部分内容,增加了延伸阅读和参考文献。

这本书综合概括了我在过去30余年中对金融的学习与认知。你会学习到,金融的核心任务是要解决人与人之间的跨期价值交换问题。比如,张三今天把10万元借给李四用,同时李四承诺一年后归还其本金并付10%利息,这样,张三牺牲了今天的钱换得了未来的收益,而李四要牺牲未来的收益,但今天可以先用上这10万元钱。还有你可能知道的股票投资、基金、债券、保险等,都是交易双方跨越不同时间点所做的价值交换。尽管金融要解决的问题看似简单,但具体操作起来一点也不简单,应用场景也五花八门,原因在于:这些跨期价值交换涉及人与人之间的跨期承诺(intertemporal commitment),而跨期承诺是人类社会最难解决的挑战!万一李四跑掉了怎么办?或者人不跑,但一年后他有钱却不愿意还,或者没钱了,该怎么办呢?

一旦你从这个角度看待金融了,就能理解,在金融市场出现之前,人类做的很多文化和社会组织创新,目的都是解决跨期承诺的挑战,提升人与人之间跨期交换的安全度。比如,"养子防老"就是一种金融安排,让儿子成为父母防患于未然与养老保障的载体,儿子年幼时父母在其身上投资、供他读书,儿子长大后必须回报父母。所以,父母跟儿子之间也是在做跨期交换。虽然我们不用金融术语来表述这种传统的人格化安排,但其功用实效跟金融产品是一样的。可是,这种养子防老的安排是否靠得住呢?这就需要孝道等"三纲五常"道德伦理去约束儿子的行为,保证他不会"跑路"逃债,这就是为什么儒家对"不孝"历来就是"零容忍"。

因此,在这里你会学习到传统习俗、迷信、宗教,包括爱情、婚姻、家庭、礼尚往来,以及儒家、基督教等文化的背后,其实都含有丰富的金融逻辑。也就是说,许多文化内涵实际上是因为金融市场缺失而产生的,是为了解决本来应该由金融解决的一些问题而来的。当然,这也就意味着,一旦金融市场发达了，许多传统文化内涵就会变得多余，就需要改变。看完这本书，你会理解为什么金融不仅会解放个人、给你带来自由，而且会迫使儒家文化进行转型。

财富是过去，更是未来

当然，这本书的许多章节集中在不同的金融市场和投资理财话题上，让你先了解这些市场，然后学会怎么用金融为你服务。

巴菲特说："如果到四五十岁，你还不能在睡觉的时候也赚钱，你就太失败了！"

他这话说中了要害，刺痛了很多人！但是，你或许还来得及达到这个境界，关键是你首先要搞懂现代金融和现代商业。那么，该如何理解巴菲特的这句话呢？之前在《为什么中国人勤劳而不富有》一书中，我是从过去的体制角度回答为什么中国人勤劳而不富有的问题的，而巴菲特的这句名言告诉你：如果你只是靠月工资，而没有投资，没有财产性收入，那么，你就很难富有！因为资产、股权可以 24 小时赚钱。他讲的是"无产不富"的简单道理。我跟女儿说，年轻时期的重点是培植人力资本、学习知识、积累技能，中年时期的重点是把人力资本转换成金融资本，到 50 岁后就主要靠金融资本的投资回报生活——这也是为什么不管你是学生、老师，还是医生、护士、工程师、官员、文艺工作者，不管你的职业和身份是什么，你都应该学习金融、熟悉金融，了解如何利用金融管理自己的一生，让金融帮你创业，把自己的公司做大、做强，也让金融帮你优化商业模式，实现人生梦想！

勤劳是美德，我们也习惯于因勤劳而自豪。所以，父母和长辈在我们很小的时候就告诉我们：要有一项硬本事，要专注自己的职业，再加以勤劳，你就会富有，就会成功！

但是，现在你知道，即使你是律师、医生、教师或科学家，即使你是职场上的佼佼者，哪怕你一小时收入500元，一周2万元，一年下来总收入104万元。这虽然算高收入，比年薪12万元高多了。但是，按照现在的房地产价格，在北京买一套100平方米的房子，可能需要800万元！因此，百万元的年收入很难说太富有。硬工资可以使你的日子过得好，但是富不起来。

无论你每天、每月的收入是多少，只要是按劳动时间乘以单位时间工资来计算你的收入，你就难以超越小康水平太多。道理在于，你跟别人一样，一天只有24小时，一年只有365天，一辈子工作的时间就几十年。看着钟头苦干，不是致富的理想道路。你还是要有投资收入、财产性收入。

改革开放带来了经济奇迹，现在中国的财富多了。但是，如果你搞不懂为什么财富多了，也搞不懂现在财富的内涵是什么，那些财富照样跟你不沾边。你知道，在没有金融市场的传统社会，财富是一个狭义的东西，只是过去剩余收入的累积、过去资产的集合，所以量少。

但是，如今有了金融市场，财富不再只是过去剩余收入的累积，更重要的是也包括了未来收入的贴现值。也就是说，今天说到的财富是过去收入和未来收入之和。而之所以能够把未来的预期收入也包括在今天可以花、可以再投资的财富里，完全是因为有了资本市场！

马化腾的身价超过2000亿，我知道这些都是天文数字，是过去的中国人难以想象的数量级，也可能跟你我的关系不大。但是，他们的财富不只是过去收入的累计，还是他们公司未来收入的体现。

既然未来的收入能以这种方式变成今天的财富，那么，财富量当然就多了，因为未来几乎是无限的！

可是，也正因为未来是无限的，就提供了太多想象的空间，金融泡沫、资产泡沫、财富泡沫就难以避免，金融危机和由此引发的经济危机时有发生。对你来说，学会正确利用金融帮你做事就非常关键，否则，就容易出现金融市场平时没让你赚钱，危机的时候给你带来一大堆损失的尴尬局面。

你可能会说："马化腾、王健林都是靠创业成为亿万富翁的，金融对他们当然有用。可是，我就喜欢做工程师，今后不会去创业。那金融对我有什么用呢？"对于工薪阶层的你，不仅要有资产，要有金融投资，还要搞懂不同商业模式的差异、运营好自己的投资，其重要性不言自明。就以投资美元为例，如果以1925年年底作为起点，以2014年年底作为终点，假定当初你用1万美元做投资，而且每年的利息和分红都重新投入同样的金融产品中，那么，这89年里，如果你一直把钱投在短期美国国债里，到2014年年底就成了21万美元；而如果你一直投资小公司股票即小盘股，到2014年年底就会有2.7亿美元！所以，不同的投资安排，收益千差万别，风险和其他指标也大为不同。因此不管你从事什么职业，都应该学习金融逻辑知识，把控好财富投资。

这本书带你走进金融世界

如果你还不太了解金融，这本书会带你走进金融。书的第一部分讨论没有金融的传统社会是如何通过文化和社会关系解决跨期价值交换的问题的，包括儒家"孔家店"的起源与发展、礼尚往来文化、迷信与保险的关系。第二部分谈论借贷市场，特别是借钱花的金融逻辑话题，梳理过去对借贷市场的误解。第三、第四部分则围绕公司金融、商业模式的问题，既从公司管理者、创业者，也从投资者的角度，让你学会如何分析、评估各种投资机会。第五部分是关于投资理财的，介绍一些典型的投资类别，包括股市、房地产等。本书的最后一部分与银行有关，银行的起源、经营和监管挑战，为什么金融危机容易发生，中央银行是干啥的，银行监管的逻辑又是什么，等等。

即使你学过金融，从事过金融职业，甚至本身就是金融监管者，你也可能只是熟悉金融的技术性细节，不一定了解你所从事的职业的社会价值。这些年经常有年轻人跟我讲："我在金融行业工作，赚了不少钱，但我觉得没给社会做贡献！"如果是这样，我希望这本书能给大家补一堂金融与社会关系的课，让你借助金融理解风俗、文化与社会的历史演变。在书的内容结构上，我尽量做到各章节相对独立可读，所以，你可以根据兴趣和已有的知识去选择性地阅读。当然，效果最好的方式是从头到尾顺着读。

考虑到中学和大学一般都没有金融通识课程，更没有通俗的金融教材，我希望这本书能作为中学生、大学生的金融入门课。不管你修的专业是什么，本书的内容不会有阅读上的技术难度，会让你掌握到金融的逻辑知识。

现在的你可能是学生，也可能是拥有了一定事业的中年人，或者是已经成功退休、在管理自己投资的人。但不管怎样，每个人都应该了解金融在现代社会中的作用，掌握现代理财和致富模式，让自己有财产性收入。创业是超越小康的路径，但不是唯一的路径，金融投资也可以实现财富梦。

在这里，我要特别感谢刘思源、陈琳、李利明、黄北辰、陈熙、朱悦、张晓鸣、林展、麦晓婷、马驰骋、彭雪梅，他们给本书的写作提供了很多帮助，包括收集素材、编辑和审阅稿件等。也特别感谢喜马拉雅FM团队，尤其是陈小雨、余建军、邱裕明、许长荣、吕燕宜、黄伊达、刘杨，他们给予了我很多支持和建议。

陈志武

2018年3月10日

第一部分
金融无处不在

金融是什么?

从金融的角度看传统社会

儒家与宗祠的历史绩效

婚姻是爱情还是避险手段?

保险是怎么回事?

金融改变社会

Chapter 1

第1章
金融是什么？

>>> 1.1 金融到底为谁、为何？

许多朋友对金融感兴趣，是因为这行当赚钱多。但是许多金融从业者虽然赚钱多，却觉得不踏实，因为自己好像并没有给社会带来具体的价值，没有创造看得见、摸得着的具体东西。特别是碰到金融危机的时候，看到金融动荡冲击社会，内疚感就更不用说了。

那么，今天我想通过三个故事来回答两大问题：一、金融到底是为富人服务的，还是对普通人也很重要，甚至更重要？金融到底是为谁？二、金融对社会的价值到底在哪里？

☛ 故事一：非洲部落没有货币、没有金融，怎么办？

中国至少从商周开始就出现了货币，到现在有各种金融产品。但是在非洲的很多部落，土地是部落公有的，不能买卖，而那些茅屋又不能当成房地产投资品，所以土地和房产都不能成为财富载体。在那里，一直到近代还没有货币，更没有金融产品。那他们怎么生活？靠什么来表现成功、承载财富呢？有的人类学者到坦桑尼亚的一些部落去做研究，发现在那里，山羊和女人是主要的财富载体。

在被研究的部落里，山羊的数量代表拥有者的成功程度，羊越多就代表过去做得越成功，有的男人会有 500 只羊，甚至上千只羊。但这样一来，如果你太成功了，你有相当于 5000 只羊的财富，那会有一个非常实际的问题，就是你怎么让这 5000 只羊不死掉，能够一直活下来？如此庞大的羊群管理起来难度会非常大。

这些部落就衍生出一个更珍贵的财富载体，那就是妻子，就是将妇女作为工具。按照当地风俗，你可以花 100 只山羊娶一个妻子，实际上是买一个妻子。当然，这是平均价格，如果姿色好一些、能干一些，价格会更高。这样一来，如果你有 10 个妻子，那就说明这个男人真的非常成功！

当然，你可能要提出另外一个问题：有了这么多妻子，以后如果需要流动的财富，需要钱去买生活用品、买吃的，怎么办呢？只要妻子交易市场还非常活跃的话，你就可以把妻子变现，差不多可以按照原价卖出去。

你当初花了 100 只羊买过来的妻子，过一段时间，差不多也可以按照 100 只羊的价格卖掉。这 100 只羊可以继续用来交换生活用品。

从这个故事里你看到，在非洲没有货币、没有金融市场的社会里，他们找到的财富载体是山羊和女人。把女人作为产品、作为金融工具，让女人帮助他们保值，甚至如果女人有姿色的话，还可以有一些升值空间。当然，有了金融以后，情况就不同了，人就被解放了，特别是妇女被解放了。

☛ 故事二：中国妻妾买卖的历史

2004 年，我和彭凯翔、袁为鹏合作，收集明清以来的民间借贷交易的信息，包括借贷双方的身份、财产和家庭背景，还有借贷金额和利率，等等。一次偶然的机会，我在翻看徽州一个家族十八九世纪的商业账簿时，发现其中有一项是花 7 两银子买了个女婢，这笔开支不仅被记在当年的出入账上，还被记录在家族企业的资产表里。我很震惊，以前只在小说里看过的故事，竟然真实存在，而且还把人当作资产放在负债表里！

后来，我就跟彭教授说，我们来系统收集过去把人进行工具化交易的历史数据。结果我们发现，在十八九世纪的清朝抄家档案记录里，也都把女婢、家奴定了价格，一般每人 10 两银子，跟那些腐败官员的土地房产、金银古董等一同算在家产总额里。

另外，在清朝刑部题本档案里，我们也找到了将近 4000 笔妻妾买卖的交易细节，都是因为妻妾买卖交易打死人的案件。我们发现清朝时期的妻妾平均价格为每人 20 两银子。

那么，为什么会把妻妾进行买卖呢？什么时候会卖妻妾、女儿呢？我们发现，发生灾荒，一家人活不下去了，是卖妻妾的主要时期和原因，就是所谓的"卖一口，救十口"！所以，我们发现，在没有金融市场的社会里，普通老百姓是最没办法应对风险挑战的，他们最容易活不下去，最终就把妇女作为工具，尤其作为避险工具。金融其实首先是为普通老百姓服务的，让老百姓能够过得像个人，而不是被当成工具用！

故事三：张维迎的发现

北京大学教授张维迎，是陕北农村人，他老家在黄河边上。每次黄河发大水，退潮之后，黄河边上都会留下很多大块大块的煤炭，村民们就会冲到河边去抢这些煤炭。

当然，在很多个世纪以前，村民们自发形成了一些规则，因为大家都想要这些煤炭，但是如果一直无序地抢，就会引发很多冲突。当地人确定的规则是：只要你把你自己的东西，不管是草帽、衣服还是麻袋，放在哪一块煤炭上，哪一块煤炭就是属于你的，别人不可以去碰。

20 世纪 90 年代，张维迎去英国留学，他在英国发现，那里海边的村民也有类似的确定产权的规则。每次在大风、暴雨之后，海水退潮时，海滩上也会留下很多有价值的木块或者其他东西。为了减少冲突，当地的英国人也是用自己的物品去放在这些东西上，只要你把自己的东西放在一块木块上，那块木块就是属于你的，别人不可以去碰！

这些现象使张维迎教授非常纳闷，他的老家陕北跟英国相隔十万八千里，在没有经过相互交流、相互探讨的情况下，陕北老家的人跟英国人为什么会推演出类似的产权规则呢？这跟金融有什么关系呢？

张维迎教授的故事告诉我们，其实，人类面对的生存环境非常相似，这是共同人性的反馈。也正是因为这些共性，更让我们相信，驱动人类不同社会、不同文化发展的背后因素，肯定有其共同的逻辑。这就是为什么我会用金融的逻辑解读文明的变迁，解读我们中华文化背后的驱动因素。

要点：

1. 在没有货币的社会里，人会被当作财富的载体，而不是有自由选择权利的人。非洲部落的案例说明了这一点。
2. 从清朝中国的女婢、家奴以及妻妾买卖的历史我们可以看到，如果没有方方面面的金融市场，人尤其是妇女会被当作保险资产、投资资产来用。从这个意义上我们看到了金融的社会价值：金融不只是为富人，也不只是为政府、为企业提供帮助的，实际上它对普通人的意义更大，特别是对女性的解放至关重要。

思考题：

- 今天讲的故事好像离你很远。那么，根据你的生活经历和观察，在当下的中国，有哪些事情是因为金融市场不发达，继续把人作为工具，尤其是作为避险工具而发生的？

>>> 1.2 左宗棠西征的金融故事

之前我们了解到了金融对个人，尤其对解放个人的重要性。但实际上，金融对于拯救王朝同样重要，我们也可以用金融的视角去重新梳理历史。

就以历史上的湘军为例。晚清时期，湘军影响力非凡，特别是19世纪中期西北回民起义爆发后，左宗棠从1866年开始，率领湘军，用了14年时间，先镇压陕甘回民起义，之后剑锋西指，收复西域新疆全境。但是，你可能不知道，如果左宗棠不是在战争融资上进行了创新，他的西征要么难以进行，要么会失败。因为如果没有金融支持，他可能发不了军饷，或者军饷一时有一时无，而没有军饷，就无法得到他需要的军心。如果没有军心，战争的胜利从何谈起？

那么，左宗棠做了什么金融创新呢？

清朝战争军费的故事

不管是古代还是现代，对任何国家来说，正常税赋收入都有固定的用途安排，改变起来阻力很大，就像现在要财政部改变存量开支比登天还难一样。而战争、内乱何时发生，战争持续多久，以及需要多少军费开支，等等，这些都是没法事先确定的，会很随机。所以，为战争融资一直是王朝最头疼的事情，就像旧社会的灾荒、瘟疫事件让普通家庭很痛苦一样。

在清朝，突发战争带来的开支主要通过以下几种方式获得：

一是平时积累的财富。朝廷和地方督抚都尽量多存银子，以防后患——这个办法的有效性很低，因为清朝政府没有多少剩余收入，存不了多少财富，而且我们今后会学到，存钱难以规避未来的风险。

二是靠卖官位。正常情况下都是卖虚职，比如，翰林待诏、候选官等。只有到万不得已的时候才会卖实权职位，像知州、知县之类的。卖官收入有多重要呢？在鸦片战争的那三年里，卖官收入占各省战争支出的23%。鸦片战争后的10年，中央和地方的财政赤字中，有46%靠卖官收入弥补。

我们现代人对卖官似乎很不能理解，但在当时没有金融市场的背景下，一旦碰到涉及国家存亡的战争，卖官位是没有办法的办法。这跟旧社会里一到灾荒发生时一些家庭卖妻妾求生存一样，只是政府在活不下去的时候没有妻妾或女儿可卖，但可以卖官位，或者放弃疆域领土。从这个意义上来讲，清朝如果有发达的金融市场，可能就不需要卖官了。

三是靠协饷制度解决战争军费。也就是财政收入的跨省调配。由于不是每个省都能自行负担本省的军事支出，它们需要富裕省份的协助，而且也不是每个省都同时要应付战争，所以，没有战争的省份要去支持处于战争之中的省份。比如，西部省份的财政收入少但军费开支高，它们往往是收协省份，接收邻近富裕省份的财政盈余。因此，山西、山东与河南成为陕西和甘肃的主要协助省份。四川、云南、贵州则主要接收来自江西、湖南、湖北的协助。

在康乾盛世时期，甚至到19世纪上半期，这个体系的运行还不是问题。可是，1851年至1864年的太平天国起义涉及众多省份，大大冲击了既有的战争开支体系。一方面，卖官位以前是户部的特权，省级层面即使卖也是在本省辖区内卖，但是在太平天国起义期间这个规矩开始混乱，安徽的皖军跑到湖南长沙去卖官位、搞皖捐等等。结果，1867年，当时的湖南巡抚刘崐向朝廷抱怨，要求安徽从湖南撤回它们的捐局，而安徽巡抚英翰也不示弱，向朝廷诉说苦难。最后，同治皇帝下令维持现状，可以跨区域卖官！这就打乱阵脚了。另一方面，协饷支持也迟迟不能到款，因为各省都要面对经费挑战！

☙ 左宗棠的金融创新

1866年，左宗棠调任陕甘总督，带领湘军接手镇压陕甘回民起义。他的军费挑战有多大呢？我们可以看看，左宗棠在1873年成功平定陕甘回民起义之后，提交给皇帝的《恳改拨的饷以固军心折》，他在回顾自1866年以

第1章
金融是什么？

来军费不足的困扰时，说"前此一年尚发两月满饷，嗣后一年发一月满饷，至今则一月满饷尚无可发，军心不问可知"。

接下来，左宗棠筹备进一步西进收复新疆，提出800万两银子的年度西征军费预算。朝廷对此极为重视，向为西征军提供协饷的各省、海关发出指令，限期将所欠协饷尽数解交甘肃前线。但是，无论朝廷的措辞多强硬，都不能缓解西征经费的困境。

怎么办呢？西征军未来虽有协饷等收入，但这些未来收入总是拖欠，也很不稳定。那么，这些未来收入怎样才能转变成今天能花的钱呢？而且同样重要的一点是，军饷不稳定，左宗棠就无法稳住七八万军人的心。

也就是说，如果能把未来的收入一次性借到今天，那么，不仅军费会大增，而且军心也会很稳定。

但问题是，如何借？找谁借呢？在中国历史上，早在两千多年前的齐国，也为战争融资过。管子说服齐王向殷实之家借钱，可是，战争胜利之后，齐王却赖账了。所以，后来没有人相信朝廷的承诺了，中国就一直没有发展出国债或公债市场。

如果左宗棠是明末崇祯皇帝的武将，那他的西征胜利前景就难说了！好在他是在晚清，上海金融市场已经有了一定规模，尤其是洋行，融资能力很强。胡雪岩是左宗棠的好朋友，跟当时的上海金融界人士非常熟，认识当时的汇丰银行老板，也知道现代金融市场怎么运作。虽然已到晚清，朝廷内外对借钱花依旧完全不认同、不接受，但经费困局是实实在在的。除非清廷不再西征，放弃西域，否则就无其他办法。

在胡雪岩的帮助下，左宗棠选择了"华洋借款"融资。1875年借洋款249万两，1877年分两次从汇丰银行共借800万两，1878年再借350万两，等等。年息最低10%，最高18%，比当时中国民间借贷普遍为20%以上的年息要低不少，而且借钱金额之大也是那时国内华商市场难以承受的。

有了这些借款后，左宗棠停止卖官。金融结束了持续多个朝代的陋习。

1874—1880年，西征军费总开支5100万两银子，其中2000多万两是通过"华洋借款"得到的，"华洋借款"是军费开支的第二大来源。由此我们看到，如果不是通过"透支未来"借钱花，左宗棠收复新疆的历史也许会完全不同。

在国际、国内动荡导致财政能力偏弱的情况下，左宗棠利用金融市场，以未来协饷收入、关税做抵押，向华商、外国银行借款，为西北战事提供稳定军饷，稳住了几万大军的军心，保证了清王朝对西北边疆的控制与治理。

要　点：

1. 中国从齐王借款打仗以后，基本停止靠借贷解决战争开支的做法。这不仅使金融市场难以发展，而且使处于财政挑战下的王朝难以生存。
2. 左宗棠在军费压力之下，选择了"透支未来"的债务融资，放弃卖官，为他的西征历史功绩奠定了基础。他的金融创新虽然在今天看来很简单，却开了靠金融为战争融资的历史先河。

思考题：

- 从左宗棠的故事，我们看到金融不只是一堆工具，还可以给我们提供分析框架、思维方式，让我们换个角度去思考历史。根据这个新视角，你能对哪些中国历史事件做新的解读呢？
- 如果当时一位清朝的大臣提出如下论点攻击左宗棠：现在欠下的钱将来是一定要还的，与其将来支付利息，还不如当下提高税收，借债的是政府，负担的肯定还是老百姓。掌握了金融思维（理解时间、流动性的价值等）的你，将会做出什么样的回答呢？（有兴趣的朋友可以查阅"厘金"的历史，将两个故事对比来看可能收获会更大。）

>>> 1.3 金融的本质是价值的跨时空交换

说到金融，你会先想到什么呢？相信很多人会想到赚钱多。钱，也就是货币。货币是人类最早的金融产品，也是我们每天接触最多的金融品种，它在我们的生活中如此常见，以至于我们很少注意到它的存在。今天你把做好的衣服或者做好的饭菜卖掉，换成100块人民币，把你创造的价值储存在货币中，明天或者一年后拿这100块钱去买一张火车票。在这个过程中，货币是价值载体，帮你把价值跨越时间并储存起来。尽管你没想到，你是在跟货币发行方，即中国人民银行或者说中央银行做跨越时间的价值交换，但你也相信中央银行不会在你持有人民币期间乱印钞票，也不会对发行的货币赖账，等等。信任与货币政策的话题我们后面再谈。

除了货币，你可能还熟悉很多其他的金融产品，借贷、股票、基金、债券、期货、期权等。如果你还不熟悉这些东西，也不用急，我会慢慢介绍。

◐ 金融是什么？

我们可以根据上面谈到的货币先对"金融是什么"做个回答，然后，再一一举例解释。说到底，金融就是跨期价值交换，就是在双方之间进行的跨越时间的交易。所有的跨期价值交换都是金融，都是金融要解决的问题。一般商品市场都是现货交易，你去菜市场买菜，一手交钱，一手交货，这是现货交易，不存在跨期交割和由此带来的一系列信用与违约问题。但金融市场则完全不同，交易是跨越不同时间的。你一定要记住金融的这一本质，离开这一点就很难理解金融交易为什么容易产生泡沫、容易带来金融危机，也就很难理解我们现在要讲到的各项内容。

刚才说到，货币是一种跨期价值载体，它可以把你今天赚到的收入保留到未来，然后，在未来任何时候，你都可以将其变现成你想要的东西。但是，一张百元人民币只是跨期价值载体，并没有利息回报，还有贬值的风险。

借贷则不同，它也是跨期价值交换，但会有利息回报。张三今天赚到 1 万元，花不完，若以 100 张百元人民币的形式保留下来，不会有利息，怎么办呢？李四今天的钱不够花，但一年后会有 5 万元的收入。那么，这个时候，张三显然可以把 1 万元借给李四，只要李四保证一年后还本，并支付 10% 的利息，一共 1.1 万元。就这样，张三把今天的 1 万元转移到一年后持有，而且还有了 1000 元的利息回报；李四则把一年后的 1.1 万元转移到今天花，当然他要为此付出 1000 元的利息成本。这是最经典的跨期价值配置、跨期价值交换。

股票投资也是跨期价值交换。你从上海证券交易所买了 1 万元宝钢股票，等于宝钢跟你做了跨期交易：你把今天的 1 万元交给宝钢去使用，宝钢对你的 1 万元有完全的投资决策权、使用权，如果宝钢做的投资和经营赚钱了，他们可以给你分红，也可以不分红把利润留下来继续投资经营，但宝钢给你的保证是，你在未来要么以分红得到回报，要么以股价升值得到回报，或者既有分红又有股价升值回报。当然，如果宝钢经营得不好，那么，你可能会有损失，甚至血本无归。在这里，你跟宝钢之间也是在进行今天和未来之间的价值交换，只是这种跨期交易跟借贷、债券不一样。作为跨期交易载体的股票，其回报是非常不确定的，风险高得多，并且没有保证。比如，李四在借钱时会保证 10% 的利息回报，但宝钢不会做这种承诺，甚至即使有这样的承诺，也不一定会真正支付，而且即使是宝钢赚到了很多钱，它可以给你分红，也可以只分红一点或者不分红，宝钢有这种选择权，你不高兴也没法去起诉它。这就是为什么在今后的课程里你会学到，虽然借贷市场和银行很难发展壮大，但各国都有一些民间借贷市场和银行，因为比起借贷市场，股票市场要难得多，对制度的要求要高出很多很多，世界上没有几个国家有真正好的股票市场。

☜ 保险是不同的跨期交易

另一类你可能也熟悉的金融产品是保险，有医疗险、财产险、人寿保险等，这些细节我们今后再谈，保险也是跨期价值交换，只是它们不是简

第 1 章
金融是什么？

单的两个时间点之间的价值互换。就以健康险为例，你今天交付1000元钱保费购买一年的医疗保险，相当于你付出了1000元钱（今天的价值），那么，未来一年里，如果你生病看医生、吃药、动手术、住院，保险公司要帮你付这些费用，这样你在未来就会得到收益。而保险公司的情况跟你是反过来的：它今天得到你的1000元钱，但未来要付出。保险跟借贷、股票交易不同的是：如果未来一年里你不生病、不吃药、不住院，那么，你未来就得不到回报，保险公司也不需要支付。也就是说，保险类金融产品的跨期价值交换是有条件的，取决于作为标的的风险事件，也就是你生病。如果风险事件未来会发生，就有支付，否则就没有支付。有时候，我们把保险看作风险事件驱动型的金融产品。正因为保险交易的支付条件取决于风险事件是否发生，其交易的模糊性、不确定性就比股票等金融交易要低很多，契约的可执行度比较高，因此保险业比股市更容易发展。

在人类发展史上，不同社会、不同民族尝试发明了各种各样的金融产品，或者说涉及跨期价值交换的金融契约。从理论上讲，我们可以把任何未来时间点或不同的风险事件作为基础来设计金融契约，进行交易，但真正存活下来、留传下来的金融品种不是很多，比如上面说到的货币、借贷、股票、保险和债券。之所以金融产品的可能性无穷无尽，但实际活下来的不多，就是因为许多金融契约的可执行性太低，理论上有吸引力但实际上不可行。比如，你和我之间可以签订一个跨期交易契约，也可以在金融市场上推出一款金融合同，约定：如果一年后的今天，某地方下雨，那么，我作为这个契约的买方得到100万元，你作为卖方要付出100万；而如果一年后的今天，某地方天晴，那么，你作为卖方得到100万，我付出100万元。这个金融契约听起来很简单，概念容易理解，也很普遍，但可执行性差，是缺乏交易性的金融产品。原因很简单，就是一年以后，我们不能够确切地知道月球上到底是下雨了、天晴了还是既没下雨又不天晴。这种金融品种可以设计出来，但在具体执行中操作难度很大，受技术条件和制度环境的限制太多。所以，人类历史上类似于这样的金融产品，即使能够想象、设计出来，也没法活下来，因为人们是不会愿意去买或者卖这种产品，也不会去相信这种跨期交易的。

所以，金融创新不只是书面上的活动，还必须考虑到技术尤其是信息技术、信息制度环境以及其他制度环境因素。当然，虽然活下来的金融种类有限，但还是有很多，而且每一种类里，五花八门的金融产品也有很多。比如，就股票而言，国内的 A 股上市公司就有 3000 多家，公募基金接近 4000 只，新三板上市公司近万家；就债券而言，累计发行数量上万只；如果走出中国，这些数量就更大了。

要点：

1. 货币是人类最早、最基本、最普遍的金融品种，是跨越时间的价值载体，是货币使用人跟发行方（一般为中央银行）之间的跨期交易，是货币发行方做的跨期价值承诺。
2. 金融的本质是跨期价值交换，所有跨期价值互换的活动都是金融，都是金融所要解决的问题。借贷是交易双方的跨期价值互换，股票和保险等其他金融产品也是如此。这是我们理解金融的好处和难处的起点，是金融区别于一般商品交易的原因，也是把握金融实质的关键点。
3. 人类可以创新的金融品种无穷无尽，但并非所有可以想象到并设计出的金融产品都可执行，一项新金融产品是否具有可交易性或可执行性，取决于当下的技术，尤其是信息技术条件、信息制度环境以及其他制度环境。

思考题：

- 货币为什么是特殊的金融品种？为什么会是最早出现的金融创新？
- 为什么金融是跨期价值交换？你能找到不是跨期价值交换的金融产品吗？
- 有哪些金融契约是可以设计但无法执行的？举三个例子。

延伸阅读
Extended Reading

金融通识课

"金融"是什么？这个词注定是我们在读这本书时最关心的一个词，但我们似乎还不太明白它的内涵和外延，更别说它的本质了！如果在生活中谈起这个词，扑面而来的是金融危机、证券公司、A股市场等关联词语，或者对于金融行业有着"赚钱多、忽悠人、工作累、极端理性"等一系列的标签印象。同时，人关心价值比关心本质更强烈的天性，往往会使我们急于下一个判断——这玩意危险、不要碰，或者不是我们普通人玩得起的。

抛开一切价值评判，金融就是一种工具，但在社会生活中，它是一种如此重要的工具，影响着千千万万的人，因此受到的争议也很大。它像科学一样，既可能带给人解放，也可能带给人懒惰；它像知识一样，既可以丰富人的精神，也可能助长人的骄傲。金融是跨期交易的工具，它直接带来的是金钱、风险与流动性在买家与卖家、现在和未来之间的重新分配。钱流向股票市场，它可能流向一家伟大的创业公司，用来购买设备、引进人才，最终的发展带来整个行业的革命，但也可能被"挂羊头，卖狗肉"的公司拿去挥霍一空。风险也是如此，旨在减少风险的金融工具可能会在实际使用中适得其反：减少风险的合约反过来诱使投机者的胆子变大，在实际效果上放大了风险。金融和任何工具一样，既可以成事，也可以坏事。

金融产品看似千差万别，但本质都是跨期交易的工具，这就决定了金融的基石在于信任，同时也就牵涉到公开透明的信息披露、公正健全的司法制度和信守承诺的社会习惯。因此金融发展的呼声总是和健全民主法治的呼声相伴随，但在每个国家的政治发展进程中，这都可能遇到赞同与反对的声音。信任的背面就是风险，过度信任（或者说盲目）反而会造成信任在整个社会的崩塌。

从数千年前村落里的跨期交换到现代人的借贷买房，从个人应该如何规划自己的投资到国家发债减税的选择问题，金融始终伴随着我们。对于任何与己关系重大的事物，我们都不应该回避它——我们应该看明白它。

Chapter 2
第 2 章
从金融的角度看传统社会

>>> 2.1 养子防老：儒家文化是怎么来的？

我们都知道，现代金融主要是在近现代才发展起来的，比如现在有养老保险等金融产品。那么，在传统社会，老百姓靠什么规避风险、安身立命呢？孔子、孟子为什么要推行儒家文化体系呢？

我们先来看前段时间的一个热门故事：

深圳人张勇，61岁，已经退休在家，10年前，为了让独生女儿到美国留学，他们夫妇把唯一的财产——房子卖了，等于把未来的养老金都用来供女儿留学了。如今，女儿不仅留在了美国，还和美国男友结婚了。于是这一年来，张勇一直在做女儿的工作，劝她回国，甚至拿"断绝父女关系"要挟她，但效果不大，女儿还是不肯回。这让张勇觉得，他这辈子做出的最错误的决定就是送女儿到国外上学。

你怎么看这个故事呢？这个故事的内容很丰富，张勇完全不用这么被动，他女儿本来也可以有更多的选择空间。这些维度我们在这一章里慢慢谈，现在我们首先看到，这是典型的"养子防老"安排。张勇生了女儿，在过去的二十几年里不断地在女儿身上投资，甚至10年前把唯一的财产也卖了，投资在女儿身上，他指望的当然是女儿今后能帮他养老。也就是说，过去不停地投资，是为了今后从女儿的身上得到回报，这是经典的跨期价值交换，用今天的钱换取未来的收益。

可是，女儿违约了！或者，按儒家的说法，就是"不孝"了！这个故事既点出了儒家文化的核心出发点与终极目的，也点出了儒家文化今天面对的挑战。这一节和后面的部分章节，我们就集中从金融逻辑角度来谈儒家文化。

☯ "养子防老"是儒家文化的出发点

我们之前讲到金融是跨期价值交换，是未来跟今天或者未来不同点之间的价值交换。正因为不管是古代人，还是现代人，都会面临生老病死的状况，都有跟其他人做跨期交换的需求。但问题在于，一旦涉及跨期承诺，信任就是核心。如果没有信任，违约赖账的概率太高，就没人愿意参与跨期价值交换了。这就是张勇后悔自己10年前送女儿去留学的意思。

那为什么张勇之前愿意在女儿身上做这种投资呢？因为他是按照中国的传统在做，却忘记中国社会已经变了。

中国原来没有金融市场，也就是说，虽然古代有刑法与司法框架，但在涉及商业尤其是陌生人之间跨期交易的领域，没有相关法律规范。所以，中国人过去没法靠外部法律环境进行跨期交换。

那他们怎么办呢？儒家的答案是：靠血缘构建信任体系，并辅以相配的"仁义礼智信"行为规范，包括孝道、妇道等，通过这些把"养子防老"的违约——"不孝"概率降到最低，甚至降到零。也就是说，张勇就是学着前人的做法，依赖"养子"来"防老"，先生儿育女，供孩子读书，花尽钱财保证孩子有出息，以便将来得到高回报，就像买股票、买基金、买保险一样。可是，他的错误在于，他忽视了"养子防老"所需要的儒家文化体系已经变了。没有这套文化体系，违约风险就会大大提高，这是你要记住的。

2500多年前，孔子也看到了张勇的痛苦。当时，孔子身处春秋战国时期，看到没完没了的战争与社会动荡，他认为，之所以会有周天子权力被诸侯夺取，诸侯权力又被大夫夺取这种动荡的局面，问题出在社会关系的日益混乱上。没有社会秩序怎么可能有社会稳定呢？

他提出两个核心概念：一是"正名"；二是"仁"。

"正名"的意思是，每个人都明确他自己的特定名分，并履行与自己名分相对应的职责，也就是"君君、臣臣、父父、子子"。只要父亲清楚自己是父亲并做父亲该做的事，儿子明白自己是儿子并做儿子该做的事，把每个名分所对应的"该做的事"定义清楚，比如妇女"在家从父，出嫁从夫，夫死从子"，那么，正如每个男人既是别人的儿子又是别人的父亲，在整个社会中，每个人从生到死都有他固定的名分，根据名分而固定的等级秩序就毫不含糊，该做的事也就不含糊了！

一旦每个人的地位和义务关系基于名分固定下来，父亲对子女有养育义务，子女对父亲有孝敬义务，就形成了整个社会的"养子防老"跨期交易链条，生老病死的保障就有了。如果完全以金融工具的视角来看，子女就是古代社会里的"保险""债务""股票""基金"等载体，是人格化的跨期交易载体。

"三纲五常"的价值

为了使名分等级秩序能运行，避免"养子防老"安排中出现太多违约情况，"不孝"必须是不能容忍的，个人自由是不可接受的。所以，孔子认为每个人都必须修身养性，提高个人道德素质，使儒家的行为规范深深地内化到每个人的心里，达到"仁"的境界。这样，任何时候你只要违背儒家规则，就会感到无地自容！深深的内疚感是儒家思想能够管用的主要原因。

为了达到"仁"，就必须遵守从"君为臣纲，父为子纲，夫为妻纲"的"三纲"中推衍出的"礼"和"义、智、信"。只有在日常生活和社会仪式中处处遵循"礼"，一个人才可能达到"仁"和"义"的境界！在孔子和孟子看来，礼是实现"三纲"名分等级秩序和"五常"社会契约的关键。

历代儒家学者在孔孟的基础上，对儒家规范不断进行细化，包括通过具体的财产制度进行巩固。比如，在土地私有制下，一家最年长的男性是土地的拥有者和控制者，只要他还活着，他就掌握着土地的分配权；子女的婚姻也必须由长辈安排、决定，因为婚姻不是年轻人自己的事，而是全家甚至整个家族的共同利益，婚姻自由当然是不可能的。按这个制度看，张勇的女儿也违反了这一点。甚至在餐桌上，也要按照名分等级秩序用餐，长者先动筷子，晚辈后吃。实际上，儒家名分等级秩序是传统中国社会的资源配置体系，更是跨期价值交换体系。

所以，"三纲五常"是实现"养子防老"的规则体系，是用来降低人与人之间跨期交易违约概率的。原因在于，它使个人"不孝"的主观成本很高。当然，前提是子女都接受并内化了儒家的价值体系。而在张勇的故事中，他忽视了这一点，还以为"养子防老"依然行得通，却忘记了对他女儿而言，儒家体系未必管用。

你可以看到，传统社会没有个人自由是完全能理解的，因为自由选择和"养子防老"是不能兼容的。如果子女有选择的自由，不遵循"孝道"规则，不按照"父母在，不远游"行事，父母怎么敢指望子女来养老呢？如果不能靠子女养老，防患于未然，同时又没有金融市场，那么，父母长辈们怎么会有安全感，社会怎么能稳定呢？学习完这堂课，你会对传统社会没有自由多几分理解，也会更想了解现代金融市场！

要 点：

1. 跨期价值交换是人类社会的自然需要。古代也有这些需要，但没有支持跨期交换的信任基础设施，所以，社会发展出了自己的文化体系，以降低跨期交换的违约概率，降低交易成本。
2. 儒家文化就是一个例子。儒家的"三纲"把社会按照名分等级结构化，"五常"是围绕"三纲"建立的行为规范。"三纲五常"使"养子防老"可行。
3. 在没有金融市场的社会，只能靠抑制个人自由达到跨期风险交易的目的，生存比自由更加重要。但是，有了金融市场后，这种文化体系的价值就不复存在了。

思考题：

● 回头看，"五四运动"时期知识分子呼唤自由，但没有认识到自由需要一些基础，尤其是金融市场这个基础。为什么那个时期的知识分子没有认识到这些？

>>> 2.2 养子防老：贞节文化的金融逻辑

不久前，一位父亲对10岁的女儿说："一个男人要变得高贵，不太容易，他要有成功的事业、要有尊贵的地位、要有足够的钱财、要有良好的学识和修养……一个女孩要变得高贵则十分简单——她并不一定要有公主的身份、豪门的背景、华丽的服饰、贵族的教育……她只需做好一件事，那就是像花蕾一样把自己严严地包裹起来。"

这位父亲的意思就一个：女人要守住贞节！

奇怪的是：贞节为什么只针对女性，而不针对男性呢？如果说传统中国社会总强调"饿死事小，失节事大""离了贞节，社会崩溃"，那么，今天的社会似乎不再守节，但也没崩溃，这是为什么呢？从金融的角度来看，我们能发现什么样的逻辑呢？

历史上的贞节故事

从西汉的《列女传》开始，特别是宋朝程朱理学之后，以儒家思想治国的朝代都推崇各种烈女、节妇故事，树立榜样，不断强化贞节文化。比如，明清时期，《内训》《古今列女传》《闺范》《温氏母训》等书都宣传贞节观念，让贞节观在民间根深蒂固。

明朝不仅推崇守节，还要求殉节。

在皇家，宫人殉死是当时的一大特色。而上行下效，民间的殉节之风也盛极一时。当时通州有个林氏，17岁出嫁，3年后丈夫病故，林氏想绝食而死，但不便跟公婆说，便开始每天假装喝水吃饭，5天后终于身体不支，昏倒在地，到那时她才向婆婆表示自己想随丈夫而去。婆婆劝说她为了孩子也要活下去，谁知她心意已决，让家人不要将孩子抱来，并强撑着身体到丈夫的灵堂前躺下，就这样饿了21天后终于魂归黄泉。

到了清朝，1656年，清世祖亲自编纂了《内则衍义》，在《守贞章》中提出"守身为女子第一义"，在《殉节章》中提出"妇为夫死，古之大经"，这两句话成为清朝妇女第一要则。康熙年间，蓝鼎元写了一本《女学》，说到女子"可贫可贱，可死可亡，而身不可辱"，又说女子应从一而终，夫死守节，遭到强暴只有以死明志。

除了出书宣传和谕旨规范，为了让妇女"守节"，古代中国还有一系列的制度与习俗。比如"旌表节妇烈女"，从汉朝开始就有这种做法。只是在宋、元以前，妇女守节、殉节的现象并不常见，再嫁、改嫁的行为相当普遍。据历史学者考证，宋朝以前官方表彰的节妇烈女总数为357人，宋朝

212人，元朝324人。明朝洪武元年，明太祖朱元璋下诏令旌表节妇，规定：凡民间寡妇，三十岁以前夫亡守志，五十岁以后仍不改嫁的人，要旌表门闾，还免除本家差役。结果，明朝节妇烈女达到6586人。

到了清朝，历代皇帝就更是一个比一个看重贞节观念，把旌表标准不断下调。雍正帝上位不久，1723年谕旨规定："节妇年逾四十而身故，计其守节已逾十五载以上者，亦应酌量旌奖。"将贞节牌坊的标准，由明朝的守节至少20年缩短到15年。后来，道光帝在1824年，同治帝在1871年，分别把旌表标准缩短至10年和6年。结果，清朝旌表的节妇烈女数达到历史新高：78 073人。几乎到处是贞节牌坊了！这一数字足以说明清朝把妇女贞节放在了非常高的位置。

贞节观使"养子防老"体系可靠

那么，为什么历史上各朝如此看重女性贞节呢？

特别是不管是在守节、殉节的过程中，还是在得到朝廷旌表后，当事人（妇女）都只付出了代价、做出了牺牲，却不能得到任何好处。按照现代人的视角，这似乎是一场"没有赢家的牺牲"。

按照这一文化体系的逻辑，旌表是做给活人看的，用意是通过具体的榜样，尤其是通过官方到处树立的贞节牌坊，让周边老百姓随时随地都可以看到这家那家有过节妇或烈女，不断提醒人们贞节的重要性！

对节妇烈女大力表彰的另一面，就是那些不节烈者的处境越来越恶劣。从宋朝至明清，不仅官府，民间对"失贞"女性的惩罚也非常严厉，轻者被赶出族门，重者会被沉潭、火烧甚至凌迟处死。

贞节之所以是针对女性而不是男性的，一方面是男权社会所致，但更重要的是女性会怀孕生子，而男性不能。男性如果出轨，私生子或许可以通过某种方式纳入宗法体系之中（比如纳妾）；可如果女性跟别人有了性关系，会引起家族对于她所生育的所有子嗣的怀疑。丈夫一旦对自己的妻子到底怀的是谁的小孩产生怀疑，那么一开始就不会愿意抚养妻子生的小孩，小孩长大了也有可能不情愿孝敬母亲的丈夫。如果这种怀疑成为社会的普遍现象，那么，老百姓就没有兴趣或热情在"养子防老"的体系中做投资，也越来越不相信这个体系的可靠性了，整个社会对未来的安全感就会大大下降！

所以，你看到了，在没有金融市场的传统社会里，"养子防老"成了主要的跨期交换、规避风险的体系。"父为子纲，夫为妻纲"是儒家用来保证这个体系安全的方式，这个方式定位在父与子的血缘关系上，血亲是"孝道"等各种名分和义务的唯一界定。因此，如果妇女不贞节，整个儒家大厦的根基和建立其上的跨期交换体系就会动摇。这是万万使不得的事情！但这是以抑制、牺牲女性的自由权利为前提的。

当然，之所以今天对贞节不再重视，或者说今天的夫妻关系中，对另一方的忠贞要求已基本实现男女平等，主要是因为我们的跨期交易需要不再完全靠女性了，而是由金融市场取代，也因为信任关系逐步由外部契约建立，不再完全靠血缘决定了。

要 点：

1. 坚守贞节观念是"养子防老"体系衍生出的规范之一。跨期交易对信任的要求太高，因为交易跨越的时间越长，就越需要防范对方"逃跑"、违约。由于"你是谁的儿子"这一点是天生的、不能改变的，所以，只要儿子是亲生的，他就跑也跑不掉，再辅以"三纲五常"，人们就更放心了！

2. 之所以贞节只针对妇女，是因为只有女性会怀孕生子，所以她的忠贞就至关重要，这是"养子防老"体系的基础。

3. 从这个视角来看，"三从四德"则是用于维护名分与贞节等一系列制度的重要补充。而随着金融市场的建立与整个社会结构的变化，在古代看似合理的习俗与规范在今日就不再适用了。

思考题：

- 今天在中国，从农村到县城，到地级市，到省会城市，对"养子防老"的依赖度显然呈递减的趋势。那么，这些地方的女性是否更加独立自由一些呢？
- 如果你了解一下其他社会的文化，你是否会发现对女性贞节要求的程度，跟那个社会原来对"养子防老"的依赖度成正相关？请举个例子。
- "养子防老"社会必然会有"多子多福"的观念，因为原来小孩的死亡概率高，儿子越多，养老越有保障。一旦金融市场发展了，生老病死保障手段多了，生育率会怎样变化？

>>> 2.3 我们为什么只认亲子？

我们思考一下，为什么中国人只认亲儿子，不会接受一个和自己没有血缘关系的人？我知道各个社会都有这个倾向，这是人的本性，也是多数动物的本性。这跟金融又有什么关系呢？

从 1994 年开始，我差不多每年都带全家人回湖南老家，经过长沙时常住华天大酒店，几乎每次都会见到来自美国和欧洲等地的一对对夫妻，他们高高兴兴地带着刚在湖南领养到的儿童，一般是 1 岁左右的女孩。根据全球跨国领养机构统计，2005 年外国人从中国领养了约 1.5 万名儿童，绝大多数是女孩，2014 年下降到 2800 人。1999 年到 2016 年，有 7.8 万儿童被外国人领养，其中将近 7 万名由美国人领养。

每次看到这些场景，我都会想很多。为什么中国人就喜欢儿子，而抛弃女儿？这些西方夫妻为什么会领养女儿，而且是领养跟自己既不为同一种族又没有血缘关系的小孩？他们图的是什么呢？对我们这些只认亲子的中国人来说，这事怎么也想不通呀！

⌒ 我女儿朋友的故事

我知道你会关心这些被领养的中国孩子的生活。我的两个女儿都在美国出生、长大，她们上幼儿园和小学的时候，都有很好的朋友是从中国领养过来的孤儿。其中，有一位叫卡罗琳的女孩来自河南，1994 年出生，她跟我女儿非常亲近，几乎无话不谈。她的白人养母美林是单身，从来没结过婚。美林是资深律师，每天花很多时间陪女儿玩，接送她上学；晚上带她去上钢琴课、画画课，让她全面发展；周末又送她去上中文学校，参加华人活动，让她不忘自己的文化；等等。卡罗琳的成长环境真是很好，上的学校也是美国一流的，这些都是她的河南老家无法提供的，也是遗弃她的亲生父母力不能及的。

随着卡罗琳的成长，她慢慢知道了美林不是她的亲生母亲，因为她明显看出自己不是白人。渐渐地，她变得心思很重，也问我女儿："我的亲生父母为什么要抛弃我？我到底有什么不好？"

美林跟她保证："我肯定会带你回河南，让你见到亲生父母。"就这样，卡罗琳一方面渴望见到亲生父母，想要亲自听到答案；另一方面又担心自己会不会在见到亲生父母后不想回到美国。如果那样，爱她多年、与她相依为命的养母会怎么想、怎么生活呢？与此同时，养母美林也在担心同样的问题："万一卡罗琳不想回来了怎么办呢？"

于是，在长达两年的时间里，美林安排了母女俩一起看心理医生，每周见医生两次，通过把心里话讲出来增加沟通，加强双方的理解，让彼此都放心。

从我亲身经历的这个真实故事可以看到，虽然美林跟她女儿没有血缘关系，但这丝毫不影响她对卡罗琳的关爱，她仍全身心地投入在卡罗琳的成长和健康上。这么多年里，她为了让女儿不忘记自己是中国人，不仅请中文老师教她们母女俩中文来感受中国文化，还做了我们中国养父母不可能做的事：带她寻找亲生父母，帮助实现卡罗琳的愿望！中国人在领养孩子后，会尽量不让孩子与生父母来往，尽量割断他们之间的联系，美林却反其道而行之。这只能说明在美林的心目中，血缘从来就不是一个重要因素，正因为她爱女儿，所以对女儿的愿望很尊重，即使要花费很多看心理医生的费用、冒一些风险，她也愿意。

卡罗琳跟她养母的经历不是个案，许多调查研究也发现这是美国夫妇领养中国孩子后的普遍现象。2002年1月，一对美国白人夫妇领养的女孩凯丽，在长到5岁时患上了致命的"再生障碍性贫血"，需要做骨髓移植。这对夫妇在美国找不到合适的骨髓，从医学上来讲，凯丽亲人的骨髓或是中国人的骨髓最有可能与之相配。于是，这对夫妇携女儿于那年2月来到凯丽的老家湖南，在长沙、常德寻找女孩的生父母，并寻求中华骨髓库的帮助，真如大海捞针，最后无功而返。2003年，这对夫妇终于在中国其他地方为小凯丽找到了配型成功的骨髓。

还是"养子防老"体系惹的祸

故事讲这么多，为什么西方人不像我们那样只认亲子呢？关键还是在于"养子防老"是不是我们预防未来生老病死风险需要的唯一安排，是否有外部金融市场或者其他超越血缘的跨期交换体系供我们选择。跟他人进行跨期价值交换的最大挑战是信任，是对方是否违约、跑路的问题。而血缘关系最大的便利是其不可变性，你是谁的子女，从出生后就永远不能改变，这个永恒性就是最靠得住的，给跨期契约提供了所需要的便利。

其他关系就不同了，可变性太大。比如，在中国传统社会里，有喝血酒结拜成兄弟等，这些契约关系都是可变的，而那些同盟会、同乡会、行会就更加靠不住了。

所以，不只是在中国，即使在全球范围内，也大致可以看到，金融市场越不发达的传统社会，对亲子的排他性认同就越重。相反，在金融市场发达的社会里，对亲子关系的认同就不是那么绝对。

比如，对我女儿朋友的妈妈美林而言，她自己有钱，也有养老金、保险等各种安排把她一生的经济需要都解决好了，她用不着指望卡罗琳将来给她任何经济回报，所以，领养卡罗琳之后，她需要的是跟女儿有真正深入的感情。而感情只能通过平等交流、无私关爱、尊重对方的感受来建立。这就是为什么美林会想方设法为女儿考虑安排各种事情。

相比之下，我们中国人会认为，只要你是我女儿，你就必然爱我、跟我亲近，我也必然爱你，但会看淡平等交流、相互尊重对感情深化所起的作用。这也是为什么我们熟悉的中国场景是父亲对子女的威严和不交流，而美国家庭里子女甚至可以直呼父母的名字，强调平等关系。

"养子防老"体系的需要使我们将血缘这种自然关系看得如此至高无上，给每个人的"血缘至上"心理暗示如此之强，以至于即使从来没交往过，但只要知道谁是你亲戚，你就会跟他格外亲近；而另一方面，即使一家人养育、关爱了你几十年，一旦哪天你得知他们不是你的亲生父母，你也会毫不犹豫地抛弃他们。

一个社会越是以人为金融工具、避险工具，就越依赖血缘这种原始的因素。家庭固然是生活中很重要的部分，但在外面的世界中，也可能会有特别合得来的朋友。相比于古代世界，现代社会将血缘关系从跨期交易中解放了出来，生活也变得更加广阔。

要点：

1. 我们之所以只认亲子、只认血亲，根源在于血缘关系是天生的，不可变的。这种永恒性是人与人之间跨期价值交换所需要的，是"养子防老"体系所依赖的信用基础，以确定性对抗不确定性。

2. 在美国发生的一些故事给我们这样的启示：随着金融市场的发展，人类可以走出"血缘至上"的传统价值观，不再只认先天血缘，而会更重视后天交流。那样，不仅仅孤儿会有更多人领养，而且人际关系也会少功利、多友爱。

思考题：

- 我们这里强调的不是亲子关系不好，亲子关系当然重要；而是说，我们不应该排斥血缘之外的关系，不应该只认血亲，拒绝没有血缘关系的人。想一想，如果你给非血亲的孩子同样多的时间、同样多的关爱，并且看着他从小长大成人，如果你不给自己心理暗示"他不是我血亲，他不是我血亲"，难道不会培养出同样深的感情和信任吗？越是原始的社会，就越是只认血亲这种自然的东西，就越不相信后天培养的关系。

延伸阅读
Extended Reading

金融通识课

在本章中，我们集中探讨了儒家体系。不过很多同学可能会不理解，为什么能把复杂的儒家体系归纳成跨期交换呢？为什么能抽象出这么一个跨期交易体系，然后将"贞节文化""三纲五常"都解释成这个体系的一个环节呢？

这其实是用经济学的眼光去理解社会现实的结果。我们知道不同的社会科学所面临的对象都是社会、人性，只是使用不同的视角来达成一种不同于日常眼光的、更为深刻的理解。经济学更加关注人生活中的生产、交换、分配、消费等环节，面对不同的选择，理性的人会评估成本与收益而做出最优的选择。在这个视角下，举一个例子，请客也可以理解成跨期交换。当然你可能会说，请客是出于一种我们"朋友之间不分彼此"的热忱，经济学的视角不是否认这一点，而是点出了这一行为的一种逻辑：你在这次请客的时候会习惯性地认为朋友下次也会请你，而更深一步，这种"朋友之间不分彼此"的热忱，是否也包含了一些经济学的逻辑呢？"彼此"间是你来我往的，我现在对你好，其实也能预期你将来对我好，这样付出就没有白费，感情也不是某个人的一厢情愿。推及家庭或者共有制的创业团队，"不分彼此"的这种统一产权使得我们面对的是相同的激励，因此行动更加一致，就如同抗日时国共统一编制的逻辑。

我们不仅找出了很多社会关系、制度安排、政治关系的经济学根基，还能从这一经济学根基推出更多结论。我们知道产权界定不清晰会导致"公地悲剧"，类似地，当我们把两个不需要配合的部门结合在一起后，产权不清晰会导致每个人都面对相对宽松的预算约束，导致成本增加，这是我们看到很多大公司采购部门开销巨大的原因之一。请客也有类似的倾向（但因为社会关系的复杂性是相反的逻辑），因为希望自己花销多而让对方更高兴，所以来回请客的花销总是比每顿 AA 制的花销要大。

　　总之，用经济学的眼光观察世界，不意味着经济的逻辑是一切的逻辑，经济学家并没有否认自然亲情在亲子关系中的重要性，而只是提供了一种视角，有时候这种视角能看到更加深刻的东西，有时候它与数学结合能清楚明白地把复杂的关系变得简洁。希望你能抱着经济学的眼光来看待这本书，用这本书给你的洞察力观察世界。与本书一同畅游经济学，与经济学一同畅游世界。

Chapter 3

第 3 章
儒家与宗祠的历史绩效

>>> **3.**1 血案引爆"礼法之争":礼教的根为何这么深?

为什么中国社会还是把"礼"看得远高于"法"?这跟我们探究的金融有什么关系?

我们先看前段时间引爆互联网的血案故事。2016年4月的一天,一场血案发生在山东。缘由是债务纠纷,苏女士此前为了维持自己公司的生产,借了100万元高利贷,月利息10%,后来无力偿还。放贷方派10人前往讨债,先是把苏女士和儿子于某监视起来,母子走到哪儿,催债者就跟到哪儿,连吃饭也被跟随、看守。后来,母亲被催债者用下体侮辱、脱鞋捂嘴。而在警察介入了4分钟随即离开之后,纠纷继续。面对无法摆脱的困局,于某选择了持刀反抗,杀死一人、刺伤三人。

儿子为受辱的母亲杀人,被法院判无期徒刑。

判决结果一出,社会舆论轰动,网上舆情一边倒地同情报仇的儿子。高利贷使部分人同情于某的母亲,且多数人还认为儿子为母报仇,符合儒家的

第 3 章
儒家与宗祠的历史绩效

"礼",违法杀人也能谅解。也就是说,人们普遍认为,在这种情况下,礼大于法!

为什么"礼大于法"呢?如果"礼大于法"在古代有它的道理,那么,这个"道理"是什么呢?到今天,这些"道理"是否还成立呢?

◐ "礼大于法"的古代逻辑

之前谈到过,在孔子和孟子看来,"礼"是实现"三纲五常"名分等级秩序的关键,而最为重要的"礼"是儿子对父辈的无条件孝敬、妻子对丈夫的无条件忠贞。换句话说,如果儿子的孝敬是有条件的,可以根据不同情况而打折扣的话,那么,"养子防老"体系下的跨期保障就变得不确定了,父辈就有理由担心老无人养、生老病死无人管了!

如果不坚守"礼"的绝对性,"养子防老"这套儒家安身立命的体系就会散架,老百姓就会失去安全感。一旦人们不能安心生活,社会秩序就会崩溃,暴力与战争又会成为常态。

我们通过两个例子来看是"礼"大还是"法"大的"礼法之争"传统,第一个例子是《列女传》中赵娥的故事,她的故事跟山东于某血案非常相似:

东汉女子赵娥,父亲被恶霸李寿打死。赵娥的三个兄弟都想复仇,但都没做成。后来兄弟三人死于瘟疫。听说赵家的男丁已全死,李寿特别开心,认为不用担心赵氏这个弱女子了。没想到,赵娥悲愤交加,买来一把刀,天天磨刀,准备复仇。

邻里听说她要复仇,都劝她:"你一个纤纤弱女,怎么斗得过那恶霸?不如就此算了吧。"

赵娥说:"杀父之仇,不共戴天!如果大仇不报,我活着还有什么意义?"

终于有一天,赵娥碰见了李寿。一番厮打后,赵娥扑上去用手扼住李寿的咽喉,掐死了李寿,然后,割下他的头颅,去县衙门自首。县令明白事情的来龙去脉后，很钦佩赵娥，但同时感到很为难。按照国法，杀人者死，但按照儒家教义，为父报仇是大孝，"百善孝为先"。怎么办？县令最后做出决定：自己辞官而去，为的就是拒绝受理此案，同时暗示赵娥赶快逃走。

后来，当地高官联名上书朝廷，大意是：考虑到儒家的教诲，且圣朝"以孝道治天下"，请求皇帝法外施恩，赦免这名孝女的死罪。汉灵帝最终下旨，不仅免去了赵娥的死罪，还封她为"孝女""烈女"，以示褒奖。

所以，在汉灵帝看来，当"礼"与"法"发生冲突时，"礼"排在"法"之上。

第二个故事是1907年晚清的最后一次"礼法之争"，当时正在修订《大清新刑律》等法典，争论的一方是以张之洞、劳乃宣为代表的"礼教派"，认为修订新律应"浑道德与法律于一体"，尤其不应偏离中国数千年相传的"礼教民情"；另一方是以沈家本、伍廷芳为代表的"法理派"，主张采用世界通行的法理，以法律精神为第一。

争论焦点之一是"存留养亲"，这是北魏孝文帝开启的制度，意思是：犯人的直系亲属年老应得到关照，但家无其他成年人，且死罪又非十大恶，那么，可以申请缓期执行，流刑可免发遣，徒刑可缓期，将犯人留下照顾老人，老人去世后再实际执行。这是中国古代法律在"养子防老"上的具体体现，也是"礼大于法"的一例。

就这一条，法理派认为，"古无罪人留养之法"，"存留养亲"不编入新刑律草案，"似尚无悖于礼教"。礼教派认为，"存留养亲"是宣扬"仁政"、鼓励孝道的重要方式，不能排除在新律之外。

关于子孙能否对尊长行使正当防卫权的问题，则更是两派争论的焦点，也是"礼"与"法"的冲突最为集中的地方。礼教派认为，"天下无不是之父母"，对父母、祖父母的教训、惩治，子孙最多是"小杖则受，大杖则走"，绝无"正当防卫"之说。法理派则认为，"国家刑法，是君主对于全国人民的一种限制。父杀其子，君主治以不慈之罪；子杀其父，则治以不孝之罪",唯有如此"方为平允",才符合"法律面前人人平等"原则。

可是,双方虽然争论得很激烈,清廷在新刑律后还是附加了五条《暂行章程》,规定:对尊亲有犯不得适用正当防卫,加重卑幼对尊长、妻对夫杀伤害等罪的刑罚,减轻尊长对卑幼、夫对妻杀伤等罪的刑罚等,比如父杀子就未必上刑。最后,还是"礼"胜于"法"。

☯ 今天还是"礼大于法"?

为什么在儒家"礼"的规则里,为父报仇,杀害别人是一种大孝,应该奖励?在擅自杀人挑战法律权威的时候,在"礼"与"法"发生冲突的时候,儒家为何把"礼"排在"法"之上?答案在于我们之前说的:原来没有金融市场,也没有政府福利保障,"养子防老"是全社会的信条。而如果子女对父辈的回报是有条件的,不是绝对的,那么,"养子防老"这种隐性契约就要打折扣了!父辈对子女包括人身的支配权也是为了强化这种契约的神圣性!

从这个意义上来讲,晚清的法理派虽然紧跟现代法学原则,坚持以"法律面前人人平等"为出发点,可是,他们没有认识到,如果中国没有金融市场或者社会保障去替代家、家族这个"养子防老"体系,就很难把"法"摆在"礼"之上。现代法理的执行是需要有金融市场作为基础的,否则,只要"养子防老"还是大多数人面对生老病死挑战的保障,"礼大于法"还会是主流规则。

我们再回到山东血案。在当今中国,我们已经有了方方面面的金融市场,面对生老病死也有多种可选保障方式,那么,为什么人们还是普遍支持于某,认为他应该为母报仇,包括杀死行辱者呢?也就是说,中国已经具备了"法大于礼"的经济条件,但是,由于传统观念的延续,一时间还难以走出"礼大于法"的思维模式。

或许,更多人需要认清儒家礼教背后的逻辑。形成一套文化体系的特定历史条件一旦变化，其价值观念自然会变，只是变化需要时间。

要点：

1. 在儒家学说里，"礼"是儒家名分等级秩序的基石。如果社会普遍不遵守礼，那么这个秩序就不复存在，"养子防老"体系就没有执行的基础。
2. 从东汉赵娥的故事到晚清"礼法之争"，最后都以"礼大于法"终结，道理就在于中国人需要靠这个理念安身立命。而移步这个时代，金融市场越来越发达，"养子防老"不再是城市人的唯一保障。面对以差别为基础的礼制和以平等为基础的法制之间的差异，前者的基础变得薄弱，后者的基础越来越强，社会处于过渡状态之中，山东血案的争议与晚清"礼法之争"有同源之处。

思考题：

- 许多学者说儒家文化博大精深，不只是"三纲五常""孝道"这些内容，也包括欣赏性文化内容。你认为从金融角度理解儒家文化后，儒家文化的核心是什么？也就是说，那些欣赏性文化是否也是"三纲五常"核心的延伸？

>>> 3.2 你家宗祠背后的故事

现在我们来讲一讲你家宗祠背后的故事。你不一定知道，在宋朝以前，普通人家里是没有这些的。

我出生在湖南茶陵，也在那里长大。小时候，有两样东西让我恐惧、厌恶：一个是族里那高高大大、看上去很威严的祠堂，也叫宗祠、宗庙；另一个是各种仪式，这个拜那个拜的。宗祠里房间好多，有共同祭祀的大礼堂，不同级别的处罚间、会议室，还有共同聚餐的大小厅，每年的大小节日以及春秋祭祖，族人会在那里举行正式活动。

还有就是没完没了的规矩，很让人厌烦，大人们叫你如何尊敬这个老人那个长辈，说话声音该怎样把握高低，用词如何根据说话对象而选择，再就是怎样算听话、孝顺等等，好多规矩！说到底，就是要把你的棱角都磨平，变得中规中矩，否则，你就不算合格的成员。

那么，宗祠和仪式规矩到底是为了什么呢？这些东西是如何来的呢？在我们讨论的"养子防老"体系中又有何作用呢？

祠堂与宗族的变迁

我们还是从我的经历谈起。1986年我到耶鲁大学读博士，后来一直在美国工作、生活。在这30年里，一到周六我就看到一家一家的犹太人走路去犹太会堂，既聚会又举行各种礼拜仪式；到周日，就是基督教徒分别去自己的教堂做礼拜，每周中间还有不同的读经聚会；而伊斯兰教徒的活动就更频繁了，他们有清真寺，每天拜功5次，分别为晨拜、晌拜、晡拜、昏拜和宵拜。这些活动日复一日，周复一周，年复一年，从未改变。

多年观察下来，慢慢地，我就想，这些教堂、清真寺，还有每天或者每周的礼拜仪式，对于这些宗教的贡献在哪里呢？为什么这些宗教能够渗透到教徒的生活中，能够千百年地延续下来呢？苦思冥想后我终于明白，这些教堂和清真寺等物理建筑、礼拜仪式非常重要，因为物理建筑把本来无形的宗教信仰和教义变得有形，并能以看得见、摸得着的方式让教徒处处感受到宗教的存在，也提醒教徒：你是我的信徒，我在看着你！然后，再加以每周或每天不断重复的礼拜，周期性地提醒教徒他是谁，他应该遵循什么行为规范，等等。就这样，不管是物理上，还是信仰、教义上，教徒想要忽视自己的宗教都很难！这些宗教就是这样进入信徒的生活的。

相比之下，一直到南宋朱熹之前，儒家文化除了朝廷官方的推动，在普通人的生活中，既没有像教堂这样的物理建筑载体，也没有硬性的周期性仪式给人们不断提示，让儒家规范渗透到你每时每刻的生活中，而是主要靠长辈的口头传述。于是，跟其他主要宗教相比，儒教原先不能完全主导中国社会。甚至跟佛教比，佛教虽然没有周期性的礼拜，但至少有佛庙这样的物理载体，让人们感受到它的客观存在。

朱熹的贡献

那么，宗祠是如何出现的呢？我们今天都知道，宗祠是供奉祖先和祭祀的场所，是宗族的象征和亲戚会聚的地方。宗庙制度最早产生在周代，但上古时代，宗庙为天子、君主专有，连士大夫都不敢建宗庙，老百姓就更不敢了。

宗祠是何时开始"下放"到老百姓阶层的呢？虽然从汉朝开始"独尊儒术"，把儒家思想变成国家意识形态，但是，从汉武帝到南宋的一千多年里，儒教的主要载体还是书籍和口头传述。虽然唐朝开始在各地建孔庙、文庙，但一方面不是很多，离老百姓的生活很远，另一方面也没有做礼拜这样的常规性仪式，所以，影响力有限。

南宋时期朱熹的贡献很大，他推动了三件大事：第一，不管是老百姓还是官员，各家族都要按规矩修祠堂、修家谱；第二，每年至少4次按规定日期祭祖；第三，每次祭祖的着装都要遵循血缘远近按五服确定！

朱熹的这三项创新，使儒家思想不再"高大上"，不再远离老百姓的生活，而是通过宗祠这些物理场所和周期性仪式、家谱，正式把儒家给"物理化"和结构化了，也把所有汉族人都装进了"孔家店"，让你想逃也逃不掉！这也是为什么从许多指标来看，儒家在中国社会的影响是在南宋之后进入全新时期的。朱熹的创新使儒教的活力可以跟其他主要宗教相比，大大提升了儒家的影响力。从这个意义上说，怎样评价朱熹的功劳都不过分！

朱熹等人的贡献到底带来了多大的效果呢？20世纪40年代，潘光旦

第 3 章
儒家与宗祠的历史绩效

对当时的大学生和高中生做过一项调查，发现 2/3 的年轻学生"能不假参考而举曾祖之名"，将近一半的学生"能不假参考而举其高祖之名"！宗祠和仪式能够这样强化宗族的存在！

我们今天熟悉的宗族体系是在南宋时期开始建立的，经历过明朝、清朝甚至民国时期的不断巩固和补充。比如，到清朝时期，广西桂林人陈宏谋于 1723 年考上进士，后在多个省任职巡抚，还做过两江总督和两湖总督。在 18 世纪中期任职江西期间，陈宏谋大举推进宗族体制改革，让族长、宗长掌握规矩制定、规矩执行以及司法权。他的举措大大强化了宗族在江西的势力，巩固并提升了儒家体系的地位。

那么，建立并巩固儒家宗族又有什么用呢？回到我们之前谈到的，宗族是一个内部金融市场，是族人之间进行风险互助、互保的体系，因此，在原来没有外部金融市场的背景下，通过宗祠和仪式巩固宗族体系，等于巩固并强化了这个内部金融市场，让每个中国人有了更多的安全感！看到这些金融逻辑，我终于明白我小时候厌恶的那些宗祠和祭祀仪式原来还有这样的价值！

可惜的是，最近再去湖南老家，一个宗祠都不在了，儒家的物理载体没有了。

要 点：

1. 儒家作为一个强化"养子防老"可执行度的文化体系，在南宋之前一直面对着来自佛教的一些挑战，因为它以口头和书面传述为主，缺乏物理载体和仪式。
2. 儒家体系是很多代人花费两千多年时间，逐步具体化、物理化建立起来的。宗祠、家谱、祭祖仪式就是具体的例子，朱熹的这些创新促进了宗族的发展，使"养子防老"跨期交换变得更加可靠。

> **思考题：**
>
> ● 现在，儒学重新兴起。但宗祠、仪式要么已经消失了，要么难以恢复，尤其人口流动、城市化打破了原来世世代代为邻的格局。怎么办？

>>> 3.3 儒家文化的历史绩效

儒家文化经历了两千多年的建设与发展，对个人的约束又这么多，那么，在实际生活中，儒家文化是否真的有效，基于血缘的宗族体系是否真能带来实际好处呢？

这里，我先给你介绍香港科技大学龚启圣和马驰骋两位学者的研究。通过检索历史档案，他们发现，整个清朝时期，从1644年到1910年，山东107个县农民暴动次数差别很大，南部各县农民暴动最频、次数最多，其次是山东东北角、烟台周边的这些县。而山东中部的县域农民暴动却不多。

同是山东境内的县，为什么差别这么大呢？这跟儒家文化是否有关系呢？如果跟儒家文化有关，那儒家文化又是如何发挥作用的呢？龚教授他们用一个县孔庙数量的多寡来度量儒家文化在当地的影响力。儒家文化影响力越强的地方，会越重视修孔庙，孔庙的数量会越多。他们以此来回答这些问题。

☙ 山东两个县的故事

我们可以具体对比两个县：济南府章丘县与曹州府巨野县。

章丘县地处鲁西平原，位于黄河水患和旱灾高发之地，在清朝遭受灾荒共计107次，远高于全省各县平均数的73次。然而，章丘紧邻全省政治与文化中心——济南，是儒家士绅与文人聚居之地。这里不仅是宋代词人李清照的故乡，在清朝更是儒家文化兴盛之地，共产生了207名举人，修建了孔庙18座。相应地，章丘在整个清朝统治时期发生的农民暴动只有3次。

相比之下，巨野县虽然同处黄河水患之地，但灾荒频率更低，在清朝统治时期共发生87次。但在过去，士绅文人大多逃离此地，文风不兴，整个清朝统治时期仅产生了78名举人，孔庙只有10座。相应地，巨野在清朝统治时期有过30次暴动！值得一提的是，巨野是义和团的前身——大刀会的故乡。在清末水旱灾害频发之际，1897年曾发生震惊中外的"曹州教案"，大刀会围攻教堂，杀害德国传教士能方济和韩理，导致后来德国占领胶州湾，巨野被19世纪末住在山东的西方传教士称为"盗匪之乡"。

对比这两个县，章丘的孔庙数量远多于巨野，受儒家文化的影响也更深，而且清朝统治期间章丘只有3次暴动，巨野却多达30次！

从山东全省的情况来看，如果把清朝的107个县分为两类：儒家文化影响深厚的县，也就是孔庙数量高于平均数的县，以及儒家文化薄弱的县；他们发现，在农业歉收的时候，儒家文化深厚的地区爆发暴动的概率要远低于儒家文化薄弱的地区，要比受儒家文化影响少的县低2/5。

同一场灾荒，不同的反应

那么，从具体的某次灾荒看，山东各县的反应有何不同呢？1855—1867年，黄河改道引发了持续的水灾。黄河以前是流经山东曹州府，南行至江苏滨海入黄海，后来被改为北行，流经山东西北平原，夺东营入海，也就是今天的黄河入海口。改道过程并非一次完成的，而是反复呈"扇形"扫荡了山东鲁西平原。

那次黄河水患波及全省71个县，同时期还有旱灾和虫灾等导致的饥荒，叠加在一起，是整个清朝山东爆发饥荒次数最多的时期，平均每年发生饥荒78次，远高于整个清朝年平均30次的数据。据史料记载，黄河泛滥所至，一片汪洋；远近村落，半露树梢屋脊。

那次水患使山东的暴动达到入清以来的最高峰，平均每年有20次暴动，是清朝山东正常暴动频率的7倍。从地理范围来看，在水患波及的71个县中，有63个县发生了暴动，平均每县4.2次，其中大多位于黄河沿岸的东昌府、曹州府和兖州府。

然而，即便是面对如此严重的灾荒，儒家文化依然发挥了缓解暴动的作用。在这期间，儒家文化深厚的地区平均每县发生暴动2.9次，而儒家文化薄弱地区平均每县暴动4.8次。儒家文化的确使社会秩序更加稳定了！

☯ "孔家店"的历史绩效

那么，儒家文化到底是如何降低暴动倾向的呢？道理在于，儒家花这么多精力推广"三纲五常"，建立那么多宗祠和贞节牌坊，目的在于强化"养子防老"的可靠性，强化家族宗族网络，这样一来，尤其面对灾荒冲击时，宗族内部成员之间互通互助的程度就会更高。也就是说，宗族就相当于一个内部金融市场，隐性互相保险在族内不成问题，在灾荒发生时农民就不会走投无路，不必靠暴力谋生存。

龚教授、马教授他们的研究说明，在缺乏保险和其他金融市场的社会里，儒家文化虽然抑制个人自由、牺牲妇女权利，代价很大，但确实可以使中国人生活得更加安全，减少暴力冲突，使社会更稳定。虽然在今后的课程中，你会陆续学到，这些效果金融市场也可以达到，甚至能更好地达到，但传统社会毕竟不具备发展金融市场的条件。所以，在历史上，儒家文化有过很大的贡献。但是，今后呢？

也有其他学者把中国当今家庭分成两类：一类是"威权性孝道"家庭，父亲总是威严，强调子女的绝对顺从、绝对回报义务，处处遵循礼教；另一类是"相互性孝道"家庭，父辈与子女既遵守辈分关系，又相互尊重、平等交流。结果发现，强调传统威权性孝道的家庭，子女对父母的经济回报更多，跟龚教授他们的研究发现一致；而强调亲情、强调代际地位对等

第 3 章 儒家与宗祠的历史绩效

的相互性孝道家庭，子女对父母的情感性支持更多，在感情上更近。的确，有了金融市场之后，相互性孝道正在成为新的主流，也是社会的发展方向。

要点：

1. 儒家体系对个人约束那么多，也压制社会活力，所带来的实际绩效如何呢？龚启圣等人的研究发现：在清朝统治期间，山东受儒家文化影响深厚的县，即使在灾荒时期，农民暴动的频率也会更低，这在实证上论证了儒家文化对社会稳定的功效。
2. 宗族就像一个内部金融市场，促进族内成员间的跨期保障与互助，而儒家文化能强化这种交换的可靠性，提高交易安全性。

思考题：

- 任何体系都有其内在逻辑、内在一致性。许多人认为，对过去的文化可以专门挑选其好的方面去学习并继承，同时抛弃那些不好的，就像在超市买菜一样，专门挑你喜欢的。你认为这在逻辑上可行吗？

延伸阅读
Extended
Reading

金 融 通 识 课

正如儒家文化，宗族在中国是一个既熟悉又陌生的话题。本章介绍了宗族背后的社会体系——"养子防老"的代际安排与以"三纲五常"为核心的儒家伦理规范。在中国人重视家族的文化脉络与两宋士大夫扩展儒家在民间影响力的努力之下，宗族在传统中国变得越来越重要。宗祠，作为宗族的象征，以物化的形式提醒着人们：同宗同源的人，需要在儒家的生活规范下相互往来、相互帮助。而龚启圣老师等人的经济学研究则用实证证实了宗族的功能（特别是在社会稳定的角度）。

在很多文学与影视作品中我们发现，宗族不仅是一群相互之间认识的亲戚，更有着丰富的社会功能。比如完纳国税、为宗族活动提供经费、"赡族"周济、助学等等。比如《红楼梦》里贾家的私塾，灾荒年间同宗之间的相互周济，这些都离不开"族田义庄"。

族田义庄，起源于北宋范仲淹的"范氏义庄"，他购置田产作为族田，并将族田的收入专门用于赈济族人，在婚丧嫁娶等大事上额外拨费；并且定下一系列规矩来保证族田的独立性，确保田产不被随意处置。这种购置族田的风气逐渐在北宋铺开，并在明代更加普及。

从金融学的角度来看，我们可以把族田理解成有着一系列"未来收入流"的资产。而这一资产由全族融资而得，其最终目的也不仅仅是增加当年的粮食，而是在人与人之间、现在与未来之间进行交换。当它的收入被用于发展族内私塾时，就类似于教育基金：是一项对整个宗族都有重大意义的长期投资，若能从这里走出几位举人或进士，将是全族的大好事。当它的收入被用于赡养老人时，就起到了养老基金的功能——只不过没有规定每个人的缴纳义务，族田的资金多源于自发的捐助。到了商品经济活跃的明朝，族田收入的"资金管理"也变得更加多样，有的用来发放高利贷，有的用来经营工商业。

不管是哪一种族田，收入如何使用，其本质都是通过经济功能来支持社会功能。在某种程度上，这也体现了金融与社会之间的关系。

Chapter 4

第 4 章
婚姻是爱情还是避险手段？

>>> 4.1 "爱情"终于在中国取得胜利？

这一节，我们探讨一下传统婚姻的金融逻辑，看"爱情"是如何开始在中国走向胜利的。在中国的历史上，一直都只有婚姻但鲜有浪漫的爱情，最近几十年才开始变化。

这个话题使我想起脸书[①]创始人马克·扎克伯格，他以千亿美元的身价跻身世界富豪榜。当他2012年娶华裔陈女士为妻的消息传出时，国内许多人，不管男女，都百思不得其解：为什么世界知名富豪会爱一个颜值一般的人并娶之为妻。而且这几年看下来，他确实真心爱她。

实际上，除了扎克伯格的故事，以前也经常听到朋友议论：怎么外国人在娶中国妻子时，就是没有颜值欣赏力呢？

答案还是在经济与金融的缺失：传统中国社会一方面没有解决好温饱问

[①] Facebook，一个社交网络服务网站。

第 4 章
婚姻是爱情还是避险手段？

题，另一方面没有金融市场，所以，婚姻的首要任务是帮助一家老小解决生存问题，通过成家生小孩，规避家族各成员的生老病死风险。也就是说，婚姻决定"养子防老"体系是否成功。结姻亲可能是人类第二个靠谱的建立跨期信任的办法，仅次于血缘关系，两人承诺白头到老就是一种跨长时期的保证。这也是为什么在中国的历史上，一方面把围绕家和家族的行为规则与关系结构发展得很细，另一方面是把有关婚姻的规则搞得很透。

当婚姻涉及这么多其他人的利益时，它就不可能只是年轻男女自己的事，而必须完全由父母包办，由长者全权把握。这样，相亲的决策者就是两方的父母，而不是年轻的当事男女。他们当然只会用长相、财富、门户这些硬指标来评估，像感情、爱情这样非常个人化的因素就起不到任何作用，因为爱情只对结婚双方有价值，对其他家庭成员未必重要。

徐立新等学者的研究也表明，自由恋爱婚姻会更加和谐，夫妻关系也更好，但妻子未必孝敬父母，家庭收入也要牺牲一点。而父母包办婚姻带来的夫妻关系不一定和谐，但对父母的好处是：妻子更听话、生的小孩更多、对父母更孝敬，而且在父母年老后更会关照老人。所以，哪个模式更好，就看从谁的利益出发了。你怎么看呢？

包办婚姻是"养子防老"体系的延伸和保障，否则，基于"养子防老"的跨期交易安排会崩溃！在社会长期以硬指标决定婚姻以后，人们就只知道用颜值、财富、地位这些标准去评价了，所以才会有人们今天对扎克伯格的不理解。

爱情在哪里？

你可能不认同我的观点。为此，我们可以看看最能代表中国人爱情、婚姻愿景的一首歌——黄梅戏《天仙配》中的《夫妻双双把家还》。这首歌一直被认为是最浪漫的爱情歌，但细看歌词，你会发现，这个"婚姻愿景"基本以利益为多、爱情为少，很现实。最重要的对唱词是这样的："你耕田来我织布，我挑水来你浇园；寒窑虽破能避风雨，夫妻恩爱苦也甜。"首先，

"你耕田来我织布,我挑水来你浇园",这是什么意思呢?是说通过婚姻组成的家,是一个"生产单位",是不同劳动分工的组合,以此来发挥各自的技能特长,使总的产出最大,让生活所需得到最好的供应。所以,传统的家首先是一个生产单位,就像原来计划经济的合作社一样,在"家"这个合作社里,丈夫和妻子分工合作。

其次,"寒窑虽破能避风雨",当然这句话既可以从字面上来理解,就是要有一个物理意义上的家、房子,也可以看到其背后的本质含义,就是"家"是一个跨期风险交易安排,"寒窑"指的是基于家的内部互助体系,"风雨"指的是风险。所以,成家后就能帮助彼此对抗风险,有难共担,包括收入风险、健康风险、养老风险、天灾风险等等。也就是说,"家"是利益交换或风险交易体系。

最后,就是"夫妻恩爱苦也甜",这是"家"的情感功能,给人以精神上、感情上安身立命的基础。

所以,中国传统婚姻和家的定位,包括三方面功能:一是通过婚姻组成作为生产单位的"家";二是将"家"作为互相分摊风险的体系;三是将婚姻和"家"作为情感交流的共同体。在现实中,直到几十年以前,婚姻的前两项功能,即经济功能一直占主导地位,爱情的分量就不用多说了,那是"五四运动"后的事情。

◉ "爱情"在中国终于胜利

我也检索过晚清的《申报》等中文报纸,发现在20世纪之前"爱情"一词只出现过三四次,而且那几次都是"爱"和"情"两个字正好因前后的内容凑在一起的,没有任何浪漫意义的男女之情含义。之前有历史学者辩论说:"不是有汉代以来的牛郎织女爱情故事吗?"但牛郎、织女之所以每年只有七夕才相会,就是因为那只是梦想,真实世界里那样奢侈的梦想很难实现。古代中国肯定有过很多男女爱情故事,但"爱情"一直没有成为社会的主流,只是少数人的奢侈品。所以,在中文报纸里一直没有出现浪漫意义上

第 4 章
婚姻是爱情还是避险手段？

的"爱情"这个词。

一位学者说，他在 20 世纪 20 年代翻译法国浪漫诗时碰到过一个问题：西方人用玫瑰表达浪漫爱情，但中国人对玫瑰没有感觉，那怎么翻译诗歌中的"玫瑰"，才能使中国读者读到这个词时的反应跟西方人读到"玫瑰"时的反应一样呢？很难找到，因为"浪漫"经历在传统中国太少，用不着制造这个词。

许多人说包办婚姻也能出爱情。是会有，但会很少。原来的习俗是，双方父母通过媒婆先谈好各种条款，都认可后，年轻男女才可见一面，有些甚至到娶亲那一天才能见！这跟谈商业交易有何区别？哪里有出现感情的机会？所以，我们的社会只熟悉颜值这样的硬指标。

十几年以前，加州大学阎云翔教授到东北下岬村调研，问当地老年人他们结婚之前的过程叫什么，是不是叫"谈恋爱"？当地人回答说："我们以前把那个过程叫'谈亲家'，到六七十年代叫'找对象'，再到后来就叫'谈恋爱'了。"显然，从"谈亲家"到"找对象"，是一个很大的革命，因为决策主体从双方父母转移到了当事年轻人，感情的空间与分量提升了很多，但还是目的性太明确。到后来，再转变到"谈恋爱"，谈的是恋爱，目的性减弱很多，这才算"爱情"终于胜利了，"爱情"成了婚姻与家庭的主流基础。尽管现实中并非所有的婚姻都能做到这一点，但至少这已经是社会的主流价值取向。

那么，为什么"爱情"在当今中国终于胜利了？基于婚姻的"家"的理想境界也发生了很大变化，"家"的两项经济功能正在快速被市场取代，而婚姻和"家"的情感功能在快速提升。为什么会这样呢？许多人会说是因为观念变了，是中国人更加现代了。但这只是部分原因，甚至是小部分原因。更重要的原因是市场发达了，金融越来越丰富了：一方面，城市化、公司化的发展，使得人们能离开"你耕田来我织布"的生活，走进公司工作，不再需要"家"的生产单位功能；另一方面，人们可以通过金融市场解决跨期价值交换的需要，不再只靠婚姻和家庭求得未来生活的安宁了。

当然，随着婚姻、家庭的经济功能和规避风险的功能逐步被市场取代，爱情在婚姻和家庭中的分量越来越高，这也会导致离婚率上升，同时单身人士的占比也会升高。这些可能都是个人自由、金融发展的代价。但是，这些正是中国人更加看重爱情、看重感情的结果，也是中国人自己的选择权利多了的结果，这并不是坏事。更何况，既然还有那么多人不能理解扎克伯格的婚姻选择，那说明我们的社会对感情、爱情的认识还有许多上升空间！

要点：

1. 在没有金融市场的传统社会里，婚姻不只是年轻男女两个人的事，更是父母和其他族亲的事，每个人的跨期避险利益都在里边。所以，由父母包办婚姻就不奇怪，"谈亲家"就跟谈生意一样，只看双方家庭条件和能力等硬指标。
2. 中国传统婚姻和家的定位，包括三方面：一是通过婚姻组成作为生产单位的"家"；二是将"家"作为互相分摊风险的体系；三是将婚姻和"家"作为情感交流的共同体。市场的发展使前两种功能逐步由市场取代，同时感情的分量在上升。
3. 随着金融市场的进一步发展，"爱情"逐渐走向胜利。

思考题：

- 中国的离婚率在持续上升，单身人口占比也在上升。这些都在重复美国的经历。20世纪70年代初，美国18岁以上的人口中只有大约15%是单身生活，而最近几年上升到了48%，单亲家庭占比也在上升。怎么理解这些？这是爱情的胜利，还是爱情的失败呢？
- 一位女士说："要丈夫干啥？以前需要男人搬煤、拖重东西，现在物流公司这么多，什么都可以送上门；原来需要男人赚钱，我现在比男人赚得多；原来需要丈夫才能生小孩、过性生活，现在呢？"这些想法似乎在以服务业为主的上海、香港更加突出。为什么？

>>> 4.2 干吗把女儿外嫁很远？

这一节，我们来看一个用婚姻规避风险的具体例子，从中你会看到人类是多么聪明，在没有金融市场的时期，会利用所有能用到的工具，包括人和婚姻，去提高生存能力，也让你再次了解到传统社会为什么没有自由。

背景故事是一对印度的农村父母，他们喜欢把女儿外嫁很远，而且如果有几个女儿，他们会分别把女儿往不同的方向嫁很远。

听到这个故事，你可能觉得很奇怪：难道印度父母不像我们那样疼爱自己的女儿？嫁很远，不是很难回娘家看父母、看兄弟姐妹吗？怎么会是这样的呢？在中国，更为流行的是嫁富人，难道印度人不这样？

嫁很远是为了保险

首先，你要理解，原始社会、农耕社会完全是靠天吃饭，一场旱灾、水灾，或者一场瘟疫、蝗灾、地震，都可能导致歉收，让人们活不下去。但是，并非所有地方在同一时期都会遭遇同样的灾害。比如，湖南发大水，江苏不一定会发大水；河南干旱歉收，湖北可能丰收；等等。一般来说，两地的距离越远，同时遭遇同样风险事件冲击的概率就越低。

所以，如果有办法把不同地区的人搞到一起合作，让他们互相保障，在一方出现生存问题的时候，另一方提供帮助，那不就是多赢吗？问题是怎么才能让不同地区的人相互信任，愿意跟外地人进行合作互保呢？

如果有跨地区经营的保险公司，通过保险公司的信用在全国各地区到处卖保险，那么，只要大家都相信保险公司，各地的居民通过参保就能实现跨地区摊平未来风险冲击了！保险公司在其中充当金融中介，提供信用增强服务。

可是，以前没有保险公司。在原始社会时期，游牧部落采取的办法就是在河南出现旱灾时,赶紧带着老少,骑着马和骆驼,往湖北方向迁徙。反正他们没有坛坛罐罐,随时可以流动,而且土地也不分你的、我的,天下为家,没有土地私有的概念。所以,随时流动迁徙是原始人应对灾害冲击的办法。这个办法肯定不理想,但对于有些风险,应该还是可以应付的。也就是说,既然物和资金不能跨地区流动,只要人可以流动,也能对冲一些风险。

可是,到了有固定居所的农耕社会,情况就复杂了。农民有了"家",有了房子和许多坛坛罐罐,搬家成了大工程,所以,全家、全村流动不太可能。更何况,土地都是私有的了,每块地都有主人,你不能走到哪里就在哪里落户了。像在我的湖南老家,如果你不能证明你是从我们村走出去的谁谁谁的儿子、孙子或者几代后裔,那你就不可能在我们村得到一寸歇身之地!这也是为什么北宋在1127年被金兵攻下之后,几百万中原人南逃,跑到哪里就被那里的当地人驱赶。这些人只好躲到没人要的山地安顿下来,并盖起好像碉堡一样的围龙屋,随时防范当地人来攻打!

于是,农业社会的人反而不好办了,既不能通过迁徙来避开风险,又没有保险市场甚至物流市场来对冲风险。印度农村的情况也是如此,他们想出的办法是利用女儿的婚姻,把女儿外嫁得尽可能远,用姻缘在两村之间建立跨期交易所需要的信任,以达到跨地区平摊风险的效果。也就是说,女儿外嫁建立姻缘之后,如果一方亲家出现困难,另一方会给予帮助。两个村之间的距离越远,这种跨村风险保障的效果会越好!印度农村平均女儿外嫁距离在30公里,有的女儿会外嫁到50公里以外。

☙ 什么情况下需要把女儿远嫁呢?

耶鲁大学罗森茨魏希(Rosenzweig)教授在20世纪80年代对印度的研究中有不少发现。第一,越是有女儿外嫁很远的家庭,因在遇到灾害冲击时能得到女儿夫家的支持,其生存问题就越小,保险效果明显。第二,女儿越多,就越可以往多个方向远嫁,效果就越好。第三,灾害风险越高

婚姻是爱情还是避险手段？

的地区，就越会把女儿嫁得很远。第四，有钱家庭就不会把女儿嫁得很远，因为他们的财富可以帮助他们抵御风险。由此，婚姻作为避险工具是非常明显的，且效果显著。

也正因为避险的需要，在印度，迁居异地生活的人口中1/3是因为婚嫁；生活在他乡的妇女中，80%是因为外嫁而迁徙的。而且，正因为女儿的婚姻是为了帮助全家规避未来风险，所以，必须完全由父母包办，到今天依然如此。他们也发现，在经济实力上门当户对是最稳定的婚姻基础，因为如果每一方都从避险角度来看婚姻的话，假使一方很富有，一方贫穷，那么，富有的一方就会觉得吃亏，会觉得在他们未来发生风险时，对方亲家给不了什么帮助，这样的婚姻交易当然不会长久、稳定。

在中国，也有许多类似的分散风险的安排。比如，如果有几个女儿，父母会尽量把女儿嫁给不同职业、不同地方的人，最好一个嫁给医生、一个嫁给工程师、一个嫁给工人、一个嫁给军人等等。在农村，则更是会往不同的村嫁。甚至在城市里，父母也喜欢安排一个儿子去当官、一个去做学者、一个去经商、一个去做军人，这些都是在"大家"内部进行风险配置。试想，如果有丰富、发达的金融市场，做父母的就完全可以通过在金融市场上的跨地区、跨行业投资达到同样的效果，而用不着去委屈儿女，抑制他们个人的兴趣与意愿，去达到自己的需要了。

你可能觉得，用女儿的婚姻来达到全家避险的效果也蛮好的。可是，这是以牺牲女儿的自由权利为代价的。为什么她就不能有婚姻自由，选择跟她喜欢的人过一辈子呢？我们知道，她之所以不能有自由选择的权利，是因为父母没有别的办法来规避未来的风险。

要　点：

1. 在欠缺金融市场的背景下，女儿的婚姻被用来建立跨地区的风险分摊体系，能更好地对冲风险。也正是这个原因，导致包办婚姻成为必然，女儿也没有自由选择的权利。
2. 如果有多个女儿，父母就会把她们分别嫁往不同方向，往远处嫁。由于婚姻是用来规避风险的，两家的财富水平应该门当户对，否则是不稳定的交易。
3. 传统社会的家庭会对儿女做各种不同的安排，而不是由子女自由选择，以便使全家未来的总体风险降到最低。

思考题：

- 今天的中国，包办婚姻的程度还是不低，而且从农村到小城市、大城市，差别很大。原因是什么？
- 你觉得父母和其他亲戚在你的恋爱、婚姻中应该有发言权吗？你为什么会在意？

>>> 4.3 旧社会为什么是卖妻而不是卖夫？

之前，我们讲过两个故事：一个是非洲部落里没有货币，也没有金融工具，他们就用山羊和女人作为财富载体；另一个故事是在旧社会的中国，也没有金融，尤其是没有避险工具，那么，灾荒一到，就有一些人家被逼得活不下去，把妻子或女儿卖掉，用得到的钱让一家人活下来。实际上，最近几年，印度还是有农民因为灾荒或者负债太重，而被迫卖妻求生存的报道。

第 4 章
婚姻是爱情还是避险手段？

讲完这些故事后，有朋友就会问：为什么旧社会家庭总是会把妻子、女儿卖掉，而不是卖掉丈夫、儿子呢？怎么总是女性倒霉呢？

◐ 从交易成本谈起

我们先想象一下，假如是把丈夫张三卖掉，卖给李家的女儿做丈夫，那么，张三过去以后会怎么想呢？根据我小时候看到的那些上门女婿的情况，我知道，张三过去李家以后会非常难受，会一刻也不想老实待着的，会随时想着跑回张家！他会一直认为，自己不应该在李家，而应该在张家。

因为从出生开始，张三的父母和周边的人会不断地跟他讲："你是张家的人，你是张家未来的继承人！你将肩负延续张家香火的重担！将来你要孝敬父母！"就是这样，张三的心里埋下了种子：他活着是张家的人，死了也是张家的鬼！所以，张三被卖给李家以后，永远也不会认同李家，每多待一秒，张三就越发无地自容，失败感、内疚感会占据他的全部身心！一有机会他就会往外跑，跑回张家！

从这个意义上来说，把丈夫卖掉，或者把儿子卖掉，是一个没办法稳定的交易，这个交易不会安全可靠。所以，丈夫、儿子是别人买不起的，也是别人不敢买的！交易成本太高，交易的不确定性太大。

相比之下，如果卖的是妻子、女儿，交易就可以很稳定、很安全。因为女孩从一出生开始，父母和周边的人就会跟她讲，你长大后不会是我们家的，以后你要嫁到别人家，到别人家去生活，帮别人生小孩、建立家庭，等等。从小到大，一个女孩就这样被不断地教育、提示，到最后，她的心里很清楚并且也会告诉自己：她是女人，今后是别人家的人！所以，把妻子、女儿卖给别人，就不会出现太大的交易不确定性，妇女被卖掉做别人的妻子，她不会每时每刻想着逃回娘家，或者想着逃回前夫家！因为她会觉得自己反正不是这家的就是那家的。也就是说，卖妻、卖女的交易会非常安全，交易成本会很低。

文化就是这样发挥作用的。实际上，我们从清朝刑科题本中，也看到过十八九世纪一些儿子被卖掉的交易，而且交易价格比妻妾、女儿的价格要低很多。我乍一看觉得很奇怪，不是谁都想要儿子吗，怎么价格还更低呢？但是，细想下来这些价格很合理，因为男人要不起，不敢买，买了会跑路！

◉ 还是"养子防老"惹的祸

那么，为什么我们的文化会把男人、女人内训成这样呢？孔子之所以说要"修身养性"，就是要把文化的规范内化到你的心里，让你在违反这些文化规范的时候，即使没有被人看到，也没有被人知道，你自己也会感到深深的内疚、无地自容！文化影响人的行为的最好方式是不需要刑法，也不需要别人，你自己就知道错了，自己比别人更着急纠正！

儒家选择的是男性这条线，以"亲子"这条血缘线为主心骨，来安排不同辈分之间的抚养义务和孝敬义务关系，也就是"养子防老"体系。在这个体系中，妇女只是帮助生孩子的配角，要遵循所谓的"夫为妻纲"，"未嫁从父，既嫁从夫，夫死从子"。既然儿子、丈夫是整个"养子防老"体系的主心骨，那肯定从男人出生的那一刻起，长辈就开始不断灌输："你是张家的人，你是张家未来的继承人！你将肩负延续张家香火的重担！"所以，在任何情况下，都不可以卖掉丈夫、儿子。在父系社会里，丈夫是家里所有产权（包括妻子、子女）的所有者，主人当然不会把自己作为资产卖了。而妇女被变卖，则不会是问题。

儒家社会对男性看得有多重呢？清朝从康熙二年（1663年）开始，正式对"一产三男"的妇女进行旌表，规定凡一产三男或男女并产，八旗由礼部具题，直省由该督抚具题。由部题覆行户部，准给米五石、布十匹。也就是说，如果妇女一胎生三个男孩，朝廷就正式奖励大米和布匹。但是，在康熙十三年（1674年）后，如果一胎生多个且不都是儿子，就不予旌表！乾隆时期一共给予785位妇女"一产三男"旌表，每年奖励13位！也因"一产四男"给4位妇女旌表。这样做的目的当然是鼓励老百姓多生儿子，少生女儿！可是，在那时候的技术条件下，奖励能有何用呢？

那么，父系社会、男权社会又是怎么形成的呢？在游牧狩猎的原始社会

婚姻是爱情还是避险手段？

时期，人类几乎都是母系社会，都以女性来定位财产的归属，而且也以一妻多夫为主。可是，就如恩格斯在《家庭、私有制和国家的起源》一书中谈到的，自从人类进入定居农耕时期，不再外出游猎谋生，特别是铁犁使用后，生产活动中男女的优势就变得严重不对称，男人的体力优势突出，由此导致父系男权社会体系的形成。等到孔子、孟子推出儒家文化的时候，中国已经进入定居农耕时期数千年，显然已经是一个男权社会。所以，孔孟基于男性推出"养子防老"儒家文化体系，就不奇怪了。

所以，到最后，还是因为旧社会没有发达的金融市场去应对跨期交换的挑战，才导致灾荒时期卖妻而不是卖夫。

要 点：

1. 儒家"养子防老"体系以男性血亲为基本轴线，男性是整个体系的主人。所以，在面对灾荒危机时，主人不会把自己卖掉，但可以卖掉作为附属品的妻女。
2. 巩固男权体制的方式是要求每个人"修身养性"，把儿子是一家香火的延续人、孝道的轴心载体这些观念内化到每个男性的内心深处。这样，卖丈夫、卖儿子就成了极为不确定的交易；即使有人卖，也没人敢买，交易成本太高。而卖妻妾的交易不确定性比较低。

延伸阅读
Extended Reading

金融通识课

从本章的内容中我们了解到，交易成本会直接影响供求双方的交易能否成功。如果某样商品的交易成本过高，比如买卖男丁，市场的成交量就会萎缩，市场价格也会降低。那么要如何降低交易成本呢？这就是制度经济学所要探讨的内容。

制度经济学的探讨角度主要有两个：第一是经济发展需要什么样的制度机制；第二是如何构建这些必要的制度机制。

那么，什么样的制度才是"好制度"呢？制度经济学判断制度优劣最重要的标准是看它是否有利于国民效用的最大化，而这又反映在市场交易是否足够通畅、市场参与者之间的关系是否平等、市场上的商品是否足够丰富等现象上。总而言之，好制度应促进市场交易的发生与深化。

当然，制度成本不仅仅指在市场交易发生过程中实际要支付的成本，还包括由于制度障碍而根本无法实现的或选择放弃的市场交易（机会成本），这种机会成本包括"本来可深化的市场"（因制度障碍只能半途而废或者勉强发展的市场）。

制度经济学关注的核心是产权保护与合约执行机制。这个听起来似乎很狭窄的主题实际上包括一国制度的方方面面，包括法制、政府权力与制衡结构、司法独立等。比如，不受制约的行政权力可能导致对私人产权与合约权益的侵犯，因此对行政权力的制约问题最终也是一个产权、合约权益的保护问题。产权保护与合约执行机制是经济深化发展的必要前提。如果没有可靠的产权与合约权益保护制度，人们就无法预期从事市场交易、从事投资的结果，不能知道从交易、投资中获得的利益能否属于自己。而经营、交易结果的不确定性将迫使人们停止交易，不愿做出投资，即使他们想进行市场交易，交易成本也可能高得令人望而却步。于是市场发展会停滞不前，经济增长无法持续。

Chapter 5

第 5 章
保险是怎么回事？

>>> **5.**1 保险产品有哪些?

前面我们看到，不管是儒家礼教还是爱情观的发展，人们追求的往往是跨期价值交换的保障。这一章，我们来探讨下和跨期保障关系紧密的保险行业。

保险因人们分散风险的需要而诞生，其起源可能是古埃及石匠的互助基金组织，向每一位成员收取会费以支付个别成员死亡后的丧葬费。这样一来，个人所面对的风险就由整个集体共同承担。由于集体中所有人都在同一时间遇上突发情况的可能性比较低，由互助会成员捐助所构成的资金一般能应对个体的突发需要。

保险产品可以分为社会保险和商业保险两类。社会保险包括养老保险、医疗保险、失业保险、工伤保险和生育保险。商业保险可以分为财产险和人身险两类。在现代社会，社会保险已经成为重要的转移支付手段，成为社会保障公民生计的"安全网"之一。

第 5 章
保险是怎么回事？

中国的保险行业发展迅速，目前总资产规模已经超过 15 万亿元，是世界第二大保险市场，而你能挑选的保险种类也日益丰富，财产险、人寿险、健康险等，由几十家保险公司提供。在我国，进入保险行业需要经过严格的资质审查，也就是获得相应的"保险牌照"。

近年来，互联网公司积极在金融领域布局。腾讯、阿里巴巴等都与相关保险公司联合，或购买自己的保险经营牌照。利用互联网公司所具有的庞大用户基数，实现"推广 + 个人定制"的保险销售。

思考题：

- 回忆你周围常见的保险，它们属于什么种类？你觉得保险对你的生活重要吗？对你身边的人呢？
- 你是否体会到了互联网企业大举进军保险业的趋势？你怎么看待这种"互联网 + 保险"的联合呢？

>>> 5.2 前海人寿背后的故事：保险业是怎么起来的？

前海人寿在过去两年吸引了很多人的关注，老板姚振华跟万科管理层在长期较量后，以姚振华被迫出局而告终。这个故事中的内容很多，我们今后还会再谈，但现在我们关注的是：前海人寿怎么会有这么多钱去不断增持万科的股份？还有安邦保险？怎么都是人寿保险那么有钱，而没有健康险、财产险、灾害险等其他保险公司参与大公司的收购？前海人寿背后的融资故事是什么呢？

保险业务进入中国

那么,保险行业是如何兴起的呢?你可能不知道,保险并非中国本土自生的金融行业,是到19世纪才引入中国的。第一个出现在中国的保险公司是英国的"谏当保安行",于1805年在广州开业,那时候清廷只允许外国人在广州经商,不可以在其他地方居住,所以,那家英国保险公司只好定在广州,专为来往于广州的外国商船提供运输保险。而在中国出现的第一个人寿保险公司是英国的"标准人寿保险公司",是1846年进入的,主要给住在广州、上海等口岸城市的外国人提供人寿保险,本地中国人没人对这些保险感兴趣。

在1805年后的长达60年的时间里,中国境内只有洋行保险公司,没有中国人办的保险公司。第一家中国人自己办的保险公司是"上海义和公司保险行",成立于1865年,经营的是水运保险。在之后的几十年里,更多的保险公司相继成立,但发展很慢。到1949年,也就是84年后,也只有60多家国内保险公司。

中华人民共和国成立后,随即组建了"中国人民保险公司",把全国60多家保险公司都合并其中,随即要求外国保险公司退出中国。但是,1958年后,中国的保险业务基本停顿,尤其是随着国有计划经济的建立,商业保险确实显得多余。1978年改革开放后,保险业才重新启动。

为什么保险业在进入中国后的一个多世纪里发展得那么艰难呢?保险业的经历是否告诉了我们一些关于金融这种"洋务"在中国的一般性规律呢?这种"洋务"在中国是不是"水土不服"呢?

保险业务的文化挑战

按理说,19世纪、20世纪的中国,灾害、战争、政治风云一波接一波,人们对未来的不安全感一刻都没消失过,这些本来应该激发人们对保险业务的需求。可事实并非如此。

保险自19世纪引进中国以来,一直受到文化上的阻力,因为中国人历来不愿意谈论不幸事件，认为那不吉利。比如，如果你是保险销售员，没有人愿意听你说"如果你家发生火灾""如果你明天出车祸"，这些不吉利的话会把别人吓跑，更别谈销售了！尤其是，如果为了卖人寿险而说出"如果你哪天死了……"这样的话，是绝对的大忌呀！

其实，保险进入中国后的遭遇，跟铁路、电报等"洋务"的经历很类似。这些东西和现代金融都是在 19 世纪洋务运动时期进入中国的，进来后都有过可笑的戏剧性经历。这从一个重要的方面告诉我们，为什么金融在中国发展起来很不容易。

铁路是在 1865 年第一次出现在中国，当时一个英国商人为了给朝廷官员展示现代技术的奥妙，在北京宣武门外，自己花钱修建了 0.5 公里的"展览铁路"。虽然这条小"铁路"仅用来展示而无实际用途，却令京城人充满恐惧，被"京人诧为妖物"。后来，步军统领衙门以"观者骇怪"为由，急忙拆除，才平息了一场风波。而中国第一条真正营运的铁路也大致遭遇了同样的命运，那是 1876 年由英国怡和洋行铺设的吴淞铁路，由上海延伸到吴淞，全长 16.1 公里。结果，清政府和民众都视铁路如洪水猛兽，通车运营一年后，被清政府以 28.5 万两白银赎买，随即被拆除。

电报是 1871 年来到中国的，第一条电报电缆当时从香港铺到了上海，再到日本长崎，成为英国建的国际电报网络的一部分。滑稽的是，清朝保守派官员坚持认定电线破坏风水，甚至认为电线之所以能快速传递信息，是用了死人的灵魂，必须禁止！这些说法使电报迟迟不能进入京城，多年只允许电报发到天津，再由天津送进京城，而不是直接在京城设立电报站，为的是防范魔鬼进京！一直等到 1884 年，电报线才允许铺进京城，而且电报电缆必须绕开墓地、民房，以免破坏风水！

今天的状况

即使到了今天，保险的覆盖率，也就是买保险的人口占总人口的比例，也只有 3% 左右，并且主要集中在城市，而美国的保险覆盖率为 4.5%，是中国的 1.5 倍。

在产品结构上，前面说过，截至 2016 年年末，中国保险业总资产超过 15 万亿，其中，67% 是人寿险和投资性寿险产品，而财产险占 20%，健康险才占 11% 左右！你可能会问，保险业为什么会是这样一种结构？为什么会高度依赖寿险呢？前海人寿，还有安邦保险，它们卖得最多的也是以投资为主的寿险产品，就是所谓的"万能险"。如果买保险产品也以投资为主，那还要保险行业干什么呢？

其实，到 20 世纪末之前，中国保险业一直以水火等财产险为主，寿险保费占比很低。前面说过，中国人在观念上不愿意谈论不吉利的事情，但经过 19 世纪中期以来的不断熏陶，迷信程度降低很多，越来越可以接受谈论火灾、车祸、生病等，但还是很忌讳讨论"如果你哪天死了……"这样的话题，所以，人寿保险一直难以销售！

那么，寿险是怎么发展起来的呢？

在开始的一个多世纪里，保险主要是通过公司、雇佣单位做团体销售，针对个人做直接销售的很少，卖不动。以前的个人保险销售比例只占总量的 10% 左右，其他的都为团体保险。而人寿保险在整个行业的占比很低，基本不到 10%。

在 2000 年"万能险"这个品种引入中国后，寿险类产品才开始快速增长，不仅使寿险类保费成为第一，而且很快让全行业保费超过了万亿！"万能险"其实是以保值为主、兼顾升值的投资品，类似于有保底的理财产品，但同时也包含了传统的人寿保险，在保险对象离世后其继承人会得到额外补偿。

也就是说，"万能险"是保底理财产品与人寿险的组合，比传统寿险更加粗糙。之所以"万能险"比精准寿险获得了更大的成功，主要是受文化的影响。"万能险"被当作投资理财产品卖，很多人觉得和银行的理财产品一样没有风险，就愿意购买，同时也淡化了中国人忌讳的跟"死"挂钩的寿险属性！"万能险"的理财属性使得人寿险终于在中国社会推广开来！这就是前海人寿、安邦保险能够有那么多资金的核心原因！

另外，我和几位学者最近研究发现，在中国各地，受儒家文化影响越深的地区，买保险的人口比例就越低。因为这些地区的家族、宗族更加发达，族内成员间的互通有无、平滑风险冲击的能力更强，因此，对外部保险市场的需求偏低。这从另一个角度证明了文化对保险业发展的影响。

这些研究告诉你：金融产品的设计不能只看客观需要，因为风险挑战哪里都有，金融服务哪里都需要；还必须考虑社会的文化土壤，否则"水土不服"的历程会太长。

要 点：

1. 保险等现代金融产品是 19 世纪洋务运动时期才引入中国的。而当时的中国不仅没有金融赖以发展的文化土壤，儒家体系还跟它不兼容。
2. 医疗、灾害、灾荒等保险产品的销售，尤其是寿险销售，跟中国人避谈"不吉利"话题的文化相冲突。可是，如果不谈这些潜在的"不幸事件"，保险产品又难以销售，难以发展。
3. "万能险"等复合寿险类产品的成功，说明在面对文化障碍的时候，可以通过淡化保险产品对"不幸事件"的依赖度，来改变产品可销售性。

思考题：

- 不管在什么社会，也不管是今天还是古代，暴风雨、灾荒、地震、疾病、瘟疫、战争等风险事件，都经常威胁人的生存，所以，各个社会一直有防患于未然的自然需求。可是，中国就是没有自生出保险市场。为什么？
- 许多人认为："在机场登机前买保险，是买个飞行安全。"你怎么看？

>>> 5.3 保险产品背后的经济学原理

小王结婚不久买了车。头三年，他们老老实实地买了汽车保险，但没有出车祸，没有从保险公司得到任何赔付。小王心里不爽道："怎么光付钱，没回报呢?!"就决定不再买保险了。他妻子知道后，也没说什么，因为感觉确实不合算。可是，从此，她开车格外小心，一看到周围车多就紧张，就怕撞了别人赔不起！有一天，她还真的撞了人，车坏了，两方人都住院抢救，不仅家里的钱赔光了，还差点坐牢！

◉ 保险的预期回报通常为负

小王的故事很典型，同时也向我们提出了问题——为什么要买保险？到底该如何评估保险的价值？

我们仔细看保险是怎么运作的。你之所以想买汽车保险，就是担心开车时可能发生车祸，因为一旦发生车祸，自己的车可能受损，自己也会受伤，还可能给别人造成损失和伤害。所以说，买保险买的是"安心"，让你开车时不用总是紧张，以致不能做出正常判断。也就是说，你开车面对的"坏风险"是：一旦发生车祸，你可能要遭受很大的损失，将来要付出很大的代价。你希望规避这种"坏风险"。

而你买的汽车保险本身也是一种金融产品，它的支付结构包含不确定性或者说包含风险，因为如果你不发生车祸，保险公司就不会给你任何赔付，所以，保单是否会给你赔付是不确定的。只是对你来说，保险产品包含的风险是"好风险"：你现在付保费买下保单，将来如果发生车祸，你就可以得到赔付，等于用现在的钱换未来不确定的赔付。也就是说，保单给你的赔付和你可能遭遇的损失正好是反过来的，是100%负相关的。所以，通过买保险，把保险所包含的"好风险"跟你承担的"坏风险"加在一起，使你的总体风险为零。只是这种"好风险"不是免

第 5 章
保险是怎么回事？

费的，保费就是它的成本。

一般而言，我们每个人都有很多"坏风险"，除了车祸，还可能生病、失业、创业失败、亲人发生意外、房子起火、遭遇旱灾和水灾等。如果有一些金融产品，不管是保险还是其他，只要这些金融产品未来的支付结构正好跟我的"坏风险"是负相关的，我就愿意花钱去买这种产品。即使这些产品的预期回报为负，我也愿意，因为这些产品所包含的风险对我来说，是"好风险"。通过买这些保险产品，让别人帮我承担我的"坏风险"。

金融产品的避险属性与投资属性

任何金融产品跟我的"坏风险"越是负相关，我要求的回报就越低，甚至是亏本（负回报）也愿意。因为越是负相关，这个金融产品带来的"避险性"就越强，投资属性就越弱，给我提供的"安心"就越多！小王的故事就证明了"买保险，买的是安心"这个道理。

根据这个道理进一步延伸，即使一种金融产品本身有风险，就像保单一样，但是，如果它带来的回报跟我的"坏风险"的相关性越低，它对于降低我的"坏风险"的价值就越大，所要求的预期回报就越低。

这个金融逻辑似乎跟我们以往讲的"回报跟风险正相关"的结论相矛盾，但其实不是。因为保险产品很特殊，是针对具体个人的"坏风险"精准设计的，是个人化的，而一般性金融产品，比如股票、基金、债券等证券，不是针对你个人而来的，它们所包含的风险相对你的就业风险、创业风险而言是叠加性的，是"雪上加霜"性质的风险。

所以，对你来说，股票等这些金融品种的风险也是"坏风险"，如果要你承担这些"坏风险"，你当然得要求额外的高回报、高补偿。也就是说，对叠加性的"坏风险"而言，回报应该跟风险正相关。

那么，除了保险，对于普通投资者，还有哪些金融产品具备负相关性或低相关性的特征呢？

黄金算是一种，因为人类自古以来就把黄金看作避险资产，即使到了今天，在一定程度上还是如此，以至于任何时候世界经济或者主要经济体发生危机、出现社会动荡，股市、债市可能大跌，但黄金、白银的价格可能猛涨。原因在于，这种时候许多人会把财产往贵金属转移，用贵金属来避险保值。所以，在过去几十上百年的资本市场历史中，黄金价格总体上跟股市、债市呈负相关性。

也由于这个原因，黄金在很多时候不是真正的投资品，而是半保险品，其预期回报不应该高，甚至有的时候黄金的预期回报应该是负的。比如，在经济平稳、社会稳定、股市上涨的时候，黄金可能会无人问津，价格呈趋势性下跌或不动，那么，这种时候，黄金的回报不会有吸引力。但即使是那样，你也不应该失望，因为黄金本来就不应该只作为投资品来看待，你不应该忘记黄金的保险属性。

同样的道理，许多金融衍生品更多是避险性产品，就像商品看跌期权、股票看跌期权等，我们不能用这些衍生品是否会带来很高的投资回报来评估它们的社会价值。这些金融衍生品留到今后再细谈。

农产品、肉食品等大宗商品的价格跟"坏风险"的相关性也很低，原因是不管经济、社会发生什么波动，人们还是要吃饭的。尤其是经济出现危机、社会出现动乱或者自然灾害导致灾荒的时候，这些食物的价格反而会大涨。所以，很多投资者和职业基金管理人喜欢持有一些农产品、肉食品等大宗商品期货，目的不是追求这些东西的高回报，而是看重其低相关性所带来的避险价值。

所以，并非所有的风险都是坏的，有的风险可能跟你自己承担的风险正好负相关或低相关，那么，这些风险是"好风险"，保险产品就是这样。对这些金融产品来说，哪怕是低回报甚至亏本也有市场。

第 5 章　保险是怎么回事？

要　点：

1. 保险产品的价值是避险，带来的是"安心"，所以，预期回报可以是负的。"好风险"可以用来对冲"坏风险"，其溢价为负。
2. 黄金被习惯看成稳定的价值载体，不受经济波动、社会动荡的影响，也不因国界而不同，所以，黄金价格与多类投资市场逆向而行，呈负相关性。由此，黄金是半保险性产品，预期回报偏低甚至也可能是负回报。同样，农产品、肉食品价格跟其他风险的相关性比较低，具有降低投资风险的作用。
3. 一项金融产品的回报跟投资者自身风险的相关度越低，其避险价值越高，所要求的回报会越低。比如，如果你在金融行业工作，你的投资应该淡化金融股票，而多一些跟金融不相关行业的股票，即使其他行业的投资回报低一些也值得。"坏风险"对应高的回报要求，"好风险"对应低回报甚至负回报要求。

思考题：

- 风险为什么要分类别？为什么并非所有风险都是坏的？
- 保险公司怎么赚钱？在什么情况下保险公司的担保靠不住？
- 为什么金融产品跟你的风险相关性越低甚至负相关，对你的价值越高，你亏本也愿意买？小王是否该继续买汽车保险？

延伸阅读
Extended Reading

金融通识课

　　在 20 世纪的众多天才中，冯·诺伊曼属于最为闪亮的存在之一。他同时是数学家、计算机科学家、物理学家和化学家，现代计算机的基本设计原理正是基于他提出的"冯·诺伊曼机"。同时，冯·诺伊曼在经济学领域也做出了卓越的贡献。他于 1944 年与奥斯卡·莫根施特恩（Oskar Morgenstern）合著《博弈论与经济行为》，是博弈论学科的奠基性著作。

　　主流经济学使用数学工具刻画理性人的行为，而冯·诺伊曼与莫根施特恩确立了存在不确定性时分析人们行为的框架，其核心就是"期望效用函数"。效用函数的构建使得经济学进一步数理化、精确化。

　　回忆我们在本章正文部分学到的内容，不确定性可能是事物向好的方面发展，也可能是向差的方面发展，总之是在事前不可预测的部分，也就是我们所说的风险。经济学用"效用"来作为量化后的幸福感指标，效用的高低也是人们做出决策的唯一依据，其他的指标都可以转换为效用来度量。当面对不确定性时，人们的效用会受到怎样的影响呢？

　　按照现在的理论，随着个人财富的增加，每单位财富的增加能给个人带来的幸福感将会逐渐降低，或者说财富能够带来的"边际效用"将递减，这也符合大多数人的心理。毕竟无论是高档跑车还是普通小轿车都能正常行驶，但如果身无分文，一块钱可能就有是否会饿晕的差别了。

回到现实生活中，如果面对一个创业项目，有 50% 的可能赚 100 万、50% 的可能会血本无归，而另一个项目 100% 能赚 50 万。虽然这两种选择的预期收入相同，但大多数人还是会选择后者，因为这 50 万是确切的！这只是实验室中做的一个心理学实验，却也解释了为什么大多数人都偏好安安稳稳地工作，少有人有勇气（或者说"承受风险的意愿"）踏上有风险的路。

经济学中把我们刚刚提到的这一类占人群绝大多数的人称为"风险厌恶者"，与"风险偏好者""风险中立者"相对。风险厌恶者通过保险等方式将自己的收益确定下来，从而获得比在不确定情况下更高的效用。

Chapter 6

第6章
金融改变社会

>>> 6.1 长治久安：金融何以减少犯罪？

前面几章讲到了金融的解释和逻辑，也讲到了金融对人的解放。而由人组成的社会是各种关系的集合，人的各种权益有了新的可靠保障后会发生什么变化呢？现在，我们来探讨一下金融如何减少犯罪，促进社会和谐。你可能觉得奇怪，金融市场怎么能减少犯罪呢？

如果把我在耶鲁大学读博士的4年也算进来，我一共在耶鲁工作了22年。多年以来，总有一些关于耶鲁校园周围发生抢劫的报道。尽管这些年治安已经改善了很多，犯罪率在下降，但偶尔还是会发生抢劫案。两年前，一位叫斯密的年轻人在傍晚时分拦路抢劫。被抓获后，他供认说："我有一份工作，但要到月底才发工资。可是，我这个月18号就没有钱了，还有12天怎么过呢？跟朋友借钱借不到，又没有银行愿意给我贷款，我靠什么活下去呢？只好去抢了！"

从这个故事中你可以看到，斯密未必想违法抢劫，只是到月中青黄不接,他没钱过日子了,被逼得无路可走。而金融本来可以给斯密这样的人提供类似"过桥贷款"这样的支持的,因为他在12天后会有月工资,只是现在没钱。所谓"过桥贷款"就是给他一些钱,让他度过未来12天这个"桥",也就是让他把未来的部分收入转移到今天花。好处是让他不必去抢劫,可以继续做好人!

领薪日贷款的故事

实际上,在美国有专门针对斯密这种"青黄不接"状况的贷款业务,叫作"领薪日贷款"(payday loans),只是美国50个州中有15个州立法禁止,很多社区也自己立规禁止这种贷款业务。

领薪日贷款大致是这样运作的:假设斯密在18号没钱了,还有12天才能领到月薪,但是没关系,他可以带上近几个月的工资单、个人支票和最近的银行账户单,到"领薪日贷款"公司,写上350美元的个人支票,把签名日写成月底的领薪日,然后他就能借走300美元。

由于中间要付50美元费用,如果把这个算作利息成本,那么,每年的利息就要超过400%!这就成了绝对的"高利贷"了!正因如此,再加上这看起来似乎是乘人之危,压榨借款人,所以,美国的许多州和社区就禁止了这种贷款业务!

所以,在美国的许多地方,若遇到像斯密这样的情况,很多人被逼得走投无路,只好去偷盗或者干脆抢银行。

那么,斯密抢劫背后的逻辑到底有多普遍呢?是不是能得到大样本数据的支持呢?芝加哥大学的茂斯教授对加利福尼亚州的1300个社区做了系统研究,因为这些社区有的允许"领薪日贷款"业务,有的是严格禁止的。结果她发现,在1996年后的7年里,一旦碰到自然灾害冲击,两类社区个人破产率都会增加,抢劫偷盗案发率、酗酒发生率、夫妻吵架率、救护车呼叫率等指标也都会上升。但是,在允许"领薪日贷款"等高利贷业务的社区里,情况显然要好很多,抢劫、偷盗、夫妻吵架情况的增加程度要少很多,那里的社会秩序更加稳定!

她的研究表明,金融能帮助老百姓摊平突发冲击带来的影响,让短暂的收入短缺不致造成"无米下锅"的情况。所以,金融工具使这些"斯密"可以继续做遵纪守法的好人,而不是被迫走上犯罪的道路!

高利贷带来的好处

在美国,毕竟大多数州还是允许"领薪日贷款"等高利贷机构合法经营的,所以,金融降低生存压力的好处在大多数地方还是能够享受到的。根据一个研究机构统计,一年有4000多万美国人使用"领薪日贷款",占全美国人口15%,每年"领薪日贷款"总额超过400亿美元。这些使用"领薪日贷款"的美国人,平均一年会借8次左右!他们对高利贷的依赖可想而知。

通过这些数字,你可以想象一下,假如没有"领薪日贷款"帮忙,这4000多万美国人中,有多少会被逼上抢劫、偷盗之路呢?所以,立法者可以出于好心去禁止高利贷,但是倒霉的是老百姓,因为那会导致很多人走投无路,继而走向犯罪。

从1985年到2002年,美国有个很有名的参议员叫菲利普·格拉姆,他出生在佐治亚州,很小的时候父亲就残疾了,没收入,母亲靠同时做两份工作才勉强做到既能照顾残疾丈夫,又能抚养三个孩子。但是,由于家境艰难,收入风险太高,没有正规银行愿意给他的母亲贷款买房子。最后,为了让一家人住上自己的房子,他母亲唯一的选择就是借高利贷买房。

所以,就有了格拉姆参议员的名言:"如果次级贷款早就被禁止,如果高利贷机构早就被禁止,那么,我母亲就不可能在我们兄妹三个都很小的时候买到自己的家!有了高利贷,我母亲至少可以让我们住自己的家!"

如果监管者为了自己的方便而禁止民间金融发展、禁止高利贷,那么,千千万万个低收入家庭就永远买不上房子,受害的是中低收入的老百姓,而且社会也无法安定。

要 点：

1. 人之初，性本善。对绝大多数老百姓来说，如果有办法让自己继续遵纪守法，没几个人会选择抢劫偷盗的。
2. "领薪日贷款"等高利贷金融有它特殊的需求和社会意义。许多中低收入群体是正规银行、正规金融机构都不会服务的对象，他们的信用评级要么很低，要么就根本没有信用数据，唯一愿意给他们提供服务的是高利贷机构，因为那些高利贷机构愿意承担风险，愿意接受信用评级低的人。
3. 如果把这些高利贷业务都禁止了，那就把这些中低收入群体"做好人"的路子都堵了。一旦碰到青黄不接的情况或者发生意外灾害，这些老百姓就会被逼上绝路，走向犯罪。民间金融不仅能解决经济发展的问题，而且对社会稳定也有积极的作用。

思考题：

- 从今天讲的这些故事和数据中可以看到，金融虽然在一般意义上是解决跨期价值交换问题的，但在具体场景下，这种跨期收入配置也可以起到稳定个人和家庭生存状况的作用，尤其是能够让你在碰到突发冲击、意外挑战时，也能很平稳地生活。或者即使不碰到意外冲击，也能像格拉姆参议员说的那样，让收入低、贷款风险确实大的普通老百姓也能买到自己的房子，享受生活。那么，为什么民间金融在中国被禁止了那么多年呢？在监管便利和社会收益之间，以前的选择似乎是偏重监管便利。你怎么理解这些？

>>> 6.2 礼尚往来：中国人为什么爱送礼？

目前为止，我们谈了不少金融创新改变历史的故事，也讲了很多在过去没有金融市场的时候，人类是如何通过文化和婚姻解决跨期交易挑战的故事。在集中讨论各种正式金融问题之前，再谈一个离我们生活很近的话题，就是礼尚往来文化，我们为什么爱送礼？其背后的金融逻辑是什么？

我们都佩服自己的母亲！而我的母亲在9岁时就作为童养媳嫁到了我父亲家。按照她一直跟我和兄弟的说法："嫁到你们家！"在我小时候，我很钦佩母亲的是，她从来没读过书，也不识字，但是她随时可以说出来，谁家什么时候给我们家送了多少礼、什么礼，也可以随时讲出我们家哪天要给谁家还礼、谁家何时要盖房子或者娶媳妇或者嫁女之类的。我到现在也不知道她是如何在脑袋里管理这么复杂的账本的，但是她脑袋里的资产负债表是清清楚楚的。虽然我们村很大、人口很多，那个资产负债表一定很复杂，但她似乎没有因为哪家的礼没有还而得罪人的！

那么，"礼尚往来"背后的逻辑是什么呢？为什么送礼文化在改变呢？

◢ 礼尚往来的金融逻辑

母亲也经常跟我讲送礼与还礼的道理：第一，收了人家的礼，一定要还，否则那个亲戚或者朋友关系就没了；第二，还礼时，不能少于对方之前送给我们家的礼，至少要加10%；第三，对亲戚，逢年过节要送礼；第四，对待亲戚和一般朋友，对方盖房、红白喜事、生孩子或者有其他大事的时候要送礼。

从我母亲总结出的礼节文化来看，礼尚往来是典型的跨期价值交换，其交换的信任基础是友情关系，不管友情是基于邻居关系还是靠朋友的朋友介绍。也就是说，张家今天送100块钱的礼物到我们家，今后我母亲会按照110块钱的礼物还礼，其间的投资回报是10%。我们家给别人送礼后，也会有类似的回报预期，否则，"礼尚往来"就不会"往来"了。

同时，你也看到，一般都是在一家发生大的开支的时候，比如盖房子、搬进新家、娶媳妇、办丧礼，邻居亲友才会给那一家送礼；等到我们家也出现这种大额开支时，别人家也会还礼。这就是说，送礼实际上是一种换个说法的融资行为，"礼尚往来"等于一个不断重复的相互融资、互相投资、帮助彼此解决大额开支的过程。

只要大家都还有意继续保持亲友间的联系，这个"礼尚往来"的过程就会继续下去。而且这个亲友圈子越大，其内部金融市场的效果就越好，因为融资面、融资额、分摊跨期风险的范围就越大。但有一个前提，就是大家都世世代代在同一个地方，不移民或迁徙他乡。一旦有一些人开始迁徙他乡，或者经常不在同一个地方住，重复博弈的过程就会停止，信任基础就会被破坏！

所以，在传统的中国社会，只要人口流动很少，生产和生活所需的开支不是太大，基于"礼尚往来"的亲友圈内的金融市场就差不多够用。但是，一旦开支金额、风险程度都大幅提高，这种金融市场就不够用了，因为不管你的朋友圈有多大、亲族范围有多大，能够融到的资金、能够分摊的风险都是有限的。而为了进一步扩大融资范围、增加融资规模，就需要到更广泛的陌生人中间去融资，就需要现代金融中介、现代金融市场了！

从这个意义上来说，现代金融市场不仅会取代过去基于亲友的融资圈，改变融资范围和融资结构，也会改变甚至削弱传统亲友圈的作用，改变社会网络的性质和含义。当然，这也会使"礼尚往来"从原来侧重"融资功利"改变为侧重无所求的真正友情。

转型中的中国社会

你可能觉得奇怪，我们研究金融的人怎么总喜欢从利益的角度去解读社会、解读文化背后的成因？的确许多人也指责说："你们经济学家的心胸好狭窄，总是从利益的角度解释一切。难道世界上没有爱吗？"而我会说，这不是因为我们研究金融的人心胸狭窄，这跟我们自己的为人处世方式没有关系，而是我们研究的对象——人类——就是这么现实呀！我们关心的是人类行为背后的驱动力，包括文化的形成过程与变迁过程背后的驱动力，是什么让人们推出这种或那种文化内涵并且能够延续下来的。

比如说，在今天的中国社会里，各地方的金融可得性差别很大，农村还是很传统，那里的金融产品很少；但是，北京、上海等一线城市已经很发达，金融市场丰富多彩；二、三线城市则依次介于一线城市和农村之间。那么，既然一线城市的金融很发达，农村基本没有，是不是一线城市的人就不再依靠"礼尚往来"的朋友圈融资，而是依赖现代金融市场了呢？是不是城市越大，送礼的程度就越低、越少呢？

为回答这些问题，我们过去做了三次问卷调查，结果发现，在农村几乎没有人不送礼，而且每年的送礼开支占收入比很高；而从农村到四线城市、到三线城市等等，越往更大的城市走，送礼的倾向性就越低、越少，每年的送礼开支占收入比就越低。从这个意义上来讲，一线城市所代表的文化跟农村所代表的文化已经完全不同，上海和深圳人在送礼等事情的观念上已经跟美国社会很接近。

所以，正因为在融资、投资角色上，现代金融市场跟我们原来的亲友圈有很强的相互替代性，随着金融市场的发展与丰富，亲友圈的经济作用在下降，因此，礼尚往来的必要性也在下降，送礼文化被削弱。金融市场使得礼尚往来文化逐渐成为历史。

要　点：

1. 在传统中国社会，没有金融市场，所以，一碰到盖房、生子、婚嫁等大额开支，亲友都会送礼，帮助你减轻短期大额开支带来的生活压力。但是，"礼尚往来"的要求是：你今后必须还礼，而且是按照超出当初礼物价值一些百分点的金额还礼。所以，"礼尚往来"是换一种说法的跨期融资、跨期投资，亲友圈等同于一个内部金融市场。
2. 随着现代金融在城市甚至农村越来越发达，人们对亲友圈融资的依赖度在降低，特别是人口流动增加以后，作为重复融资体系的亲友圈所需要的信任基础逐渐瓦解。金融也在改变传统的"礼尚往来"文化，并因此改变我们熟悉的社会关系和社会结构。

思考题：

- 从今天讲的这些故事和变化趋势中可以看到，这些年中国社会经历的转型与变化是多方面、多维度的，由此给长辈们带来的不适应甚至焦虑是完全能理解的，代沟的深度是显然的。其中，金融的发展也在促进这些变化。你怎么看待这些变化？今后的人际关系、社会结构会变成什么样子？你自己准备好了吗？

>>> 6.3 体制改革：日本明治维新的金融故事

这一节，我们探讨体制改革的话题，看看金融创新可以怎样促成体制变革。你可能知道明治维新让日本走向了现代，但未必知道明治维新背后的金融故事。

你知道，近代中国饱受外强欺辱，尤其是来自日本的侵略给我们造成了巨大伤害。但是，在1850年以前，日本对外实行闭关锁国政策，对内实行封建等级制，那时的日本，相比于泱泱大国——大清帝国来说，只是一个弹丸小国。可是在短短几十年内，日本的经济与军事实力迅速扩张，不仅在中日甲午战争中击败昔日老大哥大清王朝，迫使清王朝割地赔款，之后更是称霸亚洲，与西欧列强平起平坐。

这一切是如何发生的呢？这中间的原因很多，故事也不少，我们就集中讲讲明治维新的金融故事。

明治维新：日本近代化的起点

说到日本近代的崛起，我想你会想到明治维新。确实，明治维新是日本现代化转型的起点，在这之前，日本实行的是封建等级制，其中天皇是名义上的政治权力中心，但是幕府将军掌握着实际的政治权力。在地方上，各藩的领主——大名，掌握着地方的控制权，与幕府分庭抗礼。在大名之下，是享有各种特权的武士阶层，这一阶层不仅拥有佩刀等政治特权，还享有家禄等经济特权。所谓家禄就是政府向武士免费提供的经济补助，通常以禄米的形式发放。武士阶层在日本很庞大，在德川幕府时期，武士阶层占当时日本人口的6%—10%。到明治初期，武士仍占日本总人口的6%。1853年7月，时任美国东印度舰队司令的海军准将培理将军，率舰队抵达日本并引发了"黑船事件"，就此打开日本封闭的国门。

1854年3月，培理再临日本，并代表美国与日本签订第一份不平等条约——《日美亲善条约》。美国的入侵激化了幕府与地方强藩之间的矛盾。尤其是具有维新思维的长州、萨摩等藩，反对幕府与外国列强妥协，从而结成联盟，并暗中联系天皇，主张倒幕。

1867年，新登基的明治天皇向倒幕派授意，号召他们推翻幕府统治，实行大政奉还。随后几年中，德川派与倒幕派兵戎相见，爆发了戊辰战争。战争的结局是倒幕派获得了胜利，明治天皇重新掌握了政治权力，并开始推行一系列体制改革。

那么，在推翻幕府统治之后，锐意进取的明治政府，其改革是否就一帆风顺呢？实际上，在推翻幕府统治之后，明治政府仍面临着巨大的改革阻力，首先面临的就是如何安抚那些地方诸侯的问题。我们知道推翻幕府的主力军是长州、萨摩等强藩，这些地方势力不但把持着地方的军权，还控制着当地的银矿、土地等经济资源，新生的明治政府此时还只是一个空壳，手上既没有兵，又没有钱，那么明治维新是如何成功的呢？

更重要的是，古今中外，体制改革都要动不少人的"奶酪"，所以，核心问题在于，如何让各方都能从改革中受益，进而支持改革，实现利益各方的激励兼容，尤其是如何防止既得利益阶层阻挠改革。因为改革本身就是利益的重新再分配，而最不愿意改革，甚至是反对改革的就是原有体制内的既得利益团体。邓小平在1978年的改革开放中，是通过"让部分人先富起来"赢得既得利益群体的支持的。而在明治维新的案例中，地方大名与武士阶层无疑是旧体制下的既得利益者，因为他们享有广泛的特权，那么，明治政府是如何处理这个问题的呢？

渐进式体制变革的金融基础

首先，为提高政府的谈判能力，明治政府推行了征兵制，用以取代原有的武士阶层，同时废除武士佩刀的特权。因为这些武士常年享受特权，已经成为典型的寄生阶层，其战斗力已大大减弱。因此，采取征兵制，取消佩刀特权，对他们的影响不大，只要武士仍然享有家禄这一经济特权就行。

但是，武士阶层享有的家禄经济特权给明治政府带来了严重的财政负担。以1871年的财政决算为例，当时的财政收入为5004.5万日元，财政支出为5733万日元，其中家禄支出为1607万日元，约占财政支出的30%，而当时的陆军军费仅排第二，为734.6万日元，还不及家禄支出的一半。

可是，要改革家禄制度谈何容易！世袭享有家禄的武士阶层，不仅是当时体制最大的既得利益集团，而且武士手中还掌握着军事与政治资源，处理不当很容易引发内战。

那么，明治政府是如何处理这一难题的呢？当时明治政府中的一些政治家提出了解决方案：赎买，也就是通过政府债务融资，筹集资金一次性买断武士阶层的家禄特权。具体的做法是：1873年，明治政府在伦敦募得240万英镑的公债，利息7分，折合日元1171.2万，加上政府本身的财政准备金、秩禄偿还金等资金，用以赎买武士阶层等贵族手中的家禄特权。

问题是，即便是通过对外借款，明治政府也无法筹到用于赎买武士家禄特权所需的全部资金，因此明治政府采取了一个金融创新方式：建立一个秩禄公债计划，根据原来各藩武士俸禄的高低而发行面额不同的债券，由政府支付固定利息来代替原有的俸禄。

为此，政府向310,971个武士，发放了价值1.13亿日元的金禄公债证书，一次性赎买武士阶层的家禄特权。这一赎买政策，在历史上称为"秩禄处分"。

此外，明治政府还采取了另一个更重要的金融创新手段：1876年，明治政府修改了国立银行条例，规定个人可以用"秩禄处分"中的金融公债为资本金设立银行。这一规定大大缓解了日本银行业发展初期资本金缺乏的困境，使得日本银行在短短两年内从7家迅速增加到150多家。到1878年为止，29,360个武士与贵族控制了30,580,000日元的银行股份，而其他4730位股东只控制了8,870,000日元的股份。

尽管武士与贵族掌握的银行股份不断被转手到其他人手中，到1882年，武士阶层仍然掌握着3/4的银行股份。

明治政府这一金融创新的另一个好处在于，通过将武士阶层手中的政府公债转化为银行资本金，使得武士阶层成为经济改革的支持者，让他们与整个体制改革形成所谓的"共融利益"。也就是说，当年最反对改革的群体，现在成为最支持改革的群体，因为改革越成功，经济发展越好，他们的收益就越高。

通过上述故事你可以看到，体制变革往往会遭到既得利益群体的阻碍，如何处理这一矛盾是决定改革能否成功的关键因素。当面对掌握强大政治与经济权力的利益群体时，如何通过好的体制设计达到既得利益群体的追求与体制变革的要求激励相容，是每个关心改革的人都需要认真思考的。而在这个过程中，金融创新也许能给体制变革的设计者带来新思路。

> **要点：**
>
> 1. 体制变革要妥善处理既得利益群体的利益诉求，否则改革将面临极大的挑战。这也是历史上体制变革鲜少成功的重要原因。在日本的明治维新中，金融领域的创新很好地解决了体制变革中的这一核心挑战。
> 2. 通过赎买既得利益阶层手中的特权，同时将其转化为经济发展所需要的资本和动力，这是日本明治维新之所以能成功的关键金融创新手段。

> **思考题：**
>
> ● 今天所讲的故事中，无论是政府、既得利益集团还是普通民众，都从金融创新中获得了好处。那么，通过你的思考，你能举例说明通过赎买既得利益群体的特权的方式推动体制变革，会产生什么样的不利影响吗？另外，针对体制变革的金融创新，需要什么前提条件呢？

延伸阅读
Extended Reading

金融通识课

在第一部分中,我们从"金融是什么"这个问题出发,依次分析了金融作为跨期保值手段,在时间和空间两方面进行资源再分配的能力,并且着重从避险的角度来分析人类社会在没有金融的时代如何应对风险,出于避险的需要如何影响了传统社会的文化等上层建筑。接下来在第五章,我们以保险为例,简要介绍了典型金融产品背后的相关原理,以及保险业在中国的发展。从中可以发现,随着金融的发展,人们可以以纯粹的金融手段来达到规避风险的目标,从而让个人的权利得到保障,不必再通过牺牲自由的方式换得安心。

在第六章,我们进一步看到了金融促进社会长治久安的作用。不论是个人出于效用最大化的目的,希望合理地跨期消费;还是在传统社会和现代城市中影响人情交往的因素;抑或是推动整个国家和民族走上现代化的道路,金融的作用都比我们以往所想的要更为深远。

马克思在 1848 年写的《共产党宣言》第一章中曾经这样说道:"资产阶级在它的不到一百年的阶级统治中所创造的生产力,比过去一切世代创造的全部生产力还要多,还要大……过去哪一个世纪料想到在社会劳动里蕴藏有这样的生产力呢?"因为有了股份制公司,各个股东能够以利益团结起来,集中力量推动生产力的飞跃。

金融手段通过影响个人的利益而改变其行为,是最为直接而有效的激励手段。在金融的分析框架下,个人、团体、社会等多个层面的问题都可以得到解释。

第二部分
借贷

借钱是怎么回事？

借贷关系中的重要变量：利率

借贷是压榨还是便利？

第 7 章
借钱是怎么回事？

>>> 7.1 青年人借钱花不好吗？

一般情况下，青年人是比较缺钱的群体，但又是对钱的需求最大的群体，除了工资和家里的帮助，借钱花往往是他们最常见的解决方式。比如向身边朋友借钱、用信用卡，或者找网贷，但因为自我约束能力有限，加上部分贷款形式的法律约束不够，很容易发生各种问题。那么青年人到底应不应该借钱花呢？

2017 年 5 月 27 日，中国银监会、教育部、人力资源社会保障部联合发出《关于进一步加强校园贷规范管理工作的通知》，要求未经银监部门批准设立的机构禁止提供校园贷服务，并且现阶段一律暂停网贷机构开展校园贷业务。对于存量业务要制订整改计划，明确退出时间表。同时，杜绝公共就业服务机构以培训、求职、职业指导等名义，捆绑推荐信贷服务。一些地方"求职贷""培训贷""创业贷"等不良借贷问题突出，给校园安全和学生权益带来严重损害，造成了不良的社会影响。

所以，从父母、亲戚到官方，都要收紧或者禁止大学生贷款业务。为什么会这样呢？青年人借钱花不好吗？你也知道，校园贷的确问题很多，一些放贷机构会诱贷、骗贷或者通过高利贷恶意敲诈学生，这些违法违德行为必须得到整治。但是，我们还是应该从根源上认识青年人借钱花的必要性，然后，从实际运营上改善校园贷与其他青年人贷款品种的缺陷，解决具体问题，而不是一味地禁止。

青年时是一辈子中收入最少的时期

我是1979年上大学的，在长沙的中南矿冶学院，现在叫中南大学。在大学四年期间，几乎每个同学都有助学金，只是金额不同。记得我每个月有20元左右的助学金，加上兄长们的支持，我每天可以花的钱差不多有一块，用于吃饭的钱要控制在八毛以下，大概早餐一毛五，午餐和晚餐各三毛。用于买衣服、洗浴等的零花钱很少。能用来买书、看电影的钱就更少了。

现在回头看，那真是我一辈子中最没钱、收入最低的时候。不只大学四年是这样，后来我在国防科技大学和耶鲁大学读研究生的时候也是如此，收入有一些，但是不高，尤其跟我现在的收入比低很多，只能勉强维持生活。可是，在人生中，青年时期又是最需要花钱的时期，花钱得到的感受最好，实际效果也最具体。

一方面，需要读书学习，积累人力资本。如果当时有更多的钱，那肯定可以买更多书，到更多的地方旅游学习、参加讲习班、听不同的讲座、拓展知识面，更主动地规划自己的人生。

另一方面，青年时期也是谈恋爱、找对象的时候，这些是个人成长中非常重要的经历，是对人力资本的投资。在我们那个年代，谈恋爱还没有到要有车有房的程度，但如果你连请女朋友看电影、泡餐馆、游山水的钱都没有，你可选的女朋友范围就大大缩小了。不管你现在是青年还是已经做父母了，你都知道这个财务约束对人生一辈子的影响会非常严重。而等你结婚了，青年的家庭也更需要财力去发展、建设。

第 7 章
借钱是怎么回事？

因此，青年时最需要花钱，但又偏偏最没钱。而到现在，我50岁出头，女儿大学毕业了，家里已经不怎么需要花钱了。再一个，我也不像青年时候那样享受花钱了，吃得不如原来那么香，玩得也不像原来那么来劲，可这时候又偏偏是一辈子中收入最多的时期。

因此，收入的人生轨迹跟开支的人生轨迹之间存在根本的矛盾，两者之间有严重的年龄错配。有没有办法把年长时期的收入转移到青年的时候去花呢？这是我们每个人都想知道的答案！

◐ 花未来的钱，改变今天的生活

所以，今天的大学生和其他青年人比我们幸运，如今有助学贷款、校园贷和其他金融服务，而我们那时候没有。试想一下：如果我那时候能够把今天的收入转移一些过去，让我那时每天多一块钱花，那就意味着大学时每天的开支翻倍了！可是，我们那时做不到这些，传统的中国社会更没有这些选择。原来是靠家庭内部的代际交换来迎接这种挑战的，也就是说，长辈用他们的收入支持需要花钱的晚辈，等晚辈自己也成长辈了，再去支持下一代……

可是，这种模式在很多情况下不够用，而且负面作用与道德风险严重，这个话题我们后面再谈。更何况还有像我这样父母在农村的人，父母不可能在我大学毕业之后继续给予支持，代际转移支付难以进行。就这样，我们这些20世纪80年代的大学生无法在那时候利用血缘网络转移太多未来收入。所以，对许多人而言，代际互助安排是不够用的，不足以调和收入与开支需求的年龄错配矛盾。

因此，青年人借钱花、借钱创业是解决收入与开支的年龄错配问题的根本办法。就个人经历而言，我以前也的确按照这种方式做过。从大学到读研究生、博士，我没存钱；博士毕业工作之后，还是没存钱，还会根据需要借钱。我当时跟一些朋友说："我现在收入少，为什么要把钱存下来，等到未来收入更高时花呢？"当然，朋友们不理解，也不敢相信我这样的话，因为我们中国人的主流观念是恨不得从小学起就开始存钱。可是，按照经济学的逻辑，只有跨越年龄平衡收入，才可以最大化一辈子的整体幸福感。

你可能会认为借钱花只是"透支未来"。实际上，借钱花也是在改变未来，因为你在借钱花之后，可以改变、扩大接下来的生活和工作的选择范围，你的选择就多了。

一位朋友感叹说："为什么农村出身的官员贪腐比较多？是因为他们在长大、读书的过程中多有兄弟、亲戚出资支持，所以等他们有出息、做官了，就需要回报那么多亲戚，被逼着贪腐！而如果在农村很早就有教育贷款，那这些官员的贪腐压力可能就不一样了。"虽然这个说法有些偏颇，因为城市出身的贪腐官员也不少，但他讲的意思很明确，转移一些未来收入到青年时期花，不仅能缓解那时候的财务压力，也能改变接下来的人生和事业选择。

在20世纪80年代的时候，大学生和研究生都不交学费，政府还给大多数大学生助学金补贴，研究生更是每个月有工资领。所以，那时候，不同家庭背景的学生之间在经济上虽然也有差距，但差距不是特别大，尤其不像现在那么大。而现在，不仅助学金补贴很少，而且还要交学费，因此，对于贫困学生，助学贷款、校园贷等就变得很重要，否则，不管他们学成之后未来的收入前景有多好，今天都没办法上学或最大化地发展自己。其实，即使对于家庭条件好的学生，也应该给他们多种学生贷款的选择，因为他们可以由此建立独立人生、维护独立人格。

现在的校园贷问题很多，需要通过大数据加速发展个人征信系统，让青年人尽快得到信用服务，而不是禁止。校园贷业务已经这么大，发展这么快，这本身就证明了我们这里谈到的借贷逻辑是正确的，青年人有真实需求，单靠禁止不能解决问题。同时，要把助学贷款、教育贷款的范围与金额都扩大，目前的贷款条件太苛刻，金额太小并且只停留在学费资助层面。通过鼓励竞争、放松条件、扩大范围、提高金额，让青年人能真正转移多年后的收入到今天，以此改变他们的发展前景，最大化他们一辈子的幸福感。

目前国内的消费金融供给主体较为单一，产品同质化太多。消费金融产品与服务的提供者主要包括商业银行、消费金融公司、支付机构、以零售电商为主的互联网公司等。其中，商业银行是消费金融的最大供给主体，截至 2016 年年末，它们占据了 93% 的消费金融市场份额，应当大力鼓励发展包括网贷公司在内的其他消费金融企业，为青年人提供更多的金融支持。

要 点：

1. 传统社会下金融市场不发达，金融产品不丰富，人们只好一方面尽可能存钱以备不时之需，另一方面减少消费，贬低甚至打击借钱花的行为。
2. 大学生和其他青年人借钱花不是坏事，只要不过分就行。对一般人而言，青年时是一辈子中收入最少但最需要花钱的时候，到年长时收入达到最高而花钱的需要又偏偏最低，这种收入和开支之间的年龄错配，不仅会降低个人一辈子的总体幸福感，而且会抑制每个人的事业发展潜力。金融市场可以帮助青年人解决这种错配矛盾。
3. 青年人贷款，包括校园贷，是普惠金融的一种具体表现，不仅对一般家庭出身的青年人重要，对富裕家庭的青年人也如此。不能因为违约问题难以解决、监管充满挑战而抑制青年人贷款，更不能禁止。应该通过改革体制环境、发展个人征信系统，来减少借贷欺诈与违约情况的发生，降低借贷利率。

思考题：

● 看完这一节，你可能会说："借钱花，说起来容易，做起来很难。因为父母和周围的人都会因为借款消费的行为对我指指点点，而且负债后还有月供呀什么的，压力好大。"不妨跟父母或者其他亲戚朋友讨论、交流一下，看看他们认同青年人借钱花的理由是什么，也看看他们反对借钱花的理由是什么。在什么情况下你会选择借钱消费呢？

>>> 7.2 借钱花逼你有出息

你以前可能听过,借钱花是爱享受但没有自制力的表现,尤其是如果在青年的时候就借钱花,长大了怎么得了,等等。

我们不妨看一个真实的故事。刘教授是广州一所大学的历史学教授,他研究中国历代文书的变迁史,其学问之深令在下佩服。2006年,刘教授来耶鲁大学访问一年。其间,他给我讲了他内弟的故事。2004年,刘教授在上海的内弟结婚,要花120万元买150平方米的房子。他的内弟小王和未婚妻都在金融公司工作,年收入加在一起18万元,他们手头的积蓄有30万元,所以,买房子还缺90万元。这90万元要怎么找到呢?

一种可能当然是小王从银行做按揭贷款,如果做30年到期、年息5%的按揭,小王今后的月供大约为4832元,年供不到6万元,他们当然能支付,但会花掉小王夫妻未来年收入的1/3。

不过,小王和未婚妻不愿意做按揭贷款。他们跟父母说,如果做按揭贷款,不是让他们一结婚就背上月供的包袱吗?小王的父母想想觉得也是,不能让年轻夫妻背上这么重的担子!正好小王的父母年纪60岁出头,已退休,手头有60万元养老用的积蓄。就这样,小王父母拿出手头60万元的积蓄,刘教授夫妇把手头仅有的20万元积蓄贡献出来,另一位亲戚出了10万元,给小王买了150平方米的房子。

小王的故事似乎是皆大欢喜吧?算不算典型的中国式安排呢?

☞ 短期便宜害了一大家

当然,刘教授内弟的故事对中国人来说很普遍,没有什么稀奇之处。只是这种安排改变了小王大家庭的关系和性质。第一,刘教授现在一想起这事就恼火,作为历史学教授,自己的收入不高,20万元积蓄是他当时所有的钱。他说自己在广州的房子还不到70平方米,凭什么把自己所有的积蓄都借给内

第 7 章
借钱是怎么回事？

弟去买那么大的房子？所以，从那以后，提起内弟，他首先想到的是自己过去的积蓄，而不是自己跟内弟的感情有多么好，况且因为那笔钱，刘教授跟夫人的关系也变得紧张！

第二，本来小王的父母可以把自己的60万元养老钱进行理财投资，等更年老时，能有钱养活自己，也能有自己的尊严和自主权。但是，现在钱都给了儿子，今后的养老就只能靠儿子、女儿了，也就是说，不管今后他们跟媳妇、女婿是否处得好，也没有别的选择了，只好跟他们一起住，或者靠他们供养，等着他们给钱。这样，本来可以自立养老的小王父母，今后就只能靠别人了，不能想怎么花钱就怎么花了。

同样糟糕的是，正因为小王这么容易就得到了90万元的帮助，他无法感受到靠自己劳动养活自己的责任，那看似是"免费午餐"的90万元，只会培养懒惰。就像洛克菲勒讲的："如果你想使一个人残废，只要给他一对拐杖，再等上几个月就能达到目的。换句话说，如果在一定时间内你给一个人免费的午餐，他就会养成不劳而获的习惯。别忘了，每个人在娘胎里就开始有被'照顾'的需求了。"他进一步讲："资助金钱是一种错误的帮助，它会使一个人失去节俭、勤奋的动力，而变得懒惰、不思进取、没有责任感。更为重要的是，当你施舍一个人时，你就否定了他的尊严，你否定了他的尊严，你就抢走了他的命运。"

☻ 月供压力使人积极向上

如果小王选择按揭贷款，自己借钱花，表面上看会带来月供压力，但是，这种压力不是坏事，会迫使小王奋发向上，培养"自食其力"的个人责任。同时，他的父母也能留住养老钱，年老后有自尊的财产基础，可以理直气壮地生活，不需要看子女的脸色。另外，对刘教授夫妇来说，他们的关系就不会变得紧张，刘教授也不会一想起内弟就想到自己失去的积蓄。

实际上，这两种安排给每个人带来的自由度也截然不同。试想，小王拿了亲戚的90万元买了大房子，他们夫妻俩今后消费什么东西，亲戚自然有权过问、有权管，就像刘教授抱怨小王的房子比他自己的大很多一样！

在美国，借贷消费已经是整个社会文化的一部分，而且如此自然，以至于两年前当我家准备付现金买房子时，我女儿说："现金买房，合法吗？"她的意思当然是说：大家都是借钱买房，怎么能用现金买呢？当然，美国并非总是这样的，借贷消费的做法起源于19世纪中期，一开始美国社会特别是教会对借钱花极为排斥，认为借钱花的人肯定是道德自律性太差，因为"他们花掉今天的收入还不够，居然还要借未来的钱花！"。所以，那个时候美国人借钱花时都不敢告诉别人。可是，到20世纪20年代，借贷消费已经非常普遍了，就迫使一些学者研究：借贷消费到底使美国人变得更自立、更勤俭了，还是变得更懒惰、更道德败坏了呢？

其中的一位学者是当时哥伦比亚大学的经济系主任、经济学家瑟里克曼教授，他收集了1900年后众多美国人的借贷和消费等详细数据，经研究后发现：月供压力没有使美国人懒惰，而是迫使他们更加向上，追求自立！特别是因为月供压力，众多家庭开始注意理财，精心安排家庭收支流水，并催生出家庭财务规划这个职业，以保证他们每个月能按期交月供，"家庭财务纪律"成了新的流行词。

在中国，如今不少父母也越来越意识到，靠血缘网络内部互通有无，实现人际跨期金融交易，最终不能激励每个人奋发向上，培养的只是等待"免费午餐""搭便车"的精神。比如，前不久，杭州的一对夫妇不满儿子挥霍无度，哪怕缴税60万元，也要从儿子手里收回价值2000万元的别墅。这位做母亲的李女士说："儿子这么大了，只知道花天酒地，用钱大手大脚，也不结婚……"为了敲打敲打不争气的儿子，他们决定把先前为了避遗产税而送给儿子的别墅转到自己名下。虽然这样做不能再避遗产税，而且要多付60万元的交易税，他们也愿意。

所以，不管父母、亲友是否有钱，给青年人"免费午餐"不是上策。利用外部金融市场让青年人"自食其力"，最终不仅能为个人空间、个人自由的最大化提供基础，而且能迫使青年人成才、成功、有出息。

要　点：

1. 由于原来缺乏金融市场，所以在中国，各路亲友为青年人出资，帮他盖房、成家是典型场景。由此带来的是扯不完的亲戚关系、理不清的家族矛盾。更糟糕的是，可能培养出靠"免费午餐"度日的懒汉。这种传统太根深蒂固了，即便今天有了金融市场，也不能在短时间内改变人们的习惯。
2. 如果是让青年人借钱花，虽然月供压力没人喜欢，但可以激发青年人奋发向上、成才成功的斗志。美国社会的发展经历也证明，借贷消费能带出"自食其力"的自立精神，培养出个人财务纪律、个人责任。
3. 一个人一旦养成习惯，不管是好是坏，都会形成固定思维模式。白吃午餐会让人养成一种习惯，而"自食其力"会给人带来另外一种习惯，借钱花可以培养出这种习惯。

思考题：

- 你可能会说："借钱花带来的月供，不是也可能把我拖垮吗？谁愿意在压力之下生活呀？"对这样的看法，一种回答是："这正是'天下没有免费午餐'的含义呀！"你怎么看这句话呢？可以举一些你熟悉的例子。

>>> 7.3 消费也是投资：借钱花的逻辑

　　看到这个标题你一定会有疑问，消费怎么也是投资呢？怎么理解呢？

　　就我自己的经历而言，记得 1990 年从耶鲁大学博士毕业之前，我要提前七八个月开始找大学教职的工作，在美国叫作"上职场，上 Job Market

（就业市场）"。所以，从1989年11月开始我就准备各种面试，准备到不同大学做学术报告，等等。那时候，一位青年耶鲁教授跟我说："上职场找工作，不光要把你的研究讲清楚，让他们知道你的学术研究能力和发展潜力，同样重要的是要把握好你的形象，要给人一个很振奋、有激情、很敏锐的印象，因为他们看重的不只是你的论文，也会评判你这个人！"

这位教授给我推荐了一本书，叫《为成功而着装》(Dress for Success)。这本书很旧了但还是相当有用，是一部专门为职场男士写的着装经典。作者告诉你如何挑选西服、衬衣、领带、鞋子、袜子、皮带、公文包、钢笔等，尤其强调不要让妻子、女朋友帮你买职场服装，因为妻子看重的跟适合职场的往往不同，女士喜欢的男人样子不一定是职场看重的男人范儿。但是，有一点是肯定的，就是这本书里推荐的西服、领带等都很经典、很贵，不是沃尔玛能买到的便宜货。

对于我这个一直在读书的穷学生，哪里有几千美元去购置这些经典着装呢？那位教授说："不能把这个看成消费，而应该当成投资，是对你未来职业的投资！"我当时半信半疑，但还是去银行借了钱，给自己购置了一批昂贵的职业服饰，包括领带都是英国老式的经典款。后来我穿着这些，在面试、去大学讲学的过程中的确感觉更加精神、自信了！虽然很难确定这些服装对我找到工作起到了决定性作用，但至少没有给我丢分！

那么，过去的经历给了我们什么启示呢？

借贷消费文化的形成

许多世纪以来，对借钱消费的道德指责一直没有停止过。按照这些道德标准，我在1989年、1990年的行为也该受到责备。实际上，正如以前讲的，美国的借贷消费文化是从19世纪中期开始的，到20世纪20年代进入全面高潮。当时的美国社会，各类报纸特别是妇女杂志上到处是分期付款借贷销售的广告；大到房子、汽车，小到糖果，任何商品都可以先拿过来消费，然后分周或分月付款，也就是可以通过周供、月供慢慢还款。

第 7 章
借钱是怎么回事？

其中，一个很有名的广告是这样说的："吉米今年 30 岁，年收入 3000 美元，但他的身价至少有 11.2290 万美元。如果他今天把那 11 万多美元的身价中的一部分拿过来花，那他可以买什么呢？他可以买大房子、好车、好西服，去好餐馆……"之所以吉米的身价值 11 万多美元，是因为他至少还要工作 20 年，如果未来每年他有 3000 美元收入的话，那么，把未来 20 年的收入按 10% 左右的贴现率做折算，加在一起，他就有 11 万多美元的总身价了，这是他的人力资本价值！也就是说，这 11 万多美元指的是他未来的总收入。整个广告就是告诉你：如果你借未来的钱先花，那你今天可以买到哪些东西。所以，这类广告吸引了众多老百姓，特别是中低收入群体去借贷消费！

由此带来的结果是什么呢？ 1910 年，全美国的分期付款信贷余额为 5 亿美元，到 1929 年就上升到 70 亿美元，在短短 19 年里翻了 13 倍！到 1930 年年初，75% 左右的汽车、家具、洗衣机、电冰箱等大件销售都是靠消费信贷完成的；就一般非耐用品而言，超过 40% 的销售是通过分期付款完成的。到那时，算是走完了美国消费文化的发展历程。

当然，不太奇怪的是，千千万万借贷消费的家庭和个人之中，也有一些因为抵挡不住广告的引诱、抵抗不了物质的诱惑而负债太多，最后倾家荡产。当时，媒体上充满了因负债过重而不能翻身的故事，攻击借贷消费行为和这些"黑心"公司。指责既来自道德方，也来自社会工作者。但是，有的人就提出质疑：这些负债过重的人是因为自己不能自控，还是因为放贷者不负责任的引诱呢？这跟那些强奸犯说"不是我的错，是因为对方穿得太漂亮让我抵挡不住"有区别吗？该受到谴责的是借钱失控的人，还是那些放贷人？

消费也是投资

在对借贷消费的一片指责声中，当时的哥伦比亚大学瑟里克曼教授从几个公司找到了一大堆数据，包括借贷消费人的身份、年龄、借贷金额、利率、期限、还款记录等等，通过对这些数据的研究发现：在最低收入人群中，大概有 1/10 的人用分期付款消费，而收入越高，分期付款借贷消费的倾向性就越强；城市人比农村人更有可能借贷消费。所以，不只是穷人会借钱花，中产阶层也借钱花。另外，在借贷消费人群中，坏账率通常在 1% 至 2%，没有像媒体宣传的那么糟糕！

瑟里克曼教授更重要的贡献在于，他为借贷消费正了名。他说，其实把"消费"和"生产"、"消费"和"投资"区分并对立起来是没有任何意义的，因为消费也是投资，所以消费也是生产，在产生价值。原因在于，在经济学里，我们把"人"的创业赚钱能力、做事业的能力通称为"人力资本"，比如我们今天说，在信息时代、在金融经济时代里，最重要、最有价值的是人力资本，而不是物质资本。

那么，什么算是在给人力资本做投资呢？很显然，如果不吃饭，人饿死了，那么人力资本就死了，因此吃饭是投资；如果没有吃好或者营养不良，那么你的天赋再好也无法发挥出来，一个歪歪倒倒的人大脑再聪明，也不会有用的；如果穿不暖，冻得生病了，人力资本也就浪费掉了，那么买衣服、看医生也是投资！

你可能说，吃饱、穿暖就好了，那为什么要借钱买更好的、买名牌？那不是多余的消费，不是浪费吗？其实，前面谈到 1990 年我博士毕业之前借钱买衣服、找工作的经历就表明，更好的职场着装能帮助我在面试、讲学过程中加分，帮我找到更好的工作！做销售的朋友都知道，如果你开奔驰去和客户谈生意，你谈成的概率就会更高。即使你不是直接做销售，实际上你在职场上每天都在销售自己的能力和东西。比如，你的老板怎么看你呢？这也需要你更好地表现自己。而要做好这一点，就需要你在自己身上多做投资。借钱消费也是投资！

青年时期，最重要的事情是为自己的未来打基础，为自己的未来做投资。最大化自己的未来是青年人最重要的创业投资。

第 7 章
借钱是怎么回事？

要 点：

1. 未来是不确定的，所以，借贷消费有时发生违约不奇怪。如果 100 万人借款消费，1% 的坏账率也会导致 1 万人面对困局。但是，不应该只看到这 1 万人的遭遇而忽视其他 99 万人得到的好处。可是，历史上对借贷消费的道义指责偏偏又基于这 1% 的故事。
2. 是否能抵挡诱惑是消费者的事情。如果一个人过度借贷消费，这位不理智的消费者应该承担主要责任，而不能把责任主要归咎于放贷方。如果张三明确知道自己无能力还债还非要借，那么他比放贷方更应该受到谴责。可是，实际生活中，社会会更倾向指责放贷方。
3. 在观念上，把"消费"和"投资"、"消费"和"生产"对立起来是不恰当的。消费也是投资，关键在于我们是否把人力资本看作资产。在当今新经济环境下，人力资本是最重要的资产，所以，根据需要借钱花也是投资。

思考题：

- 你今天学到的"消费也是投资"这个理论可能会带给你一些冲击。在你自己的生活中，有哪些消费开支是在为积累人力资本而努力的呢？举一些例子。

延伸阅读
Extended Reading

金融通识课

在今天的课程中我们了解到,适当地负债反而有利于激励年轻人努力奋斗。实际上,适当的政府负债还有可能有利于推动政策改革,促进国家进步。为了更深入地了解"借钱"为何能促进国家的发展,我们不妨来看看历史给我们的启示。

如果我们把1600年左右的国家分成两组,一组是国库储蓄丰厚的国家,像明朝,中国在那时国库藏银1250万两,印度国库藏金6200万块,类似的国家还包括土耳其帝国、日本等。另一组是负债累累的国家,像西班牙、英国、法国、荷兰、意大利等城邦国家。

在400年后,哪组国家发展得更好呢?令人惊讶的是:当年国库藏金千万的国家,除了日本于19世纪后期通过明治维新改变了命运,其他国家都还是发展中国家,而当时负债累累的却成了今天的发达国家!

为什么借债花钱非但没使西方国家垮掉,反而强大起来了呢?

第一,国库钱越多,朝廷银库越满,当权者就越不需要依赖来自民众的财政支持,因此会变得更加专制。而负债累累的国家,政府必然有求于百姓,希望民众能够缴税。这最终能制约国王的权力,促进民主与规则的发展。

第二,市场上国债的交易反映了民众对这一国家政府的信心。如果政府存在失职行为，国债的价格就会下跌；而如果政府得民心，国家发展势头良好，国债的价格就会升高。也就是说，国债市场提供了评估政府政策与制度优劣的具体工具，国债价格的波动直接反映了政府是否作为。只要继续发债的需要还在，国债价格的下跌必然逼着政府对其政策或法律做出修正。由于国家对证券市场的监督、评估、定价每时每刻都在进行，国债市场对投票决议制度起到了有益的补充。

总而言之，有负债的政府其权力受到民众（债权人）的监督，政府的作为也能被证券市场的价格波动及时反映出来。不论对个人还是对国家，负债都不一定是坏事，它可能反而是促人奋进的动力。

Chapter 8

第8章
借贷关系中的重要变量：利率

>>> 8.1 利率是怎么回事？

利率到底是怎么回事？为什么这么多人恨它？

香港大学的李教授有四个小孩。前不久我在路上碰到他，一聊起子女上学的事，他就说："我现在经济压力好大呀！大儿子在读研究生，其他三个小孩都在读大学，就我的工资，要负责三个半人的大学学费，我真是吃不消了！真盼望他们都赶快毕业！"我跟他讲："那你为什么不让他们自己借学生贷款，或者你自己贷款呢？"他回答说："那我还要付利息呀，太亏了，我不干！"

李教授没有学过经济学，更不知道金融，但是，他的思维逻辑我们很熟悉，在老百姓中也很典型。实际上，他的情况恰恰说明贷款有利息是应该的，也很合理，因为他是港大的终身教授，在港大的收入到退休前会很稳定，每年还会有点增长。虽然他未来四年孩子的学费支出压力特别大，但是之后他家的经济状况会完全反过来：李教授那时候不用再为子

第 8 章
借贷关系中的重要变量：利率

女付学费，工资也会比现在高一些，四个小孩也有收入了！所以，他将来不仅没什么花费了，收入还会比现在多。按理说，李教授的情况最能证明借贷利率的合理性了，他应该很高兴地支付利息，因为贷款可以帮助他摊平未来各年的经济压力，让生活不至于一会儿吃不饱，一会儿吃不完。

◌▱ 利率的效用逻辑

在经济学里，我们时常把利率称为"资金的价格"，也就是说，如果年利率是 10%，你今天使用别人一块钱，一年后还本金的同时还要支付一毛钱的利息成本。在一般的情况下，这个"资金的价格"应该等于透支未来一块钱能给你带来的额外好处，比如幸福感、享受、愉悦等这些"主观效用"的增值。

当然，具体的理论模型比较复杂，这里就不细讲了。这个理论的基本结论是：利率取决于一块钱给借方带来的额外好处，用经济学的术语来说就是边际效用。这种额外好处越多，利率就越高。比如，贷款可以帮助减少李教授未来四年的痛苦，平衡他一家人每年的消费，所以，他应该愿意支付利息，而利息到底应该多高，就由高到哪个水平他不再愿意借钱了来确定。比如，如果利率为 2%，他愿意借 100 万港币；如果利率为 3%，他愿意借 70 万港币；如果利率为 6%，他愿意借 20 万港币；而如果利率为 8%，他就不想借了。那么，对李教授而言，利率不能超过 8%。

基于借方的"主观效用"来确定利率高低的理论，在历史上也多次受到来自道德方的抨击。原因在于，一般都是在春天青黄不接，或者灾荒逼得很多人活不下去的时候，才会出现很多借贷需求。那么，对这些没有钱、没有吃的就活不下去的人来说，借一块钱可以带来的主观效用增值是无穷大的，因为借到的任何钱都是救命钱。所以，按照上面说到的市场经济逻辑，利率不管多高都是合理的。但是，这样一来，道德卫士就不干了！你这不是趁火打劫、乘人之危发横财吗？于是，就有了长达几千年的"打击高利贷"历史。我们之后再回到这个"民间借贷是否应存在"的话题。

利率的机会收益理论

那么，利率到底应该由什么决定呢？因为资金是有成本的，而且对一般人来说，今天的一块钱比明天的一块钱更有价值，所以，我们也必须从资金的提供方（放贷方）来看利率的问题。毕竟，银行也好，愿意做放贷的个人或公司也好，李教授肯定不是他们可以放贷投资的唯一对象。比如，银行可以把资金用于买政府公债，这样没有违约风险，投资很可靠；也可以贷款给那些生产性企业、房地产公司；或者放贷给学生；等等。所以，李教授愿意支付多少利率成本，那是他的事情，而如果政府、公司和其他个人借方愿意提供 10% 的利息回报，那么，李教授要么就支付 10% 的利息，要么就别想借到贷款了！

也就是说，其他投资机会的收益也对李教授必须支付的利率起关键作用，因为整个经济的各行各业和各类金融市场是在同一个共同体里面，需要资金的各方都在那里相互竞争，不只是李教授一个人。谁出的资金价格（利率）最高，谁就先得到资金，也得到最多的资金支持。这就是为什么在赚钱多、赚钱容易的时候，利率会高；反之也成立。当然，也正是利率或者说回报把各种投资市场、各行各业联结在一起。我们在分析经济走向、行业走向的时候不能把它们孤立起来看，而应相互关联起来看：一个金融市场的波动会牵动其他市场，一个行业的变化也会带动其他行业的变化。各国央行都把宏观经济调控的重点放在基准利率上，道理也在这里。

从机会收益角度来看利率的决定因素，而不只是从资金需求方的主观愿望角度来看，我们就更能理解为什么利率会随着宏观经济情况的波动而变动了。比如，假设政府需要从银行借大量资金大搞基础设施投资，建高铁、机场、桥梁，同时各家公司也借钱扩张，家庭也通过贷款买多套房子；那么，各方对资金的需求会猛涨，火热竞争之下利率必然会上升，因为大

第 8 章
借贷关系中的重要变量：利率

家都愿意，也必须出更高的资金价格，否则别人会把有限的资金给先借走了！

反过来看，如果经济变冷，政府也不搞基础设施投资，企业也很谨慎，家庭也不敢借钱花，那么，利率就会走低。

所以，你看到，在一般情况下，尤其像中国这样民间消费占经济比重比较低的国家，个人和家庭往往不是利率水平的主导者。不过，对像美国这样的民间消费 GDP 超过 80% 的国家来说，老百姓的投资和消费决策会对利率产生决定性影响。

最后，我们看一个否定利息的极端理论，这是古希腊哲学家亚里士多德在公元前 300 多年说的，他的学说至今影响还很大。首先，他是否定为营利而交易的价值的。在《政治学》中他谈道："以鞋为例：同样是使用这双鞋，有的用来穿在脚上，有的则用来交易。那位把鞋交给正在需要穿鞋的人，以换取他的金钱或食物，固然也是在使用'鞋之所以为鞋'……以有余换不足，'交易'（物物交换以适应相互的需要）原来是自然地发展起来的。"但如果交易的目的不是满足需要而是为了营利，则交易是不自然的。这就跟我们现在说房子只是用来住的逻辑一样。所以，做钱的生意就更加反自然了！

其次，亚里士多德讲，有息放贷"不再从交易过程中牟利，而是从作为交易的中介的钱币身上取得私利。为了交易的方便，人们引用了货币，而钱商竟然强使金钱进行增值"。这种做法无异于强使父亲生孩子，因此，"在致富的各种方法中，钱贷确实是最不合乎自然的"。所以，要禁止！不能够有任何利息，因为赚利息是反自然的，是所有赚钱活动中最不道德的！

仔细琢磨亚里士多德的话，你会发现，即使在今天的中国，这种否认从借贷关系中营利的思维还有相当的影响力。这也是为什么在中国发展金融仍然不容易。

要　点：

1. 借贷可以帮助借方平滑短期开支压力带来的负面影响，提升借款人的主观好处或者说"主观效用"，利率就是这种主观效用增值的表现，所以，利率是应有的。
2. 在整个经济体中，对资金存在各种竞争性需求，包括政府、企业、家庭和个人等，这些不同的资金需求方愿意出的资金价格往往各异。竞争性机会收益决定利率水平，谁出的资金价格最高，谁就得到最多的资金支持，利率也由此而定。
3. 经济过热时，谁都想借资金扩大投资，由此利率会走高。而经济遇冷时，资金没人要，利率就会走低。

思考题：

- 前面你了解到了港大李教授的故事，李教授宁可勒紧裤腰带继续过四年苦日子，也不去贷款供四个小孩同时上大学、读研究生。当然，李教授现在 57 岁了，等他熬到头，岁数也大了，也没法享受生活了。这种生活方式在中国相当普遍。你觉得这种现象背后的文化背景、心理原因有哪些？如何才能改变这一生活方式呢？

>>> 8.2 利率为何居高不下？

这一节我们还是谈利率，为什么利率从古到今似乎总是居高不下？国务院总理也召集了多次会议，布局政策，立意明确要降融资成本，可就是降不了。

在之前谈到的山东辱母报仇血案中，于某母亲公司借款月息 10%，年息

第 8 章
借贷关系中的重要变量：利率

120%，高利贷是整个血案的起因。如果没有高利贷，也就不会发生血案了。这个案件暴露出来的问题是，金融发展到今天，民间借贷利率怎么还这么高呢？有哪些改革能够把持续多个世纪的高利贷根除掉呢？

◯ 历代皇帝都试过管制利率

对高利贷的痛恨，不是今天才有的，在中国古代，由于生产和商业投资的规模都很小，生产性借贷不是主流，像于欢母亲公司那样的商业借贷很少，而且对于商业性借贷的利率，再高也不太容易引起社会同情。由于古代的借贷多为消费而为，也就是说，一般是在一家人没饭吃的情况下才去借钱，所以，过去对利率的管制多是出于道德考虑，防范贷方趁火打劫。

最早在周朝，官方就开始管制利率，并且据《周礼》记载，为了防止商人过分剥削，周王由泉府经营官方放贷，利息一般在 20% 至 25%。

汉代规定利率最高 100%，规定"一本一利"，禁止复利，也就是说，你不能在利息的基础上再要求利息，不能"利滚利"。比如，山东于欢母亲的公司借钱 100 万，月息 10%，如果不允许复利，那么，年息就是 120%，一年后的本金加利息为 220 万；而如果允许复利，那么，计算 1.1 的 12 次方，年息就为 214%，一年后的本息为 314 万，两年后的本息为 985 万！复利的确很厉害呀！

唐朝武则天把利率上限往下调，规定官营放贷利率不超过 60%，民间放贷利率不超过 48%。这两种利率上限一直维持到宋朝末期都没变，而且明显对民间借贷的限制更严。在 1069 年，王安石推出青苗法，在每年夏秋收成前青黄不接之时，老百姓可以去官府借钱或粮食，年息 40%。可是，收效甚微，并被时人指为与民争利，"名为济民，实则专利"。

到了元朝、明朝，民间利率上限继续下降，不能超过 36%，对复利更是打击，违者后果自负，不在法律保护范围之内。清朝继续前例，到 19 世纪利率上限为 24%。中华民国政府规定民间利率不得超过 20%。到 20 世纪 50 年代后期，民间借贷就逐步被禁止了，民间金融走入地下，官方允许的民间利率水平就无从谈起了，所以就有了许多非法集资案件。一直到最近几年，民间金融包括民间借贷才慢慢得以恢复，2015 年最高人民法院发布《关于审理民间借贷案件适用法律若干问题的规定》，明确规定民间借贷年利率超过 36% 为无效。

利率管制的结果到底如何呢？很遗憾，上有政策，下有对策！比如，张三跟李四签借款契约，合同上说借款 900 元，并且是零利息、一年到期，但是今天张三实际拿走 600 元，这样实际利率 50%，可是合同上说是零利息，官方要查也查不到。所以，利率管制的结果只会使许多借贷走向地下，增加借贷契约的执行风险。因为，一旦发生债务违约情况，出现纠纷，借贷双方不能正式去诉讼，只能私了，而私了的过程往往非法且充满暴力。

就像山东辱母血案那样，月息 10% 显然超过年息 36% 的最高法定利率，所以，债务人赖账时，债权人就无法走正式司法程序，只能通过黑道讨债。地下借贷就这样伴随着暴力。

过去好多年，我跟河南大学彭凯翔、中国社科院经济所袁为鹏，收集了大量清朝和民国时期的借贷利率数据。我们的利率历史数据库应该是到目前为止最为详细的，量也是最大的。根据我们的数据显示，十八九世纪的全国平均利率基本维持在 20% 多一点，货物借贷利率大概要高出 1.5 倍；而民国时期至 20 世纪 50 年代，货币借贷利率平均在 40% 至 65%，货物借贷利率则平均在 100% 至 180%！为什么市面上真正的利率与政府规定的结果不同呢？

◯ 管制使利率走高

利率管制两千多年，民间至今还是充满高利贷，这说明单靠人为禁止高利贷是无效的，最多是治标，但不治本。道理很简单，就是对利率的限制多是基于一些人的良好愿望，而忽视了借贷市场的实际情况，尤其忽视了资金供给端为什么会要求高利息回报。当然，我知道你肯定会说那是因为这些放

第 8 章
借贷关系中的重要变量：利率

贷者心黑、剥削心太强。可是，借贷市场还远远没有发挥出自身的潜能。如果对放贷人权益的保护很可靠（就像我们现在要求保护股市上的中小股民权益一样），借贷交易又很安全，特别是当其他投资选择不是很多或者回报比较低的情况下，人们还是会在借贷利率不是太高的条件下也愿意去放贷的。如果能做到这些，高利贷问题不就可以解决了吗？

我们发现，以 20 世纪 30 年代初期为例，各省的借贷利率差别非常大，浙江的平均借贷利率最低，才 21%！福建第二低，为 22%；江西第三低，为 24%；而宁夏的平均借贷利率最高，为 50%，陕西第二高，为 47%；湖南也不低，为 32%！那么，为什么各省的差别这么大呢？

我们的量化历史研究表明，至少三方面的因素能部分解释这些跨省份的利率差别：

第一，人均耕地面积越大的省，其借贷利率水平越高。这主要是因为这些省份更可能是传统的农业大省，在文化上对商业更加排斥，对契约的认同度和遵守度可能更低，由此，那里的借贷违约概率会更高，违约风险要求的溢价也会更高。因此，那些地区的放贷资金供给会少，借贷利率会更高。

第二，抢劫案占当地刑事案件的比重越高，那个省的借贷利率就越高。这主要是因为当地的民风会更差，违约赖账的概率更高。因此，借贷的违约风险溢价会高，利率自然会更高。

第三，一个省的金融机构越发达，占借贷交易量的比重越高，那么，那里的借贷利率就会越低。这还是跟借贷契约文化高度相关：金融机构化越多，借贷交易就越正规，交易安全度就更高，因此，贷方要求的利率就会低。

我们已经介绍了很多利率数据和研究，但其实就是讲一个简单的道理：利率管制解决不了高利贷问题，而如果要治本，就必须像浙江、福建、江西那样，改善商业文化，认同契约精神，提高民间商业秩序，尤其是要旗帜鲜明地保护放贷人的权益，增加放贷人的安全感，而不是要批斗、打倒放贷人。只有改善借贷市场的投资环境，人们才敢把资金投放出去，要求的利息回报才可能低。

要点：

1. 从周朝开始，历代皇帝都试过管制借贷利率，立意在于打击高利贷，帮助穷苦老百姓。一个基本的事实是，虽然这些基于道义的努力持续了两千多年，而且至今还在继续，但高利贷的问题还是没有解决好，因为单方面地限制利率只是治标。
2. 为了治本，就必须从资金的供给方面着手。从中国20世纪30年代的跨省数据以及许多跨国比较的研究结果来看，商业文化发达、契约精神可靠、社会秩序优良的地方，放贷资金的供给就多，作为资金价格的利率就低。
3. 治理高利贷的办法是放开并鼓励民间金融，政府需要通过法治保护放贷人的权益，鼓励更多人加入放贷队伍，而不是把他们打入地下。打击高利贷者只会使借贷资金供给短缺，利率不仅不会跌，反而会上涨。

思考题：

- 按理说，两千多年限制利率的结果那么明显地摆在那里，那就是不解决任何本的问题，高利贷会一如既往。可是，就是没有人指出这个明显的结论，至今还迷信"打倒高利贷的办法是限制利率"！为什么会这样？

延伸阅读
Extended Reading

金融通识课

    金融是跨期价值交换，也是跨时间的承诺。由于金融最直接地涉及利益，所以，是各类经济活动中最难的部分，也是普通大众共同的需求，金融应该比其他人类活动更能催生文字。当然，文字也可以记录其他东西，像诗歌、思想和英雄故事，但这些在原始社会时期都太奢侈了，而跨期利益交换涉及人的生存需要。

    考古学者发现，人类文字最早是从 5500 年到 7000 年前出现的，首先发生在古巴比伦的美索不达米亚一带，也就是现在的伊拉克南部。那里也是人类最早放弃游牧狩猎的地方，在 12,000 年前就开始定居农耕，所以那里的苏美尔人最早发明文字也就不奇怪了。以前，考古学者比较多的是研究那里的建筑结构、地理特征等，没有从经济角度考究文字的起源。

    而得克萨斯大学的考古教授丹尼丝·施曼特－贝斯拉（Denise Schmandt-Besserat）却不一样，她从 20 世纪 70 年代初开始的研究发现，苏美尔人在大约 7000 年前就使用陶筹（也叫陶片）记录物品了，这些陶筹就是早期文字的雏形。当时的苏美尔已经是有数万人口的城市，在城市里寺院发挥了很重要的物资调剂作用，也就是说，各户人家都必须每年捐赠一定数量的大麦等农产品到寺院的仓库，由寺院按额度救济那些物资短缺的市民，尤其在灾荒等自然风险发生的时候，其作用跟中国明清时期的"常平仓"类同。

    那么，在运营寺院仓储的过程中，当张三今天把一担大麦送进仓库，仓库需要给他等同于一担大麦的陶筹做凭证，一方面张三今后可以用陶筹证明自己捐赠了大麦，另一方面如果张三今后发生意外，需要仓库的救济，也可以拿着陶筹去仓库换取他所需要的物品。张三送去的东西也可以是其他物品，所以，当时有代表不同物品的各类陶筹。这些陶筹慢慢演变成后来的楔形文字，但更重要的是这些陶筹发挥着跨期价值储存的作用，是信用的载体，准货币或叫"代币"，其意义跟现在的纸币和金融合约一样，也跟中国商周时期的贝钱类似。

施曼特－贝斯拉教授进一步发现，这些陶筹也逐步成了物品量的记账单位，比如，两个大麦陶筹对应两担大麦、三个牛陶筹对应三头牛等，会计的基础也逐步形成。可是，之所以这些陶筹能作为记账基础，是因为陶筹的发行方有隐性承诺，就是他们不会乱发，别人也不可以假造，要保证这些陶筹所承载的价值的永恒性，否则就没有人把这些陶筹当回事了。

由于寺院调剂功能是以强制性捐赠为前提的，所以，有时有人出现歉收的情况，就会拖欠捐赠物，这时候寺院就会用楔形文字在泥土陶片上记下欠账、借贷的情况。至今还保存的古巴比伦借贷契约陶片中，有十几份来自4500年以前（公元前26世纪），上面都写着欠债人名字以及所欠大麦的数量。而以白银为标的的借贷契约要稍微晚一点，现在还保留着的白银契约大约发生在公元前25世纪。

从考古学者的研究中，我们看到，由于早期的农耕社会，不管是现货交易还是跨期交易，交易额都比较小，而且都是熟人之间的交易，所以，基于每个人的大脑记忆就够用，违约风险也会因大家都是左邻右舍而不至于太高。可是，在古巴比伦发展为城市后，情况就大为不同了，交易规模大大上升，况且交易双方不再是过去的熟人，尤其是跨期交换需要客观的跨期记忆工具，这就催生了文字。早期的陶筹不仅是文字的雏形，也是最古老的金融工具，也就是跨期价值载体——代币。

金融在人类历史上就是这样出现，并刺激了后来文明化的最重要工具——文字的发明。所以，说"金融书写历史"也不奇怪。

Chapter 9

第 9 章
借贷是压榨还是便利？

>>> 9.1 借贷命案中到底谁打死谁？

这一节，我们谈借贷中的暴力问题，暴力对解释高利贷有多大关系呢？暴力会降低借贷利率，还是反过来抬高利率呢？

以前反映社会坏财主的影片，经常有这样的情节：贫苦农民迫于生计找财主借高利贷，之后无法偿还，就外出逃债。财主拿不到欠款，就逼迫农民的家人干一些他们不愿意做的事情，比如卖子女、变卖家产抵债等。一些被逼急的农民就会采取极端手段抵抗债主的逼迫，有时出于悲愤或失手就会打死债主。而债主一旦遭遇这样的状况，其他人往往就是一边倒地拍手叫好。

这样的场景我们很熟悉，也是一提起高利贷我们马上就会联想到的，所以，我们都恨透了放高利贷者。

可是，你有没有想过，如果借贷交易在实际中真的总是放贷方被打死，接下来还有多少人愿意放贷呢？如果借贷市场上的资金供应量因此下降，资金的价格即利率是会上升,还是下降呢?高利贷的历史之所以两千多年没终止过,是否跟我们的主流文化同情偏袒借债方、普遍痛恨放贷方有关呢?如果看到借债方逃债,我们就喝彩,那么,这种道义文化是否会鼓励债务违约、抬高借贷风险溢价呢?我们知道,道义文化越是痛斥放贷人,官方越是通过法律把高利贷打入地下,借贷交易就越不安全,放贷方就越会要求更高的风险回报,高利贷的情况只会更严重。

历史上的借贷命案规律

我们可以看看历史中的一些规律。在 2014 年我和彭凯翔、林展发表的一篇研究文章中,我们系统地收集了近 5000 个清朝借贷命案案例。在这些大样本中,基本情况符合我们的预期。比如,平均借贷利率为 19.9%,绝大多数命案不是故意谋杀,而是讨债纠纷过程中因冲突导致的结果,并且就像山东辱母血案中的情况一样,官方都是在命案发生之后才介入。

那么,一旦因借贷发生命案,被打死的一方更可能是借方还是贷方呢?

这里有两个可能的假说。第一个假说是,按照"光脚的不怕穿鞋的"道理,我们一般应该看到经常发生的是贷方被打死的情况,因为贷方打死借方的概率很小。一方面,把借方打死了,借款更加拿不回来。另一方面,自己还要"一命还一命",会被官方判死刑。第二个假说是,由于贷方被认为是豪势一方并且有很多狗腿子打手,更应该是借方被打死的情况多。

实际情况是:如果借贷中没有利息,57% 的借贷血案中是借方被打死,43% 是贷方被打死;如果借贷利率大于零,局面就正好反过来,61% 的情况是贷方被打死,39% 的情况死的是借方,而且借贷利率的越高,贷方被打死的概率就越高!如果借贷利率超过 36%,那么,借贷血案中 79% 都是贷方被打死。

我们的研究发现,道义在这些债务命案中起关键的作用。比如,当借贷安排中本来就没有利息,而如果借方连本金也不还,那么,贷方在道义上就占据了制高点,讨债冲突中贷方的暴力可能更猛,因此,被打死的更可能是

第 9 章
借贷是压榨还是便利？

借方。特别是，我们看到，讨债次数越多，比如讨债三四次后借方还是不还，那么，贷方就会觉得"理"在他那一方，打起来会更加猛烈，死的一方更可能是借方。

可是，如果借贷利率比较高，道义制高点可能就反过来，借方会觉得"理"和"法"都在自己一方，打架中的暴力倾向就会更猛，被打死的就会是贷方。尤其是，如果在借贷利率本来就高于法定利率的上限，借贷交易为非法的情况下，借方就更加不怕了。

之前我们谈到，从周朝开始，历代朝廷都偏向保护借债方，同时通过法律对放贷人的行为做很多限制，在由借贷引发的惩罚中更重视惩罚贷方。《大清律例》强调，豪势之人"不经官司，强夺他人产业，杖八十以上，超过本利部分追还借方""夺人妻女，杖一百，如有奸占等情，处以绞刑"。对于"一本一利"利率管制规则，"违者罚没多收的利息，处以笞杖刑罚"！

从我们对借贷命案的研究中，你能看到，道义文化不管是在过去还是在今天，都过多贬低甚至仇视放贷者，尤其是痛恨放高利贷者，这种文化就变相纵容鼓励借债人拖欠，甚至有钱也不还，因为反正社会与法律都会偏袒他这边。在发生讨债暴力的时候，这种道义文化更是鼓励借债方去猛打放贷者。当然，如果借贷是无利息的，那就另当别论了。但是，资金是有机会成本的，投资者手中的资金总是可以投向其他机会，所以，不能通过零利息来建立贷方的道义制高点。

为了解决高利贷问题，需要做的是通过法律保护放贷方，社会文化也应该褒扬放贷人，而不是反之。从道义上贬低放贷人，只会鼓励更多人对放贷人行暴。放贷的暴力风险增加后，高利贷的利率只会更高，因为除非暴力风险得到溢价补偿，否则没有人愿意去冒险放贷。

要点：

1. 人性的善良面决定了各个社会都会同情、偏袒借债方，中国也不例外。在过去金融市场欠缺或者不发达的背景下，道义文化在借贷关系中一直唱主角，道义一直站在借债方这边。
2. 从我们对清朝借贷命案大样本的研究中看到，道义原则使放贷人不敢收利息，因为收利息会大大增加贷方的暴力风险：利息越高，发生债务暴力时被打死的一方越有可能是贷方！当然，这样一来，就越迫使贷方要求更高的利息回报，以抵充自己的生命风险。
3. 道义文化阻碍了金融市场的发展，这也是为什么利率管制从两千多年前到如今还没解决好高利贷问题。最终的出路在于从保护放贷人的角度降低契约风险、理顺资金供给的通道。

思考题：

● 借贷市场历来是社会矛盾的焦点之一，道理在于在传统农耕社会里，需要借钱的经常是遭遇不幸的个人和家庭，而这个群体又恰恰是最付不起高利贷的。所以，各个社会都有过很长的打击放高利贷者的历史。你觉得禁止高利贷、打击高利贷是解决这些苦难家庭生存问题的办法吗？道义原则跟市场原则有冲突吗？为什么？

>>> 9.2 印度免债风暴告诉我们什么？

"好心"会办坏事吗？以前谈到，借贷在人类社会中至少有五千年的历史，那为什么至今还没有发展好、理顺呢？怎么到今天高利贷还是那么多呢？上次谈到的道义文化是一个阻碍因素，今天，我们会看到政治家的"好

借贷是压榨还是便利？

心"也会阻碍金融的正常发展！

我们来看看发生在印度的故事。在两个邦，印度总理莫迪保证给农民免掉几十亿美元的债务，结果其他邦的农民纷纷上街游行，要求得到同样的待遇。就这样，按照美林证券的估算，大约在2019年大选之前，莫迪政府会给印度农民免掉400亿美元的债务，相当于印度GDP的2%！

莫迪总理为什么会给农民大规模免债呢？通过政治大规模免债，最终的结果会是什么？谁是受益者，谁又是受害者呢？中国过去也有类似历史，尽管规模没有印度这么大，但这种冲动随时可能出现。免债的本质跟刚性兑付没啥差别，所以，我们还是要厘清这些问题，否则就不能搞懂金融发展的艰难。

印度的故事

印度和中国作为人口最多的两个国家，农耕传统同样悠久，都在文化观念上不信任市场，排斥民间有息借贷。1980年，印度的人均GDP大约超过中国一半，到1990年两国人均GDP拉平，而到近年不到中国的一半。当然，最近几年印度经济的增长速度一直高于中国，或许，印度未来也能充分利用工业革命带来的变革，使其在经济赶上中国。但是，在达到中国的经济水平之前，它还要面对许多政治和观念上的挑战。

印度从1947年独立后，很快进入民主政体。但是，由于当时印度人口80%以上是农民，到今天，农村人口仍然占69%，其民主选举一直受农民选民影响，偏好左派人士，以至于到20世纪80年代，印度经济受政府管控的程度不亚于中国。虽然印度的土地是私有的，企业也以私营为主，但政府通过法律和法规几乎对所有行业都管制得很严，尤其对外资和外国商品的进入限制很多。政府为了保护夫妻店等目的实行管制，那里没有连锁超市，也没有像苏宁电器、家乐福等这样的全国连锁商店。

早在1990年，辛格总理给印度农民免债16亿美元，让许多农民感恩不尽，但在接下来的许多年里，银行和金融机构不愿意给农民贷款，尤其是不给那些曾经利用政策故意逃债的人贷款。即使给有些农民放贷，也会要求很高的利息。后来，花了十几年时间才慢慢修复受伤害的借贷文化，放贷者怕再次面对逃债风险，信任迟迟不能恢复。

2008年，印度政府做了一次更大规模的免债，给农民免掉108亿美元债务，相当于当时印度GDP的1.3%。在那次免债举措中，只要你证明没能力还债，政府就帮你承担债务，或者贷方被迫承受一些损失。之后的研究表明，这样做的最大受益者是那些经济条件相对比较优越的农民，因为他们本来可以还债，但知道政府帮助免债了，就故意找理由不还了，由政府来承担债务。

现任总理莫迪是一个民族主义者，惯于利用民粹言论获得民意，尤其知道如何赢得农民的选票。他在2014年当选总理后，很快帮农民免掉了96亿美元债务。2017年，莫迪又把注意力放在2019年的大选上，因为那次选举将决定他是否能再掌权5年。而两年后能否胜选又取决于几个人口大邦是否由他的人掌控，尤以北方邦（Uttar Pradesh）、马哈拉施特拉邦（Mahārāshtra）为重。

在这样的背景下，先是2017年4月，北方邦选举邦长。莫迪为了确保那个邦由执政党控制，去那里帮助竞选时保证说：如果BJP党（印度人民党）的候选人当选，北方邦2150万农民的56亿美元债务将被全免！——这真是印度版的"打土豪，分田地"呀！结果，莫迪党派的候选人在4月当选了，在上任后的第一个内阁会议上就决定给农民免债56亿美元，兑现承诺！

紧接着，6月初，马哈拉施特拉邦的农民开始上街游行抗议，也要求免债，并同时罢市并拒绝把蔬菜、水果等农产品拿到集市上，使物价猛涨，严重影响城市人的生活。那个邦的邦长也是莫迪党派的人，在莫迪的授意之下，很快答应免掉46亿美元的农民债务！

同时，在中央邦，农民也大举游行，并跟警察发生严重冲突，至少6人被警察开枪打死。中央邦的邦首也是莫迪党派的人。在压力之下，中央邦政府做出让步，同意给农民免债！于是，其他邦的农民看到这些，当然也上街游行，要求免债！

第 9 章
借贷是压榨还是便利？

◯▬ 免债的后患

关于民主选举在什么收入分配结构下会导致左派民粹政府、哪种收入分配结构会导致亲市场经济的政府，不同学术领域对这些问题的研究不少，一般认为如果富裕的选民多，选举的结果自然会倾向于亲市场的候选人与亲市场的政府。但是，从印度的经历中我们看到，由于印度绝大多数选民是农民，而他们的经济状况普遍不好，所以，他们倾向于选举那些保证立即给予实惠的候选人。因此，免债、政府福利等就不奇怪了。

当然，民主政治不是政府免债举措的必要条件，它只是加重了这种倾向性，因为在中国和其他国家的历史上，社会运动或政治运动也时常导致免债减债、免租减租，或者就以这些为运动的目的。

那么，正在印度发生的大规模免债举措，后果会怎样呢？

首先，我们看到，这使政府财政恶化。由政府接手相当于 GDP 的 2% 的债务，等于给印度政府增加了相当于 GDP 的 2% 的财政赤字，政府必须发更多公债，使利率水平整体上升，加重各行各业的融资成本。也就是说，等于把农民的债务分摊到社会的各行各业、各个社会群体。

其次，在政府一次次把农民的胃口搞大之后，道德风险被不断放大，使农民今后对免债的期盼持续上升，更多人有钱也不还债了，尽量拖欠，等着政府宣布免债。

最后，银行和其他金融机构今后就不敢给农民放贷了，因为担心农民有意拖欠，担心借贷契约的执行风险。对农民的贷款供给减少的同时，农民借款利率只会上升，会牺牲农民的未来利益，也从根本上阻碍民间借贷市场的发展。

为了解决高利贷问题，需要做的是通过法律保护放贷方，社会文化也应该褒扬放贷人，而不是反之，从道义上贬低放贷人。政府肆意进行行政干预并免债，只会减少借贷市场的资金供应并抬高利率，破坏借贷文化。借贷市场需要的是市场文化而不是权力干预文化。

要点：

1. 出于选举的需要，印度总理莫迪和其党派给农民大举免债。由于印度的收入分配结构中低收入群体尤其是农民群体太大，民主选举使政府更倾向于选择"左倾"民粹经济政策，而不是亲市场的经济政策。
2. 虽然免债可以带来立竿见影的救济效果，但是，其道德风险是显然的，因为那些有钱的人也不会还债了。逃债的结果是金融机构不再愿意给农民放贷，最终害了农民。
3. 免债减债的道义制高点和民粹政治价值显而易见。但印度的免债故事进一步告诉我们，除非政策重点从借方转移到发展保护贷方权利的制度上来，否则，民间借贷市场难以走出高利贷的陷阱。

思考题：

- 从印度的免债故事中，你可以看到，不管是出于拿政治选票的目的，还是出于善心，给农民免债后，反倒是破坏了好不容易发展起来的借贷文化、信用文化，使借贷市场重新充满怀疑。而如果是按照市场经济、商业契约的要求，应该要求借贷人守约，即使短期有难处，也要想尽办法还债。所以，虽然市场原则对农民的长期利益更好，但短期而言，市场经济规则过于冰冷，可能逼得人走投无路。你觉得，在两者间该如何取舍？这跟中国古话"授人以鱼，不如授人以渔"有相同之处吗？

>>> 9.3 金融只是富人俱乐部吗？

不管从日常谈话，还是从教科书中，你可能会接收到两个印象很深的观点：一个是金融就是为富人服务的，对富人才重要！另一个是在借贷市场上都是富人借钱给穷人，富人剥削穷人。因此，金融就成了富人剥削穷人的工具。

这两个印象符合事实吗？这些观念站得住脚吗？当然，今后你会了解到，如果金融受到太多行政管制，被抑制得过分了，可能真的会成为富人俱乐部，老百姓连沾边也别想。比如，在近期放开金融服务之前，中国老百姓原来除了往银行存钱，得不到任何其他金融服务。

从对借贷市场的分析中你会发现，如果民间金融的空间足够大、足够顺当，金融对普通老百姓其实更重要，金融完全可以是普惠的。那些关于借贷市场历来就是富人借给穷人钱、富人剥削穷人的印象，其实跟实际情况不符。

湖北王垸村的故事

我们就以很普通的湖北省王垸村为例。王垸村位于湖北省荆州监利县，地处洪湖岸边，家家户户都有水产养殖，但像多数村庄一样，这里有机会创业致富、增加就业，可是缺少资金，每年的资金缺口约500万元。另外，虽然本地人钱不多，但从老年人到青年人，很多人有投资需要。尤其是老农民，他们不仅需承受一般意义上的"三农"之苦，而且还因子女数量少、子女外出打工等因素，面临极不确定的养老挑战。对他们来说，互助性金融机构不仅最合适，而且最需要。

是否有这样的互助性金融机构来帮助他们摆脱贫困，创业致富呢？据《南风窗》报道，2006年3月的时候，李昌平和村委会成立了"王垸村老年人协会"，这个协会实际上是以放贷为主的老年人基金会。当年，86人入股，股金总额27万元。年底分红，每位老人拿到280元。至2010年年底，协会股金总额104万元，有219位老年人参股。

对城市人，几百元分红可能无足轻重，对这些老农却是另一回事。就以村委会75岁的守门老人为例，她独居村委会提供的宿舍，2010年的收入是低保金600元，加村委会工资2000元，一共2600元，所以，基金会分红的500元，对她很重要。另外，在老年会员生日和去世之时，基金会会拿出几十元慰问金。

在这个故事里，你看到，放贷的实际就是这个基金会背后的股东，也就是村里普通的老年人，而得到贷款的是村里需要资金经营水产养殖的年轻人，也是普通农民。都是普通人跟普通人之间的交易，而不是什么富人借给穷人。这个村是典型的"大家都不富，但各有不同的金融需求，所以需要相互交易"的局面。

养老基金会的好处很多：一是资金投放本地，增加年轻农民的就业机会；二是有利于社会和谐，让年轻农民不必背井离乡外出打工，能跟父辈和子女在一起生活；三是通过老年人股东每年的分红收入，缓和养老问题；四是减轻政府的养老负担，帮助解决"三农"问题。政府给农民补贴，是不错，但更重要的是还给农民金融权利。

可是，像这样对个人、社会和政府是多赢的养老基金会，在2007年和2011年两次被勒令取缔，理由是该基金会未经有关部门审批。在银监体系下，农村金融机构的设立存在区域、股东资格、资金门槛等诸多限制。这些限制是如此严格，以至于根据中国人民银行统计，到2010年年末，全国数万个乡镇中，已开业的新型农村金融机构才395家，其中村镇银行349家，贷款公司9家，农村资金互助社37家。大多数农村金融机构只好通过工商渠道注册，获得"准身份"，打"擦边球"。监管部门一不高兴，这些自发金融机构随时可能会被定性为"非法集资"。

对于监管部门的这些取缔命令，67岁的王垸村养老基金会理事长说："一不犯法，二不贪污，村民也满意，为什么就不能办了呢？"在养老基金会召开会员大会讨论时，90%的老人支持"继续办"。

王垸村是否为特例呢？并非如此。国务院参事汤敏博士几年前去内蒙古武川县的农村调研，了解到，在那里，也是普通老百姓相互融通资金，而不是富人贷给穷人。但在民间金融被压制的情况下，许多人特别是退休老人没法扩大金融业务，自己给自己养老。

第 9 章
借贷是压榨还是便利？

既然民间金融的好处这么明显，为什么会受到怀疑甚至禁止呢？说到底还是由于对民间放贷的不信任，没有走出剥削论的思维。当然，也有许多人说是怕民间金融带来金融危机风险。比如，20世纪90年代农村合作基金会坏账近3000万元，有的说亏损数亿元，最后由中国人民银行填补了窟窿，接下来就是打压农村金融。但即使农村金融有几十亿元呆坏账，也远比四大国有银行在2005年之前产生的3万亿元呆坏账小几个数量级，更何况农村金融服务了8亿农村人口，改善了他们的民生。为什么没有因3万亿元呆坏账而取缔四大国有银行，却因最多几十亿元的呆坏账而禁止农村金融呢？

◐ 清朝借贷中是谁借给谁？

你可能会说，上面讲到的是现在农村的情况，而过去民间借贷中多是富人剥削穷人。那时候的情况到底如何呢？

过去，我跟彭凯翔、林展从清朝刑课题本收集了近5000个借贷案例，我们通过研究十八九世纪的农村借贷关系发现，68%的借方为雇农、23%为佃农，而贷方中63%为雇农、14%为佃农、12%为自耕农，所以，放贷人中地主、富农只占11%，而89%的放贷人为雇农、佃农和自耕农！如果我们认为放贷人是剥削者，那么多数时候剥削者就是雇农了。

为什么在传统农村借贷中大多数时候是雇农借给雇农，而不是我们印象中的地主借给雇农、佃农呢？其实道理蛮简单的，因为就像今天，马化腾、王健林有上千亿元，但是他们的财富都在股票和其他资产之中，这些财富是基本不能动，也不容易变现的，所以，如果你找他们借钱，他们可能真的手头现金不多。当年的地主和富农也一样，他们富有，但财富都在田地、房屋和不动产上面。而相对而言，正因为雇农、佃农没有财富，没有田地房产，所以他们仅有的财富可能是现金，因此，普通人找他们借钱，可能反而有钱可借。另外，普通人借钱金额小，富人未必有兴趣做这种小额贷款。这就造成了不管是古代还是今天，在普通人需要借钱时，更可能是普通人借给普通人，而不会是富人借给穷人，富人可能对大额的商业放贷更感兴趣。

所以，为了推动普惠金融、改善老百姓福利，我们需要从根本观念上梳理清楚，消除一些误解。金融完全可以普惠，而不是放贷人剥削借款人的关系。关键在于我们能否放开民间金融，允许并保护私营银行和各类民间金融机构。金融能否普惠其实就是一念之差的事情。

要点：

1. 民间金融是最直接的普惠金融，既可以解决创业、就业问题，又可以解决养老、"三农"问题，也能减少老百姓背井离乡外出打工的必要性。

2. 只要能放开民间金融、保护民间借贷权利，金融不会是富人俱乐部。不管在当今的民间，还是在古代，民间借贷绝大多数的时候是普通人借给普通人，而不是富人借给穷人。金融不是富人专用的剥削工具，而是普通人达到互助、进行跨期交换的工具。

思考题：

● 最近这些年，经常出现关闭、禁止民间金融的举措。你要知道，由于国有金融一般都规模比较大，它们没有兴趣为老百姓提供小额的金融支持，因为这些小额金融服务时间长，即使做好了，给大型金融的收益也没有什么意义，所以，只有民间金融机构才可以跟普通大众的金融需求相匹配。既然这样，那为什么这些年还要遏制民间金融呢？把民间金融打入地下后，会有哪些后果呢？

延伸阅读
Extended Reading

金融通识课

从本章内容中我们可以发现，政府插手市场可能造成双方自愿平等的交易无法完成，反而会损害市场的效率。政府管控对市场的扭曲不局限于借贷市场，其他商品的供求关系也可能受到政府强制性手段的影响，导致市场配置资源的机制失灵。

举个例子，租房市场直接影响了低收入人群是否有地方安身。许多人理所当然地认为应该设置最高房租，以避免无良房东盘剥租客。比如纽约就曾颁布法令，要求将住房租金冻结在1943年3月的水平上，禁止房东提高租金。但当设置了最高租金之后，人们却惊愕地发现，低收入人群的日子变得更难过了！这是为什么呢？

原来，一方面，房租管制使得租房市场出现了供不应求的局面，许多人原本还可以多付一点钱找到合适的房子，现在却只能花大量时间和精力寻找房源，还要和他人进行非经济层面上的竞争，使得租房市场充满了不必要的摩擦，交易难度突然升高。另一方面，给租金设置上限让房东缺乏维护、翻新房源的激励机制——反正好房子也租不出高价！这样一来，人们面对的选择也越来越差了。

由此可见，在经济生活中，政府"好心办坏事"是时常出现的现象。而归根结底，就是要尊重市场规律，不过多干涉市场的正常运行。这样才能充分发挥市场分配资源的作用，提高经济的运行效率。

第三部分
现代企业与公司金融

横空出世的公司

公司在中国

现代公司的融资方法

为什么公司要追求上市?

Chapter 10

第 10 章
横空出世的公司

>>> 10.1 公司：现代世界中富可敌国的实体

我们常说，要投资公司、要有资产才可以做到像巴菲特说的那样躺着也能赚钱。你可能会问，公司为什么值得我们投资？它们创造价值的能力比个人、家庭高吗？跟国家比又如何呢？

我会说，当今世界上，公司很厉害，甚至比绝大多数国家更厉害！比如，以 2017 年为止的一些公司的市值为例，也就是按这些公司的股票价格算出的总值，那么，苹果公司的市值排第一，超过 8000 亿美元，跟 GDP 排全球第 17 位的土耳其相当，超过荷兰、瑞士等国家。也就是说，如果把苹果公司当作一个国家来看待，它的 GDP 规模要超过世界 180 多个国家！

2017 年 6 月谷歌的市值为 7000 亿美元左右，相当于瑞士当年的 GDP；亚马逊市值约 4640 亿美元，跟比利时的 GDP 相当；腾讯市值约 3300 亿美元，超过菲律宾的 GDP；阿里巴巴市值约为 3100 亿美元，跟马来西亚的 GDP 差不多，等等。这些公司的 GDP 规模都超过了世界 160 多个国家。

即使按销售收入算，沃尔玛 2017 年收入超 4800 亿美元、苹果约 2200 亿美元，这种年收入也远超世界绝大多数国家的 GDP！

由这些，你可以看到，我们以往喜欢把注意力放在国家上，讨论这个国家、那个国家的，其实，我们的视角或许要改变，要把眼光放在公司上，部分公司比绝大多数国家厉害。哪怕不看市值和收入，就看对人类各社会的影响力，苹果、微软、谷歌、沃尔玛这些公司的影响力也是世界多数国家所不能比的。所以，你不觉得，分析公司的差异甚至比分析国家的差异更加重要吗？至少从投资的角度、从判断未来走势的角度来看，这样做或许更加有用。

那么，公司的力量为什么能这么大？就像国家是人造的组织一样，公司也是人造的组织，只是公司创立的目的比国家单纯，就是通过商业来营利赚钱，追求的是利润最大化。有不少学者就讲，正因为公司作为商业组织，其目标比国家单纯，所以，发展公司才比发展国家更容易，世界上成功的公司比成功的国家要多很多！还有就是，公司可以跨越国家到处投资、经商，改变众多社会的生活，而国家难以这样做，在现有主权体系下国家之间不能相互渗透，但公司没有这种限制，这也使得公司更加有影响力！你可能会说："国家权力可以随便压制公司，公司算个啥？"在一定程度上是这样，可是，公司可以选择从一个国家迁移到另一个国家，以这种方式对抗国家权力。

公司为什么本事这么大呢？

公司的力量

对于公司的这种力量，早在晚清 19 世纪末，薛福成就认识到，西方之所以强大，在于它们有汇集大量资本、召集众多才智、集中各种资源、分散创业风险的方式，即西方的强大在于股份有限责任公司。他说："公司不举，则工商之业无一能振；工商之业不振，则中国终不可以富，不可以强。"所以，薛福成一个多世纪以前就认准了公司的力量，不兴办公司的话，繁荣富

第10章
横空出世的公司

强的中国梦也就无从谈起！

那么，薛福成又怎么解释公司的力量为什么会这么大呢？我们来看看他发表在《申报》上的一篇文章，这篇文章的题目为《论公司不举之病》。这里，让我对他说的话一段一段分别进行解释。

薛福成说："西洋诸国开物成务，往往有萃千万人之力而尚虞其薄，且弱者则合通国之力以为之。"也就是说，西方国家要做什么事情，往往能调动千万人的力量。倘若有什么薄弱不足的地方，则能调动全国的力量来做到。你知道，薛福成所处的时期，中国刚受到西方列强的欺辱，所以，他讨论起来自然以西方为参照。

薛福成接着讲："于是有鸠集公司之一法，官绅商民各随贫富为买股多寡。利害相共，故人无异心；上下相维，故举无败事。由是纠众智以为智、众能以为能、众财以为财。"意思是说，这就有了纠集公司这个办法。不管是官绅还是商人、普通百姓，都可根据贫富而适当出资买股。这样一来，众人的利益都捆绑在一起，就人无异心、上下相维了，而且能够集中众人的智慧、众人的能力以及众人的财力，难道还有什么事情做不成的吗？

薛福成进一步说："其端始于工商，其究可赞造化，尽其能事，移山可也，填海可也，驱驾风电、制御水火亦可也。有拓万里膏腴之壤不借国帑借公司者，英人初辟五印度是也。有通终古隔阂之途不倚官力倚公司者，法人创开苏彝士河是也。西洋诸国所以横绝四海莫之能御者，其不以此也哉！"这里他讲，公司的发明起初是因商业而为的，但后来不断延伸发展。就公司能做成的事情那真是无所不能，移山可以，填海可以，搞好风电、搞定水火，也没问题！比如，英国人就是靠东印度公司，而不是靠国家财力，拓展了千万里的富饶资源土地，取得印度各地；而法国人也是通过公司，不是用官力，造出了苏伊士运河，打通了自古相隔离的两大海洋！所以，你看到，西洋各国之所以横行称霸四海，难道不是因为公司的力量吗？

所以，薛福成除了讲解公司为什么厉害，也告诉我们，公司的力量不需要等到 21 世纪才展示出来，实际上，历史上西方殖民的过程也是公司唱主角，而不是我们以前说的西方国家所为。比如，17 世纪去开辟美国、加拿大等殖民地的是几个英国公司，不是皇家军队，开辟印度殖民地的是英国东印度公司，开辟印度尼西亚殖民地的是荷兰东印度公司，等等。

薛福成对于西洋公司力量的感叹还在19世纪末，实际上，西方公司"纠众智以为智、众能以为能、众财以为财"的组织能力远远不如今天的公司。到19世纪中期，美国公司中股东数量最多的也就是2500个左右，到1929年美国只有3个上市公司的股东数量超过20万，其中最多的是美国电话电报公司（AT&T），有将近50万股东。1900年全美国有440万股市投资者，1929年有1800万股民。

而到今天呢，大约60%的美国人直接或间接持有股票、股权基金，也就是说美国有1.9亿左右的股民！而其中17%的股民，即3000万人左右，直接或间接拥有苹果的股票，谷歌、沃尔玛的股东数也是这样。在中国公司中，股东数超过百万的也不少。所以，今天公司集"众财以为财"的能力真是史无前例的高！

在集"众智以为智、众能以为能"方面，19世纪的公司最多雇用上万员工，而沃尔玛在全球有雇员数百万人，富士康雇用的工人就更多了！腾讯有近万个工程师，携程雇用了上千个工程师，这些都是19世纪的人做梦也想不到的！

如果薛福成如今还活着，他会惊喜地发现，虽然他讲的公司力量在19世纪末还不完全是现实，但21世纪是公司的世纪，不仅在西方如此，在他热爱的中国也如此。股份有限公司这种商业组织在中国也逐步生根了，所以，在今天的中国，两种人造组织的资源调配能力最强，第一当然是国家，第二是公司，而家族和个人都无法比。

怪不得20世纪初美国著名经济学家、哥伦比亚大学前校长Butler, Nicholas Murray（巴特勒，尼古拉斯·默里）教授说："股份有限责任公司是近代人类历史中单项最重要的发明。如果没有它，连蒸汽机、电力技术发明的重要性也得大打折扣。"投资者都不要忘记这一点。

第10章
横空出世的公司

要 点：

1. 国家调动资源的力量是基于它垄断的强制力，家族是基于血缘亲情带来的跨期信任，而教会调动资源的能力是基于共同的信仰。公司作为人造的商业组织，基于利益把众人会集在一起，集"众智以为智、众能以为能、众财以为财"。正因为公司目的的单纯性，它对社会资源的组织力更强。

2. 在英国、荷兰和法国的殖民地历史中，唱主角的是公司而不是国家。自工业革命和全球化以来，公司的组织力持续上升，逐步超越个人、家族和教会，向国家力量迈进。公司的发明改变了世界。

3. 今天，公司富可敌国，影响力超越多数国家。原因之一是公司可以跨越国界投资经营，而国家不能。所以，跨国界的能力公司强于国家，但在一国境内，公司力量排第二。投资者尤其应该了解公司背后的驱动力，把握决定公司竞争力的要素。

思考题：

- 你今天了解到了公司的力量如此之大，不仅富可敌国，在资源组织力上更是超越个人、家族和宗教。这个趋势在今后会如何变化？对你的投资安排有什么意义？比如，如何比较公司和房地产的长期投资价值？

- 公司因为具有目的的单纯性，很多政府难做到或者能做到但有太多弊端的事，是否可以交给公司去做？中国近年兴起一种 PPP 模式（Public-Private Partnership），是由政府与社会资本合作来做一些事业。根据你的了解，这种模式在中国成功吗？在欧美又成功吗？（提示：可以上网查找关于北京 4 号线与鸟巢修建的媒体报道与学术研究。）

>>> 10.2 互联网企业的诞生：股票与公司

这一节我们继续现代公司富可敌国的话题，但把侧重点集中到腾讯这家公司上。之前，我们讲到马化腾的身价上千亿人民币，主要是因为腾讯的股票市值高达3300亿美元。你可能会问，为什么腾讯值这么多钱，是不是股市太疯狂呢？作为投资者，又该如何判断腾讯这样的公司的投资前景呢？

腾讯的故事

你肯定用微信，所以你对腾讯不会陌生。腾讯成立于1998年，然后于2004年在香港联交所上市，从上市至今，股票价格从当初的0.7港币达到今天的290多港币，翻了400多倍！这是投资者的梦想呀！

到2016年，腾讯公司的年收入达到1519亿元，利润561亿元。按照3万员工算，腾讯人均创收505万元。相比之下，2016年中国农业总产值在6.3万亿元左右，按3亿农民算，人均创收2.1万元，腾讯的人均创收是农民的250倍，农民跟腾讯员工之间的创收差距巨大，怪不得腾讯市值超2.7万亿港元！

那么，为什么腾讯的创收能力超越农业这么多？是否跟收入分配制度有关，或者是腾讯员工比农民更贪婪呢？其实不然，关键是腾讯这种全新产业的经济特征跟农业截然不同，两者的产出函数不一样！在经济学里，我们通常把一项经济活动的产出多少跟投入的资源之间的关系用一个数学函数表达，这样便于我们研究其特征。即投入的变化，将怎样影响产出的变化。相同的投入，带来的是某个比例（线性）的增长，还是增长越来越快的指数形式呢？

比如，农业的产出与投入之间有着极强的线性关系，这就限制了农民的创收空间。这里的意思是：如果种一亩地需要花100个小时劳动、200元种子和肥料成本，并且最终产出100公斤粮食，那么，要生产1000公斤粮食，

第10章 横空出世的公司

就需要种 10 亩地，投入 1000 个小时劳动、2000 元种子和肥料钱；为了生产 1 万公斤，就需要种 100 亩地、花 100 倍劳动等等。不会因为这亩地种好了，下一亩地就可以少花劳动时间或肥料成本，每亩地所需要的劳动和成本投入是相互独立的，这就使农业生产难有规模效应！正因为每人每天只有 24 个小时，即使不睡觉休息，农民的收入也难以逃脱产出跟投入间线性关系的约束，收入不可能高，这就是几千年来没有农民靠种田成为亿万富翁的原因！即使原来的地主刘文彩也不是靠种田发家的，而是靠粮食买卖富起来的。

而腾讯的产出跟投入之间的关系不仅是非线性的，甚至没有太大关系。在腾讯的 QQ 空间里，一顶虚拟帽子的设计可能要几个设计师与程序员花几天时间，一旦设计好了，虚拟帽子卖一顶一块钱，卖一百万顶创收一百万元，卖一亿顶创收一亿元，等等。由于虚拟帽子销售是电子记账收费，每卖一顶又不需要重新制造，所以，卖一亿顶虚拟帽子跟卖一万顶在成本上几乎无差别，但收入千差万别！

当年《阿凡达》电影出来后，两天就卖了三亿多件的阿凡达虚拟衣服，其设计成本不值一提。腾讯搞虚拟衣服、虚拟装饰、虚拟家具等，都是如此，这就造成了腾讯收入跟成本投入之间的关系非常弱，赚钱能力空前地高。

跟腾讯类似的公司

接下来，你可能就会问，还有哪些公司像腾讯一样呢？

网络游戏公司当然也一样，喜马拉雅也在此行列。还有就是系统软件行业，微软的商业模式比腾讯差一些，但也有类似特点，因为一旦微软把系统软件开发好（这当然有成本投入），它卖一万份还是卖十亿份，总体成本基本不变，因为每一份的额外成本（也就是边际成本）几乎为零。

金融服务业、华尔街的产出与投入关系，跟腾讯也很类似。假如投资银行高盛要帮客户张三公司融资 1000 万美元。为了尽职，可能需要一个 8 人团队花 10 天时间；而另一家客户李四公司需要融资 10 亿美元，为了尽职，高盛可能也派一个 8 人团队花 10 天时间，成本基本不变，收益却高了 100

倍！正因为这种规模效应的差别，高盛不会做 1000 万美元甚至几千万美元的单子，金额太小对他们不合算，但这至少说明投资银行的收益跟成本之间是非线性关系，甚至两者间没太多关系。

基金管理行业也是如此，比如私募基金、私人股权基金。我原来跟一位耶鲁教授同事创办过一家对冲基金公司，我做了 10 年，公司有 15 人。我们团队可以管理 5 亿美元，也可以管理 50 亿美元，因为一旦决定投一个公司，投 10 万美元和投 1000 万美元对我们来说需要做的工作、花的时间完全一样，管理 5 亿美元和管理 50 亿美元的运营成本类似，但利润相差十倍。

也正因为金融交易的规模效应特征，使小额个人贷款、小微企业贷款等普惠金融没人愿意做，在中国如此，在其他国家也是如此。花同样多的时间和精力，还不如做大客户、大项目、大公司的金融服务呢！或者，即使做小额贷款，也要收足够高的手续费，但问题是，社会又喜欢把这些手续费算到利息里边，折算出很高的高利贷，而高利贷会受到社会的指责。所以，两边挤压之下，小额贷款、普惠金融总是面临挑战。

金融行业赚钱多，一方面取决于金融交易的规模效应，另一方面是因为金融行业的性质。金融交易的价值创造跟劳动时间关系不大，也不完全取决于成本的投入，而是取决于金融从业者的人力资本，包括他们所受的教育、积累的经验、组织能力、个人情商、个人诚信和人脉关系网络等等。所以，金融服务的利润跟成本投入之间的关系很弱也就不足为奇了。

那么，传统制造业、餐饮业呢？它们的产出跟投入之间的关系虽然不是线性的，但是太像农业了，很难做到接近零的边际成本。也就是说，你每制造一辆汽车、卖一辆车，总是需要发动机、车门、轮胎等部件。虽然批量采购可以带来折扣，有一定的规模效应，但是，到最后，这些部件还是难以像卖软件一样达到边际成本为零的情况。电脑制造也同样很难赚钱。

你去星巴克买咖啡，可能觉得他们太黑了，一杯咖啡虽然成本不到两三块，但是你要付 20 块，毛利有 18 块左右！可是，如果你去看看，每个顾客的服务时间可能要 3 分钟，假如一天开业 10 个小时，那么，一个收银台可能每天服务 200 个客户，毛利 3600 块。一般的星巴克店有两个收银台，所以，每天的总毛利可以有 7200 块。即使星巴克经理管严一些，把每个顾客的服务时间缩短到 1.5 分钟，一个店每天毛利充其量也就增加到 1.5 万，考虑到员工成本、店面租金等，你能大致算出星巴克每个店一年的利润上限。它几乎固定的边际成本加上物理店面服务的硬性要求，使得餐饮业赚钱的增长难度一目了然。

今天，你看到腾讯为什么市值那么高、马化腾个人的财富为何那么多了。从这个案例里，你也看到，现代公司之所以富可敌国，不仅仅是因为股份有限公司的发明本身，也由于公司体制激发、催生发展出来的互联网等，这些现代产业使赚钱的边际成本几乎为零，并且让销售的规模几乎无限！

要 点：

1. 腾讯之所以能增长这么快、赚钱那么多、市值高达 3300 亿美元，是因为它的产出跟成本投入之间几乎没太大关系。它为每一块钱收入所付出的额外成本，也就是边际成本，几乎为零。产出跟投入之间是线性、非线性还是没太大关系，是投资者判断公司营利前景的重要视角，也是我们理解现代经济的坐标。零边际成本是最高境界。
2. 许多互联网公司、金融公司、软件公司都具备产出跟投入之间关系很弱的特点，而像农业、制造业、餐饮业等传统行业则不然。
3. 如果你还迷茫，不知去哪个行业发展，试试用产出跟投入的关系这个视角去判断。一般而言，越是接近零边际成本的行业，待遇增长空间越大。

思考题：

● 你今天学到了"生产函数"这个概念，或者说，一个公司、一个行业的产出跟投入之间是线性关系、非线性关系，还是没太大关系呢？搞清楚这个答案对于投资者、创业者都很重要。在你熟悉的行业里，还有哪些具备腾讯这样的特征？举例说明。

>>> 10.3 公司的本质："一堆法律契约的组合体"

你已经了解到现代公司富可敌国，但自古以来就有商业组织，为什么这些传统的商业形式都不能像现代公司一样有着超强的影响力呢？同样，即使在现代社会中，虽然很多组织打着公司的旗号，但还是没有学到公司的精髓。今天我们会更深入地讨论现代公司到底是什么，让它真正与众不同的力量究竟在何处。

从万宝之争谈起

有一段时间，万科和宝能的故事吸引了大家的注意。万科作为最大的房地产企业之一，前身是深圳现代科教仪器展销中心，1987 年改名为"深圳现代企业有限公司"，同年 11 月进行股份制改组，并向社会发行股票。1988 年万科股票在深圳特区证券公司挂牌，1991 年 1 月在深圳证券交易所上市，引起广泛关注。公司以创始人王石的理念奠基，强调道德伦理重于商业利益。万科认为，坚守价值底线、拒绝利益诱惑，坚持以专业能力获取公平回报，是成功的基石。公司多年获得"中国最受尊敬企业""中国最佳企业公民"等荣誉。

你也知道，万科的成功跟王石的名字紧密联系在一起。王石不仅以其个人观念构建万科的企业文化，同时也通过个人的不懈努力推动万科的外部传播和品牌塑造。万科的品牌离不开王石，王石是公认的万科精神领袖。

按照传统的理解，你会认为万科就是王石的公司，王石就是万科，至少他应该是公司的控制人。可是，由于各种原因，王石追求的是事业成功而不是股权利益、商业利益，最后他只持有可以忽略不计的股份，更是放弃了对万科的控股权。就像许多人认为的那样，在那段时间内，王石作为公司创始人和精神领袖，没有股权也照样能控制万科。

但是，2015 年，因为姚振华执掌的"宝能系"通过多次举牌购买万科

第10章
横空出世的公司

股票，事情开始有了变化。至那年8月，"宝能系"已总计持有万科15.04%的股票，超越央企华润集团，成为万科的第一大股东。随后华润两次增持股票，夺回第一大股东之位。11月27日之后，"宝能系"继续不断买入万科股票，使股价从14.5元涨到12月18日的24.43元。这就是所谓的"万科股权之争"。

看到这个局面，王石在12月17日的内部会议上对宝能提出诸多质疑，并明确表态"不欢迎"，说宝能"信用不够，会毁掉万科"。次日，"宝能系"发表声明称"集团恪守法律，相信市场力量"。随后，万科发布公告宣布停牌。

那么，到底谁该掌握万科的控制权，谁应说了算呢？万科是王石一生倾注的"心血"，他在万科寄托了自己的理想和情怀，为万科打造了一个以职业经理人主导的、保证其基业长青的"事业合伙人制"。万科就是王石的"孩子"，他怎么可以失去支配权呢？怎么可以接受一个"野蛮人"作为控股股东呢？——最后的结局当然是宝能输掉了这场争夺战，但今天我们就以万宝之争为背景来讨论现代公司跟传统企业的区别。

◯ 现代公司是什么？

通常，"现代公司"指的是"股份有限责任公司"这种商业组织。一些公司法学者喜欢把"现代公司"定义为"一堆法律契约的组合体"，意思是公司完全是人造的组织，是靠法律文件构建的利益关系组合，包括股东与股东、公司与管理团队、公司与员工、公司与供应商、公司与服务商、公司与政府、公司与客户等之间的利益关系。这里我们就不去纠缠这些细节了，但有一点是肯定的，如果没有现代法律与司法架构，顶多就只有纸面上的现代公司，不会有现实意义上的真正的现代公司。这也是为什么并非所有社会都能成功发展出现代公司。

我们可以从三个方面对比现代公司：第一，传统企业一般是无限责任的，而现代公司则是有限责任。也就是说，即使公司经营失败，没法还债，包括无法还掉拖欠员工的工资和供货商的款项，债权方不能要求股东赔偿，股东的损失最多不超过已经注入公司的资本或者股本。股东的损失以已投入的股本为上限，这一点至关重要，是现代公司制度的核心原则之一，因为这等于把公司和股东在人格上、财务上、责任上进行隔离，让公司的钱独立于股东私人的钱，让公司的责任独立于股东个人的责任，公司的生命也就独立于股东个人的生命。这种独立与隔离既保护了股东，让股东个人不至于受累于公司，也保护了公司，因为公司也因此不会受累于股东的债务和行为。就好像王石创办了万科，即使王石持有100%股权，万科的钱和债是万科的，王石的钱和债是王石的，两者不能混在一起，如果一方出了问题，另一方不会受牵连。

有限责任派生出在法律面前公司作为法人的身份，即公司跟自然人一样，受法律的保护，既可以像自然人那样起诉其他法人或者自然人，也可以像自然人那样被起诉。公司的这种独立的法律人格很重要，让公司可以有自己的章程和决策规则，按照自己的生命力无限地生存下去。万科作为独立的法人，只受股东和董事会的控制，如果王石没有股权，那么股东们可以选他做董事和董事长，也可以不要他，但他自己不能说"因为我是创始人，所以我有权控制公司，决定万科的事务"。股权说了算！

相比之下，传统企业因为跟自然人捆绑在一起，没有独立的法律人格，其生命力往往是有限的，跟创始人的自然人生命连在一起，也许富不过三代。也就是说，如果万科是王石的传统家族企业，那么，万科和王石是分不开的，万科就是王石，王石就是万科。

而之所以在有限责任的隔离安排下，公司具有几乎无限的生命潜力，能够成为百年甚至千年老店，原因在于它能独立地聘用职业经理人，实现管理权与所有权的分离。也就是说，股东享有公司的财产权和收益权，但掌握公司经营权的可以是跟股东没有任何血缘关系的职业经理人，股东和经理不是同一个人。这样，真正管理公司的人可以在很大范围去招聘，不一定非要是自己的子女，这就让公司有可能找到更称职、更有能力的人来管理，因为股东自己的子女数量有限，虽然很靠得住，但能力不一定高。但是，选择职业

第10章
横空出世的公司

经理人的权力在股东选举产生的董事会，而不能是没有股权的创始人或其他非股东的人。

也正因为有限责任以及上述派生出来的公司特点，公司能在更加广泛的社会范围融资，实现薛福成所讲的"官绅商民各随贫富为买股多寡……上下相维，故举无败事。由是纠众智以为智、众能以为能、众财以为财"。试想一下，如果股东责任是无限的，除了赔掉全部股本外，自己的家产和子孙后代也要为潜在的负债付出，有谁会愿意入股一个由没有血缘关系的人创办、管理的企业呢？经营权跟所有权怎么能分离呢？又有谁敢雇用一个没有血缘关系的职业经理人呢？所以，有限责任是在广大社会范围内融集资金、分摊风险、给公司以无限生命、让经营权能与所有权分离的关键。

第二，传统企业的股权一般不能自由买卖，而股份有限责任公司的股份却可以在自然人或者法人之间进行交易转让。这种存在于公司之外的股份交易市场又衍生出其他方面的差别，因为通过股票的市场交易定价，给掌握公司经营权的管理层进行决策评估，好的决策会受到投资者欢迎，其股价上涨，坏的决策会立即受到市场的惩罚。市场对管理层的纪律约束就是这样进行的，市场交易成了公司决策以及公司前景的"晴雨表"，在关键时刻会迫使管理层改变决策、纠正错误。相比之下，传统家族企业的股权因为没有被交易，也就没有被定价，即使管理者出现严重错误，也不见得有机制使其立即纠正。

第三，一旦公司股权能交易转让，特别是能很快买卖转让，这又反过来会鼓励更多投资者提供资金，使公司的融资规模进一步上升、融资范围扩大，因为股东们不用担心资金会砸进去出不来。所以，股票的流动性对扩大融资范围和融资量很关键，这从另一方面解释了为什么现代公司的组织力是如此强大。

当然，现代公司是好东西，但对法治环境的要求也特别高，因此，发展起来并非易事。

要　点：

1. 现代公司之所以力量强大，是因为有限责任保障，是因为公司作为法人在人格上独立于创始人和股东，是因为公司股权具有自由交易的流动性。现代公司的第一原则是"股权说了算"，这本来也应该是万宝之争的底线。
2. 正因为作为法人的公司独立于创始人和自然人股东，公司可以广泛地聘用最合适的职业经理人。这样，创始人和各股东的自然人生命可以有限，但公司的生命可以无限，使公司比传统企业更能实现"百年老店"的目标。
3. "现代公司"是"一堆法律契约的组合体"，所以，公司完全是人造的商业组织，是靠法律文件构建的利益关系组合体。也正因为这一点，发展现代公司不是易事。

思考题：

- 今天给你一个难题去思考。为什么说"现代公司"是"一堆法律契约的组合体"？具体怎么理解这句话？举例说明。

延伸阅读
Extended Reading

金融通识课

　　进入现代社会之后,人类不再完全依靠政府、教派或者宗族这些传统组织了,公司——作为一种新的组织形式,开始有了举足轻重的地位。科斯曾论证,相比市场,公司的一个优势在于降低了其内部的交易成本——虽然招聘员工、面议价格需要下一番搜寻功夫,来一轮讨价还价。但一旦谈妥工资、正式入职之后,上级的指令就成为各种行为准则,不再像市场中做一件什么事情都需要谈价钱的状态了。但如果公司内部的核心员工或核心团队跳槽去了他处,那么公司不仅要重新招聘一批员工,更会蒙受技术外泄、战略暴露等更大的损失。为了降低这种背叛带来的交易成本,公司需要在员工与企业之间解决一个重要的问题——信任问题。

　　金融告诉我们,筹集资金对于企业规模的扩大至关重要。但从另一个角度想,钱只有钱多钱少的数量差别,招来什么样的员工——却有着质量的差别。制约着企业规模扩大的另一个因素——是否能集结一批忠诚的人,可能是更关键的。张维迎提出:在越是信任度高的社会,企业的规模越大。如果按照人口密度计算,北欧是世界上拥有最多大规模企业的国家。而越是在知识型的行业,人力资本占公司总资产比重越大,人才转移带来的损失越大,招聘一个人就不得不更慎重,因而企业规模扩大得更慢。而像快递业、快餐业,背叛带来的损失较小,企业因而能扩张得更快。

　　把企业交给谁去管——企业继承过程中的信任问题直接决定了企业的未来。我们在本书也会看到这样的例子,如果认为血缘能作为提供信任的纽带,把企业交给儿子管理，儿子可能不会背叛你的信任，但在才能上不一定能胜任。同时，只对儿子的信任意味着对其他经理人的不信任。信任作为一种相互的态度，片面的家族继承可能使得为公司效劳已久的经理人认为自己不被信任、升迁无望。华人企业"王安公司"的例子能证明这一点。在美国的华人移民王安创办的计算机公司作为一颗高科技行业的新星，曾在 1984 年创造了营收 22.8 亿美元的成绩。但在第一代创业人王安准备隐退时，这位阅人无数的华人企业家还是坚持让自己的儿子作为公司的下一个掌门人。而众多与王安一同创业的美国经理没有得到应有的提拔，感到自己不被信任或重用，公司因而人心四散，很多有才之士离开公司，而王安的儿子也未能表现出与其父亲相匹配的能力。公司接连亏损，最终在 1992 年申请破产，王安也不得不承认其儿子无法胜任公司经理。华人创业的一代神话就此消殒。

　　解决信任问题，既可以靠正式的契约、公司章程，也可以通过情感的维系。但如何在两者之间把握好平衡，使正式与非正式相得益彰，是一门艺术。如果王安公司的升迁制度能够更加按规则，每个经理人能预期自己的升迁路径，那么靠这种正式的制度，就能使经理们忠于公司。

　　好的企业文化，则从更加内在的角度，绕开了单纯的经济激励，直接增加了员工的信任感与归属感，或者用经济学的术语说，增加了背叛的"主观成本"。日本企业无疑在企业文化上做得相当出色。我们常常听说日本人下班后一起喝酒的故事，虽然酗酒是一种不好的习惯，但日本经理能在喝酒时摆脱白天的上下级关系，以一种平等的同事情谊来对待下属，在某种程度上能提供一种归属感。日式的公司集体活动，如同一间办公室的人，不管是上级还是下属，都到乡下景区休息几天，这在中国文化背景下会显得非常奇怪——也许就在于中国人不会认为企业是另一种形式的家庭，但这在日本是一种较为普遍的观念。

　　正如薛福成所说的："公司不举，则工商之业无一能振；工商之业不振，则中国终不可以富，不可以强。"但如何在中国振兴公司，则不仅仅是一个经济学的问题了。

Chapter 11

第 11 章
公司在中国

>>> 11.1 为什么中国难有百年企业：济宁玉堂酱园的故事

之前我们谈到现代公司富可敌国，也谈到现代公司的突出特征。但是，你可能还会纳闷，难道我国历史上就没有富可敌国的商业组织吗？为什么中国过去没有很厉害的企业呢？如果过去有成功的，那么，那些企业又是靠什么成功的呢？我们希望通过回答这些问题，来帮助投资者区分今天的公司，挑选靠得住的投资标的。

据统计，截至 2012 年，在日本，存续超过 100 年的"长寿企业"有 2.1 万家。历史超过 200 年的企业有 3146 家，为全球最多，更有 7 家企业的历史超过了 1000 年。排在世界最古老企业前三位的都是日本企业。超过 200 年历史的长寿企业在欧洲也不少，德国有 837 家，222 家在荷兰，还有 196 家在法国。就连仅有 200 多年历史的美国，百年家族企业也达到 1100 家。

而在中国，超过 150 年历史的老店大概有 7 家，包括六必居、张小泉、同仁堂、陈李济、玉堂酱园、王老吉、全聚德。

从对比中，我们看到，不仅现代公司进入中国比较晚，而且即使是传统的商业企业，在过去的中国发展得也很艰难，能成为百年老店的中国企业很少。为什么传统中国企业难以长寿？这对于我们判断过去的商业环境、研习今天中国公司的投资价值，又有什么启示呢？你也知道，公司能存续的寿命越短，其投资价值就越低，除非公司会被别人高价买走。

◯● 老字号玉堂酱园的故事

为了回答这些问题，我们看看山东济宁的老字号——玉堂酱园的故事。济宁位于大运河边，也是历代漕运主要中心之一，所以，那里很早就集聚了许多来自苏州以及江苏其他地方的商人，而他们对家乡酱菜特别想念。于是，苏州人戴玉堂就于清朝早期的1714年，在济宁开了一家酱菜铺子，这就是玉堂酱园的前身。在戴玉堂离世后，酱铺由儿子、后来由孙子经营管理，但在孙辈管理期间，经营出现了困难并且债台高筑，加上当地政府和地方恶少的讹诈威逼以及一些地痞找碴儿闹事，戴玉堂的孙子辈就要出售企业，但迟迟找不到买家。真是"富不过三代"的诅咒呀！

终于在1816年，酱铺由冷长连和孙玉庭出资1000两银子买下。当时，冷长连是济宁精明的药材商，他看重"姑苏戴玉堂"这块驰名京城的牌子，但又怕地痞恶棍、政府衙门的敲诈，担心自己招架不住。于是，他找到时任两江总督的大官孙玉庭，由冷家和孙家各占股一半，联合经营，借孙玉庭的权势保护企业。按照"卖店不卖字号"的协议，把店名由"姑苏戴玉堂"改为"姑苏玉堂"，又名玉堂酱园。

开始接手的20年里，冷家和孙家的人直接管理玉堂酱园。后来，两家达成协议，双方亲戚都不介入玉堂的管理，而是聘请第三方总经理，把所有权和经营权分离。就这样，玉堂聘请了外部总经理梁圣铭。梁圣铭是18岁进玉堂的伙计，精明干练，有魄力。在梁圣铭的苦心经营下，玉堂由一个小小的店铺作坊发展为济宁独一无二的字号。梁圣铭病逝后，玉堂还聘用过其他几位外部总经理，但由于太平天国等内乱不断，玉堂酱园摇摇欲坠。一直

第11章
公司在中国

到1905年冷氏完全退出股本，由孙家独家拥有、独家经营，才把玉堂从泥潭中救出来。

由于玉堂酱园注重质量和口味，产品十分畅销，规模和品种不断扩大，生产的酱菜、酒类南北风味兼有，企业成长不错。1886年，军机大臣孙毓汶——孙玉庭的孙子——将玉堂"小菜"送进皇宫。慈禧太后品尝后，连连称赞："真是京省驰名、味压江南！"并命玉堂把酱菜当贡品，每年送进皇宫。1910年，玉堂的远年酱油、什锦萝卜等，在南京召开的"南洋劝业会"上获优等奖章。1915年，玉堂产品在巴拿马太平洋博览会上荣获金牌，包括万国春酒、宴嘉宾酒、冰雪露酒、金波酒、酱油，共获五块金牌。

1949年后，经过公私合营，玉堂酱园成为济宁市第一家国有企业。改革开放以后，玉堂由于体制僵化，管理混乱，一度陷入困境。1998年被国内贸易部授予"中华老字号"证书，1999年，玉堂酱菜获"山东名牌产品"称号，等等。就这样，这个300多年的老字号活下来了，成为中国七个最老的企业之一。

听到这里，你可能要问：这个故事听起来很普通，跟其他千千万万传统企业没什么两样，那为什么玉堂酱园可以活300年，其他的家族企业却不能呢？这中间有什么秘诀呢？

这个案例的确很有意思，以至于世界著名的中国历史学家彭慕兰（Kenneth Pomeranz）都专门研究过玉堂酱园，他的名著《大分流》至今还享誉中西方历史学界。彭慕兰就说：玉堂酱园有两大股东及十几家小股东，但都不参与生产经营，而是从伙计中选拔总经理，总经理不持有股权但掌管着玉堂的经营管理、人事、财务大权——这不是说明中国很早就把所有权和经营权分离了吗？为什么说中国传统企业的发展落后于西方呢？也就是说，以前我们谈到过，现代股份有限公司是"一堆法律契约的组合体"，特点之一是所有权与经营权的分离，而要使这些法律契约有效，就必须有可靠的法治环境，否则所有权和经营权的分离就难以长久实现。可是，清朝中国没有现代意义的法治，那么，玉堂酱园怎么能从18世纪持续到20世纪中期，然后还活到今天呢？

玉堂酱园背后的故事

玉堂酱园之所以能胜过千千万万传统企业，经久不衰，是因为它太特殊了！孙玉庭的家族从乾隆时期开始就一直有做高官的，到清朝末年都是山东济宁周围最强势的望族，这使得孙家参与的交易和契约是别人所不敢违背的，使玉堂聘请的外部总经理不敢乱来，也使得孙家参与的商业项目备受其他商人的青睐，大家都想加盟。

孙玉庭的父亲孙扩图在乾隆元年（1735年）考中举人，任杭州府钱塘县知县，进入清朝权力精英阶层。孙玉庭自己1775年中三甲第七名进士，1786年任山西河东道，嘉庆初年（1796年）升按察使，历任湖南、安徽、湖北省布政使；1802年开始分别任广西、广东和云南的巡抚以及云贵总督、湖广总督、两江总督。在清朝，两江总督是朝廷之外的最高任职；后来在道光年间，任大学士，直接参与朝廷决策。

他的长子孙善宝，1807年考上举人，做过刑部员外郎（刑部副司长），最后官至江苏巡抚。孙玉庭的第三个儿子孙瑞珍，1823年考上进士，任职包括翰林官、户部尚书等。

孙玉庭的孙辈之中，孙毓溎于1844年以一甲第一名全国状元考中进士，官至浙江按察使；另一个孙子孙毓汶，也于1856年以全国一甲第二名榜眼考上进士，官至兵部尚书。曾孙孙楫，1852年的进士，翰林院庶吉士，官至顺天府尹。

所以，从18世纪中期开始，孙氏家族四世任官不断，历任清朝政要，祖孙三代官至一品，家门之盛是北方士族无法相比的。因此，孙家企业跟国有企业的权威几乎无别，无论是在财产安全还是在契约安全上，不是一般人所能比的！连跟孙家合伙的冷氏也只能是出资，未必有发言权。也就是说，如果一个企业的权势背景很强硬，那么，即使整个社会没有公平法治，或者说尤其在人治的社会里，企业的契约权益也不会被挑战，对方违约的概率很低，这样的家族企业才能基业长青。可是，有几个家族能像孙家那样几代都做高官呢？玉堂酱园是不能复制的。这就是为什么中国历史上能够长期活下来的家族企业很少，也是为什么以前的家族企业会不惜代价让子孙考进士，做官是家业活下去的重要保障。

关于玉堂酱园的另一个细节是，在孙家的各种文书和当地县志、府志中几乎都不提孙家跟玉堂酱园的关系，社会上当然都知道玉堂的后面是孙家，但之所以他们不允许正式文书提到孙家的商业经营，就是因为作为儒家士人，言商、经商显得过于低下，是不能放在桌面上、阳光下的。

所以，在中国历史上，家族企业是商业的绝对主流。但是，如果家族里没有人持续做高官，其企业便只能小打小闹、难以壮大，更难以成为百年老店，搞科技创新这种长期投资就更是奢侈了。而即使像孙家这样在近两个世纪中高官不断的家族，也未必能大刀阔斧地发展商业势力，因为儒家士人对商业的鄙视使他们始终不能正大光明地走出来。由此，你就能理解为什么在历史上中国商业难以成为独立的力量，其势力更不能跟国家、家族相比了。

要 点：

1. 近代历史上，中国的"百年老店"比德国、法国、美国少很多，尤其比日本少。原因当然很多，但其中一个重要原因是在高度人治的环境下，你家里总要有人在做高官，否则你就无法保障家族企业的产权和契约利益的安全，各种委托代理关系和契约关系就不好应对，企业也做不大、做不久。玉堂酱园这样的成功案例太少，因为济宁孙家这样的世家太稀有。

2. 儒家士人对商业的排斥，也使得商业组织难以走上独立的正大光明之路，所以，商业组织在中国过去难以成为可与官权、家族力量相比的第三方独立势力。

3. 玉堂酱园和其背后的逻辑告诉我们，如果现代公司和其所需要的足够独立的法治环境不能建立好，民营公司的长久持续能力就要打折扣，这就会降低它们的长期投资价值。

> **思考题：**
>
> ● 你知道，很多人在讨论投资选择、公司投资价值的时候，都只谈这只股票今天如何、那只股票明天会怎样等等，但是，如果体制和商业文化不能促成一些公司的事业常青，如果绝大多数公司注定要短命，那么，不管你多喜欢巴菲特的价值投资，"价值投资"都只能是"空中楼阁"。所以，真正的价值投资者也必须知道从公司文化和体制因素上去权衡、比较、寻找保证事业常青的基因。那么，什么样的公司只适合短期投机炒作，什么样的公司适合长期投资呢？你喜欢有背景的公司吗？举例说明。

>>> 11.2 家族企业：商业联姻值多少？

传统企业大多数是家族企业，家族企业常会利用子女婚姻扩大商业网络，这一节我们探讨一下商业联姻到底有无效果，投资者是否喜欢家族企业这样做。

前些年，俏江南创始人张兰的儿子汪小菲的婚礼好热闹，他妈妈花大钱办婚礼，娶了明星大S。今天，很多人关注王思聪的婚姻打算，因为他是首富王健林的独子，而很多报道说王思聪表示：他是个不婚主义者，只为了交女朋友而交往，从未考虑什么时候结婚——如果现在的富二代都追求明星、追求自己的感受和爱情的话，这当然是进步，我也为他们高兴。可是，子女这样做对这些家族企业是福还是祸呢？对这些公司的投资者是好还是坏呢？特别是，中国目前的亿万富翁都是创业的一代，他们又基本都只有独生子女，当子女都去追求婚姻自由时，他们企业的发展前景是否比一般国家的家族企业更充满挑战性呢？

第11章
公司在中国

☛ 商业联姻历来是家族扩张的手段

今天，我们都熟悉韩国的三星手机、LG电视、现代汽车等，但你可能不一定了解这些韩国财团其实都是一家，都属于一个巨大的姻缘网络：三星集团创始人是李秉喆，他的子女、子孙分别跟LG集团、东方集团、东亚集团、Life集团等大财团的家族子女联姻；LG集团创始人具仁会的家族又跟现代集团、大林集团、斗山集团等多家财团的家族通婚。而三星集团、LG集团和现代集团的家族又分别跟很多官员世家联姻。

在日本，通过联姻发扬光大家业的文化传统就更深了。我们熟悉的丰田集团，其家族联姻网络中有两个首相和包括三井家族在内的七个商业世家。而三井集团、三菱集团、日立集团的背后家族自己的商业联姻网络也同样庞大。

虽然由于20世纪50年代中国的家族企业都被公私合营、国有化了，经由商业联姻发展家业的传统被中断，但是，香港和东南亚华人家族企业的做法可以告诉我们一二。在香港，何氏是四大家族之首，第一代家长何仕文是外国人，在19世纪娶广东女子为妻，生有5子3女，包括何东（何启东）、何福（何启福）、何甘棠等，其中何东共有3子8女，何福有13个子女，等等。第三代、第四代又生了很多。通过子孙的直接参与，加上跟香港和澳门世家的联姻，何家的商业网络之大，包括了政界、贸易、金融、影视、地产、博彩、文化、教育等各界。比如，澳门赌王何鸿燊、电影明星李小龙是何家的第四代。考虑到篇幅，这里就不一一列出细节了。

在中国，由联姻强化家族势力的历史当然很悠久。2014年，美国加州大学伯克利分校谭凯教授出版了一本专著，叫《中古中国门阀大族的消亡》，研究的问题之一是，姻缘网络对过去的门阀世族到底有多重要呢？他们靠什么使豪门世代相继呢？从出土的唐朝墓志中，他发现卢氏的故事非常典型。卢氏出身于唐朝东都洛阳的望族世家，她的祖先在汉朝就成为豪门，一直到唐朝末期的七百多年里，数百位宗男历任各种官位要职。就在卢氏14岁时，出于家世门第的考虑，家里人帮她选择了一位门当户对的望族年轻人婚配。不幸的是，她丈夫年岁不大就离世了。但是，卢氏仍然有贵族身份，而且有

5个孩子，所以，接下来，她一方面忙于让儿子读书有出息，另一方面忙于安排子女的婚事，以确保亲缘能巩固家族势力。让她最欣慰的是，不仅儿子中了进士，出身于洛阳贵族的女婿在878年还成了唐朝宰相。后来，880年黄巢起义打进洛阳，杀掉了卢氏的女儿、女婿和儿子，她带另外两个儿子逃到洛阳远郊后也患瘟疫而死，就这样卢氏家族终结了。但是，从这个故事和该书介绍的许多案例中可以看到，至少早在汉唐时期，婚姻已经是望族扩大、维护家族势力的重要手段之一。

为什么会这样呢？之前我们讲过，越是在法治不可靠的人治社会，家族企业就越需要子孙去当官，最好是有很多子孙而且每个都中进士！但毕竟一代代都成功进入官场不是那么容易的，而姻缘又是仅次于血缘的跨期信任支柱，自古以来就如此。所以，尽量让子孙做官，同时充分利用子女婚姻实现商业联姻、政治联姻，是家族企业历来的策略就不足为奇了。

姻缘网络的价值多高？

2008年，中国香港中文大学范博宏教授跟他的两位同事做过一项研究，对象是泰国最大的150家家族企业，看这些家族企业掌门人的子女和亲戚的结婚对象是谁。你可能知道，这些泰国家族企业的掌门人基本都是华人，所以，他们的行为基本都反映传统中国文化。

范教授他们收集了从1991年到2006年的200个家族企业婚姻样本，并把婚姻分成三类：第一类是政治联姻，家族企业子女的婚姻对象是政府官员子女；第二类是商业联姻，对象也是家族企业的子女；第三类是既没权力因素，也没商业目的，而是以爱情为基础的婚姻。总样本里，33%家族企业子女婚姻是为政治联姻，商业联姻发生的频率是46.5%，这两项加在一起，占总样本的79.5%，将近80%。在家族企业子女中，只有20%的婚姻是由于爱情。有意思的是，当上市的家族企业把子女婚姻对象的消息公布时，如果是爱情婚姻，那么股市对该家族企业的股票没有反应；而如果婚姻对象是官员或者其他家族企业的子女，那么，一个多月内，股价平均多涨5%左

第11章
公司在中国

右。所以，股市很明显是喜欢家族企业利用子女婚姻扩大商业网络的。

家族企业子女的婚姻没有自由，更不是爱情的结果，而是为了家族商业利益去跟其他财团、政府官员家族联姻，因为联姻能扩大家族企业的交易机会和资源空间，降低跟其他家族企业之间的交易成本。

为什么在泰国以及其他亚洲国家子女婚姻往往还会成为商业手段，而在美国等社会这种现象已经很少？

答案在于法治环境，也就是市场制度的发达程度。如果商业契约、公司契约很可靠，各行业的机会对谁都平等开放，那么，商家与官权联姻的必要性就会下降，子女的婚姻自由也因此而解放；如果陌生企业之间的契约执行和交易信用不是问题，那么，商家之间就用不着通过联姻来强化信用关系。商业联姻、政治联姻是外部法治不到位，信用机制主要还依赖血缘、亲缘的产物，是法治与市场不发达的表现。

为进一步说明这一点，我们不妨看看哪些行业的家族企业更倾向于使用政治联姻、商业联姻。首先，范教授他们发现，需要得到政府审批才能进入的行业中，那些家族企业子女的婚姻93%是政治联姻、商业联姻，特别是房地产与建筑业的家族企业，其子女有96%是为了商业利益去联姻的，远高于政府管制比较少的行业的关系婚姻频率。反过来看，就是市场化程度高的行业，家族企业子女爱情婚姻的比例也高。

相比之下，在今天的美国，盖茨也好，巴菲特也好，家族企业的掌门人不会要求自己的女儿去为了家族企业利益嫁人。西方社会以前跟这里谈到的泰国情况类似、跟中国社会类似，也用子女婚姻实现利益交换，就像关于中世纪欧洲的电影里，经常会看到一国的王室让子女跟另一国家的王室通婚，以联姻给两个国家带来和平；他们的家族企业也类似。只是，随着契约机制所需要的法治环境在近代的深化发展，政府管制的减少，企业家子女的婚恋就被逐步解放。

所以，我们看到，在中国历史上，家里有人持续做官或者亲缘网络里有人做官、有豪门亲家，那么，这个家族企业就可以发展得更壮大，也能成百年老店。可是，对今天的民营家族企业来说，做官的通道不像原来科举考试时期那么明朗，难以模仿清朝时的山东孙玉庭家族，而在独生子女政策之下，姻缘扩张这条路也走不通，因为一个子女，怎么能帮你形成亲缘网络呢？要学唐朝卢氏、清朝胡雪岩、香港何家也难呀！由此，传统中国社会里家族企业发扬光大的两条主要道路如今都不通了。那么，通过契约雇用职业经理人让民营企业持久发展呢？这又取决于独立可靠的法治环境。

要点：

1. 在缺乏法治的传统社会里，联姻是仅次于血缘的家族企业扩张发展手段。在过去的中国如此，在今天亚洲的其他社会也是如此。主要是因为在缺乏法治的环境下，跨期信任挑战只能靠血缘、亲缘这种不变的关系来缓和。
2. 从泰国的上市家族企业来看，股市投资者显然更喜欢家族企业掌门人多用子女婚姻去扩大商业网络、疏通政府关系。越是用子女做商业联姻的家族企业，长久发展前景就越好，股票也越受投资者欢迎。
3. 中国民营企业的长久发展前景面临挑战。历史上的家族企业惯用的两种发展手法——让子女通过科举考试当官和让子女商业联姻或政治联姻——在今天的中国，不再行得通，而职业经理人市场又没有法治环境的支持，这将挑战民营企业的长久投资价值。

思考题：

● 你今天了解到，在中国历史上，如果家族里有人持续做高官，或者亲缘网络里有人做官，又或者有豪门亲家，那么，家族企业就可以发展得更壮大，也能成为百年老店。可是，对今天的民营家族企业来说，做官的通道不像原来科举考试时期那么明朗，而在独生子女政策之下，姻缘扩张这条路也走不通。那么，在这样的背景下，你怎么去投资呢？民营企业今后应该选择什么样的路呢？

>>> 11.3 洋务运动强国梦："公司"在中国水土不服？

现代公司制度在中国是否水土不服呢？如果不服，原因在哪里呢？这些是我们今天的话题。上次我们说到，如果不能完善现代公司制度、建立非人格化的公司治理架构，在独生子女的环境下，民营企业的"持久"前景会大打折扣。这一点是投资者和创业者都应该认识到的。那么，职业经理人市场怎么就难以建立呢？

你已经了解到，鸦片战争后，中国被迫走"富国强兵"之路，在19世纪60年代开启了洋务运动。但是，为了学西方工业技术、洋炮洋舰，就需要大量资金，可是资金从哪里来呢？就如薛福成在《论公司不举之病》中谈道，"公司不举……则中国终不可以富，不可以强"，当时的改革派盛宣怀、张之洞、李鸿章等都意识到：要做洋务就必须广泛融资，就必须采用股份有限公司制度，发行股票！

◐ 公司进入中国的早期经历

那么，在洋务运动引进现代公司制度后，实际经历又如何呢？第一家华人现代公司——轮船招商局——是1872年推出的，当初也发行股票。19世纪70年代后，到20世纪40年代，在中国特别是上海已经有一些股份有限公司了。但总体而言，这些公司不仅还很人格化，比如南通张謇的大生纱厂、上海荣氏企业，很难说是独立于创始人的法人，而且在广泛范围内，商业组织仍然以传统家族企业为主。

费孝通、张之毅两位先生在他们的著作《云南三村》中，讲到云南玉溪1943年的情况。他们发现，在那时，玉溪旧有富商基本都走向衰败，书中说："文兴祥家的衰败情况：本人已于1942年死去，其两个儿子已分家，均在家闲着。因无人手经营及洋纱缺货，洋纱号已停业……冯祥家的衰败情况：本人已于1942年死去，死后家里兄弟七人分成七份，每家分得四十亩田，洋纱一包（值三万多元，1942年时价），铺面二间三层。洋纱号停业……潘小臣家的衰败情况：本人已死了几年，家里留下妾一、子三、女一。大子二十五岁已结婚……常好赌钱。二子仍在中学念书……铁矿请老家人照顾着，勉强维持局面。"

两位作者总结道："我们看过以上玉溪四户富商之家的衰败情况后，最深刻的印象是像文兴祥、冯祥这两位本人兴家的人一经死去，商号即因无人经营而停业……由于本人在世经营商业时，家中兄弟子女等家人，几乎都是闲散过活，并多有烟、赌等不良嗜好，以致家人中没有一个成器的，所以本人一死，一家即后继无人。"

费孝通、张之毅两位先生调查到的情况不是特例，到民国后期仍然为普遍现象，甚至到今天仍然是"富不过三代"！

为什么文兴祥、冯祥这些创业者没有将企业改制为股份有限公司、引进外部化的治理结构、培养"接班人"呢？他们的企业管理显然没有程序化、非人格化，为什么除了自己的亲属不能在更广泛的范围内招募职业经理人呢？

与此相关的是实物资产的产权化。在云南玉溪，如果产权跟实物本身可以独立存在、交易的话，那么，即使冯祥死了，也用不着让企业关门并将洋纱厂的物理财产拆分成7份，给每个兄弟一份，而是可以将其产权分成7股，并同时让企业本身继续运作。但这样处理的话，又意味着至少6位兄弟只能是不参与运营决策的被动股东，那么，这些被动股东又怎么对掌门的兄弟放心呢？如果出了问题，他们靠什么手段维权呢？

☞ 为什么水土不服？

实际上，早在洋务运动时期就讨论过类似的问题。1872年推出轮船招商局11年后，在1883—1884年发生了中国历史上的第一次大股灾，把公司制度在中国的水土不服全盘暴露了出来。1887年发表在《申报》上的评论就讲："公司一道，洋人行之，有利无弊，中国行之，有弊无利，非公司

第11章
公司在中国

误人，实人负公司耳！"又说："夫公司之设，学西法也，（中国）乃学其开公司，而不学其章程，但学其形似，而不求夫神似，是犹东施效颦矣。"

由此可见，虽然现代公司制度进入中国后，为洋务运动融资提供了极大的便利，催生了许多新兴行业企业，尤其是矿业公司、轮船公司和银行，但是，股份有限公司特别是股票刚被商民接受，就很快变成了人们短期投机的工具，带来了金融恐慌和股灾。这一方面阻碍了现代公司制度在中国的进一步发展，使很多人对其排斥，另一方面也带来一系列的反思。为什么水土不服呢？

只是在晚清、民国时期的讨论中，有几个深层制度原因没有涉及：第一，以前讲到，股份有限公司是"一堆法律契约的组合体"，核心特点是"有限责任"，而是否能够真正保证"有限责任"、保证公司是独立于创始人的法人，不只是一个书面规定就能实现的，还得看相配的司法是否到位、中立。正因为中国历史上的第一部《公司律》是1904年的事情，当初的轮船招商局、上海机器织布局等所谓的现代股份有限公司，实际上是没有法律支持的"空中楼阁"。万宝之争的结局告诉我们，甚至到今天，公司并不是一个可以自然假定为既可自由流通，又可按章程治理的法人。

第二，股份有限公司制度需要相配的民法、合同法、商法的司法架构。如果没有这些，那些关于有限责任、经营权与所有权分离的约定都是没有意义、没有真实内容的。而这些法治架构又恰恰是传统中国所不具备的，所以，股份有限公司"水土不服"是必然的。

为什么中国没有支持股份有限公司的法治架构呢？在深层次上，这涉及儒家的"人情社会"主张，涉及儒家重视血缘关系但轻视超越血缘网络的诚信架构。也就是说，中国原来没有尝试建立超越血缘、支持陌生人之间信用交易的制度架构。之前我们谈到，儒家的成功之处在于，在农业社会生产能力的局限下，人们的确能在跨期价值交易和感情交流方面依赖家庭、家族。以名分定义的等级制度虽然阉割个性自由和个人权利，但的确能简化交易结构，降低交易成本。

但问题也出在此处,因为当家庭、家族几乎是每个人唯一能依赖的经济互助、感情交易场所的时候,会让人们相信只有血缘和姻缘才可靠,即使创办企业也只在家族内集资,雇人也只相信自家人。

既然儒家社会对不是血亲、姻亲的人都不信任,不跟他们做交换,长此以往必然有两种后果:首先,外部市场难以有发展的机会。市场的特点之一是交易的非人格化,是跟陌生人的交易,是只讲价格的高低、质量的好坏,而不必认亲情的。因此,"家"之内的利益交换功能太强之后,外部市场就会失去发展的机会,此消彼长。而市场如果发达了,"家"的利益交换功能就要下降了,这也是为什么儒家要抑商。其次,由于陌生人之间的市场交易有限,在这样的社会里,就没机会摸索发展出一套解决商业纠纷、执行并保护契约权益的法治架构,合同法、商法以及相关司法架构就无生长的土壤。中国历代法典侧重刑法和行政,轻商法和民法,把商事、民事留给民间特别是家族、宗族自己去处理,原因也在于此。

但是,超越儒家礼教、不认人情的法治体系,偏偏又是现代股份有限公司制度所需要的,无论是前面讲到的"有限责任",还是方方面面的委托代理契约,都需要相配法治制度的保障。由于现代法治对中国这样的传统儒家社会而言是新鲜事,而现代公司又跟现代法治是一对双胞胎,所以,就有了薛福成描述的股份有限公司在中国的水土不服了!

就这样,在当年的云南玉溪,即使文兴祥、冯祥、潘小臣想把部分股权卖掉,也不会有人敢要;即使他们去世前有一些非血亲、姻亲的壮年人愿意做掌柜,他们也不会相信这些外面的人;他们去世之后,即使有人提议按股权在几个儿子之间分配,多数儿子也不敢答应!就这样,传统家族企业难以走上非人格化的现代公司之路,企业管理超不出血缘、姻缘,难以走上职业经理人道路。一旦创始人离世,要么真的把企业的财物赤裸裸地分掉,要么就等着"富不过三代"!

第11章 公司在中国

要 点：

1. 19世纪洋务运动时期，为了实现强国梦，引入了现代股份有限公司制度，包括股票交易。但是，在第一个洋务公司轮船招商局推出后，十余年内就发生了股灾，大家这才发现现代公司在中国水土不服。
2. 由于现代公司是"一堆法律契约的组合体"，而传统的儒家社会又不给中立的"非人情"法治体系提供发展的空间，那么，在缺乏中立法治的中国社会里现代公司水土不服也就不足为奇。
3. 到了20世纪40年代的云南玉溪，企业还是在创始人离世后要么关门分拆，要么就"富不过三代"。这是传统家族企业的典型宿命。要改变这种宿命，发展法治、职业经理人市场和活跃的股权市场是唯一的出路。

思考题：

- 从今天的课程里，你再一次了解了到现代公司跟法治的关系。你可能会说"中国不一样，有自己的特色，不要搬西方那一套"。好的，有发展出现代公司的其他途径吗？没有中立的法治架构也能搞好现代公司吗？

延伸阅读
Extended Reading

金融通识课

没有相对发达的股票市场，一个国家也难以出现一批有活力的公司。晚清一些思想较进步的官员想在中国引进公司制度，相配套地也尝试着建立股票市场。类似于玉堂酱园，他们也走了一条依托于政治的道路。

两次鸦片战争的失败使得中国一些眼光开放的官员看到必须兴办洋务，要办洋务就要依靠中国从来没有的一种经济组织形式公司——并且采用中国从没有过的融资方式——股权融资。但我们首先知道中国传统的融资主要建立在血缘或者熟人关系之上，因为没有制度约束环境，中国人不习惯，也不敢信任陌生人。因此股权融资的路很难一下子走通。同时，现代公司的核心特征是经营权和控制权的分离，有限责任制度，对公司具体运营、信息披露的法律规定，而这些都是中国的制度水土所缺乏的。在缺乏完善信息的条件下要赢得股权融资更是困难，因此兴办洋务的大臣们想了一招：由政府参股，用政府或官员的信用做保障。这样外部股民才敢投资，一定程度上解决了信用问题，但也有弊端。

我们就拿李鸿章兴办的轮船招商局为例（从"招商局"的名字我们就能看出其政府参与的性质），政府为它提供了相当多的便利——保证其有漕粮运输的生意，提供政府贷款、土地、税收优惠。在获得大量优质资产的同时，招商局也开始披露更多的信息。市场对其熟悉程度增加。商人群体对这只刚开始无人问津的股票有了明显的需求。

其实中国人从来就不缺乏对投资的热情，只是一开始找不到好的投资渠道而已。早在 1870 年，在西方人开的航运公司中，就有 70% 是中国商人的资金，不过这些投资都是从私人的渠道进来的（与公开发行股票不同），更多是依靠熟人之间的关系。但随着资本市场的进一步发展，1870 年，中国部分沿海地区已经可以开始进行公司注册了。有限责任保护产生了吸引力，融资的渠道从亲友变成主要商业人城市的所有商人。

不过政府参与永远是一把"双刃剑"，权力可以带来信用，也可以造成更大程度的违约。政治能为企业提供较多便利，但也能带来腐败。这种官办企业利用当时没有对公司管理的严格规定，进行了一些在我们今天看来违反会计准则甚至是操纵利润的行为。内部信息无法如实地反映到外部，外部也没有信息获取的能力，新闻依旧不发达、财务数据依旧缺乏，使得大多数投资还是相对盲目的。1882 年，中国出现了一次股市繁荣，但紧接着是 1883—1884 年的股灾，股价平均下跌 70%。这次股灾不仅扰乱了正常的经济秩序，还使得有的人对股票这种新事物更加产生了不信任感。

股票这种西方事物，不仅在今日中国受到一些诟病，即从开办之初，就磕磕绊绊不断。但想要有一批能雄踞世界、推动未来的优秀企业，中国就非得需要一个公开透明的股票市场不可。如何在新的时代建立起好的金融氛围，建立起鼓励真正创新而非鼓励投机的股票市场，则是我们这代人的挑战。

Chapter 12

第 12 章
现代公司的融资方法

>>> 12.1 亚马逊的股权融资：烧钱发展成世界首富

亚马逊是一个神奇的公司！自 1994 年创立到 2016 年年底，公司在 22 年里累计总盈利为 87 亿美元，而苹果一个季度的利润就达 150 亿美元！可是，从公司 1997 年上市到最近，股价翻了 640 倍，公司市值达 1.8 万亿美元！创始人贝佐斯（Jeff Bezos）2016 年以 820 亿美元的个人财富额，超越巴菲特，成为世界富豪排行榜第二名，仅次于盖茨。贝佐斯虽然以"烧钱大王""亏损大王"而出名，却还能成为世界排名第二的富豪。这到底是怎么回事？他的商业模式是什么？烧钱发展是需要资金的，他又是如何融资发展的呢？

◐ 亚马逊的故事

亚马逊真的与众不同，贝佐斯的做法冲击人们的一贯思维。关于贝佐斯

第12章
现代公司的融资方法

的神奇故事很多。据说，在他还蹒跚学步的时候，动手能力就超强，曾拿起起子把自己的摇篮拆掉。到可以上学的年龄后，他就把父母家的车库转变成科学实验室，把想法制作成各种东西。在普林斯顿读大学时，他开始的兴趣在物理，后来转到电脑，最后以计算机专业毕业。1986年大学毕业，他去了华尔街工作。很快，他发现自己的志向在于创业，不想浪费时间了。于是，在1994年他辞掉华尔街的工作，带着妻子，边准备创业计划书，边开车搬家到西雅图，启动"亚马逊"公司的生命。

当时，他之所以给公司起名亚马逊，英文名Amazon，是因为这个名字以"A"打头，这样，任何人把公司按英文字母顺序排名时，亚马逊总会排在前面，不用花广告费，公司名就能醒目突出，也便于记住。所以，给人、给公司起名也有学问，千万不要自作多情搞得很复杂。简单易记的名字自己就能推广自己。

一开始，亚马逊的定位是做世界最大的网上商场。先是卖书，然后扩大到各类商品，什么都卖。今天在中国，谁都熟悉京东，可是，京东模式就是亚马逊当初摸索出来的。贝佐斯清楚，互联网商业有几个特点：一是买卖双方不见面，相互陌生，所以，品牌很重要，品牌承载信任。二是客户服务和网上体验很重要，网页必须简单易操作。三是电商把"赢者通吃"推至顶峰。传统商业因为需要物理店面，所以，虽然沃尔玛做得成功，但处处需要物理店面的特征使"赢者通吃"的范围受限，毕竟很多地区和人群是无法渗透到的。可是，互联网没有这种局限性，只要互联网尤其是移动互联网能触及，那里的人就可以在网上下单，成为客户。所以，今天的"赢者通吃"范围能达到无限。

但是，如何实现互联网提供的无限"赢者通吃"潜力呢？答案就是要最大化市场份额，要不惜代价把竞争对手甩在后面，让亚马逊成为最后唯一胜出的电商！当然，为了实现这一目标，就不能急于赢利，而是要舍得烧钱、舍得亏损！这似乎违反常理，也跟传统商人恨不得第一天就赢利是完全相反的策略。

从亚马逊1997年上市开始，在美国商界、学界和媒体，始终有众多名人说亚马逊是一个笑话，预测亚马逊会很快完蛋，因为不管谁问贝佐斯："你打算何时赢利呢？"他的回答总是："不知道，我还没想过赚钱，我们只想继续烧钱！"到前些年还是这么说。

☛ 亚马逊的绩效

亚马逊的战略效果如何呢？贝佐斯还真的实现了目标！就以2013年为例，亚马逊的网上销售额是680亿美元，而网上销售额排第二的苹果公司只实现了183亿美元，沃尔玛的网上销售额才100亿美元。在2015年、2016年的圣诞节旺季里，亚马逊占全美电商销售总额的38%，而电商市场份额排第二的公司只占3.9%，像沃尔玛也只占2.6%！由此，经过二十余年的努力，亚马逊成为毫无争议的第一大电商，遥遥领先于其他竞争对手！

亚马逊的销售收入从1997年的微不足道，增长到2016年的1360亿美元。而在2004年前是年年亏损，之后虽然有盈利，但盈利一直不多，2015年以前的年利润从没超过10亿美元，但在华尔街的压力之下，2016年的盈利破天荒达到42亿美元，可还是不到脸书利润的一半、不到谷歌的1/6。也就是说，亚马逊到最近才慢慢把更多注意力放在盈利上。

为了攻占市场份额，亚马逊一是降价。在库存商品中平均有66%的商品有折价，而传统商业公司最多只让1/3的库存商品打折，沃尔玛平均只给18%的商品打折。二是低收邮寄费，给客户优惠。1997年，亚马逊从客户中收的邮寄费平均是实际邮寄成本的1.25倍，也就是那时候会从邮寄费中赚25%，但后来改为在邮寄成本中倒贴55%，一半以上的邮寄成本由亚马逊倒贴！

既然亚马逊这么多年都是烧钱发展，用户的满意度远超传统商业对手，而且在最近这些年美国零售增长不多，电商增长高峰期也过了的背景下，亚马逊却一直在强劲增长，2016年销售额还同比增长31%！这些就不奇怪了。

第12章
现代公司的融资方法

当然,亚马逊这么烧钱发展,财务指标不好看就很自然。比如,它的资产回报率为0.7%,也就是说,用100块钱的资产每年只能赚回0.7元,而苹果的资产回报率是19.1%,谷歌是13%。几年前,市场对苹果未来3到5年的利润增长预期为每年59%,谷歌为18%,而对亚马逊的预期为–16%!

虽然财务指标不好看,股票估值却是另外一回事:苹果市盈率为14倍,谷歌为30倍,而亚马逊的市盈率为1436倍!也就是说,按照现在每股每年的盈利,如果未来没有增长的话,投资者要等上1436年才能把今天的股价本钱赚回来!亚马逊的市值远高于谷歌、脸书!

你说这是泡沫吗?实际上,1997年很多人就说亚马逊的股票是最离谱的泡沫,后来2000年时互联网泡沫破灭了,可是亚马逊还是活得好好的,而且继续烧钱发展,20年后,其创始人反倒成了世界第二富豪!这是泡沫吗?

亚马逊的融资手段

好的,贝佐斯当初要烧钱发展是一个方面,问题是要有人愿意给他钱,否则,他怎么可以持续有钱烧呀?

起初,在互联网泡沫盛行的20世纪90年代末,股权融资是亚马逊的首选。1997年前,亚马逊靠创投基金支持,上市之后股价疯涨,靠增发股权融资。

2000年泡沫破灭后,头几年问题还不大,因为之前通过股权融资,亚马逊留存了很多资金。等留存资金用得差不多了,2004年就改为发债融资。

到2013年,净资产负债率达到41%,也就是说,公司资本中,债务融资和股权融资的比值为0.41,股东出的每一块钱资本,相对应地有0.41块钱的债务资本。由于继续靠借债发展,到2015年年初,亚马逊的负债率上升到92%。

后来,在市场压力之下,亚马逊宣布说今后侧重盈利,股价就开始了一波涨势，到 2017 年还在继续。所以，从 2016 年起，亚马逊又改变融资手段，从债务融资重新回到发股票融资，并且通过股票融资还债。于是，到 2017 年年初，亚马逊的净资产负债率回落到 35%。

许多研究表明，公司一般会根据股价高低和利率高低，在股权和债务中间动态选择融资手段。如果公司股价太高，就以股票融资为主。而如果股价偏低，利率也低，那么就会以借债融资为主。

要　点：

1. 亚马逊是一个特别的案例：以不担心亏损、烧钱作为发展策略，目的是最大化市场份额，把竞争对手都挤走。
2. 20 世纪 90 年代末，许多人认为亚马逊是个极端泡沫，无法持续太久。可是，亚马逊不仅活下来了，而且还在电子商务领域遥遥领先于其他大部分公司。二十多年下来，公司市场很高，股价增长 640 多倍，贝佐斯成为世界第二富豪。
3. 为了在长久亏损之下也能发展，亚马逊先是靠股权融资，充分利用当初高估的股价；在互联网泡沫破灭几年后，改为靠债务融资，特别是在低利率环境下，这种做法有好处；等 2015 年亚马逊股价进入新一轮牛市之后，又改为股权融资。亚马逊的这种融资策略在各类公司中普遍使用。

思考题：

● 今天你了解到，"亏损大王""烧钱大王"也能成为首富的这颠覆传统商人的核心信念。你认为这种策略在中国是否也能成功？为什么能或者不能呢？最好找找案例。

>>> 12.2 公司融资：债务和股权融资不是一回事

我们今天继续讲公司融资的话题，就是债权和股权有什么区别，哪个更有优势，如何在债权和股权融资之间做选择的问题。不管你是创业，还是管理已经很成熟的公司，抑或是作为投资者要去挑选不同公司，认清债务融资和股权融资的本质区别，都非常重要。那么，到底该负债发展，还是发行股票得到所需要的增长资本呢？

安然的故事

你也许听说过当年的安然，这个公司在2001年因操纵利润等丑闻而轰动一时，如今已经不复存在。但是它的发展故事，尤其在融资方面的创举，还是很值得了解的。安然的创新不仅使它进入美国500强公司名单，而且早在1995年就被《财富》杂志评为"最富创新"的公司，连续6年都在"创新精神"方面排在微软、英特尔等以技术革新而闻名的大公司前面。

安然的前身是休斯敦天然气公司。到20世纪80年代末，其主业是维护和运营横跨北美的天然气与石油输送管线网络，它经手运输的天然气与石油占全美市场的20%。但安然董事长肯雷（Ken Lay）不甘心，他的目标不仅是成为世界天然气与石油输送大王，也要成为能源交易大王。他之所以有此野心，是因为20世纪80年代末之前，美国的能源价格基本由政府管制，能源价格风险不高，故而不存在跨期能源交易的必要。但是随着里根总统在80年代解除价格管制，一方面天然气价和油价的波动带来了能源生产商对规避风险的需求；另一方面也增加了能源消费商比如航空公司，管理价格风险的必要。这些需求只能通过风险交易工具来满足，就为能源衍生品市场创造了机会。

看准这一商机，安然在肯雷的带领下于1992年成立了"安然资本公司"

（Enron Capital），并同时开始国际化扩张，于 1991 年在英国建立第一家海外发电厂等，目标是把安然从一个"全美最大能源公司"转变成"全球最大能源公司"。

安然的创新主要在于利用金融工具，把本来是死的资产或能源商品"流通"起来。一种手法是为能源商品，包括天然气、电力和石油，开辟期货、期权和其他复杂的金融衍生工具，通过柜台交易（也就是说，不是在正式交易所上市的）把能源商品"金融化"。

这些衍生品工具是什么意思呢？比如，为了避免 3 年以后的汽油价格风险，你的公司希望买进一种汽油合同，约定：如果 3 年后每升汽油价超出 60 元，你公司只需付 60 元买进 100 万升汽油；如果 3 年后汽油价低于 30 元，你公司愿意按每升 30 元买进，等等。这就是所谓的复合衍生品，帮你把汽油价锁定在每升最低 30 元至最高 60 元。对你的风险是，如果未来油价低于 30 元，你就亏了；而如果油价高于 60 元，你就赚了。那么，谁愿意卖给你这种汽油衍生品呢？该合同又值多少钱呢？——安然作为能源做市商，在任何时候都愿意卖给你这种或其他种类的能源衍生品。你要买的时候它卖出，你要卖的时候它买进，它愿意给任何公司和个人提供这种服务，这就是做市商的角色。

通过研制一套为能源衍生品做定价与风险管理的系统，安然很快成为全球最大的能源交易商，垄断了全球能源交易市场，使其从一个天然气、石油传输公司变成一个类似高盛、摩根大通的华尔街公司，区别在于安然交易的衍生品工具是以能源为交割标的，而高盛、摩根大通是以货币为交割标的。安然做的是能源生意，而传统华尔街公司做的是钱的生意。早在 1990 年转型刚刚开始的时候，安然收入的 80% 来自天然气传输业务，而到 2000 年其收入的 95% 是来自能源交易与批发业务。所以，安然从 20 世纪 80 年代末开始的业务转型是非常成功的！

第12章
现代公司的融资方法

👓 安然的融资挑战

那么，在当初决定做业务扩张和转型的时候，安然需要大量资本，因为在成为天然气、石油、电力等领域的最大做市商之前，安然必须建造很多储油、储气、储电和发电设施，为它可能持有的能源头寸做对冲，规避自己的风险。但是，资金如何得到呢？增发股票，还是更多负债呢？

1986年前，能源价格被联邦政府严格管制。一方面，安然等能源公司不能在自己控制的地域进行垄断性定价；另一方面，它们也与竞争对手隔绝。当时，政府管制价格的基础是让能源公司的资产回报率保持在8%至10%，也就是说，让它们赚的钱不要太多，但也不要太少，所以它们的利润流相当稳定，使银行和债券市场很喜欢这种公司的债务，喜欢它们发行的债券，利率也会很低。再加上对能源公司而言，债务融资的利息成本可以抵税，由此，能源公司原来都很喜欢发债，而尽量减少股权融资，少增发股票，这样最有利于股东的利益。

当然，公司也不能无限制地增加负债，因为杠杆率太高，会使债券评级公司调低对该公司债务的评级，导致一些投资者抛售债券，从而抬高该公司的借债成本。负债水平最后靠债务市场来约束。不过，尽管安然以前的负债率较高，但由于公司受益于能源价格管制政策的保护，盈利十分稳定，所以，安然的债券评级一直都很好，属于高"投资级"，债务成本低。

可是，1986年联邦能源监管委员会解除价格管制，而且鼓励能源市场的竞争，这使安然的盈利的稳定性大大恶化。到1989年，价格自由覆盖了天然气、石油开采和提炼的每个环节，市场完全放开了。随着盈利波动性的上升（这里不是说盈利一定会下降，而是可预测性变差），安然的债务被降为"垃圾债级"，抬高了借债成本。

在债务融资成本升高的背景下，安然如何为公司的战略调整找到大量资金呢？对管理层来说，他们显然不想更多地增加公司的直接负债，那会导致评级的进一步下降。当然，他们可以增发股票来融资，只是这样会稀释现有股东的权益。因为他们很看好安然未来的转型发展前景，不希望稀释现有股东的利益。

在这里，我们应该看到，对公司管理层而言，他们一般不喜欢债务融资，而更喜欢股权融资。原因是，债务有还款期限，期限就是压力。如果债务利率是每年10%，那么，不管公司经营好坏，每年都有还债付息的要求，每年必须兑现，这是硬性约束，没人喜欢。而股权融资之后，这些资金是永久的，公司如果不赢利，当然就没钱分红，股东也不一定会逼管理层，即使公司赢利，也未必必须分红，所以，股权融资是永久资本，对管理层只有软性约束，甚至没有约束。股权是无压力资本，管理层当然更喜欢。由于安然管理层也持有不少股权，所以他们的利益跟外部股东是一致的。

如果我们换个角度，从投资者角度看待股权和债权投资的话，那么，尤其在外部股东难以监督公司内部经营、看不到管理层的所作所为的情况下，投资者当然更喜欢债权。因为，一方面，如果公司破产，那么，债权人的利益优先于股权投资者，他们先得到公司剩下的资产价值，先得到保护，债权优先于股权；另一方面，债权投资者每年会有利息回报，比股权的收入预期更加稳定、风险更小。只不过，天下没有免费的午餐，既然债权优先，收益也更加稳定，是硬性约束，那么，债权投资者不是公司的所有者，股权持有者才是，债权的收益有明确上限。也就是说，公司即使今后大赚，债权人的收益也不会超过事先约定的利息。相比之下，股权投资者虽然承担的风险大很多，但如果公司将来猛赚了，股权投资者作为股东就能猛赚！搞清楚这些细节很重要。

最后，安然管理层还是决定增发一些股票，得到股权资本促发展，但同时进行"表外"发债融资。也就是说，通过设立一些独立法人公司，由这些特设公司发债，并且不需要把这些债务计入安然。我们下次再细谈这个话题。

要点：

1. 放开能源价格管制后，价格波动一般会增加，能源生产商和消费商都需要金融工具规避、管理能源价格风险。安然看准这一巨大商机，进行业务转型和扩张，要成为世界上最大的能源交易商。但是，扩张需要的资本从哪里来？
2. 公司管理层一般不喜欢债务融资，而更喜欢股权融资。如果债务融资，不管公司经营好坏，每年必须还债付息，这是硬性约束。而股权资本是永久的，公司如果不赢利就不分红，即使赢利也未必要分红，所以，股权融资对管理层只是软性约束，甚至没有约束。股权是无压力资本，管理层当然更喜欢。
3. 投资者的角度会不同，尤其在外部股东难以监督公司决策的情况下，投资者更喜欢债权，因为债权人的利益优先于股权，同时债权投资者每年有固定的利息回报，比股权收入更好预测。但是，债权投资者的收益有明确的上限，而如果公司将来猛赚了，股权投资者的收益理论上是无限的！

思考题：

- 今天在中国既有股票市场又有债券市场，还有借贷市场。在目前的条件下，你喜欢其中哪一种投资机会？而如果从你公司角度来看，你会如何权衡这些不同的融资手段？可行性怎样？为什么呢？

>>> 12.3 恒大地产的烦恼：长期债还是短期债？

今天我们通过恒大地产的债务融资案例，来谈到底是长期债好，还是短期债好，一般公司应该如何搭配债务的期限。在 2016 年年底，恒大地产的股价为 4.8 港币，2017 年二季度涨到 17.4 港币，不到 7 个月翻了 2.6 倍多。股价涨了这么多，在这个时候，恒大地产是否该赎回长期债，改为短期债或者靠增发股票融资呢？

恒大地产的故事

恒大地产成立于 1997 年，正值亚洲金融危机之际。一开始，公司抢占先机，采取"短、平、快"的策略。到 1999 年，恒大就跻身于广州地产十强企业。

"规模一流"是恒大战略的核心。2004 年之前，恒大在广东发展规模；之后，把"规模优先"策略拓展到全国，迅速实现全国化布局、产品标准化运营，并取得井喷式增长。从 2011 年至 2017 年，恒大在土地储备、销售金额、销售面积、在建面积、竣工面积等多项指标中实现了 46 倍的总体增长。恒大在全国 120 多个主要城市拥有 200 多个大型项目，2016 年年底总资产规模达 13508 亿！

2009 年 11 月，恒大在香港联交所上市。交易的第一天，收盘价比发行价涨 34.3%，市值 705 亿港元，成为在港市值最大的内地房企。如今，总市值 2225 亿元。

可是，恒大一直碰到跟安然一样的挑战：如何做大规模融资呢？

作为房地产公司，项目融资当然以银行贷款为主。只是从 20 世纪 90 年代末以后，由于房地产调控政策举措一波接一波，使得行政部门和社会都偏向于跟房地产开发商过不去，要求开发商用自有资金去竞拍土地，封顶之前不能预售新房，等等。在这以前，即使你是农村出身，没有资金，也不妨碍你进入房地产行业，但是这些不断抬高的自有资金门槛使得新的"潘石屹"们难以出现。一方面，使房地产行业的竞争越来越少；另一方面，也要求房地产企业必须融到更多资本。

长期债还是短期债？

由于房地产行业这些年受到的挤压比较多，所以，国内A股市场和债券市场对房企并不是那么开放。而恒大又是在境外上市的公司，所以，除了具体地产项目可以从国内银行做项目贷款，恒大要么通过影子银行融资，要么到境外增发股票、发外债。当然，影子银行的成本高得出名，并没有多大吸引力。

股权融资空间有多大呢？恒大2009年在香港上市后，开始股价在4.4港币左右，到2015年4月之前的近6年时间里基本都停留在4港币上下。然后，在2017年之前又一直停留在5港币上下。所以，对恒大而言，在香港增发股票融资显然不是上策。

而如果主要依赖发外债，到底该发行长期债，还是短期债呢？

这里，你可以看到，正因为债务是压力资本，有还本付息压力，所以期限越短，对管理层的压力越大。反过来看，债券的期限越长，还本付息压力就被摊平到更多年份里，短期压力就越小，就越像股权资本。

当然，投资者也不傻，债券期限越长，不确定性也越大，发债方违约概率可能也更高，所以，会要求更高的利息回报率。

尤其是在当时那几年，一方面国内影子银行融资的利息成本奇高，另一方面美元和港币债券的利率很低，比国内影子银行的融资利率低多了，再加上美联储持续加息的预期也很高，所以，在境外发行长期限的美元债成为恒大的首选。以至于到2016年年底，恒大地产的长期负债达3332亿，而期限一年以上的中期债达2029亿。

永续债是怎么回事？

当然，在当时各国利率被央行人为压低的背景下，恒大不仅喜欢债务期限长（因为之后的利率只会高于当前），而且更偏爱"永续债"（perpetual bonds）。什么是永续债呢？

永续债没有明确的到期日，理论上可以永远存在下去，一千年后还可以存在，所以有"债券中的股票"之称，但在实际中，有不少细节使其又是债券：首先，发行公司有赎回权，每隔一段时间，比如3年，发行方有权选择把债券赎回；其次，如果在发行公司可以赎回的时候选择不赎回，那么，接下来的利率就必须上调，这等于给发行方一定的压力，让他们不要真的让债券永久地存在下去（否则，很多年后债券利率会迈向无穷高）；最后，发行公司不仅有赎回的权利，也有权决定是否付息，意思是发行公司可以无限期地把利息拖延下去，只是在公司分红利之前必须把所有拖欠的利息支付干净！

所以，你看到，永续债由一系列短期债券组成，真的是"债券中的股票""股票之外的股票"，给发行公司提供的便利太多了。而且也正因为这一特点，在中国的会计规则里，永续债可以不记到负债表中，算作股权处理。可是，恒大是香港上市公司，香港会计规则又把永续债当债务处理。这种模糊性给公司带来了不少的灵活性。

也正因为这些，不只是恒大地产，许多中国地产开发商、银行和保险公司都发行了永续债，试图锁定美联储收紧货币政策之前的低利率。2016年，除日本外的亚洲公司（包括银行在内）共发行78亿美元永续债，而在2017年上半年又发行265亿美元永续债。尤其是，对于中国的银行，因为永续债可以被视为股权资本，它们也偏好永续债。

从投资者尤其是机构投资者角度来看，他们也喜欢这种永续债。比如，越来越多的欧洲保险公司和养老基金看到，它们在欧洲能得到的债券收益率很低，只有2%—3%，而亚洲永续债利率就高多了。中化集团在2017年5月发行6亿美元永续债，年利率为3.9%，但参与认购的投资者一共下单50多亿美元，供不应求呀！以至于中化集团在一个月内，干脆再发行180亿美元永续债！

当然，对恒大地产而言，前面说到2017年股价表现强劲，翻了2.6倍，所以，恒大就选择立即赎回之前发行的所有永续债，这些永续债的平均利率为9.5%，融资成本实在太高！恒大所做的是典型的在股权、长期债和短期债之间的动态融资策略，根据不同金融市场的变化动态调整公司的融资结构，而不是死板地只有一种融资工具。这样做，最终当然是最大化了股东的利益。

> **要 点：**
>
> 1. 公司融资手段越来越丰富。除了在股权和债券之间灵活搭配融资组合，也可以灵活运用长期债和短期债，通过优化债务期限结构来最大化股东利益。原则是：哪个融资手段最便宜，只要可行，就多用哪种融资工具。
> 2. 债券期限越长，给公司带来的短期还款付息压力就越小，这种资本就越像股权。所以，一般公司更喜欢长期债。但对投资者而言，长期债风险更高，利率回报也必须更高。
> 3. 永续债没有到期日，理论上可永远存在下去。实际中，几个细节值得注意：发行公司有赎回权；如果发行公司选择不赎回，每隔一段时间利率就必须上调；发行公司也有权决定是否现在付息还是推迟付息。恒大地产多次发行永续债，融资利率高，但在股价大涨之后，会赎回所有永续债，由此控制企业资金成本。

> **思考题：**
>
> ● 到目前为止，你已经了解到，公司应该根据股市、债市、永续债的情况，动态调整自己的融资结构，充分利用不同金融市场的偏差来最大化公司的市值。当然，这样做之所以有效，有一个前提，就是有时候股市错误定价，有时候长期债错误定价，有时候长期债错位，而另一些时候或者同时的利率政策也错位，但是这些市场的错位不一定同时发生，或者错位的程度不同。你怎么理解这一前提假设呢？

>>> 12.4 公司资产证券化：安然如何表外融资？

海航在 1993 年成立时，资产规模才 1000 万元，到 2017 年中期达到 1 万亿元，翻了 10 万倍！这个公司怎么这么神呢？资金是怎么融到的呢？海航的融资做法当然很多，也是较早学习外资投行融资经验的一家公司。今天我们来讲其经典融资方式之一，就是"一机三吃"：在将飞机等固定资产抵押贷款后，又将飞机的收益权，以及有关航线的未来收入流分别再做资产证券化融资。前者用固定资产的财产权做抵押借贷，而后两种做法是以未来收入流权为基础做融资。

你可能会有疑问，用飞机做抵押来借贷还好理解，毕竟是用一个实物来换取实实在在的钱。但用还没有到手的未来收入流做抵押，怎么能拿到资金呢？这就涉及金融活动中的信任关系了，像海航这样的大公司，大家一般认为其未来收入流是有保障的。资产证券化就是这样一种将缺乏流动性但有可预期收入的资产，通过证券方式以融资的方式出售。

为了理解海航的融资方法，我们还是以安然的故事为基础，来介绍企业的资产证券化创新是怎么出现的，为什么要做很多增强信用的结构性安排，尤其是为什么资产证券化融资可以放在表外。

上次谈到，为了扩张公司盘子，安然要融资，但又不想增发太多股票或直接负债更多，以免公司债务评级被降低。怎么办呢？最后是以表外做资产证券化融资为主。这里，"表外"指的是在安然资产负债表或者会计报表以外做融资安排，这样，既可以融到资金，拿到的资金也不会作为"负债"列在公司的财务报表之上，因此不影响公司负债率，进而不降低信用评级，而且这也是一种合法的方式。

那么，世界上怎么会有这么好的事呢？就让我们看看细节。

第12章
现代公司的融资方法

👁 安然的资产证券化

安然设立好多独立法人公司,或者叫"特设公司"(Special Purpose Vehicle,SPV),作为表外融资工具。这些特设公司没有运营,也没有真正的雇员,只是一个法律构体。就以其中一个叫"马林"(Marlin)的特设法人为例,安然以自己在英国等地水厂资产为基础,将这些水厂未来10年中每年收入的头一亿美元卖给法人"马林",也就是说,你可以想象把水厂资产的未来收入流按最靠得住、比较靠得住和最靠不住风险级别切成三层,那么,"马林"买到手的是每年收入中最靠得住的那1亿美元,优先级最高、风险最低的那一层。

你要注意到:安然继续拥有并运营这些水厂资产,只是把未来每年的部分收入剥离出来,卖给"马林";然后,"马林"以这些买到手的收入流作为抵押,向外发行11亿美元债券,并把发债所得支付给安然,这相当于每年1亿美元的10年收入流的卖出价格。这11亿美元资金等于安然把水厂资产的部分未来收入提前变现了,跟发行股票卖的也是未来收入流在本质上一样,只是与股权对应的未来收入流不确定性很大,而"马林"买到的收入流是高质量、低风险的。

我们通常把安然的这种做法称作"资产证券化",实际上这不是对资产权本身而是针对资产的部分收入流权益做证券化。

有几个细节应该记住。首先,资产证券化跟传统抵押借贷的区别在于,传统抵押借贷一般都是以实物资产为抵押物,比如土地、房屋、厂房设备、珠宝等。实物资产虽然因为其物理属性显得安全可靠,看得见、摸得着的东西能带来安全感,但不好的地方是实物资产往往流动性差,要么变现很难,要么花很长时间,要么需要大打折扣才能变现。可是,资产证券化直接以收入流为保障,流动性远高于实物资产,对投资者更有利。因此,资产证券化的债券利率会低于传统抵押借贷。

其次,由"马林"发行的债务不用记在安然的资产负债表上,是表外融资,因为"马林"是独立的法人。虽然安然是"马林"的50%股东,但只要安然把实际控制权交给"马林"的其他股东,那么,根据美国通用会计准则,安然不必把这种债务合并到公司的报表上。也正因为这一点,资产证券化融资对安然和很多其他公司才有吸引力。相比之下,如果安然按照传统做法,把水厂资产直接做抵押去借款或者发债,那么,这些负债100%要记在安然的资产负债表上。

最后,在资产证券化安排下,安然跟"马林"之间有清晰的破产隔离。也就是说,即使安然发生破产,不管将来是谁拥有并管理这些水厂资产,水厂每年收入的最靠得住的第一个1亿美元照样必须付给"马林",这些在收入流出售协议中要界定清楚。破产隔离保护了"马林"证券投资者的利益,而这一点在传统抵押借贷中不一定能做到,取决于当事法官。

从上面三方面来看,资产证券化显然对安然和投资者都更有利,利率成本也会低于传统抵押贷款。当然,正如以前谈到现代公司制度时所说的,未来现金流销售协议、破产隔离安排等能否兑现,又取决于一个国家的法律和法治环境,这也是为什么资产证券化只能在少数几个国家做到,比如美国、韩国、新加坡。在中国,这些年也尝试进行特色化设计,以适应国内的法律和契约执行环境。

知道这些差别了,你就能看清海航的"一机三吃"做法。而它之所以能"一机三吃",是因为国内银行以前只接受固定资产抵押,只认实物财产权。这样,即使海航已经把飞机等资产的未来100年收入流、航线收入流都分别卖给了不同特设公司SPV、做完了资产证券化融资,海航还可以再把这些固定资产做抵押,到银行贷款。前面是在海外做的表外融资,后面是在国内做的表内融资。这样做不违法,只是钻了银行的空子,因为银行应该认识到一旦这些固定资产和航线的未来收益流都被卖出去了,固定资产的财产权就没有太大价值,抵押价值也不大。

◥ 信用增强安排

对安然的融资创新而言,有一个背景很重要,就是每个时期市场偏爱

第12章
现代公司的融资方法

的公司融资工具往往不同，很多时候是根据过去的经历所做的调整。在20世纪80年代的美国，最火的是垃圾债券。当时有个称雄华尔街的公司"Drexel Burnham Lambert"（德崇证券），它的干将迈克尔·米尔肯（Michael Milken）发展了许多资金饱满的投资者网络，其中包括大保险公司和退休基金，只要米尔肯推荐什么垃圾债，他们都大批地买，米尔肯的一句话就是最高信用评级。就这样，垃圾债成了公司融资的主要手段，尤其是"杠杆收购"（LBO）私募股权基金的首选，这些基金需要借大量债即"加大杠杆"去收购实体公司。垃圾债的火热是20世纪80年代美国公司并购潮的关键推力。

可是，1988年Drexel Burnham Lambert被政府起诉并很快破产，两年内米尔肯和其他几位管理者也因内幕交易以及欺诈而被判刑坐牢，从此就把风险高，收益也高的"垃圾债"的名声彻底搞臭了。因此，整个金融市场就开始排斥垃圾债，并走向另一个极端，就是偏爱质量高，几乎绝对安全的债券。

所以，在安然创新推出资产证券化债券时，就有了单纯把水厂资产未来收入流中最可靠的部分剥离出来，并以此为基础发债，其质量保障还不够。一般而言，只要一个地方的人口不下降，人们每天都要喝水、用水生活等等，是刚需，水费收入应该是非常稳定的。但是，安然需要追加担保。解决方案是：安然用公司的优质资产（比如波特兰发电厂）做担保。可是，由于许多资产已经为其他传统抵押贷款做了担保，后来，就用安然股票做附加担保。

正因为这些担保安排，资产证券化条款通常约定，一旦安然股价低于一定"门槛"或者安然信用评级低于"投资级"，安然就必须按事先选定的价格赎回证券化债券。后来，到2001年10月底，安然股价果真跌破30美元，迫使安然面对一系列资产证券化债券的赎回压力，逼其申请破产保护。从这些细节你可以看到，所谓的"表外"资产证券化发债融资，实际上是保护了这些债务的投资者，而对安然来说，它的责任并没有被隔离、减少。

这种资产证券化结构性安排当然可以用到很多其他场合，比如，商业楼盘和住宅房屋的未来租金流、高速公路收费流、地铁收费流等，关键是这些收入流的产权清晰并且质量高。由此，你了解到，证券化就是未来收入流的现值化。

要点：

1. 资产证券化是把高质量的未来收入流卖给特设公司（SPV），后者以此为基础对外发债。通过结构性法律安排，使特设公司跟资产的所有者和运营者有破产隔离。这样，证券化借债不必合并到原公司的资产负债表中，可实现表外融资。
2. 资产证券化跟传统抵押借贷的核心差别之一，是只认未来收入流，以收入流产权为基础，这比传统实物抵押品更具流动性。这也跟银行形成对比，因为传统银行只看重实物资产的抵押价值。
3. 正因为资产证券化是对未来收入流的证券化，任何稳定的未来收入流都可以被证券化！海航是通过资产证券化实现"一机三吃"、加大融资杠杆的。

思考题：

● 刚才你学到，"正因为资产证券化是对未来收入流的证券化，任何稳定的未来收入流都可以被证券化"。几年前，一位地方政府官员听到这个后眼睛一亮，说："我们地方政府有许多楼盘、公路、桥梁、医院房屋等等，这些都能给我们很多未来收入流，这些收入是地方幼儿园、小学、中学、医院的财务基础。为什么我们不先把这些收入流证券化，转移到今天做投资、做开支呢？"如果这样，今天的地方政府当然钱多了，但今后的地方政府怎么办？今天和未来的平衡点由谁来把握好呢？

延伸阅读
Extended Reading

金融通识课

我们在正文中介绍了很多种融资模式，公司或者是以自己的信用为担保（债权），或者以自己的资产为抵押（资产证券化、抵押借款），或者将所有权让渡出去（股权）来获取资金，这样有很多种资金的获取渠道。而处于金融市场另一端的资金持有者，就有自己的资金投放渠道。资金的供应与需求就是金融市场上的两极，有多少种公司融资方式，就有多少种投资方式。

商品市场上有千千万万个价格，是因为商品有不同种类，带给人们不同的效用。但在金融市场上，也有千千万万种利率（借贷的价格），就让人有点不解了——难道借出去的钱也有差别吗？

这是因为同样是借钱，但借出去是否能收回的概率（风险）不同，借出去的时间（期限）不同，能否灵活地改变期限（流动性）也不同，进而导致借钱的价格（利率）不同。其中很关键的因素就是风险。

风险可以被理解成在某一个特定时间段里，人们所期望达到的目标与实际出现的结果之间产生的距离。现代金融学研究更倾向于把风险理解成"不确定性"而非单纯的"损失"，因为如果我们能够估计到某一投资品价值的降低，我们在事前就可以做出正确的决策，从而避免这一损失。由于风险是客观存在的，不以人的意志为转移，投资者必须将风险纳入投资决策中。

那么，有什么办法可以尽量减少风险所带来的损失呢？我们常常听到一句话，叫"不要把鸡蛋放到一个篮子里"。它背后有什么样的依据呢？

我们可以用概率论与数理统计的方法来刻画风险，从而将纷繁的金融投资情况用数学工具化繁为简。由于它自身具有模糊的属性，人们常用期望收益与实际收益之间的差的平方（即方差）来表示事件偏离期望的程度。某个事件的方差越大也就证明它的风险越大。

风险又可以分为系统性风险与非系统性风险。非系统性风险又称非市场风险或可分散风险。它是与整个股票市场或者整个期货市场或外汇市场等相关金融投机市场波动无关的风险，是指某些因素的变化造成单个股票价格或者单个期货、外汇品种以及其他金融衍生品种下跌，从而给有价证券持有人带来损失的可能性。也就是说，这种风险主要影响某一种证券，与市场的其他证券没有直接关系。

由于各个公司的经营状况不会完全相同（或相反），在数学上公司之间的盈利状况的相关性就要小于1，于是复合投资多个公司证券的方差就会比只在单个公司上押注更小。这样一来，非系统性风险就得到了降低。

我们也许注意到，即使两个公司之间的经营状况不尽相同，在同一行业中也难免有"一荣俱荣，一损俱损"的现象。比如光伏产业，在有政策支持的时候各家公司都能获得一定的利润，但在政策支持力度减弱的时候则一起变得不景气起来。因此，为了规避整个行业的风险，投资可以适当跨行业，以进一步减弱公司经营状况间的相关性。

因为绝大多数的风险都是非系统性风险，因此我们可以使用"把鸡蛋放在多个篮子里"的策略，因为不同的篮子之间相关性小于1，组合的风险低于只放在一个篮子里。如果一位投资者选择了三到四只优秀的股票，即使其中一只表现不尽如人意，其他几只也可以有一定的收益，从而达到旱涝保收的目的。

# Chapter 13

第 13 章
为什么公司要追求上市？

>>> 13.1 远大集团：上市还是不上市？

我们今天的话题是公司到底该不该上市。上市的利与弊是什么？哪些公司适合上市，哪些公司不适合？答案显然取决于具体行业、具体公司。

这些年，太多公司把上市本身看作创业和经营的终极目标，结果上市后被搞得很累、很惨！而不少地方政府把本地有多少公司上市当作政绩，实在令人哭笑不得。就以地方水厂公司为例，他们的收入很稳定，分红也确定，但由于水价受管制，所以收入增长前景不多，这种公司如果上市，它们的股票回报更像债券，也跟银行存款的收益类似，可是，A股市场照样给40倍或更高的市盈率。这种公司更适合发债融资，而不应该上市。从投资者角度来讲，股市之所以是股市，跟银行存款、债券不同，是因为股票的定位是最大化财富增长，而银行存款和债券才以保值为目标。所以，像地方水厂这样的稳定行业不适合上市。

那么，对于增长前景好的公司，又该怎样决定呢？

远大空调的烦恼

这使我想起远大集团的创始人张跃先生，他是我认识的最执着、对绿色增长最认真的人。就跟华为一样，多年来，不断有华尔街投行想说服远大上市。但张跃坚持不上市，继续走精品公司路线。在谁都争先恐后上市圈钱的背景下，拒绝上市诱惑需要很强的特立独行的意志。那么，张跃有多独特呢？

他是学美术出身，职业生涯从中学美术老师开始，但很快于1984年下海，几年后跟弟弟张剑一起研制出无压锅炉，并获得专利。兄弟俩的第一桶金是卖无压锅炉技术获得的。他们接下来看准了空调市场，认为空调需求前景巨大，并研制出了国内中央空调行业的第一台直燃机。1992年，他们在长沙创办远大空调有限公司，由张跃任董事长兼总裁，以设计优美、技术领先为特色。每次跟张跃接触，我都因他的敬业、专注和激情而感动。所以，我一点也不奇怪，远大能很快发展为全球最大的直燃式空调公司。

1997年，远大空调的销售额达到20亿元，当年张跃破天荒买下私人飞机，成为中国第一个拥有飞机牌照的民营企业家。可是，不到10年，他决定不再使用私人飞机，因为他感到单独飞行一次就要烧那么多油，制造那么多污染，对环境很不利。这些认知使张跃开始专注于环保、绿色技术的研发，随即远大选择聚焦新型环保建筑设计，目标是使建楼过程和建筑成品全面绿色、低碳。就这样，张跃在各种场合都会宣讲他的低碳理论。他说，多数人是感觉不到环境变化的，"就像温水煮青蛙，刚开始是感觉不到的。但是慢慢加热，等到有一天温度达到沸点，污染程度到了不可收拾的时候，人类想补救就晚了"。

2010年3月，远大集团仅仅花了24个小时，就建成了上海世博会的远大馆，建筑使用的是完全轻量的钢结构，材料消耗只有传统建筑的1/6，能源消耗的1/5，更没有产生混凝土垃圾，而且整个馆的抗震性还很强。

2011年，远大集团只花了15天时间就建成一栋30层的大楼，并且整个建筑也是既环保低碳、耗能超低，又能长久保值的。远大的建筑技术使世

第13章
为什么公司要追求上市？

界的发展变得可持续，增长前景很好。

对张跃的创业背景和个性了解一点之后，你能看到，他不肯加入上市圈钱行列也就不足为奇了。从 2000 年开始，一波接一波的投行人士要帮助远大上市发行股票，可是，张跃一直说："我们有盈利，也有继续发展的资金，不缺钱，为什么要上市呢？"

在他看来，公司上市过程中和上市之后，各种成本不低，况且作为上市公司，远大肯定会受到市场方方面面的约束。对张跃这样个性鲜明的企业家来说，如果他选择要做一项事业，他会坚持去做的，不会害怕外行投资者质疑。

当然，在远大选择从空调行业扩大到建筑设计与建造领域后，它的市场潜力巨大，但还有待进一步挖掘。处于新的转折点的远大，是否该重新考虑上市的议题呢？

上市的好处

公司上市的成本不低，但上市不只是为了扩大融资，其他好处也很多。首先，远大如果继续不上市，张跃手中的股权就没有流动性，他的成功果实只能通过未来多年的利润一年一年地实现。股市为创业者提供的是一种对未来预期收入做定价、变现的机器。当然，即使远大上市了，张跃也不是必须变现未来，但有这个灵活性总是好事，他也可以只变现一部分去做其他创业投资，分散风险。

其次，上市之后，股东基础会扩大，帮助分摊公司风险，也可以慢慢地有其他大股东，甚至往职业经理人方向发展，而不是只指望子孙或其他血亲接班。引进其他利益相关者并逐步建立合适的治理结构，是公司长久持续存在与发展的基础，也是避免"富不过三代"诅咒的理性办法。

最后，上市之后，公司等于有了自己的"货币"——股票的发行权，给公司的发展战略多了一项重要的备选工具。这话怎么理解呢？

我们就以美年健康收购慈铭体检的故事为例。之前，在民营体检服务行业有三大巨头：美年健康、爱康国宾、慈铭体检。这三家公司选择了不同的资本战略：A 股 IPO（首次公开募股）、海外 IPO、A 股借壳。不同的选择深刻地影响了三家公司各自的命运及行业发展格局。

2012 年，慈铭体检开始 A 股上市申报，在三大巨头中最早启动资本运作。但由于证监会加强发行监管审核、IPO 暂停等，慈铭上市不成。爱康国宾 2014 年率先在纳斯达克上市，成为中国体检行业上市第一股。

慈铭体检上市失败后，股东们准备出售公司，而美年健康有意收购。于是，慈铭体检 2014 年年底和美年健康签订了股权转让协议。可是，那时候美年健康还没上市，资金不够，只能受让慈铭体检 26.78% 的股份。

之后，2015 年，美年健康借壳江苏三友上市成功。一旦上市，美年健康股份的价值和能够应用的用途就大为不同了。先是美年健康的实际控制人通过质押所持有的股份，融到资金，逐步收购慈铭体检的其他股权。最终，美年健康决定并购慈铭体检所有的股权。

尽管并购审批过程几经波折，但在 2017 年 7 月 12 日，证监会还是批准了交易：美年健康发行新股 1.5 亿股，外加 3.5 亿元现金，收购其他股东持有的慈铭体检 72.22% 的股权。收购完成之后，美年健康成为行业第一，抬高了竞争对手面对的壁垒。

这些年，不只是美年健康，像携程、腾讯、分众传媒等国内外上市公司也都喜欢充分利用上市后的股权发行便利，用自己的股票收购其他公司，改变自己的地位，也改变行业的竞争格局。

那么，远大是继续做精品企业、对上市不屑一顾，还是应该改变做法，选择上市呢？

要　点：

1. 上市并不是每个公司的最优选择。在中国有华为、远大，在美国有全球最大的农产品制造与贸易公司——嘉吉（Cargill）公司，等等，这些公司都是不上市也非常成功的典范。

2. 尽管如此，我们还是要看到上市的好处，各企业家自己要做权衡。比如，上市会增加公司股权的流动性，让股东可以随时变现未来，更灵活地安排自己的财富，也可以改变公司未来的长久发展前景。
3. 一旦上市，公司就类似于有了"货币"发行权，这里的货币就是上市公司的股票。公司可以根据自己的战略需要，增发股票收购其他公司，强化自己的竞争地位，改变行业格局。

思考题：

● 为什么华为、远大不上市也能成功？因为它们没有上市，就没有从资本市场的存在中受益吗？也就是说，如果没有资本市场的存在，它们的发展可能会如何？你预测远大集团将来会如何发展？

>>> 13.2 市值管理：上市不只是敲钟

以前你可能看到过一些公司创始人在上交所，或者纽约股票交易所敲钟，然后新闻报道就说：某某公司上市了！紧接着，创始人当然充满胜利的喜悦，要一波接一波宴请朋友和同人，庆祝上市成功！再后来，似乎就万事大吉——上市真的只是敲钟吗？上市的过程确实很熬人，过程结束了当然该庆祝，但这只是万里长征的开始，因为今后是否能跟市场沟通好、能否降低信息不对称带来的挑战，才是决定上市是否成功的关键。

几年前，一位学生很激动地跟我讲，他兄长打算两年后让自家的公司在香港上市，并且要冲刺这两年的业绩，要正好在上市敲钟的时候业绩达到顶峰！我就问："你们家是希望十年、二十年后公司仍然运营得很好，家业常青,还是就圈一次钱跑路?"他说:"当然希望家业常青!"我说:"如果是那样,就千万别在上市之前制造业绩顶峰。那样虽然能把一开始的股价炒得很高,但之后如果业绩下滑,让第一拨投资者吃了苦头,他们就会从此不再相信你们,跟你们公司结上仇,你们今后跟市场沟通起来就会很难。而如果换个角度来看,反正上市时卖的只是很小一部分股份,你们家继续是控股大股东,开始时股价即使不是最高,也没关系,因为今后随着业绩的自然增长,股价反正会持续上涨,你们家的股权市值会上升。如果一开始给了投资者持续的甜头,那么,今后跟股市沟通起来就容易多了。那不是为公司长久发展打下更好的基础吗?"

我不知道这位学生的兄长是否听进去了这样的建议,但那不重要。关键是,太多人把上市本身看成终极目的,只在意短期利益。否则,怎么会有那么多A股公司上市之后就开始业绩下滑了呢?很多人都强调要提升上市公司的质量,可是质量不是喊出来的,而是从具体细节开始做出来的。

东方航空的故事

自从1997年东方航空在纽约上市以来,我经常关注这只股票,也曾买过。但是在这些年里,东方航空每天在美国的交易量很低,平均一天只换手1.2万股,按照每股不到28美元的价格计算,每天的交易量在33万美元左右。也就是说,如果到美国上市的目的是扩大融资范围、随时能融到大量资金的话,那么,假如东方航空要通过美国股市增发股票融资9亿美元,这笔资金就相当于2727天的交易量。按照每年250个交易日算,这等于要花11年!从这个角度来看,东航的海外上市不能算太成功。

相信你肯定坐过东航的飞机,因为作为国内第二大航空公司,它2016年的客运量超过1亿人,特别是它覆盖了经济繁华的华东地区的各主要航线,国际航线覆盖面也甚广,飞往全球1000多个目的地。东航股份在1997年分别在纽约、中国香港和上海上市。随着中国经济的增长,尤其是商业旅

第13章
为什么公司要追求上市?

行和休闲度假的逐年增加,到 2016 年,东航收入 985 亿元、利润 45 亿元,资产规模达到 1957 亿元。在 "2016 中国企业 500 强"中排第 155 位。所以,不管从航空市场覆盖面、品牌、行业排名,还是从经营规模来说,东航并不是一个人们不知道的公司。

那么,为什么东航的股票无人问津呢?是东航的原因,还是股市的问题呢?

☛ 信息披露是关键

东航作为一个中国公司,在美国股市交易量相对低,不太奇怪,毕竟到过中国、坐过东航的美国投资者并不多。后面我们再回到这个话题。这里,我们还是从信息披露、跟股市沟通的角度来谈。

那么,东航自己给股市投资者发布的消息有多少呢?这些年我经常到许多投资者访问的雅虎财经上跟踪东航的消息,东航以前发消息大概为一个月一条,到最近几年是每 6 个月发布一次半年财务报表,其他很少有什么消息。也就是说,有半年时间里投资者会听不到公司的声音。

实际上,不只是东航,一般中国公司除了必须披露的信息(比如,财报、高管变动等),基本都不告诉股市投资者有关公司的最近动态,比如,最新的项目、新签约的交易、商业发展计划进展、业绩预期等。

相比之下,IBM 自己发布的消息平均一天有 2 到 3 条,其他关于 IBM 的评论每天就更多了。微软平均每天发布 1 条消息左右。投行分析师、基金经理、行业研究师针对这些公司发布的分析报告就更多了。

通俗地讲,如果一个上市公司好几个月都像从市场上消失了一样,投资者和分析师当然就会把你忘记,也没有理由去对你的公司做新分析、新评估,股票无人问津、交易量低也就不足为奇了。而如果公司的投资者关系部门经常主动积极地向市场披露最近动态,你公司的名字就会经常出现在投资者眼前,自然会带来更多关注,交易量就会上来。

事实上,股票估值和交易量通常是高度正相关的:交易量大的公司,市盈率通常更高。反过来，交易量低的股票，市盈率就更低。许多金融学的学术研究也发现，做产品广告比较多、媒体曝光比较频繁的公司，不仅它们的产品销量会更多，而且股票估值、交易量也会更高。所以，管理公司市值的方式有很多种，但是，你首先要引起投资者对你的公司的关注，并进一步让他们有兴趣分析你的公司，否则公司市值和流动性都会吃亏。

从理论上讲，之所以公司主动披露信息、经常发布消息这么重要，是因为金融交易中存在固有的信息不对称，也就是说，公司内部人知道公司做的决策、发生的事情等，因此，知道公司前景的好坏。可是，外部投资者不知道，加上股票交易本身是最难的跨期价值交换之一，所以，信任和信心总是股市上最稀缺、最珍贵的，而增加信息披露的数量和质量，是公司能够主动降低信息不对称、提升信任与信心的主要方式。一旦跟投资者的关系理顺了，融资和市值就自然水到渠成。

要点：

1. 公司上市不只是敲钟。敲钟是上市过程的终点，但不是上市成功的标志。上市是否成功取决于今后漫长的市场沟通和市值管理。尤其不要在上市之前制造业绩顶峰，否则，投资者会跟你的公司结上仇的。
2. 敲钟之后，最糟糕的做法是平时在股市上不露面，等需要再融资时才出现。那样的话，股票交易量少，估值也会偏低。最好的做法是经常跟市场沟通，多披露、常披露，让投资者和分析师知道你公司的思路、规划和进展。
3. 媒体曝光越多，产品广告越多，公司的市值估值也会越受益，道理在于这些方式能帮助降低投资者与公司之间的信息不对称，强化股市参与者对公司的信任和信心。

第13章
为什么公司要追求上市？

> **思考题：**
>
> ● 这些年在投行和地方官员的帮助下，许多公司在上市之前都要走过所谓的"上市辅导期"，也就是对公司资产进行剥离重组、对财务报表进行粉饰等等。这样做当然使每个公司在上市时都好看，可是，这会牺牲投资者的利益。怎样才能产生"高质量的上市公司"呢？

>>> 13.3 为何买壳上市？

之前，我们谈到，民营体检行业三大巨头中，慈铭体检最早申请A股上市，但审批折腾两年多，最后没有成功，而美年健康最晚启动资本运作，采用买壳上市，并且很快成功。结果呢？美年健康收购了慈铭体检，成为行业的老大。这下，你肯定要问，买壳上市是怎么回事呢？为啥能更快成功呢？今天我们就来回答这些问题。

买壳上市又称"后门上市"或"逆向收购"，是指非上市公司先购买一家上市公司一定比例的股权，取得控股地位，然后把自己有关业务及资产注入其中，进行重组，实现间接上市的目的。换句话说，你需要先用现金或者资产买一个"壳"，也就是那个已经上市的公司的控股权，然后把你其他的资产跟这个"壳"公司的股权进行置换，让你的资产转化成上市公司的股份，获得流动性。之后，你就能像美年健康那样，用增发股票收购其他公司或做其他战略扩张了。

有时候，你可能听到"借壳上市"这个说法，其实，这跟买壳上市几乎是同一个意思，因为都是针对上市公司"壳"资源而来的，是为了实现间接上市。唯一的细节差别在于，买壳上市的企业首先需要获得对壳公司的控制权，而借壳上市的企业可能已经拥有对壳公司的控制权。

那么，为什么有壳可买？既然买壳容易，为啥不都去买壳上市呢？

为什么要买壳？

简单来讲，这是上市监管的结果。没有强硬监管，就没有买壳上市这回事。试想一下，如果没有上市审批和烦琐的上市流程，如果没有上市名额限制，谁还有兴趣去买现有的壳公司，而不是以自己的真实身份直接上市？

你可能知道，公司上市准备、申请、审批的过程很烦琐漫长，证监会对公司的财务状况、资产质量、股东背景、治理结构和历史沿革等进行细查，即使顺利，也需要两到三年的时间。

就目前受关注比较多的创业板而言，首次公开发行股票的公司必须符合以下具体条件：

第一，必须具备赢利能力。比如，发行人最近两年要连续赢利，最近两年净利润累计不少于1000万元，且持续增长；或者，最近一年赢利，而净利润不少于500万元，并且最近一年营业收入不少于5000万元，最近两年营业收入增长率均不低于30%。第二，发行人应当具有一定规模和存续时间。比如，在资产规模上，"最近一期期末净资产不少于2000万元，发行后股本不少于3000万元"。发行人是已经持续经营3年以上的股份有限公司。第三，发行人主营业务应当突出，同时，募集资金只能用于发展主营业务。第四，发行人的公司治理结构到位。比如，董事会下设审计委员会，强化独立董事职责，并明确控股股东责任。

由于很多上市要求相当模糊，上市审批步伐和发审委的投票表决难以预测。像慈铭体检这样上市申请失败的案例占比很高。更何况，即使上市申请通过了，加入发行排队后的等待时间也是不确定的，因为证监会的放行速度和IPO数量又要视股市环境、政策偏好而定，过去多年经常因股市不好而长时间停止新股发行。

因此，权衡之下，虽然买壳上市的审批不确定性也很大，涉及股市的事情都不容易，但是，这条上市道路的速度要相对快一些。如果没有涉及改变

第13章
为什么公司要追求上市？

公司主营业务，或把大量资产注进或剥离目标上市公司，那么，买壳方可避免大量和申请上市有关的工作，包括三年会计报表、评估报告、招股书和盈利预测报告等。一般而言，买壳上市比申请新股上市要快，甚至半年到一年就能完成。也正因为速度更快，中介机构的费用也会减少。

当然，也正是因为谁都看到了这些好处，壳资源价格不低，通常在2亿元左右。这既是对时间成本的补偿，也是对监管制造的稀缺性的定价。

👓 如何挑选"壳"公司？

那么，如何挑选好的壳呢？

一般而言，上市公司作为好"壳"，需要具有以下三项共同点：

首先，所处的行业不景气，比如纺织业、冶金业、零售业、食品饮料业、农业等行业。这些行业虽然没有增长前景，由于以前的上市审批更看重资产、看重收益稳定性，所以更会被批准上市。但如今，它们必须另寻生路，迫使原来的大股东愿意出手，主管部门容易批准。

其次，公司股本规模较小。小盘股的收购成本低、股本扩张能力强是明显的优势。尤其是，如果流通盘小、股权相对集中，二级市场炒作就更容易。由于买壳上市一般采取股权私下协议转让，而不是在二级市场上公开收购散户手里的流通股，壳公司的股权集中更便于协议转让、便于保密。只跟一家大股东谈，肯定比同时跟三四家谈简单。

最后，目标公司必须有配股资格，不能有太多负债。证监会规定，上市公司只有在连续三年的平均净资产收益率超过10%（任何一年不低于6%）的条件下，才有配股资格。买壳的主要目的是买配股融资的资格。如果一家上市公司没有配股资格，其他意义就都没有了。

就具体买壳上市的过程而言，第一步总是要结合自身的经营情况、资产条件、融资能力及发展计划，做出是否买壳上市的决策。然后，就是选择适合自己发展目标和规模的壳公司。接下来，就是取得相对控股地位，并进行资产置换重组。

从 1993 年 A 股第一例买壳上市以来，已经有近一百次成功案例。比如，1996 年，强生集团借其控股子公司浦东强生的壳上市；2016 年 3 月，圆通快递通过大杨创世的壳上市；2017 年，美年健康买壳江苏三友上市；等等。

但是，由于国内对买壳上市、借壳上市的监管很严，特别是证监会对大股东减持股份的速度做了更苛刻的限制之后，许多公司把注意力转移到中国香港和美国，利用香港联交所、纽约证交所的壳公司实现上市。对看重公司上市的创业者和投资者而言，买壳上市、借壳上市未必不是上策。

要点：

1. 由于证券监管，上市机会总是稀缺，而且新公司上市申请既漫长，结果又十分不确定，这就使已经上市的公司的"壳"变得珍贵，演变出"买壳上市""借壳上市"。
2. 通过挑选盘子小、增长前景暗淡、债务轻的夕阳产业上市公司，你可以先获得对它的控股权，控制这个"壳"，然后将没有上市的其他资产注入其中，并改变公司的名字，以此实现曲线上市。
3. 由于过去不少公司是为上市而上市的，这些公司基本只有壳是值钱的，为买壳上市提供机会。但是，A 股借壳上市的通道趋严，境外借壳上市也可以重点考虑。

思考题：

- 既然上市公司的壳这么值钱，过去多年就演变出一个新的行业，就是专门投资培养壳公司，这些公司只有名义资产，没有什么经营，唯一的目的就是尽快上市，成为对其他人有价值的壳。你怎么看这个"壳"行业呢？

>>> 13.4 分众传媒回归路：去哪里上市最好？

最近几年热门话题之一是中国公司从美国退市，从分众传媒到艺龙、瑞安汽车、聚美优品、汽车之家等等，都宣布从美国退市，然后回归 A 股再上市。一时间，退市潮真是火热，给人的感觉是：这些新一代中国企业家，怎么都更像资本市场投机者，而不是我们心目中有"百年老店"梦想的创业者？好啦，那些高要求就不说了。你可能会问，他们当初怎么没想好就稀里糊涂跑到美国上市了呢？在一个公司决定到哪里上市的时候，应该考虑哪些因素呢？我们今天就来找答案。

那么，到底去哪里上市最理想？

分众传媒的故事

分众传媒的经历是最为经典的上市与退市故事。创始人江南春也以他的个人风格出了名，2016 年以身价 350 亿元，在胡润百富榜上排名第 43 位。

大学毕业后，江南春就去广告行业工作。有一次他在等电梯，看到电梯门上贴着小广告，突然意识到楼宇电梯口的广告价值，就想：如果这个地点有电视广告，效果肯定比白纸广告要好。就这样，江南春于 2003 年成立分众传媒，在各楼宇电梯里外装电视屏放广告。那时，他才 30 岁。他说："这些位置的广告效果最好，因为你没别的事转移注意力，只能看广告！"

江南春有天生的商业头脑。他很快就知道公司上市的价值，不仅能使股权升值，而且能改变公司的发展空间。可是，A 股上市要求公司必须有三年以上的历史，而且最近三年必须盈利很多。这些条件是分众传媒不可逾越的。所以，海外上市是唯一的选择。当时，最流行去美国上市。

于是，2005 年 7 月，成立才两年的分众传媒在美国纳斯达克，以每股 17 美元的发行价上市。一夜之间，江南春的身价暴涨至 2.7 亿美元。

上市后，分众传媒保持上升势头。在一次交谈中，他说："上市后压力很大，每个季度都有收入增长预期。如果不超越预期，股价就会跌。所以，我每天都在想办法。"他看到，既然上市后公司股票很受欢迎，为什么不用股票去收购其他公司，以此来扩大实力呢？这肯定比什么都靠自己创办来得快！

就这样，2006年1月4日，分众传媒以3960万美元的股票收购框架媒介，涉足高档公寓传媒广告。两天后，用3.25亿美元的股票并购聚众传媒，成为楼宇电视、社区电视、户外大屏幕等媒体广告领域的老大。同年3月7日，斥资1500万美元现金加1500万美元股票，收购北京凯威点告网络技术有限公司，进入手机广告领域。2006年8月，再用股票收购影院广告公司ACL。2007年3月，分众传媒宣布，将以7000万美元现金和1.55亿美元股票，收购国内最大网络广告服务商好耶。

快速收购多家公司之后，整合变成挑战，而且业务线增加后，风险点也多了。2008年，江南春遭遇了创业以来的第一次危机。在央视"3·15"晚会上，分众无线违规群发短信被重点曝光，各种质疑和批评铺天盖地。股价随即下跌11.66美元，分众市值蒸发26.6%。再加上汶川地震和全球金融危机的影响，分众传媒在那一年出现7.68亿美元的亏损，股价连续跳水，市值蒸发90%。

接下来，江南春把并购组建的一些业务分拆剥离，重新聚焦主业。

可是，就在2011年利润回升至2.8亿美元的时候，股价却不温不火。那年11月8日，国际做空机构浑水公司（Muddy Waters）发布一份研究报告，指控分众传媒财务造假，建议将分众股票"强烈卖出"、卖空。分众以每股23.1美元开盘后，一路狂跌，最低报每股8.79美元，降幅一度高达66%！

这些经历让江南春心灰意冷，美国上市带来的挑战真大呀！一方面，那里的市场参与者和证券分析师会这么尖刻，毫不留情，还可以做空，在A股市场就不会这样；另一方面，那里的投资者对分众传媒的商业模式不能理解。在美国，绝大多数人是住独门独户的大房子，而不是住高楼公寓的，不需要每天坐电梯，所以，在美国没有像分众传媒这么成功的电梯视

第13章
为什么公司要追求上市？

频广告公司，那里的投资者也就无法理解分众的发展前景，不能正确评估分众的股票价值。江南春在一次专访中说："在美国买我们股票的人，90%没来过中国或者来中国都住在酒店，没有去过公寓楼、写字楼。这个很可怕。"

他认为，分众传媒最初在美国上市受到热捧，原因是美国投资者不是真的看中哪只股票才买，而是买中国的高增长预期。后来，他们又担心中国经济增长会放缓，有很多疑虑，所以，对中国公司的估值就会压低。也就是说，他们不能准确评估分众传媒的投资价值。

2012年，江南春决定将公司私有化，意思是从美国股市退出来，从上市的公众公司变成非上市的私人公司。2013年5月，分众传媒正式完成私有化。2015年12月，分众传媒借壳七喜控股，完成国内A股借壳上市的运作。由此，分众传媒成为首个从美国退市、成功回归A股的上市公司。到2017年中期，其市值达到1060亿元，为市值最高的民企之一。分众传媒在A股市场的待遇显然跟在美国大相径庭！

看到这一结果，江南春坦言："开始私有化，我只是想，既然美国不认可我们的商业模式，那我至少要回到本国市场。无论是港股还是A股，至少比美股要更理解分众。"

◐ 选好上市的地方

从分众传媒的经历可以看到，一定要到理解你公司的人会集的股市去上市，让能理解你的人买你公司的股票。原因在于，在上市公司和投资者之间存在天然的信息不对称，如果一个股市的参与者本来就了解你的公司，那么，你面对的信息挑战从一开始就会少很多。

许多研究也支持这个上市地的选择原则。这个原则延伸出来以下具体含义：首先，你公司的产品和服务在哪里销售最多，就尽量在哪里上市。分众传媒的客户都在国内，他们比美国投资者更熟悉分众的产品和商业模式，没有分众的解释也能理解分众的投资价值。实际上，如果你的公司是做江苏人才喜欢的酱菜，即使你的公司去美国上市，主要投资者最终还会是江苏人。既然那样，还不如一开始就到离江苏近的地方去上市！所以，你公司产品的客户也是你公司股票最自然的投资者，跟他们的信息距离最短。

其次，以出口为主的公司适合到海外上市，经常在海外媒体曝光的大公司也适合海外上市。阿里巴巴既有不少海外销售，也有一些海外知名度，所以在美国上市比分众传媒更自然。没有任何出口业务，也没有海外曝光的公司，即使上市海外，也难成功。

再次，许多研究表明，各国公司到美国上市的经历很不同。加拿大、墨西哥的公司因为是美国的邻居，所以，认同度高，在美国上市就更成功。而如果一个公司所在的国家跟美国在文化、语言与制度上都接近，那么，那个公司在美国的股价和交易量一般会更高。比如，英国、澳大利亚、印度、菲律宾，以及韩国的公司在美国的股票溢价比较高，而中国和巴西的公司待遇就差一些。

最后，如果你的行业是外国投资者熟悉并且也很热门的，那么，上面这些负面影响就可能少很多。比如，美国投资者没有几个人用百度或者中国移动，但百度、中国移动的股票照样交易量大，估值也高。不同股市的投资者所熟悉的行业也往往不同，香港投资者熟悉房地产和金融，但不熟悉高科技、新能源，而纳斯达克投资者则反过来，这些传统都应当考虑到。

不管是在国内还是国外，投资者往往偏爱本地上市公司和自己熟悉的那些公司。所以，每个公司都有一个最适合自己的股票交易所。做好这个选择很重要，否则你就会被股市拖累。

要 点：

1. 世界上的股票交易所很多，除了沪深 A 股市场，还有纽约、纳斯达克、中国香港、新加坡、首尔、东京、悉尼、伦敦、苏黎世、巴黎等等。所以，选择好上市地很重要。

第13章
为什么公司要追求上市？

2. 选择原则是：哪里集聚了熟悉你公司产品和服务的人，就到哪里去上市，让能理解的人买你公司的股票。这就意味着，没有海外销售的公司不宜在海外上市，最多可以到香港上市；没有国外知名度的公司更适合在国内上市，尽量选择到文化、语言和制度上都接近的国家去上市。对于国内公司，除非监管所限，否则 A 股市场是首选。
3. 在选择交易所的时候，不应该只考虑短期股票估值水平。"良币驱赶劣币"的股票市场有利于公司的长久持续发展，而信息浑浊的"劣币驱赶良币"股市只会激励好公司也去投机取巧。

思考题：

- 在过去的二十几年里，一些公司既在香港，也在内地 A 股上市交易，尽管多数时候是 A 股价格高于同一公司的香港股价，但有时候是反过来的。从这些经历来看，你觉得中国公司都应该从美国退市，回归 A 股吗？如果今天因为国内股价高要回归国内，明天海外股价高是否又要重新出国呢？那么，公司到底该如何定位？

延伸阅读
Extended Reading

金融通识课

狭义而言的上市，即首次公开募股（Initial Public Offerings，IPO），指企业通过首次向公众发行股票，以期募集用于企业发展资金的过程。

在上市前，创业公司往往还经历过天使轮、风险投资（VC）、私募基金（PE）等融资轮次，公司已经发展到了一定的规模，其经营模式也比较成熟。

公司上市涉及的内容比较复杂。首先，企业在确定要上市后，将选择合适的券商作为中介。企业在过程中受到证监会等部门的监督，资产进行评估、会计报表被审计。同时，企业的投资项目也要完成理想报表和可行性报告等。

在上市后，公司能够借助资本市场的力量，获得低成本融资，从而促进公司的发展。上市公司还能够获得更为持久的融资能力，融资平台更为广大。公司股份在市场上可以交易也就意味着股东的资产获得了更高的流动性。上市还能提高公司的知名度，在一定程度上起到宣传的作用。从前文我们知道，上市使得公司管理受到更多监督，股价——作为股民"用脚投票"的方式在关键时刻会迫使管理层改变决策、纠正错误。

但在另一方面，企业上市也有负面作用。上市公司必须对公众公布财报，从而可能会过早暴露公司战略。公司还必须做好老股东与新股东的平衡，老股东可能面临股权被稀释的问题，因而利益受损。上市公司被第三方收购的风险也会被提高。

这样我们就能比较客观地看待上市之于公司的意义了。上市虽然有诸多好处，但对公司在财务基础、经营模式、法律规范上都有一定的要求。并不是 IPO 的速度越快就越好，"不上市的公司才是好公司"这种说法也是不正确的。

第四部分
商业模式的演化

商业模式的选择

金融改变商业模式

哪个行业更赚钱?

Chapter 14

第14章
商业模式的选择

>>> **14.**1 公司什么都做是馅饼还是陷阱？

不管你是投资理财，还是创业做企业管理，首先要学会如何看懂商业模式，理解公司运营背后的逻辑。这一章，我们开始探讨商业模式的话题，尤其是公司到底该多元化发展还是应该集中主业的问题。在前面的章节中你已经了解到，金融改变了商业模式。但实际上，金融既可以催生好的商业模式，也可以养出坏的商业模式，导致资源浪费，关键还是看金融体系的内在机理是促成"劣币驱赶良币"还是反之。这里主要通过对百度和海航这两个公司案例的分析提出问题：为什么中国公司喜欢什么都做？多元化发展趋势暗含什么陷阱？

◯ 百度金融

2017年5至6月，两大国际信用评级机构——穆迪和惠誉——分别宣布，将百度放在负面观察、下调复评名单。穆迪副总裁解释称："下调复评，主要是由于与百度的核心业务相比，金融业务增长迅速，但财务和执行风险要高很多，百度的信用评级因此承压。"

截至 2017 年 3 月底，负责理财产品及小额贷款业务的百度金融，总资产为人民币 250 亿元，相当于百度总资产的 12%。穆迪和惠誉担心，个人信贷和理财产品的风险较高，这些业务的迅猛增长令百度承担了太多个人和中小企业的融资敞口风险，推升百度的实际杠杆。

那么，百度为什么要涉足跟主业不关联的金融领域呢？

过去这些年，阿里巴巴从支付宝到余额宝，再到蚂蚁金服，发展势头迅猛，带动众多创业者加入互联网金融热潮。与此同时，百度面对越来越大的增长压力，华尔街分析师几乎每个季度都追问高管："你们新的增长点会来自哪里？"

不太奇怪，答案之一是发展互联网金融。百度金融成立于 2015 年 12 月，业务包括消费金融、钱包支付、互联网证券、互联网银行、互联网保险等多个板块，覆盖各金融领域，标志百度在多元化扩张路上迈出了重要一步。金融跟百度主业关联不多，但百度掌握了独一无二的用户搜索大数据，通过技术建模、人工智能等能更精准地掌握用户的金融需要，也能更好地评估用户的信用等级，减少违约。

由于百度涉足金融较晚，所以必须聚焦某些领域，做大交易额。百度金融以消费金融为重点，尤其是培训和教育类贷款，为众多被排除在传统金融视野之外的年轻人提供信贷，帮助他们做人力资本投资、改变职业命运。百度称，已在教育信贷领域占有 75% 的市场份额。

百度采取一种三方模式。比如，学生在新东方等教育机构报名，并向百度金融申请贷款，支付学费，此后学员再分期向百度还学费。这是一种"三赢"的合作。

然而，金融之所以难做，不是结构设计难做，而是金融跨期交易的性质让违约风险防不胜防。2016 年年底，一家名叫环球美联英语培训的机构跑路，老板带走了上千名学生数千万元的学费。据报道，90% 以上的学员

第14章
商业模式的选择

选择由百度金融先一次性帮他们付学费，然后再分期向百度还款。在教育机构卷款跑路后，学生依然要向百度还款。在这一模式中，百度的责任在哪里呢？

理财产品有刚性兑付的要求，意思是投资者买百度的理财产品，之后百度不能说"我们的投资拿不回来，没钱兑现原来的理财产品承诺"，而是没钱也要支付理财承诺。这就意味着额外的连带责任。

多元化发展在野蛮增长时期可以带来好处，但也可能带来多个风险点。比如在本例中，向金融拓展业务就给百度带来了信用评级下调的压力。

海航的故事

海航集团的多元化经营远比百度多和广，几乎是无所不涉及的领域。之前我们提到，1993年海航成立时，资产规模才1000万元，2016年年底达到1.2万亿元，翻了12万倍！涉及的领域包括哪些呢？到现在，他们的业务范围涵盖航空运输、机场服务、酒店、零售、物流、金融六大板块，旗下控制11个上市公司。

海航的扩张方式以并购为主，它的交易清单就突出体现了这一特点。2016年2月，海航集团以60亿美元收购美国科技公司英格雷姆麦克罗（Ingram Micro）；4月，以15亿美元收购瑞士航空服务公司佳美集团（Gategroup），专为航空公司提供餐食；4月再收购英国外币兑换运营商（International Currency Exchange，ICE），它是全球最大的零售货币兑换商之一；4月还收购了卡尔森酒店集团（Carlson Hotels）100%的股权，以及瑞德酒店集团（Rezidor Hotel Group，RHG）51.3%的控股股权；7月，以28亿美元收购地勤服务集团瑞士空港（Swissport），再以25亿美元收购在纽约上市的飞机租赁集团Avolon；10月，以100亿美元收购CIT Group Inc.的飞机租赁业务；同月再以大约65亿美元，收购25%希尔顿集团股份，成为后者的最大股东。

到了2017年，收购速度进一步加快。3月，海航集团以130万美元买下了《财经》杂志主办方"联办"80%的股权。同月，子公司以74.4亿港币投得香港的一块地，这是海航5个月内在香港启德区域投得的第四块地，一共耗资272亿港元。3月还有另外三笔并购：一是增持德意志银行的股份，成为该银行的第三大股东；二是以4.46亿美元收购英国耆卫保险公司（Old Mutual Plc）旗下的资产管理公司25%的股份；三是海航跟别人一起，花22亿美元收购曼哈顿公园大道245号大楼。4月以68.72亿元收购新加坡物流公司CWT。

这些只是海航的部分并购项目。据Dealogic统计，在2017年4月前的28个月里，海航并购超过400亿美元。为什么要收购这么多相关和不相关的资产呢？

从理论上来讲，海航可以并购很多其他公司，而海航的投资者自己也可以去买这些公司的股票，因为这些公司多数是上市的；由海航并购这些公司跟投资者直接购买这些公司的股票，差别到底在哪里呢？如果通过并购整合能节省很多成本、实现协同效应或者得到更多便宜资金，并且这些是投资者自己做不到的，那么，海航这样做是合理的。可是，2015年的净资产回报率为3.2%，看不出之前的并购产生了多少好处。

集团董事长陈峰的目标是在2025年进入世界500强的前10名，所以要加快并购。这个梦想当然不错，然而，是公司都有扩张的冲动，都想做老大。关键在于公司是否受到资本的约束。如果资本是免费的，也不带来约束，任何公司都会冲着去做世界第一大。

国内公司多元化的趋势

海航和百度只是国内多元化发展的公司中的两个例子，但多元化势头在这些年有增无减，尤其是各行业的企业几乎都有房地产板块。比如，就以沪深300指数为例，成员公司的平均板块数在2004年为2.45，到2010年上升到2.85，增加幅度近20%，说明跨行业扩张的势头还在继续。

在多元化发展的公司中，海航集团走在前面，但还没有得到国内金融市场的警告，而百度刚刚尝试，却受到国际评级机构的警示。这本身也反映出一些问题：在整个过程中，给并购提供融资的金融机构是否做了尽职评估、风险管控？为什么金融机构放任国内公司无度扩张，没有给予足够的约束呢？

> **要　点：**
>
> 1. 如果获得资本的成本极低，谁都会追求规模，把自己公司做成世界最大。"花别人的钱不心疼"说的就是这个意思。反过来，如果金融市场的内在机理导致"良币驱赶劣币"，那么，通过提高融资成本和融资约束，盲目扩张的冲动将会受到抑制。
> 2. 投资者应当警惕管理层的扩张冲动。对股权非常分散的公司来说，资本对高管只是软约束或者没约束。在这种情况下，高管为了让自己风光、为了私利，会喜欢做大但忽视做强。
> 3. 在增长与竞争压力之下，百度以大数据优势进入金融界，聚焦消费金融尤其是教育贷款业务。这种多元化扩张是合理的。但从国际评级公司的评估反映看到，多元化发展是有代价的：每增加一个业务板块，就多一项风险点。

> **思考题：**
>
> ● 关于海航的报道很多。你怎么看待海航的扩张策略？当你听到一个接一个的并购消息，你是想去买海航系的股票，还是会抛售海航集团股票？为什么国内公司喜欢什么业务都做呢？

>>> 14.2 为什么发达国家公司在放弃产业多元化经营？

前一节我们了解到，国内公司的多元化势头很猛，但隐患也逐渐浮出水面。毕竟，野蛮增长时期什么都赚，但"岁寒知松柏"，经济转型时期战略优劣会逐步见分晓。这一节，我们从其他国家公司过去的经历来进一步讨论多元化模式的话题，不一定要给出对错、好坏的结论，而更多是对比利弊，以便我们在自己的实践中去做具体分析和判断。目的仍然是让我们能看懂商业、看清投资。

为什么美国公司抵御危机的能力强？

2008年的金融危机起源于美国，本来人们预计会对美国社会尤其美国公司的冲击最大。可是，后来的真实经历却是，包括西欧、日本、北美在内的发达国家中，反倒是美国的经济受影响最少，并以最快的速度从危机中复苏。

之所以是这样，一方面是因为美国的劳工法最自由，在危机压力之下很多美国公司能够快速裁员瘦身，大幅降低运营成本，而法国、意大利等西欧国家以及日本的劳工法很严，公司裁员降成本难度极高、程序漫长；另一方面在发达国家中，美国企业的税负最轻，使它们自身应对危机的能力最强。在财政税收结构上，美国是一个极端，政府税收的65%来自个人与家庭，只有35%来自企业，而中国在另一极端，税收的85%以上来自企业。其他国家在这两个极端中间。税负轻无疑使美国公司的危机承受力强。

同样重要的原因是美国公司手上的现金多。你以前可能看过报道说，2009年苹果公司手上的现金有350亿美元，到2017年更多，有2500亿美元。微软等公司的情况类似。在面对危机时，由于银行和金融市场比别人更加谨慎，不愿冒风险做放贷或扩大投资——"现金为王"。这就使得各公司维持资金链的难度上升，手头有现金的公司当然就能渡过金融危机。

为什么美国公司手头现金多呢？原来，过去多年美国公司被迫放弃多元化、集中主业。而一项研究表明，专注于主业的公司往往手中有更多的现金。只做一个行业的专业化公司，现金占总资产的比例在1990年时为13%，而多元化公司的现金占比才4%；到了金融危机前夕的2006年年底，专业化公司的现金占比超过30%，多元化公司只有15%。由此可以看到，由于20世纪80年代以来，美国上市公司都往轻资产方向迈进，它们手头的现金占比都在上升，尤其以专业化公司的上升幅度大。

多元化公司现金占比少可能有两方面原因：一是它们把资金都用于跨行业并购扩张了，就像海航和乐视一样，把资金链一环扣一环绷得紧紧的；二是它们觉得自己跨行业经营本身就能对冲一些风险，因为各行业同时经历下行压力的概率不高，所以没必要留那么多现金。

可是，金融危机跟单个行业出现挑战的情况不同，它会同时影响到各行业，而单个实体行业的危机更可能是带来局部影响。这使得多元化的公司在面对金融危机的时候更加脆弱。不管是出于何种原因使多元化公司的现金少，在"现金为王"的时候，现金多的专业化公司应对危机的能力更强。也因为专一的公司只需要防卫一个战场，而多元化公司要同时应对几个战场，这也使专业化公司更能胜出。

◠ 专业化是大趋势

那么，美国公司的专业化趋势是从什么时候开始的呢？

之前，我们谈到过，可口可乐公司在20世纪80年代初参与了哥伦比亚电影公司等跨行业并购，尝试了多元化的经营策略。其他公司也做了类似举措，多元化时髦了几年。可是，它们很快发现，多元化策略成功的很少，股价表现也越来越差。就像最近这些年A股市场上的表现一样，那些跨行业并购越多的国内公司，净资产回报率一般会变差，股票市盈率和市净率也一般会因此走低。

就这样，在20世纪80年代后半期，随着米尔肯推动的垃圾债市场越来越火，并购私募基金大行其道，做了很多杠杆收购。它们尤其喜欢把那些过度多元化的公司收购过来，然后进行分拆剥离，瘦身为专业公司之后再重新上市，以此大大提升各公司的效率和竞争力，更迫使各公司集中做它们最擅长的主业。

那么，20世纪80年代后期，在并购私募基金的努力之下，给美国的主流商业模式带来了什么影响呢？

印第安纳大学的Lawrence Franko教授把"专业化公司"定义为主业占营收超过95%的公司，而"多元化公司"为主业占营收不到60%的公司。他的研究以美国各行业的前两大公司为样本，专业化公司占比在1980年为46%，到1990年为68%，到2000年时84%的公司为专业化公司；相比之下，1980年时35%的公司为多元化公司，到2000年只有10%的美国大公司属于多元化公司。

由此，你可以看到，美国公司被迫往专业化发展的路是离不开杠杆并购基金LBO等资本市场的压力的，而且这个专业化趋势还在继续。人之常情，美国公司CEO也喜欢无所畏惧地扩张，花别人的钱不心疼，谁不喜欢说"我的公司是世界最大的"？可是，等在门口的"野蛮人"在盯着，没有几个CEO敢放肆烧钱扩张，否则自己的饭碗就没了。这就是为什么可口可乐的净资产回报率可以高达61%！

现在，美国公司更倾向于选择跨国界的多元化，而不是跨行业的多元化。你还是做你的专业行当，只是把产品的制造和销售范围扩大到其他国家，这也是全球化的含义。1984年，在美国前4000家大公司中，只有29%有跨国界经营，到2000年，跨国界经营的公司超过1/3，现在更高。

相比之下，欧洲和日本公司的集中化经营程度就比美国低。这些国家的公司回归专业化的时间来得晚：20世纪80年代，欧洲和日本公司都还没有显著的变化；到1990年，欧洲还只有41%、日本35%的大公司集中主业。但90年代的资本市场和产业竞争压力双管齐下，迫使这些国家的公司剥离不相关板块，以提高资本使用效率，所以，到2000年时，欧洲68%的公司属于专业化公司，日本有48%的公司是这样的。

从这些对比中，你也可以看到，美国经济的市场化程度最高，来自资本市场的"野蛮人"逼着它们"以资本回报优先",欧洲次之,尽管欧洲比我们想象的市场化程度要低。在发达国家中,日本金融市场给公司的约束最软、最少,这可能是因为在政府部门的保护下,日本的商业银行对企业太"仁慈"。

Franko教授也谈到,20世纪90年代,许多日本公司走出国门到海外发展,其中,越是集中主业的大公司,在海外拓展就越成功。那些什么都做的日本公司则不然。

这一经验对中国公司有具体的借鉴价值。就像我知道的一家国内上市公司,有近一百个分公司。后来我发现,越是业务发展好的分公司总经理,就越留不住,因为这些能干的总经理都会受到竞争对手挖人的挑战,而在这种时候,母公司总裁就无法给出大价钱和股权激励把那些好的分公司总经理留住,他说:"我下面分公司这么多,如果为了留住一个总经理而不惜代价,其他总经理怎么办?"就这样,只有二流、三流的人留下来主管各分公司。跨行业多元化等于把有限资源分散到多个战场,最后可能哪个战场都守不住。

要 点:

1. 2008年金融危机期间,之所以美国公司应对很好,主因之一是它们专业化集中度高,不是什么都做,这样让它们留下了很多现金。金融危机时期"现金为王",而专业化公司的平均现金占比最高,所以,公司主业集中度最高的美国经济比其他发达国家能更快地渡过危机。

2. 随着20世纪80年代杠杆并购LBO基金的兴起,美国公司更加感受到守在门口的"野蛮人"的压力,这不仅逆转了早期多元化发展的势头,而且通过这些基金收购那些过度多元化的公司并将其拆分剥离,使美国公司从80年代开始不断走向高度专业化、集中主业的发展模式。在美国,来自资本市场的回归主业压力最大,欧洲次之,日本最少。

3. 从日本的经历来看,越是集中主业的公司,在海外发展得越好。而那些什么都做的多元化公司则不然,它们的资源力度被摊薄到多处,竞争力自然就低。

思考题：

● 万科与宝能引发的资本"野蛮人"之争吸引了很多人的关注。万科专注于住宅开发，而宝能系集团旗下包括了综合物业开发、金融、现代物流、文化旅游、民生产业五大板块，几十家子公司。这一次资本大战最后以万科守住董事会席位、宝能系"野蛮人"败退结尾。我们后面会再回到这个话题，你觉得万宝之争的结果会对公司多元化策略带来什么影响？是鼓励多元化，还是鼓励集中主业？

>>> 14.3 商业模式选择：邵氏兄弟 VS 嘉禾影业

商业多元化既有所谓的"平行整合"，就是跨行业横向整合，也有所谓的"垂直整合"，就是沿着产业链纵向发展。在很多情况下，垂直整合式多元化扩张不仅有道理，而且会很成功，特别是会对公司股票的投资者带来高回报。这一节，我们看看这方面的一个成功案例，就是香港电影两大巨头——邵逸夫和邹文怀的故事。虽然同样叱咤娱乐圈，他们的商业模式却大为不同，结局也很不一样。

邵逸夫的影视帝国——邵氏兄弟电影公司拍摄了超过千部的电影。他的电视广播有限公司（TVB）主导香港电视业多年。单是 TVB，就带来了巨大的收益——1984 年纯利 1.6 亿港元，1993 年突破 5 亿港元，2005 年超过 10 亿港元。2000 年市值过 370 亿港元。事业鼎盛时期，邵的身价超过 200 亿港元。

另外，你也知道，邵逸夫热心做慈善，尤其是在教育、医疗和科技事业方面。他捐赠的教育资金遍布中国，1985—2012 年他给内地教育事业捐赠了 47.5 亿港元，捐建学校项目 6000 多个，内地、香港等多家大学均有"逸夫楼"。晚年还成立有东方诺贝尔奖之称的"邵逸夫奖"，每年选出世界上在数学、生命科学与医学、天文学有成就的科学家，每项奖励过百万美元。

邹文怀原来是邵氏主将，1970 年辞职，自己成立嘉禾影业。之后他虽然成就了李小龙、成龙等巨星，出品过很多部畅销电影，却没能在赚钱上胜过邵逸夫。2007 年，邹文怀和女儿卖掉手中所有的嘉禾股票和债券，总共只得到 3 亿港元。那基本就是他的总身价。嘉禾影业的总市值只有 12.5 亿港元。

显然，与邵逸夫相比，邹文怀的赚钱能力差得很远。是什么造成了如此大的差异呢？我们来比较一下他们的商业模式。

邵逸夫的影视帝国

邵逸夫的战略是全产业链垂直发展。从 20 世纪 20 年代开始，邵氏兄弟就在上海、南洋等地兴办电影业务，拍中文电影，搞得有声有色。"二战"时被迫停产。战后按"每月一院"的速度扩张，旗下戏院超过 130 家，建立起巨大的发行网络。1954 年与日本大映开办亚洲影展，但影展早期由日本影片和邵氏公司作品垄断。

1958 年，邵逸夫 50 岁，在香港成立邵氏兄弟电影公司。除了《江山美人》等代表作，邵氏还带头拍功夫片，《独臂刀》等成为经典，奠定了香港功夫片传统。1971 年邵氏公司上市，制片量亦进入顶峰期，占港产片总票房过半。

1965 年，邵逸夫进军新兴的电视行业。20 世纪 70 年代末，随着好莱坞的兴起，香港电影业受到挑战，邵逸夫立即将重心转到电视，后来从电视的获利超过电影。TVB 的香港收视率和广告收入多年排第一，至今还是免费电视的"一哥"。

邵氏全产业链发展的动作之一是靠 TVB 建立造星工厂，全面培训新人，垄断明星资源。1971 年开办艺员训练班，学员包括梁朝伟、周润发、周星驰等。1973 年，TVB 开始举办每年一度的香港小姐选举，赵雅芝、袁咏仪、胡杏儿等明星都由此产生。1982年，创办全球华人新秀歌唱大赛，梅艳芳、杜德伟、陈奕迅等得过金奖，踏进歌坛。"四大天王"也是邵逸夫一手打造的。这些都为邵氏电影、电视剧源源不断地输送人才。通过垄断造星的全过程，邵氏控制了明星的定价权。

你可以看到，邵氏采用好莱坞大片场制度，建造影城，流水作业，以量取胜。实施多元化垂直整合，从培养演员到电影制作、电影发行和放映，什么都做，巩固垄断地位，走大众娱乐路线。邵氏注重商业实效，跟演员只有长期合约的雇佣关系，紧紧控制片酬。1970年，李小龙向邵氏自荐，以每部一万美元的片酬拍片。邵逸夫只肯出2500美元，并要求李小龙同样签"包身约"。李小龙不干，就转投嘉禾。1973年，许冠文拿新剧本《鬼马双星》找邵逸夫谈，提出利润"五五分账"，立即遭到邵逸夫的拒绝。后来许冠文到嘉禾拍了这部戏，成为香港开埠以来收入最高的电影。

邹文怀另立嘉禾影业

我们再来看看邹文怀的做法。1970年，邹文怀离开邵氏，成立嘉禾，以明星制、精品制、分权制、分成制跟邵氏区分开来。第二年成功说服李小龙加盟，拍摄《唐山大兄》《精武门》《猛龙过江》等电影，重点树立明星李小龙，多次创造香港或亚洲票房纪录。从此，嘉禾开始崛起。然而1973年李小龙猝死，嘉禾一度面临困境。

幸好1974年，被邵逸夫拒绝分红的许冠文、许冠杰加盟嘉禾。他们拍摄的《鬼马双星》《半斤八两》等喜剧，五度成为年度票房冠军。1979年又有成龙加入，拍摄《杀手壕》《炮弹飞车》等。1989年嘉禾与美国片场合作《忍者龟》，在北美发行火爆。嘉禾一共出品了600多部电影。

随着好莱坞的影响力进一步扩大到全球华人社区，加上内地影视业的兴起，1997年后，香港电影明显走向衰弱，而亚洲金融风暴也没有帮忙。所以，嘉禾影业的地位开始下滑。

与邵氏大片厂制度不同，嘉禾采用外判制作，下放权力，引入分红制、

第14章
商业模式的选择

卫星制。编导和演员在片酬之外也参与利润分成，打破邵氏一向的"包身工"雇佣关系。独立制片人加分成的制度，帮助嘉禾节省庞大的片场经费，也调动导演、制片人和演员的积极性。但这样一来，利润很大部分会落入艺人手中，且单个明星的离开就影响很大，风险很高。

统计数字

我们再来看两种模式下的电影市场统计数字。从市场占有率看，1970年到1984年，邵氏兄弟的市场份额从74%跌到22%，但一直高于同期的嘉禾，因为嘉禾基本不超过20%。为什么嘉禾有不少很畅销的电影，总票房却不如邵氏呢？

你可以看到，就每年发行片数来说，1985年前邵氏都远高于嘉禾。而按照平均每部片的票房数计算，结果有点令人吃惊，20世纪80年代中期以前虽然邵氏很辉煌，但平均每部片的票房多年来只有嘉禾的一半。从每年最卖座电影名单里可见一斑。以1971年为例，嘉禾《唐山大兄》以近320万票房排第一，第二是邵氏的《拳击》，只有170万。但同年邵氏有6部电影的票房超过100万，而嘉禾只有1部。在前40名里，邵氏有25部，嘉禾只有3部。这和前面讲的很吻合——邵氏在保证质量不差的前提下以巨大数量取胜。

上面说的是收入。从主要演员的片酬看，20世纪60年代，香港一流明星一部电影1万港元。70年代，邵氏最赚钱的男明星的片酬为每部3万港元。而邹文怀在1972年，是以7500美元（约合当年4.2万港币）请到的李小龙。80年代初，许冠文的片酬高达800万港币。所以说，邹文怀虽然招到了不少大明星，但成本也巨大。

除了电影业的较量，其他因素也影响两人的财富水平。邵逸夫早在60年代就认定电视业将成为主流，投入资金。而邹文怀却强烈反对，不参与。事实证明邵逸夫的抉择有远见。邵氏也有投资酒店、银行、保险及房地产等各行业。另外，两家公司的上市时间相差很远。邵氏1971年上市，集资

5000万港元；它的香港电视公司也在1984年上市，次年跻身恒生指数成分股。而嘉禾到1994年才上市，没能更好地利用资本市场。

由此，你看到，邵逸夫走的是全产业链多元化和数量路线，牢牢控制从明星到制片人等的定价权，包括以垄断地位拒绝与明星和制片人的分成，而邹文怀是集中专业、侧重精品、分权分成，拒绝多元化扩张。到最后，两人的财富相差甚远。

要 点：

1. 邵氏采用好莱坞大片场制度，实施垂直整合，从培养明星到电影制作再到电影发行和放映，什么都自己做。也严格控制成本，与旗下演员签订"包身约"，稳定片酬，注重商业实效，采取以量取胜的策略。另外，邵氏很早就有远见地进军电视业。

2. 嘉禾外判制作，引入分红制、明星制、卫星制，使其每个年代都能网罗到独当一面的红星。但明星制让每个演员的影响力很大，其利润也很大一部分分给艺人。邹文怀帮了很多人，但自己赚的钱有限。

3. 在电影等文化领域热门的今天，邵氏多元化和邹氏专业化，这两种模式都值得创业者与投资者好好研究。策略不同，结果各异。

思考题：

● 哪种商业模式更优，也不是亘古不变的。随着电视尤其是互联网自媒体的兴起，市场环境发生了很大变化。在今天，邵氏战略和邹氏战略，谁更可能胜出呢？为什么？

延伸阅读
Extended Reading

金融通识课

在本章的内容中，我们发现了许多国内企业激进扩张的例子。在有借贷成本、经营风险的情况下，实际上这样迅速扩大规模不一定是好事，可能反而影响了经营效率。有学者认为，一些企业过于活跃的并购行为实际上是管理层所具有的"好大喜功"、追求个人名望的冲动所导致的，并不利于企业自身——经理人手中只有部分股权，却影响了整个公司的经营情况。这让他们的行为动机不一定是最大化企业的利益，而是出于博得名声、满足自己的控制欲等因素。这便是委托代理问题的一个具体体现。

委托代理问题是经济学中被讨论得最为广泛的问题之一，在现实生活中有着广泛的应用。举个常见的例子，由于企业的所有者（股东）受到时空、精力等方面的限制，不能亲自管理企业，就请职业经理人来管理公司。在这个例子中，股东是委托人，职业经理人是代理人。随着现代公司的规模越来越大，由不专业的企业所有者来管理公司很可能影响公司的经营效率，企业的所有权和控制权相分离是必然的趋势。

但委托人和代理人的目标很可能是不同的！如果双方都从自己的利益出发，委托人自然希望公司有盈利、市值上升；而代理人除了希望把公司做好，可能更希望自己的管理水平被认可，掌握公司更多的资源，或者尽量减少自己的劳动量。举个例子，接近任期末期的经理人不再为公司的长远利益负责，因此会采取较为短视的经营方法。即使公司需要研发新产品，任期末的经理人也可能会减少公司的研发开支，这样一来在现期会计汇报的利润会更加可观，管理层所收获的津贴也会因此而增加，但这样的行为实质上损害了公司的利益。

不仅是公司金融，只要执行者和最终利益所得者有分离，就会存在委托代理问题。新加坡国立大学的 Tuan-Hwee Sng 研究发现，幅员辽阔的大清帝国在中央政府和地方政府之间的利益并不统一。最高统治者出于巩固统治、安抚民心的考虑，往往希望轻徭薄赋，然而地方官员作为代理人，受到私利的激励，倾向于苛捐杂税。帝国越大，中央对地方的监管难度就越高，委托代理问题也就愈加严重，同时导致了地方的寻租行为，最终伤害了帝国的财政基础。

经济学从人类的本性出发，提炼出核心的行为模式，进而用逻辑和理性把握社会现象的本质，协助优化制度。从对"委托代理问题"这一概念的分析中，我们或可窥得部分经济学的魅力。

Chapter 15
第 15 章
金融改变商业模式

>>> 15.1 公司的边界：常州天合与无锡尚德的不同命运

常州天合和无锡尚德是两家著名的太阳能制造公司。两家公司曾经都做太阳能制造，而且无锡尚德还曾是行业旗帜。可现在，常州天合还在健康发展，但无锡尚德早在 2013 年就倒闭了。为什么行业老大反倒不在了呢？你会看到，是常州天合在产业链上铺得广，而无锡尚德做得专一，导致前者胜出！这两家公司竞争的故事是否跟邵氏兄弟的经历一样，证明了"什么都做"是上策呢？如果是这样，公司在产业链上的边界是否就没有止境了呢？

◐ 太阳能制造行业的故事

我们先看太阳能制造行业的故事。

太阳能制造业的经历算得上富有中国特色的经典，一旦一个行业赚钱容易而且规模效应明显，各地方政府就会蜂拥而上，鼓励本地企业加入。激烈竞争的结局往往是一地鸡毛，没几家企业能活下来。因此，选好商业模式在这一行业中显得更加重要，否则投资者将会血本无归。

无锡尚德成立于2001年，是国内第一家成功上市的太阳能制造公司，于2005年12月在纽约上市。由于上市太成功，股价猛涨，创始人施正荣以23亿美元财富，成为2005年中国首富！常州天合于1997年由高纪凡创建，2000年成功建成太阳能样板房，次年开始将产品推向市场，2006年也在纽约上市，成为第三家到美国上市的太阳能制造公司。

在商业模式上，常州天合跟无锡尚德等其他公司很不同。常州天合采用"垂直一体化整合"（vertical integration）模式，在生产链上的每一步都自己做，也就是自己收集含硅的废电器，先从废电器提炼高纯度的单晶硅，然后做成硅片，再做成组件，最后将组件安装成太阳能发电系统。这一整套"四步骤工序"都在常州天合内完成，各工序一体化，能较好地保证各生产环节的原材料供应，也能降低原材料的进货价格风险。

而无锡尚德、江苏林洋等，却只做"四步骤工序"中的最后一步，就是从其他厂家买进硅片组件，将组件安装成太阳能发电设备。所以，如果硅片组件短缺或者硅片价格太高，无锡尚德就会面临停产的风险，保证硅片组件的供应至关重要。

就因为一方采用全生产链模式，另一方采用专一模式，结果是常州天合今天还在，而无锡尚德、江苏林洋已经成为历史。

那么，导致"专一模式"崩溃的直接原因又是什么呢？

事情的经过是这样的。德国自1999年开始由政府补贴太阳能，给太阳能发电每千瓦时补贴约0.5欧元，激励老百姓家庭在屋顶安装太阳能装置。随后，日本、美国、西班牙、意大利等国家也跟进，都通过政府补贴鼓励太阳能应用。结果，到2008年以前，太阳能设备制造商能生产多少，西欧国家就买走多少，出现严重供不应求的局面。这当然为所有太阳能设备制造商提供了商机。

但是，无锡尚德、常州天合等公司的财富故事太成功了，以至于各地方政府从2005年开始也鼓励本地企业赶紧创立太阳能公司！于是，从江苏到

第15章
金融改变商业模式

河北、江西、福建等省，众多太阳能制造公司相继成立，中国很快在世界太阳能制造业中取得了领军地位。

问题是太阳能设备的关键原材料——硅片的全球供给有限，硅片提炼的建厂周期又很长，一时半会儿没法跟上。所以，这么多新厂建成，造成对硅片的需求猛增，但供给基本恒定，硅片的价格就猛升，供给严重短缺。

在这个时候，华尔街分析师和投资者就追问无锡尚德等公司高管："硅片供应这么短缺，如果你们不想办法确保未来几年的稳定供应，生产计划靠什么完成呢？"于是，2006年、2007年在硅片价格奇高的时候，无锡尚德签订多项远期供货合同，以确保未来数年的硅材料供给，但前提是根据当时的硅价锁定未来几年的提货价格。不管将来的硅价涨跌如何，都必须事先锁定。相比之下，因为常州天合是自己提炼高纯度硅并生产组件，就用不着签订远期合同。

可是，由于2006年、2007年的硅片短缺严重，激励了许多地方政府加大投资，建立硅片提炼生产工厂。这些新工厂到2008年开始投入生产，快速提升硅片的供给，使硅价从那年开始下跌。这就意味着无锡尚德早年锁定的远期合同价太高，这些远期合同锁定的供给越多，无锡尚德的亏损就越严重！

另外，2008年9月金融危机爆发，使西欧各国很快进入财政危机，大大缩减对太阳能的补贴。于是，从2008年年末开始，对太阳能设备的需求快速萎缩。而到那时候，中国各地的硅片生产商、太阳能制造商都全面投入生产了，使太阳能设备供给达到顶峰，供给严重过剩。就这样，太阳能设备价格大跌。

结果，无锡尚德两边受挤压：早年锁定的远期硅价很高，而制造好的太阳能设备价格越来越低，所以，接下来，年年亏损也就不足为奇了，最后被逼得破产。而常州天合面对的挑战就小多了，因为它的原材料端没有被远期合同锁定，硅价方面不让它吃亏。在股市上，天合的股价在2009年年底之前就恢复到了金融危机之前的水平，而尚德的股价却从来没有恢复，并且到2012年变得一文不值。

既然"全产业链模式"好处多多，那公司是不是该尽可能拉长生产链呢？公司的边界又在哪里？

公司的边界

天合模式的成功说明，在有些情况下，垂直整合拉长生产链是更优的做法，至少可以降低原材料短缺和价格的风险。但这样一来，也提出一个问题：在公司内部，产业链应该拉多长最好呢？如果你开餐馆，为了保证各种供给，你是不是要自己种粮食、种菜、榨油、种茶等，也要做桌子、板凳、碗筷呢？再往前追，是不是说你也要生产肥料、制造农用工具，否则，粮食生产过程的质量风险、供货风险、材料价格风险会太多？按照这个思路追下去，你会发现，到最后，公司可能什么都要自己做了。

所以，公司必须有个边界，毕竟不可能什么都自己做。首先，原材料供货的不确定性越大、价格风险越高，质量保障越重要，那么，产业链条拉得长就越能保证生产的连续性，公司的边界就会越宽。否则，像蔬菜、大米这样的生产周期很短，供给容易产生的东西，就没必要自己生产，通过市场买就行了，让那些更有专长的人去生产。而你开餐馆只管把饭菜和服务做好，各做各的特长，各有各的分工，市场是不同专业特长的人聚到一起交易的平台。

其次，在外部契约执行可靠度越低的社会里，公司的边界应该越宽，产业链要拉得更长。如果你跟张三公司签合同，约定对方今后5年里每年供应一吨硅片，而且价格今天就锁定，这样，你投下很多资本，扩建太阳能生产线。可是，一年后，张三说没货供应，要毁约了，你的投资就泡汤了。所以，如果一个国家的契约环境差，企业就更倾向于什么都自己做，不相信别人的供货保证。公司内部的垂直整合是外部契约不可靠所致，是外部法治不到位所引申出来的行为。这多少能解释为什么中国公司喜欢什么都自己做，而美国公司更倾向于专注价值链中的一个环节。

再次，某些高盈利行业可能门槛高，只有"大公司"才能进，那么，集团公司的最佳规模会更大,产业链条应该更长。比如,房地产很赚钱,过去,能批到地等于得到财富通行证,但如果你是小公司,可能就批不到地。所以,尽管服装、机械制造、猪肉加工不赚钱,但还是有不少公司愿意在这些亏损行业扩张,以扩大自身规模,便于拿到土地做房产。

最后,贷款和其他融资机会往往对大公司开放,而且大公司的融资成本也更低。因此,通过集团公司进入众多行业把规模做大,强化集团层面的融资能力,然后,把融到的资金在集团内部重新配置。也就是说,集团大家庭等同于一个内部金融市场。海航系、明天系等各个"系"的逻辑就在于此。

所以,特定的国情决定了许多公司要多元化经营、"什么都做",但会牺牲效率,风险点也多。

要 点:

1. 天合与尚德的不同结局告诉我们,原材料供货不确定性大、价格风险高、质量保障不可靠的行业,产业链条拉得越长就越能保证生产的连续性,利润也会更稳定。这些行业的公司边界就会越宽。
2. 在外部契约执行的可靠度低的社会里,多元化的价值更大,集团公司为了防范外部风险,产业链就会拉长,公司经营的边界变宽,把更多业务放在集团内部做。
3. 行业准入、企业融资等受到的行政管制越多,公司规模大的好处就越多,公司越该多元化发展。在这种情况下,做大有利于做强。

思考题:

- 看完这一节,是不是让你觉得还是"什么都做"更好?还有哪些因素会影响到公司的最优边界呢?

>>> 15.2 控制是金：安邦的商业模式

安邦保险被推上舆论的风口浪尖，我们暂且不管背后的其他故事，单就其得心应手掌控金融、最大化利用金融带来的商机而言，就有许多值得我们思考和研究的地方。许多人声称自己是中国版巴菲特，以为巴菲特就是价值投资，但他们忽视了巴菲特利用保险杠杆达到"点石成金"的一面。那么，安邦又是如何跟传统保险公司不同，也利用金融实现"点石成金"的呢？

安邦在 2004 年以 5 亿元注册资本起家，通过国内外的大量并购，到 2017 年，已经拥有了 2 万亿元的资产规模，成为继中国人寿、平安保险之后的第三大保险集团。崛起之快，令人震惊。然而从 2016 年开始，安邦的海外收购受挫。2017 年，安邦的两款产品被叫停，其后董事长被带走调查。

看到这里，你肯定会疑惑，这个公司到底是怎么一回事呢？

◠ 安邦的前世今生

2004 年，安邦集团的前身——"安邦财险"，作为汽车保险公司成立。"安邦人寿"则在 2010 年成立，注册资本近 308 亿元。同年，安邦收购瑞福德健康保险公司，更名为"和谐健康"。至此，安邦拥有产险、寿险、健康险等多块牌照，保险金融集团雏形基本形成。2012 年，正式成立安邦保险集团。

安邦的经营以凶猛激进为特点。2011 年，还不起眼的安邦出资 56 亿元，获得成都农商行 35% 的股份，成为第一大股东。之后，以举牌等方式投资多家企业，主要是金融与地产的龙头公司。2014 年成为民生银行第一大股东，2015 年进入招商银行董事会，年底已是四大银行每家的前十大股东。还曾举牌万科、中国建筑等 10 余家上市公司。

在国外，安邦的大手笔并购活动震惊了华尔街。最著名的，要数 2014 年以 19.5 亿美元收购极具盛名的华尔道夫酒店，轰动一时。同年，全资收购比利时 Fidea 保险公司和 Delta Lloyd（劳埃德）银行。2015 年，以 14 亿欧元全资收购荷兰 Vivat（维瓦特）保险公司，随后还有韩国东洋人寿等。还计划以 65 亿美元接手黑石旗下 Strategic 集团。

伴随着大手笔并购，安邦的资产极速增长。以安邦人寿为例，它的合并报表显示，2010 年年末，资产 5 亿元人民币；2013 年，170 亿元；2014 年，1200 亿元……到 2016 年年末，高达 1.45 万亿元，是 6 年前的 2900 倍！

从 2014 年开始，安邦的发展速度令人惊叹，它究竟是从哪里获得那么多资金，实现资产的指数增长的呢？攻城略地的扩张，后来又为什么似乎被叫停了呢？

金融杠杆多大？

为了便于理解安邦，我们先介绍一些技术细节。根据保监会的数据，我们先看财产险。安邦财产险的原保费收入在 2011 年达到顶峰，为 71 亿元，行业占比只有 1.5%，之后基本上逐年下滑。2016 年只有 54 亿元，行业占比不到 0.6%。这里，"原保费收入"指的是去掉"再保险费"后的保费收入。

之前我们谈到过万能险，这是兼具保障和投资功能的人寿保险产品，可调整保额、保费及缴费期，本质上是带有较小保障成分的理财产品。比如，2016 年 11 月，万能险的结算收益率最高有 8%，最低也有 4%，并且这些万能险产品都有 2.5% 至 3.5% 的保底利率，相对于银行存款利率和理财产品 2%—4% 的年利率以及大型保险公司 4%—5% 的年结算率来说，这确实有吸引力。在多数资产的收益率都下降的大环境下，万能险的投资利率上不封顶、下设保底收益率，受投资者喜欢就不奇怪了。

所以，安邦近年来规模保费飙升，主要是靠大量销售万能险等高收益理财产品。但这些产品带来的规模保费，大部分不算原保费收入，而属于负债在保户储金及投资款中列出。为了把寿险产品中的保险部分和投资部分区分开来，新会计规则要求保险公司把总的规模保费分成三部分：原保险保费收入（这类似于传统的纯保险部分）、保户投资款新增交费（纯投资理财的部分）、投连险独立账户新增交费（保险与投资交互的部分）。这种拆分有利于我们看清：总保费的增加到底是因为更多人买纯粹保险，还是因为人们更热衷于投资理财所致？

从2014年开始，安邦人寿的业绩增长惊人。人寿产品的原保费收入由2013年的14亿，突增到2014年的530亿元。2016年更达1140亿元，占行业的5%。而保户投资款新增交费，也就是投资理财保费收入部分，2013年为82亿元，2014年为90亿，2016年激增为2160亿元，占行业的18%！可见，保户投资款新增交费成为安邦总保费的大头，是增长的主力。

回到前面提到的问题，安邦的投资资金从哪里来？ 2016年，安邦人寿和安邦财险，合并报表中的股东权益大约为830亿元，但总资产规模为1.45万亿元。由此可见，自有资金只是很小一部分，安邦的投资主要靠的是金融杠杆——总资产与股东权益之比超过17:1，而2013年安邦杠杆才3:1。相比之下，据《金融时报》报道，保险行业老大中国人寿的杠杆为9:1。

点石成金

显然，万能险等产品的保费收入及投资款不是保险公司"自己的钱"，属于负债，但保险公司对它有控制权，这个控制权让安邦能叱咤商界、"点石成金"。安邦深谙这个道理：用较少的自有资金，以小搏大，撬动万亿资产。人寿公司的这种放大作用比银行和股权基金更好，因为银行受到的管制极多，人寿公司受到的管制相对少，而股权基金不能有这么高的杠杆。

保险公司能带来高杠杆，不是什么秘密，台湾蔡万霖当年的国泰人寿故事就是这样，巴菲特的主要技巧也是利用保险公司。人们普遍认为巴菲特的成功在于价值投资，在别的投资者抛售股票逃跑的时候，他敢逆流而进。价值投资的确重要，但对他同样重要的是保险产品提供的融资杠杆。

第15章
金融改变商业模式

他控制的公司——伯克希尔·哈撒韦有资产三千多亿美元，本身以保资为主，通过这些资金再并购或控股包括"政府雇员保险公司"GEICO在内的70家保险公司，而这些保险公司又控制更多资产，一层加一层，杠杆效应达到极致。

巴菲特的这些保险公司的数万亿保费虽然不是他自己的钱，但都是由他掌控的公司调配的，也就是他可以管控。这些控制权使巴菲特的实力如此之大，可以在任何行业呼风唤雨、点石成金，流动性对他来说不是问题。一有媒体宣布说他投资了比亚迪，比亚迪的股票不仅猛涨，而且商业信誉大增，谁都愿意跟比亚迪做交易了。当年巴菲特投资中石油的消息也带来多方面的效果。这种效应是没有规模的普通投资者所望尘莫及的。

所以，从这个意义上讲，安邦在过去也把握了巴菲特的这一技巧，利用保险加大杠杆，通过规模并购培育"点石成金"效应。

安邦的这种策略，当然不是没有风险的。万能险这些产品，虽能迅速做大规模，但为了应付与之对应的产品条款、银行销售产生的手续费，安邦不得不寻求高回报投资，因此要承担更多风险。传统保险商主要投资在政府债券这些收益稳定的资产上。安邦高杠杆收购、举牌的策略，更像是私募股权基金。

万能险通常允许提前退保套现，而投保人仍然能获利，所以保险产品的实际持有期限只有一两年。而安邦大部分投资，像豪华酒店，期限长、流动性低。短期负债连续滚动形成长期可投资资产，带来较高的利差损、流动性等风险。

当然，险资激进投资带来与日俱增的风险，让监管层担心这会波及整个金融体系。资金外流也带来压力和顾虑，导致险资海外投资的审核越来越严。2016年年底，保监会表明禁止保险公司使用杠杆资金进行股权收购，万能险等业务被急刹车。2017年年初，非寿险投资型产品被叫停。加上安邦企业所具有的其他问题，也就有了后来安邦融资被刹车的故事。但是，安邦利用保险特别是人寿险加大杠杆，通过对巨量资金的控制权扩大事业等技巧值得我们学习。

要点：

1. 安邦的业务结构、投资策略与传统保险公司不同。它通过大量发售万能险等保险理财产品，迅速吸纳资金，用于举牌收购地标楼盘、旗舰公司。
2. 投资资金绝大部分不是安邦自有资金，而是保费资金。安邦以少量资本，通过保险带来的高杠杆，控制万亿资产，达到呼风唤雨、"点石成金"的境界。安邦的杠杆远高于传统保险公司，也是沿袭了巴菲特的手法。
3. 这种策略也带来较高的利差损、流动性等风险，招致监管风险。

思考题：

- 加强对万能险等产品的监管后，安邦、前海人寿的商业模式都受到了影响。这在多大程度上改变了保险公司的吸引力？保险公司今后还值得投资者关注吗？巴菲特、安邦利用控制权放大投资回报的策略，你能复制吗？

>>> 15.3 金融是发展加速器：通用汽车与福特的故事

对制造业来说，产能过剩似乎是普遍话题，所以，就有了"一带一路"计划，以此把过剩产能输出到其他国家，通过跨地理空间延伸市场来增加对产品的需求。实际上，如果你发挥一下想象力，也可以跨时间来转移未来需求到今天，就是给消费者提供金融支持，把他们未来的购买提前到今天，变成你公司今天的销售，这等于把未来的增长加速到今天实现。

第15章
金融改变商业模式

那么,金融真的能成为公司发展的加速器吗?现在,我们就以通用汽车和福特公司早期竞争的故事,来看看通用是怎样利用金融战胜福特,成为汽车行业的老大的。也借此了解,为什么"借贷促进消费,消费带动增长"的模式必将扎根于中国。

福特拒绝贷款促销

你可能知道,虽然私人汽车或者说轿车发明于1885年,但到1899年才开始在美国兴起。一开始价格很贵,汽车只是部分有钱人的奢侈品。汽车价格起初在1600美元左右,十年后上升到1700美元左右。那时一般美国家庭的年收入才800美元,妻子一般不工作。这也就意味着,两倍多的家庭年收入才能够买得起一辆汽车。

就这样,福特公司在1908年推出简易T型车,即"Model T"汽车,这部车最为简单,当时想只要能运行就可以,这样就能把价格压到最低,千千万万普通美国人也都能买得起,让汽车不再是富人的象征。T型车的定价为850美元,比以前的车便宜了一半,的确让福特销量大增。但是,850美元还是高于一般家庭的年收入,就跟今天在中国一般车价也跟家庭年收入差不多类似。尤其当时主要是靠现金买车,所以,价格便宜一些的车只能把市场规模做大到一定程度,然后就会出现销售"瓶颈",产能很快就会过剩。这就是1910年美国汽车行业面对的局面:如何刺激市场需求?

1916年,一个叫Edward Rumely(爱德华·鲁梅利)的财务顾问向福特公司创始人递交了一份报告,建议福特公司自办一家汽车按揭贷款公司,专门为其汽车经纪商和顾客提供低息贷款,让他们先买走车,后分期付款,以此保证甚至提升市场份额。他说:"或许是由于人的本性,更多人愿意先买车,后分期付款,而不愿意先存钱,等到有足够现金时才一次性付清买车。"他这句话的意思,今天对你来说肯定不陌生,因为我们之前谈到了,两种付款买车的方式对个人的效用千差万别。年轻时谈情说爱,正需要拥有一部车来提升自己在"恋爱市场"上的吸引力,吸引高品质的对象。而如果是等到存够现金才买车，那时候可能人也老了，拥有车和房子的意义也淡了。因此，分期付款借贷买车更符合人性，也能促进销售。

从汽车本身的属性来讲，它是耐用品、投资品，今天你买下汽车，今后十年里你每天开着都在受益，所以，收益会持续多年，这种收益流和汽车贷款的分期付款流两者正好匹配，让你未来每个月可以边享受边付钱。也就是说，对于这种带来持续收益的耐用品，不应该今天一次性付完，让今天承压那么重，而应是在今后分别支付。除非手头资金很多，那就另当别论了。

Rumely 也建议，对不同的人，买车后的还款安排应该不一样。如果工人张三是按月领工资，月供就适合他；如果农民李四一年只有秋收这一次收成，那么，他每年秋季还款一次就行；等等。如此贴切地把支付时间安排跟借款方的收入规律相匹配，当然也能促进销售。

在福特创始人得到如此天才般的建议后，却回答说："我们的车非现金不卖！"亨利·福特是一位虔诚的天主教徒，而当时天主教对借钱花是坚决反对的。

那么通用汽车对这个建议的态度又是怎样的呢？

通用汽车乐意利用金融

通用汽车公司的老总不觉得人们借钱买车有什么不好。他觉得那只不过是把未来的收入转移到今天，你未来的收入和今天的收入，不都是你的收入吗？加上通用汽车的车价一般是福特的两倍左右，所以，分期付款安排对通用汽车的效果会更显著。于是，1919 年，通用汽车成立自己的汽车按揭贷款公司，专门为其汽车的销售服务，包括给通用汽车专卖行提供贷款。

结果如何呢？1921 年，福特公司仍然是行业老大，其汽车市场份额占 56%。可是，到 1926 年，它的龙头地位让给了通用汽车公司。虽然两年后福特公司也推出了自己的汽车按揭贷款公司，但已经晚了。自那以后，福特便做了老二。虽然过去几十年全球化使各国汽车公司都打进美国，但直到今

第15章
金融改变商业模式

天,通用汽车还是以18%的市场份额领先于福特的14%。

介绍通用汽车和福特公司的竞争历史的著作很多,但基本都是从技术、生产流水线管理等方面分析。实际上,金融的支持作用对于通用汽车的胜出,当初也起了关键作用。

像亨利·福特那样拒绝"先买后付"的人毕竟还是少数,因为到20世纪20年代末,"先买后付"这种销售安排已普及到美国各种耐用品甚至非耐用品行业上,包括钢琴、小提琴、电冰箱等等。比如,1910年,全美国分期付款销售信贷总额只有5亿美元,而到1929年,上升到了70亿美元。到1930年,70%左右的新汽车、85%的家具、75%的洗碗机、65%的吸尘器都是靠销售贷款卖出的。

那么,"先买后付"的信贷安排对全行业又有什么重要的作用呢?

其实,"先买后付"信贷安排的一个重要作用往往被忽视了,就是它帮助把行业做大了,而且加速了行业的发展。试想一下,假如汽车像福特说的"非现金不卖",那么,每个人都必须先月月存钱,存够了车钱才能买,这可能把第一次买车的平均年龄推迟4年!也就是说,如果能够"先买后付",一般人在大学毕业后22岁就能买车,而如果是"非现金不卖",那么,第一次买车的平均年龄可能是26岁,意味着可开车人口中再多10%的人不能买车。汽车市场至少要缩小1/10!此外,在个人层面,"先买后付"等于把本来到未来才能买的车提前到今天买,把汽车的未来需求转移到今天。这实际上让汽车公司把未来的发展提前做了。这就是"金融是行业发展的加速器"的含义,通过金融在时间轴上重新配置需求。

2008年金融危机后,许多人认为,美国这种靠金融刺激需求的增长模式应该终结。看到这里和之前讲到的内容之后,你会发现这个模式不仅不会结束,而且还会在中国被更加广泛地采用。这不仅仅是因为今天中国年轻人逐渐培养了"先买后付"的购物习惯,也更是因为中国多数行业产能过剩。这么多产能靠什么消化呢?当产能过剩时,约束增长的"瓶颈"是需求不足。美国在20世纪初期也面对产能过剩的挑战,因为到那时为止,工业革命已经一百多年了,规模化工业生产已趋于成熟,开动机器就能生产很多产品，关键是需求从哪里来？所以，中国经济也需要通过金融，把一些未来需求转移到今天用。

要 点：

1. 在通用汽车和福特公司的早期竞争中，福特因为汽车生产技术上的优势，到 1926 年之前一直是行业龙头。但由于在 1916 年福特拒绝利用金融转移未来需求，而通用汽车则积极使用"先买后付"贷款促销，通用汽车从 1926 年开始成为行业老大，这个地位保留至今。
2. 在美国其他制造业，比如缝纫机制造，也是因为辛格公司在 19 世纪中期利用金融促销，它遥遥领先竞争对手。这个公司的龙头地位也持续到今天。
3. 多数制造业都面临产能过剩挑战。在这种局面下，金融一方面可以把一些未来需求转移到今天，另一方面也帮助扩大行业的潜在规模，加速发展。

思考题：

- 在今天的中国，针对汽车、手机等的消费信贷公司越来越多，而且汽车量已经太多。有哪些行业是产能过剩但金融应用得还不足呢？请举三个例子。

延伸阅读
Extended Reading

在改变公司经营模式、沿产业链发展的机制中，并购可能是最为快捷的手段之一，常常吸引人们的眼球。究其定义，并购指两家或更多的独立企业合并成一家企业，有兼并、收购等手段，本质上是企业产权的变换。

为什么公司之间要模糊原有的边界呢？我们在正文部分就已经提到了最常见的动机：协同效应（Synergy），也就是"1+1＞2"的效果。在两个（或多个）公司合并之后，企业的规模扩大，反而能够降低生产单位产品的成本。举个例子，当物流网遍及全国时，要向某个地方投递包裹会变得更加便宜，因为交通运输、追踪包裹等行为已经变得熟练高效。这就是"规模效应"的魅力。此外，并购能够提高市场份额，迅速占据有利的市场竞争地位。较大的公司也会具有更强的议价能力，从而获得廉价的原材料。

也有学者使用信息经济学的理论来分析并购的动机。如果两家企业的经营范围相似，企业的管理层往往会比局外人掌握更多的信息，当市场还没有意识到被收购的公司的价值时，处于同一行业中的收购者就已经意识到了并购目前处于价格低谷的公司有利可图。这就是为什么不论并购是否成功，目标企业的股价总体上会呈现上涨的趋势。并购同时还提高了企业的知名度，为企业的经营提供了便利。

虽然有其积极效果，并购却不一定能成功。一方面，在并购过程中如何融到所需的资金就是一大难题，相关的债务风险等问题给企业财务人员带来了挑战。两个公司之间整合架构、调整公司文化等都会影响经营的状况，可能反而妨碍了企业在激烈的竞争中取得优势。另一方面，正如我们在正文中看到的一样，多元化的经营模式不一定适合当下的经济局势。

综上所述，并购有利有弊。虽然协同效应能够让企业的经营效率提高，但迅速扩张可能给企业的财务造成压力，而且需要大量的时间磨合公司之间的业务。现在你觉得我们正文部分提到的哪些并购的例子是有可能成功的，哪些公司经营的例子风险较大呢？

Chapter 16

第 16 章
哪个行业更赚钱?

>>> 16.1 珍惜资本:如家酒店的故事

几年前,看到国内汽车配件公司很多,许多是小作坊,一位朋友就跟我谈:"为什么我们不成立一个公司,并购控股上百家汽车配件厂,然后将公司上市发行股票呢?"我说这主意很好,要他开始跟一些地方谈。他回了一趟四川老家,回来后兴奋地跟我讲:"我老家地方政府很有兴趣让我们去并购,也愿意把三千亩地以一亿元的价格卖给我们!"一听这话我就被吓晕了!

且不说刚开始创业时,资本很难融到;即使能融到,资本也是珍贵如金,怎么一开始就要把这么多资金扎进土地资产里,而不是最大化地用于发展主业呢?

你也知道,有很多朋友,不管是办律师事务所、软件公司、教育机构,还是做实业制造,都喜欢一开始就买房地产、买写字楼,让公司资产很重。问他们为什么,答案都是:"这些年房地产投资,多赚钱呀!土地一直在升值呢！"他们说得也对，只是忘记了成立公司的初衷是什么。

那么，为什么珍惜资本的方式是尽量租房、租写字楼呢？为什么轻资产才是上策呢？

◐ 如家酒店的起初

下面，我就以如家酒店的故事来谈谈珍惜资本的问题。

沈南鹏是我耶鲁大学的校友，也是我多年敬佩的老朋友。20世纪90年代，他从投行做起，后来在1999年，跟季琦、梁建章、范敏一起创办携程。随着业务的发展，2001年8月携程又成立唐人酒店管理（香港）有限公司，计划在国内发展经济型连锁酒店项目。同年12月酒店管理公司正式将"如家"定为品牌名，并申请商标注册。那一年，"如家"成功发展了11家加盟酒店。

到2002年6月，如家连锁酒店的数量已达到20家。再经过三年的努力，到2005年9月，第51家店开业。从那之后，新店开张速度加快，在接下来的半年里，就多开了20家新连锁酒店。至2006年5月，第131家连锁店开业，如家几乎是每天都在某个地方开一家新店！到了2008年年初，如家酒店数已经超过了500家！

这些年，随着中国经济和人们收入的增长，商业和消遣旅行的人数都在快速上升。只是像经济酒店这样的传统行业，成功的诀窍肯定跟规模相连，没有规模就很难胜出。而要靠规模制胜，就必须建立大量的连锁店网点。那么，500家连锁店是一个什么概念呢？

如果酒店房间是自己盖或者自己买，假如每个店有200间房、每间房需要50万购置费，那么，一个分店就需要一亿元资金，而500个连锁店就要500亿元资本！对初创公司来说，这是个天文数字！那怎么办呢？

答案是尽量租楼房，签长期租赁合同。特别是在如家刚创业的阶段，各地政府以及大小国企都有许多招待所，所处的位置好但经营管理很差，许多甚至处于亏损状态。所以有大量的招待所愿意被长期租出去。按照当时我了解的情况，如家租过来一栋招待所后，大概花1000万元就可以完成装修并装饰好各房间。也就是说，如果是如家自己建楼或买楼，1.1亿元只能买下一座连锁店的资产并装修好；而如果是租楼，同样的资本可以开11个连锁店！所能节省的资本对于靠连锁规模取胜的如家，是多么重要呀！一旦开业，酒店的租金靠未来现金流就能支付，不需要资本投入。

你可能会问："租楼"固然好处多多，但是买下楼房资产不是还可以升值吗？两相权衡之下，为什么如家最终选择了租楼呢？

楼价的确可以涨，但也可以跌。即使涨，那种投资也只是赚资产升值的钱，对如家本身的业务扩张无益，不仅不能对如家的未来收入流带来正向联动效应，而且还会牺牲发展机会。

☞ 轻资产是上策

实际上，租楼不仅能让如家用有限的资本发展最多的连锁店，而且还使得公司的估值更高，因为这使公司的资产规模更小、负债和净资产更少，这就降低了资产回报率和净资产回报率计算公式中的分母，抬高了资产回报率和净资产回报率。之前说过，资本市场不喜欢你公司的资产太重，而更看重未来收入流，因此，租楼是酒店业达到轻资产的最直接方式。

租楼策略当然不是如家首发，而是国际酒店行业多年的做法。像君悦、喜来登、索菲特等知名品牌酒店公司，都是长期租用其他投资者的楼宇，让自己资产很轻，而且甚至连具体管理酒店的工作也外包给专业公司，自己只拥有酒店的品牌，资产轻到完全看不见，靠特许自己的品牌赚取现金流！

零售连锁店公司也采用类似策略。特别是在20世纪八九十年代，像Kmart（凯马特）、Sears（西尔斯百货）这些美国连锁商店公司，把自己拥有的一些商场楼房出售给特设商业地产基金，就是所谓的REITS（房地产信托投资基金），同时又从这些基金手里把商场反租回来，每个月付租金给基金，这些REITS基金通过出售自己的股份给投资者，以实现融资。你可能会问："为什么要多此一举，走一圈呢？"其实，这是多赢的安排。对商店公司而言，这让它们实现轻资产，提升资产回报率和净资产回报率，股价会上涨；而对投资者来说，像保险公司、退休基金和老年投资者，都喜欢靠稳定租金实现分红的股票，REITS 基金满足他们的偏好。所以，这还是一个根据投资者偏好重新组合公司资产结构的做法。同一个概念，不同的应用。

以前，国内石油公司很传统，总是觉得只有自己拥有的油田才能开采，所以，它们总是融资量大、资产规模臃肿。几年前，我给一家大型国企石油公司建议：你们完全不用资产那么重；如果你们的强项特长是石油勘探开采，那为什么不让别人买油田、你们帮他们勘探开采并相应收费呢？当然，这里的关键选择在于：这些公司是以石油资产投资者自居，还是以石油勘探开采技术公司自居？如果是前者，当然资产要重，那是它的角色定位；而如果是后者，就完全不同了。

回到如家的话题，2006 年 10 月如家在纳斯达克上市。之后更加快速复制连锁酒店模式，到 2015 年年底有 2922 个连锁酒店。2016 年 4 月，首旅酒店集团以 110 亿元收购如家 100% 的股权，并将其从美国退市私有化。沈南鹏的创投能量，在过去十几年发挥、延伸到众多产业，最大化了金融资本的创新潜力，他的商业逻辑很值得学习。

要点：

1. 在创业初期，资本尤其珍贵。每一块钱的资本都要花在对未来主业收入有正面贡献的事情上。
2. 从如家的案例我们看到，租楼是实现以最少资本最大化发展连锁酒店的理想策略，而且结果是资产轻、资产回报率高、公司估值高。对连锁商店、连锁学校等行业而言，剥离楼房等有形资产给特设基金并从后者反租，也是达到重组公司、达到轻资产目的的办法。
3. 只要把握好轻资产的逻辑，不管你是石油、矿山还是制造业等等，总可以找到适合自己公司的策略。

> **思考题：**
>
> ● 过去，人们总以公司的楼宇多气派、占地面积多少来判断公司的实力。如果公司没楼没地，就被认为没实力。所以，在中国，一旦公司成功，就喜欢盖大楼、搞大气派，即使这些东西不是必需的，也要做。但是，现代资本市场更在乎未来收入能力，只要未来收入预期高，就愿意给高估值。如家的估值不是因为它拥有多少楼房资产，而腾讯的市值接近两万亿，不是因为它有多少楼房或其他硬资产——以前的办公楼也是租的——而是因为它未来的增长前景。现在你对"轻资产"这一经营理念的理解是否又加深了呢？

>>> 16.2 规模制胜：沃尔玛的商业帝国

沃尔玛（Wal-Mart）在中国家喻户晓，大大小小的东西都能在那里买到。虽然京东、亚马逊这些电商是你现在更为关心的新潮范儿，但沃尔玛的商业模式、财富故事照样鲜活，值得学习。

在过去许多年里，沃尔玛公司创始人——山姆·沃尔顿（Samuel Walton）家族成员的财富综合一直排第一，远远超过盖茨和其他家族。到2017年7月，在《福布斯》财富榜上，沃尔顿家族有7位成员的个人财富超过45亿美元，加在一起为1400亿美元，超过盖茨的850亿美元。你可能会问，为什么沃尔顿家族能有这么神话般的财富？沃尔玛只是开平价超市连锁店，又不是什么高科技，这种传统行业怎么能比微软更赚钱呢？

前面我们探讨过，腾讯收入的边际成本几乎为零。可是，零售商没那么幸运，卖出的每件物品的边际成本不可能接近零。沃尔玛肯定要花钱进货，还要雇员工，支付物流成本，再加商场租金，等等。所以，沃尔玛的赚钱模式肯定不一样。为了做到"天天平价"、价格比别人低,同时又能赢利,沃尔玛必须在成本和物流上下功夫。

那么,在压低成本和物流问题上,沃尔玛又是怎么做的呢?

沃尔顿的创业故事

我们来看看沃尔玛是怎么做的。创始人沃尔顿先生于1918年出生在俄克拉荷马州的农村,从小放牛养马,挤牛奶,养兔子、鸽子卖。中学、大学时期,在餐馆、商店打工,自己赚钱上学,家境极普通。大学毕业后,在一家连锁商店工作过两年,还在1941年至1945年当过兵。1945年至1962年,在阿肯色州的农村,他通过加盟"Ben Franklin"(本·富兰克林)品牌开过多家连锁店,积累了经验。当时让他极其痛苦的问题有两个:一是他必须付很高的批发价进货,因他的规模太小,没办法,只好忍受批发价,得不到出厂价;二是像阿肯色农村这种边远的地方,人口少,市场小,没有批发商愿意往那里送货。沃尔顿自己要想办法安排人运货,成本很高。

正如今天中国偏远的农村一样,美国偏远农村,人口少、收入低,不仅银行和保险公司不愿意去,就连一般的平价超市也觉得没油水,不愿去。结果,收入低的农村反而得不到廉价商品。当时一般认为,在人口少于5万的乡镇开平价商场,是不会赢利的。所以,连锁超市都集中在城市,在那里互相竞争砍价,避开乡村。也恰恰因为是这样,沃尔顿先生反倒觉得乡村才有机会,因为竞争少,只要价格足够低,即可赢得市场。

1962年,在阿肯色州的一个小镇,沃尔顿开了第一家"沃尔玛超市",立足于"天天平价"。随即,他在其他小镇扩张,到处复制沃尔玛超市,连店内的布局在各地也完全一样。他只选那些没人去、人口在5000—25000的乡镇。那些小地方,不仅没有竞争,而且每开一家超市,当地马上会家喻户晓,不用花钱做广告,他们也会来。这当然节省成本。到1969年,沃尔玛一共开了18家规模相当大的分店。到20世纪90年代,沃尔玛有1/3的连锁店都在这种没有竞争的小镇,"从农村包围城市"的战略让沃尔玛掌控相当强的定价权。有了这种优势做后盾，公司相对于对手的竞争力就强了。

既然没有批发商愿意送货到乡村，那就自己来做。从1964年开始，沃尔顿就建立了自己的物流库存中心。虽然这是被迫的，但意外的收获是沃尔玛从此可以避开中间批发商，直接跟生产厂家谈价、进货了。也就是说，沃尔玛从厂家进货到自己的物流中心，然后再运到各分店。随着沃尔玛规模的扩大，进货砍价能力也直线上升，使沃尔玛的货价水平越来越低，竞争优势越来越强。

到今天，沃尔玛是世界上最大的零售公司，在全球有5000多家巨型商场，雇用150万名员工，每周有一亿多个顾客光顾其商店，年销售额4000多亿美元。这些商场的货物由总公司统一采购，比如鞋、衣服、玩具、家电，只要沃尔玛决定从哪家制鞋厂进货，那就是每年许多亿双鞋的订单，那家制鞋公司就不用找别的客户，只为沃尔玛生产就够它发展了。正因为这样，沃尔玛就有至高无上的砍价能力。以最便宜的价格直接从厂家进货，这不仅给了沃尔玛很大的盈利空间，而且也让它有能力跟任何人竞争。因此，巨量从厂商那儿直接采购是沃尔玛压低成本、提高利润的主要策略！

当然，在沃尔玛的大规模扩张中，资本从哪里来呢？要做规模，就离不开资本市场。沃尔玛于1972年在纽约证券交易所上市，向大众投资者发行新股。从那以后，股票市场就成了其资金的主要来源。正因为沃尔玛的增长前景、竞争优势这么强，其股票才一直受投资者青睐，价位高。

零售业革命

沃尔玛的商业模式为沃尔顿家族带来了巨大财富，也给了众多投资者良好的回报，那么沃尔玛又给社会带来了怎样的影响呢？

首先当然是给老百姓带来了实惠，因为商品便宜了，众多家庭就能节省生活开支，能有更多钱去给小孩买玩具、买书，也可让子女上更好的学校，或者多去旅游、投资。所以，沃尔玛带来的是多赢。

可是，沃尔玛的价格优势也给社会带来了冲击，就是在过去40多年里把许多家庭杂货店、小规模商场挤垮，原因是那些店的进货价无法跟沃尔玛比。特别是在美国各地的小镇上，原来有许多夫妻杂货店，后来一个个被沃尔玛挤垮，许多人要么失业，要么去沃尔玛打工或另谋职业。实际上，在沃尔玛十几年前进入中国后，在各地开的店也不少，也迫使许多本地店关门，结果也引发了许多争议。

那么，社会是否该指责沃尔玛带来的零售业革命呢？大超市的普及一方面给了消费者巨大的好处；另一方面也逼着许多人另谋职业，去其他行业重新找到优势和特长——这就是奥地利经济学家熊皮特所讲的"创造性破坏"（creative destruction）。也就是说，沃尔顿把千千万万个小规模杂货店挤垮了，这当然是一种破坏，破坏了原来以高价格、低效率据称的零售业秩序。按一般的理解，"破坏"是一个贬义词，可是，沃尔玛的破坏是一种"创造性破坏"，是褒义的，因为由沃尔玛取代千千万万家杂货店之后，社会效率提高了，数亿家庭的生活费用被降低了。保护以高价卖货的零售商，等于迫使千千万万消费者为传统零售商的低效埋单。

到今天，由于互联网的到来，我们实际上正在经历另一波零售业的"创造性破坏"。而且恰恰由于沃尔玛的"规模制胜"模式在过去几十年内太成功了，以至于不管是亚马逊还是京东，都在模仿，并且是借助互联网的无限规模潜力在模仿，要去"破坏"沃尔玛这些传统零售业所形成的旧秩序。

那么，电商将会让沃尔玛成为未来的恐龙，消失于历史长河中吗？

最近几年，尤其是最近几个季度里，美国各大传统零售公司都在关闭越来越多的物理门店，销售和利润都难以上升，股价也在跌，包括沃尔玛也难逃"创造性破坏"的影响。

然而，虽然行业洗牌在进行中，在一段时间内，老牌沃尔玛的地位还难以被完全取代。一方面是遍及乡村的连锁网点地位牢靠，美国劳工贵，在人口稀少的乡村做零散送货还是成本太高，"从农村包围城市"的战略基础稳固；另一方面是它庞大的采购系统和物流网络，给亚马逊等竞争新手构成巨大的壁垒。改变这些局面需要时日。

当然，亚马逊等电商没有物理店面，不需要一个店一个店地复制，运营成本比沃尔玛低，而且顾客渗透面无限，因此电商的规模潜力更大。或许，亚马逊真的能"以夷制夷"，以沃尔玛的"规模制胜"策略战胜沃尔玛。

要　点：

1. 沃尔玛的"规模制胜"战略在于：把零售客户规模做到巨量，然后以规模订货压低进货价，以"天天平价"挤掉竞争对手。
2. 在资本市场的支持下，沃尔玛把规模化经营提到新高，挤掉千千万万家杂货店和小规模连锁店，迫使他们另谋职业。沃尔玛的"创造性破坏"重塑了美国和其他经济的零售业。
3. 互联网带来的无限规模潜力开始了零售业的新一轮"创造性破坏"，正在挑战沃尔玛等老牌企业。有意思的是，亚马逊也遵循"规模制胜"战略。

思考题：

- 了解沃尔玛的策略后，你看到京东、苏宁、当当网等电商都在追求"规模制胜"。在国内众多电商的竞争中，金融可以发挥什么作用？如何做？谁做得更好？

>>> 16.3 公司文化：让员工高兴有啥好处？

谁都喜欢谈公司文化如何如何重要，可是，还没有太多人对公司文化的价值做量化评估。花钱让每个员工高兴真的值得吗？好的公司文化对股东利益最大化真的有用吗？

几年前，我女儿陈晓大学毕业，很快去了美国最大的云存储公司Dropbox工作。她每天工作都很高兴，也热爱公司，因为她公司一天三顿饭都免费，随你吃，而且种类丰富，一周内每顿饭不一样，各种西餐、中餐、日餐等轮着来，晚餐还有葡萄酒、啤酒随你挑选，并且她还可以请几位朋友到公司免费吃。此外，健身房会员卡、上下班打车、手机月费等费用都由公司付，还有股票期权，工资也不低。每天上班没有"早九晚五"这回事，随你什么时候去上班，也可以不到办公室，在家里远程工作。每年的假期不限，只要你做完本职工作就行——这真是其他国家的上班族做梦也想不到的福利呀！难以置信！世界上怎么还有这样办公司的?!成本呢？收益呢？谁埋单呢？当然，陈晓和她的同事一个个都高兴，一说起自己的公司就是兴奋和自豪！

那么，这种公司文化又是怎么起源的？实际绩效又如何呢？

◯▬ 制造业时期美国公司无福利

美国公司以前可不是这样的。你可能听说过"泰勒计件制"，意思是在制造业生产流水线上，根据工人生产的商品件数来发工资，一分不少，一分也不多。至于工人的感觉如何、情绪怎样、喜不喜欢，这不重要，对工资没丝毫影响。人们通常认为泰勒是"科学管理之父"。

泰勒的贡献有多大呢？他1856年出生在美国宾夕法尼亚州的杰曼敦的富人之家，也在哈佛大学念过书。从1875年开始，泰勒在费城一家机械厂做了4年艺徒，后来去了一家钢铁厂当技工，由于他很能干，也表现出了管理能力，6年内被多次提升，从工长、车间主任、主任机械师，最后升为公司的总工程师。这些管理经验让他掌握了工资制度、作业特征、工时测量、生产流程管理、人员管理监督等许多细节。这些经验最后让他在1911年出版了管理科学领域的开山之作——《科学管理原理》。

什么是"科学管理"呢？泰勒的定义是："科学管理不过是一种节约劳

动的手段而已,也就是说,科学管理只是能使工人取得比现在高得多的效率的一种适当的、正确的手段而已。"有两点是泰勒强调的:一是怎样节省成本;二是怎样以最低的工资让工人生产出最多的产品。尤其是他发现,正因为工人对厂商的唯一价值是生产商品,所以,最有效的激励制度是计件工资制,其他细节都不重要。计件工资制大大刺激了工人劳动生产率的提高,而且也最大化了企业主的利润。

当然,泰勒的逻辑有一个重要的前提,就是在工业革命时期,制造流水线上的工人不需要特别的专长技能,更不需要他们有创造力,只是按部就班地重复做工就行。所以,那时期工人的人力资本不重要,而且工人的可替换性太高:你不愿意干或者干不好,随时找别人就是了。同样重要的是,你付出的努力是多是少,完全可以由你的产品件数来测度,没有模糊性。

所以,在泰勒的框架下,公司如果花钱给工人太多福利——更不要说那些免费三餐、免费瑜伽、免费按摩了——除了惯坏员工、给公司增加成本,对增加产出没任何影响,这些额外开支只是公司股东和员工之间的零和博弈。因此,那些员工福利多的公司的股票应该抛售,股价应该大跌才对!

实际上,早期的研究也表明,制造业公司的员工福利开支越多,利润受损越多,股价表现就越差。

超级福利的兴起

那么,这种"科学管理"的泰勒模式,后来又为什么被翻盘了呢?

这主要还是美国的经济结构发生了变化。从20世纪中期开始,制造业占比越来越低,服务业占比不断上升,尤其是创新能力在美国经济中越来越重要。到今天,服务业占美国经济的82%。这种经济结构转型带来了其他变化。首先,对于员工的业绩越来越难以用简单"计件"去度量,服务跟生产流水线不同,服务创造的价值是无形的,也更难以计数、量化,而且员工在服务过程中的态度和感受都影响到了最终服务的质量。

其次,原来的制造业中物理资本、产业资本的比重最高,员工人力资本占比很轻，公司的无形品牌与声誉资本也很轻。可是，在经济以服务业和创新力为主轴之后，就完全反过来了，物理资本的比重降低，而人力资本、品牌声誉资本的重要性就大大提高了。比如，对于谷歌、脸书这样的现代科技公司，它们几乎没有物理资产，公司的价值完全取决于员工的创新能力、创造意愿、品牌声誉和服务态度。这样一来，员工在公司的感受、得到的尊重、工作之内与之外的环境、对公司的喜好、病假产假的人性化、生活福利等等，就都非常重要。

当然，美国公司文化的这种转变不是一夜之间发生的。20世纪80年代，硅谷高科技公司开始感到善待员工的必要性，先是苹果、英特尔、思科等把公司的管理结构变得扁平，高管和普通员工都在敞开的办公大厅工作，办公桌一张挨一张，这种相互平等的感觉带来相互尊重感。同时，还给各级员工安排股权和期权激励，让每个员工都成为公司的股东，给他们具体的主人感，不再只是"计件制"下的劳动工具。再到后来，就是谷歌把工作福利推到了新高。别的不说，谷歌办公楼里有免费的瑜伽教室、健身房、洗车行、攀岩墙、洗衣店、健身课、跑道线、按摩间等，还有25个餐馆，一天三顿，任由员工挑选。他们的想法是，如果员工不外出吃饭，健身、洗衣、洗车也在大楼里，他们节省下来的时间干什么呢？这样不是让他们有更多时间、更多心思放在工作上吗？

而从谷歌到脸书、推特、Dropbox，之所以都能给员工提供超额福利，也是因为有资本市场的支持。如果没有创投基金、私募股权基金的慷慨资金，硅谷新秀公司的超额福利就不可能实现。所以，你看到，硅谷公司的福利文化和资本市场是同一创新生态的不同部分，是互为关联的。如今，这种生态也在中国境内形成了，也传到了今日头条这样的创新企业。

最后，你还是会问，这种公司在股市的表现如何呢？从1984年开始，两位学者每年对美国的大公司员工做问卷调查，根据对57个问题的回答评选出"全美100个最受员工喜欢的公司"。在最近六年里，谷歌每年排名第一，而前十名中多数为高科技公司，也有金融公司，但没有制造业企业。

沃顿商学院的一位教授发表了一份研究报告，他发现，从1984年以来

第16章 哪个行业更赚钱？

"全美100个最受员工喜欢的公司"的股票，明显带给了投资者更好的回报。特别是跟风险相似的同类股票比，这些关注员工福利的公司每年能带来4%左右的超额回报。这些结果不仅证明泰勒计件工资制的时代已经结束，而且关注员工感受的企业文化，本身也是一种让你公司成功的商业模式。

要点：

1. 硅谷不只是许多高科技的发源地，也是新型企业文化和新型金融业态的起源地。强调员工福利的企业文化也是一种商业模式。
2. 在工业革命时期，物理资本、产业资本是主力，人力资本的价值不突出。那时候，生产的价值有多少，完全可以由计件制度量。所以，员工福利开支越多，除了增加企业的成本，并不能激发出额外收入，只会降低公司利润。
3. 在经济从简单制造转变到一般创造之后，企业文化也必须转型，需要重视员工福利和员工感受。对服务业，尤其是以创新力为主的高科技行业而言，人力资本和品牌声誉资本是主力，并且员工贡献不再能靠计件制测度。员工福利、股权期权激励就变得十分关键。研究表明，员工越是喜欢自己的公司、自己的职业，公司未来的股价表现就越好。投资者也应当看到这一点。

思考题：

- 现代行业跟传统行业比，不再那么取决于物理资本，而是更取决于无形资本和人力资本。对于物理资本密集型的企业，军队式管理、计件制管理方式最优。而对人力资本密集型企业来说，军队式、老板式管理就会帮倒忙，不利于激发员工的自发创新，而是应该采用股权期权激励，同时强化扁平式管理架构。哪些行业是物理资本密集型的？哪些是人力资本密集型的？如何根据这个角度去选择上市公司股票？

延伸阅读
Extended Reading

金融通识课

从本章的内容中,我们了解到了企业的不同经营理念所带来的结果。不论是走轻资产路线,还是力求规模制胜,企业的目标都是自身利益的最大化,也就是说,让公司的股东能够获得尽可能多的收益。

这一标准很简单,但在实际投资中,公司的规模大小、经营策略等方面都有着很大的不同。"乱花渐欲迷人眼",投资者怎样才能在众多企业中找到最为出色的投资对象呢?我们接下来介绍几个在公司金融中非常重要的概念。

◐ ROA 和 ROE

在衡量公司的经营状况时,我们经常提到两个指标:资产收益率(Return on Assets,ROA),用来衡量每单位资产能够创造多少净利润。股权收益率(Return on Equity,ROE),用来衡量公司运用自有资本的效率。由于公司的资产由股东投资和负债两部分组成,ROE 会随着公司负债的增加而上升,因此不能一概认为 ROE 高的公司其股票就值得购买。

◐ 折现

在获得盈利之后,公司的管理层面临着两个选择:其一是将盈利直接以红利的方式派发给股东们；其二则是将盈利作为留存收益，用来追加投资、扩大经营规模。由于股东们在分红到手之后，本可以将资金存入银行，获得相对而言风险较小的回报。

当公司选择留存收益时，相当于将股东的资金投资于风险更高的公司经营。从第一部分的内容中我们知道，如果一个项目的风险很大，它必须相应地要有更高的回报，否则投资者将不会选择该项目。同样的道理，公司在未来预计能获得的收益必须比银行的利率更高，也就是未来的现金流需要有折现。简而言之，折现就是将未来的收益折算到当下时，所做的适当抵扣。

从折现的定义中我们可以发现，对不同行业、不同资产结构的公司而言，因为每个公司所面临的风险各有差别，所以它们所面对的折现率是不同的。如何评估一家公司的折现率也因此体现了投资的难点和艺术性。

每股应该值多少钱？

如果管理层不将当期的利润马上发放红利给股东，他应该给出折现后依旧有吸引力的获利方案来，这样才能让公司股东获益，进而让公司股价上涨。

用公式表示在当期分发红利和留存收益之间的关系：

每股价格 = 每股盈利 / 折现率 + 增长机会净现值。

其中增长机会净现值（Net Present Value of Growth Opportunity，NPVGO）也是一个经过折现之后的指标，衡量公司在未来选择的项目，如研发新产品、更新生产设备等。

与上面这个公式密切相关的是我们耳熟能详的市盈率。其定义是每股价格/每股盈利，由上式推导得，市盈率=1/折现率+增长机会净现值/每股盈利。这是用来评估股价水平是否合理的重要指标之一。

根据公式我们会发现，市盈率与增长机会的净现值有关。因此不同行业的公司市盈率差别很大，不可一概而论。具有强劲增长机会的公司有高市盈率。举个例子，传统行业中的通用电气（GE）近几年的市盈率不超过30，亚马逊的市盈率高达1436。也就是说，按照现在每股每年的盈利，如果未来没有增长的话，投资者要等上1436年才能把今天的股价本钱赚回来！

数字虽然惊人，但投资者认可亚马逊现有的战略，认为目前盈利不只是因为亚马逊在为未来布局，该公司具有良好的发展前景，也就是增长机会净现值很高。所以亚马逊的股价依旧很高，这样才会造就它如此惊人的市盈率。市盈率也被公司经营面对的风险决定。低风险的股票折现率低，在公式中就体现为分母小，因此这样的公司具有较高的市盈率。这一点我们在对折现的介绍中已经分析过了。

以上所介绍的概念，反映了金融作为跨期分配工具对时间的估量。在分析公司年报时有着重要的作用。对照这里的公式，你对之前所提到的故事是否有了更清晰的理解？

第五部分
投资理财

投资理财的选择

投资股票的门道

价值投资的窍门

房产投资的教训

Chapter 17

第 17 章
投资理财的选择

>>> 17.1 风险与收益：选择金融产品的两大考量

  金融产品有两个重要维度：风险和收益。有位朋友小张跟我讲，她每次到证券公司交易大厅就晕了，屏幕上显示的股票有上千只，每周新上市 8 到 10 只，还有两千多家没有显示出，基金也有好几千只。而去银行，每周新发行的理财产品有几百款。其他各种金融产品也很多。小张该怎么判断呢？

  金融市场种类确实不少，金融产品更是繁多，其中，货币、债券、股票、保险、理财产品的功用和目的都不相同，给我们一个"萝卜白菜，不好比较"的感觉。毕竟，股票投资是以财富增值为主，银行产品以保值为主，而保险则是规避不利的风险事件，三者不完全可比。但是，学界还是推出了一些度量各类金融产品的一般性指标，让我们多少能跨越金融品种进行统一的评估，比较各类产品的吸引力，决定在它们之间如何进行组合配置。其中两个最为重要的指标是风险和收益，这两个维度最常用也最通俗易懂。那么，该如何理解这两个维度呢？

风险和收益

首先是"收益"这个维度。之前我们说过，货币作为跨期价值载体是没有回报的，收益为零。当然，这里我们需要做一个区分，就是"名义收益"和"真实收益"。你手中的百元人民币今天可以买一件衬衣，但如果中国人民银行滥发钞票，明年同样的一张百元钞票可能只能买 0.9 件衬衣，也就是通货膨胀率为 10%，那么，尽管你手里的百元钞票明年还是印着"100"元，持有这张百元钞票的"名义收益"为零，不涨也不跌，但是，你的"真实收益"为 –10%，购买力下降了 10%，也就是说，钞票的真实收益率为通货膨胀率的负数。要记住：手持中央银行发行的钞票并非没有风险，因为货币会贬值。但由于我们今后要讲到的一些原因，在多数国家里，除非你能到境外投资，否则，只要本国的央行比较靠谱，本国货币会是比较基本的跨期价值载体，至少是之一，虽然其名义收益为零。

如果把 100 元存在银行里，虽然储蓄收益不高，但名义收益大于零，也就是说，比如一年为 1.5%，不是很高但总比持有钞票得到的零收益要好。

跟银行储蓄接近的是政府发行的国债，中国国债通常的年限是三年、五年和十年，也有期限更长的国债。国债到期的期限越长，利率回报一般会越高。而之所以会这样，是因为虽然财政部是国债的发行方，代表了中央政府的信用，不会赖账，但国债期限拖得越长，未来经济和社会甚至政治的不确定性就越大，你作为投资者承担的风险也越大，所以，你应该得到的利率回报要越高，否则，你不会愿意去买这些国债的，没有人愿意承担更多风险但得到同样或者更少的回报。在这里，我们看到，在一般情况下，收益跟风险是成正比的：风险越大，回报应该越高。

当然，你要注意到，在谈到国债或银行储蓄利率的时候，你会听到类似于"活期存款利率为 0.4%，一年期存款利率为 1.5%，五年期国债利率为 4.3%"，等等，这些都是年化以后的利率，真实得到的利率回报会根据持有存款或者债券的时间而调整。也就是说，为了便于比较不同期限的债券的预期回报，我们通常把债券和其他金融品种的回报统一到以一年为单位计算，也就是以"年化收益""年化利率"报价。比如，三个月到期的利率为 1.1%，那么，持有这个存款三个月得到的收益会是 1.1% 的 1/4，而五年期的国债年利率为 4.3%，持有五年的累积收益会按照每年 4.3% 来利滚利计算。

不同风险，不一样的预期收益

股票的风险就远大于国债，更大于百元钞票的风险。也正因为这一点，发行股票的公司必须给投资者带来高于国债利率的预期收益，否则就有愧于投资者，也不应该上市，或者应该退市。当然，话虽是这么说，但现实中要做这种判断并不容易，因为这里说的是"预期收益"。

之前说过，债券的收益会事先约定，比如一年的利率 10%，但股票没有这样的约定，由于股票发行公司未来的经营利润到底怎样，是无法事先确定的，会充满风险，所以，预期收益就变成了张三、李四各有各的看法。于是，虽然 A 股市场在过去二十几年带给股民的平均累计收益低于同期国债，但几乎所有上市公司都还在，股市也还在，可以给的一个理由是"原来的预期收益高于国债，但后来……"当然，这种局面是不可持续的，因为任何股票市场，如果它带给投资者的收益长期违背"收益跟风险成正比"的原则，参与这种股市投资的人数只会越来越少，最终股市关门。在以后的章节里，我们会进一步讲股市发展的问题和挑战。

美国的资本市场也充满挑战，但总体上还是更成熟。我们可以通过美国的经历看看正常情况下收益和风险之间的大致关系。还是以 1925 年年底开始，到 2014 年年底结束，并且假定当初你有一万美元做投资，而且每年的利息和分红都重新投入同样的金融品种，那么，在这 89 年里，如果一直把钱投在短期美国国债里，到 2014 年年底就变成了 21 万美元。

如果是一直投资长期国债，那当初的一万美元就变成了 135 万美元，这蛮不错的；如果一直投资的是美国大公司股票，一万美元就会变成 5316

万美元；而如果一直买小盘股，就如我们以前讲的，最后累积的财富将是 2.7419 亿美元！

所以，就长期而言，风险越高，收益回报总体会越高！只是在达到长期效果之前，你可能经历很多上涨下跌的起伏，要有足够的心理准备。

按照年化收益计算，短期国债平均年收益 3.5%，比通货膨胀率高一点；长期国债 5.7%，大盘股 10.1%，小盘股 12.2%。但千万不要忘记：短期国债的风险波动率也最低，才 3.5%，而小盘股的波动率高达 32%，几乎是短期国债风险的十倍！

如果你学过概率统计，我们这里讲的"波动率"或"风险波动率"就是年收益率的均方差；如果你不熟悉概率统计，也没关系，就把这个理解为风险高低的指标，波动率越高，风险就越大。

所以说，我们在讨论金融产品、判断投资价值的时候，千万不要只看收益而忽视风险，不要不顾风险去追求收益。

要点：

1. 各类金融产品的目的不同，所以，对不同的人，具体哪个金融产品"最优"很难一概而论。每个人的经济状况不同，面对的金融需求也会不同，由此，"最优的金融产品"也会不同。

2. 在一般意义上，风险和收益这两个维度可以度量各类金融产品，帮你把五花八门的金融产品做些区分。风险越高，预期收益应该越高。如果实际情况反之，则说明该金融市场存在扭曲。

3. 货币的名义收益率为零，银行储蓄的名义收益率会高一些，因为其风险也大一点；以此类推，中期国债、长期国债、大盘股、小盘股的风险更高，它们的预期收益也相应地更高。但是，记住：不能只谈收益不谈风险。

思考题：

- 这些年，国内投资者只看收益回报，不看风险高低。为什么持续到今天还行得通？是什么促成了这种习惯？另外，尽管货币的名义收益为零、真实收益为负，但人们还是愿意持有相当数量的货币，为什么？数字货币会改变这个吗？

>>> 17.2 家庭如何配置财富——多国家庭资产结构对比的启示

深圳的小李，她炒房赚了很多钱，目前房产占财富之比超过91%，而且房产的杠杆是2.4∶1。听完这些，一位同学着急地问道："那么，房产投资占比到底多少为好？投资品种的选择那么多，该如何在它们之间组合配置呢？"

这的确是一个大家普遍关心的话题。20世纪八九十年代，中国家庭还没什么财富，注意力都放在赚钱上，赚钱是首要问题，还没有太多理财的挑战。可是，到最近几年，就像小李一样靠炒房赚了钱，财富多了后新的问题也来了，就是怎样配置投资组合，才可以既最大化保值升值，又最小化风险？这就是我们今天要谈的话题。

中国家庭跟其他国家对比

我们先看看中国家庭的一般情况。这些年，西南财大中国家庭调查与研究中心甘犁教授团队，每两年对全国两万多家庭做大规模问卷调查，每个季度进行抽样回访。这样，让我们既能看到中国家庭的横向境况，又能看到整体的变化。

根据他们 2016 年的《中国家庭金融资产配置风险报告》，2011 年中国家庭户均总资产为 66.3 万元，2013 年为 76.1 万元。2015 年增长到 92.9 万元，年均增长率达 8.8%。到 2016 年，户均资产大约为 103.4 万元。这些年的财富增长速度显然比较快。

那么，这些家庭的资产投资结构如何呢？

以前谈到，中国家庭的房产占比最高，在全国范围内平均占比在 2013 年和 2015 年分别为 62.3% 和 65.3%，到 2016 年进一步上升到 68.8%。

除了房地产，汽车、工商经营项目和其他有形资产，大约占家庭资产的 19.7%。剩下不到 12% 的财富投资在金融资产中。

相比之下，经过金融危机后的调整，到 2013 年美国家庭平均有 36% 的资产在房地产上，22% 在工商经营资产等有形资产上，而 42% 左右的财富在金融资产上。英国家庭有 35%，德国家庭 36%，日本家庭 53%。这些国家的家庭财富中房产占比远低于中国，而金融投资占比要比中国高很多。所以，中国家庭的财富风险过于集中，所承担的房产价格风险太大。

金融资产配置结构对比

在房产等有形资产和金融资产之间的匹配结构上，中国和其他国家的差别很大。当然，背后的原因显然跟各国的国情相连。比如，其他国家对房价的管控都没有中国那么多，也没有那么频繁，这些行政干预使得房价涨跌的社会与政治含义大为不同，这些差别显然影响对房地产的最理想配置水平。也就是说，有了管理层的帮忙，房价在中国的上涨预期在一般情况下会高于其他国家。遗憾的是天下没有不散的筵席，泡沫总是会破的，过于集中配置房产必然意味着过多的风险，尤其在房产市场过于饱和、到处显而易见的大背景下就更要注意了。

那么，在金融资产投资安排中，跨类别的配置结构又如何呢？也就是说，在银行存款、股票、债券、基金等这些不同金融品种之间，各国家庭的

第17章
投资理财的选择

配置结构有何异同呢？

在中国家庭的金融资产中，现金加银行存款占主导地位，占比为51%，这一数字远高于欧盟家庭的34.4%和美国家庭的13.6%。金融危机之后各国的银行存款利率都低于通货膨胀率，放很多钱在银行等于让其贬值，所以，这一项的占比越高，实际购买力的亏损就越多。债券跟银行存款的属性类似，也是固定收益类金融工具，但回报要稍微高一些，可是一般中国家庭的债券投资很少，只是金融资产的0.4%，而欧盟和美国家庭的债券占比分别为3.8%和5.9%。

其次是保险和养老金在金融资产中的比重，中国家庭的平均占比为15.2%，欧盟家庭为34.2%，美国家庭为31.9%。由于在欧美国家养老基金中的股权投资占比不低，这一类金融资产的股性实际不低。因此，这一项越高，长期升值的前景比银行存款要高很多。

当然，如果直接看股票投资的占比，差别就更加明朗了。中国家庭的股票投资占金融资产的11.4%，而欧盟家庭为16.6%，美国家庭为35.3%。考虑到中国家庭只有12%的财富在金融资产上，美国家庭有42%的财富在金融资产上，所以，实际上，中国家庭只有1.4%的财富在股票上，而美国家庭有14.8%的财富投资在股票，两国家庭的股票投资比例相差近十倍！

上次我们谈到，长期来看，股权投资的财富增值效果远高于银行存款和短期政府公债。比如，从1925年到2014年年底，如果一直把钱放在美国银行的储蓄账户，那基本是贬值的，跑不过通货膨胀；而如果是投资在美国蓝筹股票中，那么，当初的一万美元到今天就成了5316万美元！在这两种不同的投资安排中，前者是债权，后者是股权，两者的年收益相差7%。

耶鲁大学捐赠基金的核心投资理念也在于此。你可能听到过他们的投资业绩是如何出众。而如果你去了解一下他们的投资逻辑，你会发现其实很简单，他们坚持的最重要原则是：银行产品和债券投资都是债权，都是为了保值而存在的，而真正创造财富的是股权类投资。所以，投资品的股性越强，财富回报一般会越高！

换句话说，在不同家庭之间的财富赛跑中，投资组合的股性越重，长期胜出的概率就越高，当然风险也会越高。

西南财大的甘犁教授团队也从微观层面比较中美家庭的股票投资行为。他们发现，68%的中国家庭不碰股票，美国只有37%的家庭不碰；而在碰股票的家庭中，43%的中国家庭会把所有的金融资产砸到股票中，只有14%的美国家庭会这样做。意思是说，中国家庭要么不参与股市，投资股票的家庭不到1/3，而一旦参与炒股，有接近一半的家庭会只投股票，不碰其他金融产品，集中冒险"赌一把"的心态很强。

很显然，中国家庭的股权投资占比太低，财富增值前景低于欧美家庭。当然，这种局面是A股市场不靠谱造成的，因为相比于房地产和银行理财产品，A股投资的实际回报差很远。从这个意义上来讲，中国家庭的资产结构是A股市场发展不到位的牺牲品。因此，为了老百姓家庭的福祉，也必须把A股市场发展好！

要 点：

1. 一般中国家庭的房产占比达到68.8%，而金融资产占比不到12%。这种财富配置结构不仅过于集中于房地产，风险集中度太高，而且流动性很低。需要大大增加金融资产的占比。

2. 金融资产本身的配置结构也有巨大的改进空间，现金和银行存款的占比太高，需要增加中等风险资产的占比，比如，提高蓝筹股、债券、蓝筹股基金的占比。银行存款等低风险的资产最多只能实现保值，不能让你充分分享经济增长的红利，股权类投资更可能创造财富。必须分散风险，避免走极端，不能"要么不投资股票，要么全投入股票"。

3. 中国家庭为了改进资产配置结构，需要补充金融知识、增加风险意识，尤其需要知道未来不会是过去的重复，过去没问题的资产组合不一定适合未来。如何将A股市场建设得健康成熟，将是关于社会民生的大事。

第17章 投资理财的选择

> **思考题：**
>
> - 这一节，我们简单地对比了中国家庭和美国、欧盟、日本家庭的资产配置结构。当然，有一项很重要的资产没有放进去讨论，就是人力资本，尤其是年轻人的人力资本。如果考虑到人力资本的特点，你觉得在年轻家庭的资产配置结构中，房产和股权哪个应该占比更高？股权和债权的配置是否应该跟着年龄变化？为什么？

>>> 17.3 艺术品投资：从清朝精英资产结构说起

为什么这些年艺术品投资这么火热？我们会借助清朝精英的投资理财逻辑来做些解读。

2010 年，北宋黄庭坚的书法《砥柱铭》卷以 3.9 亿元落槌，加上 12% 的佣金，总成交价达 4.368 亿元。这一成交价远超 2005 年伦敦佳士得拍卖会上创造的约 2.3 亿元的中国艺术品成交纪录，那次拍的是瓷器《元青花鬼谷子下山图罐》。接下来的几年，中国艺术品拍卖虽然不像 2010 年前后那么火爆，但还是很热。在中国嘉德国际拍卖行的 2015 年春季拍场上，20 世纪山水画家潘天寿的《鹰石山花之图》以 4306 万美元（约合人民币 2.79 亿元）的价格成交。作于 1916 年的梁启超著名手稿《袁世凯之解剖》，也以 713 万元的拍价成交。

此外，诸如"近代瓷器成抢手货，五年价格翻了十倍""黄龙玉 6 年价格飙升数千倍"等，关于艺术品投资的火热报道也层出不穷。

书法、山水画、瓷器、玉石等艺术投资为什么这么火呢？

当然，在货币政策宽松、房地产调控和 A 股市场不景气的大背景下，包括传统艺术品的其他投资市场自然要受益。从实际回报数据来看，也会增加艺术投资的吸引力。根据两位纽约大学教授、艺术品市场专家——梅建平和 Michael Moses（迈克尔·摩西）——构建的全球艺术品价格指数计算，过去 30 年艺术品投资的年化收益为 5.7%，过去 60 年为 8.8%，只比美国标普 500 股票指数低 1% 左右，但艺术品回报跟股市相关性很低，相关系数为 -0.12，所以具有很好的对冲股市风险效果。雅昌艺术市场监测中心对 2014 年前中国艺术品市场的投资收益率估算显示，书画艺术品平均年化收益率 19%，持有 5 到 10 年的艺术品年化收益率更高。

这些业绩指标提升了投资者对艺术品的兴趣，他们把艺术品看作很重要的另类投资品。可是，艺术品的投资价值就是这些吗？是否还有超越经济回报的价值呢？

清朝精英的理财之道

对富有家庭而言，如果是生活在人治社会并且财产的安全性随时可能面临挑战，那么，古董和其他珍贵艺术品还具有不露富、轻便易带的优点。一旦哪天听闻要被抄家了，可以随时携带古董贵画跑路。股票投资、银行储蓄等却没有这种便利。

我们就来看看清朝精英家庭是如何安排家庭资产的。大约在 2006 年，当时我希望研究一下古代中国家庭的投资理财手段，具体想知道那时候的家庭资产结构是什么样的，有多少土地田产、多少房产、多少金融资产、多少古董艺术品。正好有经济史博士后云妍在跟我做研究，我就要她去查找历史档案，最好是找到众多家庭的资产结构大样本数据。后来，找来找去，其他史料都不能提供我所需要的详细信息，只有清朝对官员和商人的抄家书可以用。最后，我们找到 178 个非常详细的样本，这些抄家书详细记录了被抄家庭的所有资产，包括房屋、田产、家奴、牲畜、古玩、瓷器、衣物等等。

在传统认知里，以前的有钱人，包括大官僚，一旦有钱了就要置业，坐拥大量田地与房产，因此，在过去的研究中，通常会认为土地与房屋是有钱人的主要甚至唯一的资产形式，比今天中国家庭房产占比还要高。例如，20世纪五六十年代学者在研究盛宣怀私人资本的著作中，开篇即提出，"他的资本和一般地主、官僚、商人的资本一样，在土地、高利贷和商业方面的活动是很显著的。这种资本可以说是地主的资本，或原始资本"。

但是，从我们所研究的178个样本案例中，资产总价值排在前几位的"富豪"，田地与房屋加起来（即不动产类）占家庭总财富的比重大多不超过10%；最富的和珅，其不动产比重仅为4.6%；家产总值达24万两银子、排名第19位的钱受椿，田地房屋的比重仅为0.9%。按全部178个案例的统计，田、房两项平均占家庭总资产的比重为43.8%，中位数值为40%。

最为重要的是，当我们依照家庭资产规模把这些案例排序时，我们看到，随着资产总量的增加，田、房不动产的比重会显著下降。一般而言，随着家庭财富的增加，理财的组合结构会发生变化，早期以田、房为主，积累至一定水平后则会转向金银、古董、瓷器、宝玉和非实物性质的金融资产。例如，1782年闽浙总督陈辉祖被抄家，他的家产值47万两白银，其中只有4%在田产上，金玉铜瓷、古董字画等各类物品占44%，典当钱庄等金融资产占51%。

为何要规避抄家风险？

这就引出一个问题：为什么他们有更多钱之后不买更多田地、房产，而是将资产往艺术品和金融方向转移？

答案还是在于，这些清朝官员和商人不是单纯为了最大化回报而理财，也要规避家产风险、抄家风险。"不露富"是重要原则。

钱度是江苏常州人，乾隆元年中进士，历任安徽徽州知府、云南布政使、广东和广西巡抚。后来因为被举报贪污降职，重新做云南布政使兼云南铜矿总监，接下来他利用职权倒卖官铜，大量赚取差价。1772年被抄家。从钱度的抄家书中可以看到，他家的黄金器皿、玉器珠石、古董赏物等值106,682两，占家产的66.8%，而老家常州等地的田房，值25,850两，占比

20.2%；另外，还有在籍奴仆及子女 23 名、典婢 10 名，官方给予其家产估值 261 两白银。为什么他不买更多田、房呢？他儿子供称："伊父寄信回来总嘱缜密收藏，不可露出宽裕之象！"他儿子供出了人治社会的理财要义。

在清朝，被抄家是后果严重之事。那时的抄家皆称"籍没"或"籍没入官"，特征是家口、财产一起被没收入官，妻子、儿女都被视为重要家产一起没收，供其他官员使用。清朝"抄家政治"始于雍正时期，开始把抄家作为政治手段，打击异己势力和惩处官员。也是此时期抄家的重心转移至上层社会，大量针对权贵显要和高官阶层。从《清实录》中，我们找到了清朝 1077 个抄家案例，多数集中在雍正和乾隆两朝，其中，215 例发生在 1700—1749 年（尤其是 1725 年雍正做皇帝之后），596 例发生在 1750—1799 年，135 例发生在 1800—1849 年，只有 84 次抄家是发生在 1850—1899 年。当然，这些都是重案、要案，还有更多的抄家和官商惩治案并没有包括在内。

抄家风险是人治社会的现实存在。对家庭理财来说，追求投资回报当然最重要，但不同的投资安排所蕴含的行政惩治风险也会各异。这就是为什么艺术投资，尤其是那些体积小、价值高的艺术品，有它们独特的吸引力。

但是，也要记住艺术品投资的成本高。艺术品与股票、债券、银行理财等金融资产相比，有几个不同特点：第一，艺术品信息不透明，假货也多。艺术品不是每天都有交易价格等信息，只有不定期的拍卖数据。即使是拍卖数据，也有假拍和拍假货等问题存在。第二，艺术品的流动性差，尤其是比股票、基金的流动性差。艺术品受个人喜好决定，一般很小众，也没有固定的每天营业的交易市场。第三，拍卖市场的佣金手续费很高，占交易额的 10%—15%，比股票和债券的交易成本高太多。

当然，好处是艺术品投资也可以带给你精神层面的回报。特别是如果你喜欢艺术，那么，艺术品投资可以带给你经济回报、文化享受，也可以带给你更好的财产安全。

第17章
投资理财的选择

要 点:

1. 艺术品投资热有其道理,经济回报接近蓝筹股,回报波动率也接近,而且跟股票市场、债券市场的相关性很低,是一种好的分散风险的工具。

2. 在人治的清朝时期,精英家庭并非把财富都投入到田地房产中,而是财富越多,田、房投资占比就越低,古董玉瓷等艺术品、金融资产的占比就越高。之所以是这样,部分是为了"不露富",也便于携带流动。规避抄家风险是艺术品投资的非经济价值。

3. 2013年在西南财大甘犁教授团队的问卷调查中,最富的20个家庭里的土地房产占比33%,经营性工商资产占42%,金融资产占18%。由此看到,今天富人的艺术品投资占比还不高。

思考题:

● 这些年艺术品投资很火,也使很多人担心其中的泡沫。那么,跟股票、债券、基金相比较,你觉得艺术品市场更容易形成泡沫吗?投资市场泡沫形成的基础条件是什么呢?

延伸阅读
Extended Reading

金融通识课

从"盛世古董乱世金"看投资，在本章的末尾我们可以发现，流通困难是影响艺术品投资成本的重要原因之一。换言之，就是高昂的交易成本影响了商品市场的扩张。

市场经济的最重要基础之一便是自由买卖，双方自愿交往、彼此合作。而交易成本便是为了达成交易所支付的成本。我们已经简单涉及了交易成本发生的不同原因，包括不确定性、复杂性等。

在时局动荡的时候，监督产品质量的机制逐渐失灵，出现假货的概率大幅度上升。在这种情况下，易于检验成色的贵金属自然更受欢迎。

除了交易成本，还有其他的因素也会影响古董等艺术品在"乱世"中的价格。比如买家在预料到了艺术品难以转售之后会降低对该艺术品的评价，这样买卖双方能够达成的价格会更低一些。此外，艺术品在乱世中受到转手时间、地点的限制，很难被准确估值，从而导致其价格偏低。

不过，如果对投资有更深入的理解，也能从另一个角度来看待这句话。正是因为乱世中艺术品的交易更困难，流动性差，难以被准确估值，就更加给了那些具有独到眼光的行家以机会。类似于20世纪70年代美国经济滞涨的时期，股市萧条，但在巴菲特眼中却是布满投资机会的时期。因为没有一次衰退是永久的，对宏观经济洞察敏锐的人，能在乱世低价收购有价值的艺术品，待到盛世欣赏它的人增加时再以高价卖出。

　　投资的秘诀，也正是看到别人看不到的机会，做出比市场上大多数人更准确的判断。本质上这是一种评估（evaluate）的能力。

Chapter 18

第 18 章
投资股票的门道

>>> 18.1 格力电器（1）：股票市盈率为何有高有低？

前不久，一位朋友问我："股票这么多，怎么选呀？靠什么来判断哪只股票的价位高、哪只价位低呢？决定股票价位高低的因素又是什么呢？"

这一节我们探讨一下股票投资中最常用的指标之一——市盈率。市盈率就是股票的市场价除以每股的年度盈利，通常作为股票是便宜抑或昂贵的指标。计算时，股价通常取最新的股市收盘价，每股盈利以已公布的上年度的财报为准。市盈率反映的是此时的股价相当于每股盈利的多少倍。比如，格力电器市盈率14倍，意思是：如果格力的盈利在未来不增长，而且盈利的100%被分红，那么，投资者要等上14年才能赚回本钱！因此，你看到，市盈率是股市投资者对上市公司未来表现的一种期望。市场对该股票未来看好，市盈率就高，即股票就相对更贵（股价相对于其赢利能力）；对其未来不看好，市盈率就比较低。

换个角度来看，市盈率高的公司，未来增长表现必须很好，否则，市场的预期就不会被满足，投资者将会用脚投票，惩罚该公司，股价今后会大跌。

为了更清楚地认识市盈率，我们这一章来对比格力电器和美的集团，这是 A 股市场里比较类似的两个公司。最近，格力股价 37 元，市盈率 14 倍，而美的股价 40 元，市盈率 17 倍。为什么这两个公司的市盈率有高有低呢？

美的和格力的基本情况

首先，我们来简单看看这两个公司的概况。格力电器成立于 1989 年 12 月，专注生产空调。在过去多年里，空调业务占格力收入的 90% 左右，其他生活电器占收入的比例不超过 10%。可以说，格力是一家主业集中的空调企业，于 1996 年 11 月在深交所主板上市。

美的集团成立于 1968 年，2013 年 9 月也在深交所主板上市。美的不像格力电器那样集中主业，而是更多元化一些。以 2016 年为例，在美的的收入构成中，占比最高的是包括空调在内的大家电，占 39%，小家电占 17%。换句话说，美的是一家以空调为主的制造企业，但还制造洗衣机、电冰箱等其他家电。

美的和格力的收入及利润比较

由于美的集团是 2013 年上市的，因此，我们从 2013 年开始对两个公司的收入和利润做了比较。

首先是营业收入。2013 年，美的营收为 1212 亿，格力为 1200 亿；2014 年，美的营收为 1423 亿，格力为 1400 亿，所以，那两年里，两个公司不相上下。2015 年，美的收入为 1393 亿，格力只有 1006 亿，这一年空调市场下滑很大，格力的营收下降了 400 亿，但更多元化的美的下滑没那么明显。2016 年，美的收入又获得较大增长，当年的营业收入为 1598 亿，格力为 1101 亿。虽然我们无法断定，在未来美的集团的收入就一定比格力高，但从 2013 年至 2016 年的四年情况看，美的抗风险的能力比格力要好，收入的稳定性更高。正如以前说的，这也是为什么很多公司喜欢多元化扩张。

刚才我们比较的是两家公司的营业收入。这两个公司的净利润是否有较大差别呢？2013 年，美的净利润 53 亿，格力为 109 亿；2014 年，美的净利润为 105 亿，格力为 142 亿。那两年，格力显然比美的更赚钱；在空调市场不太好的 2015 年，美的净利润为 127 亿，格力为 125 亿；2016 年，美的净利润为 147 亿，格力为 154 亿。所以，这两年里两个公司相差不多，但还是格力好一点。从总体来看，这四年时间，美的从远远落后，奋起直追，到后两年两者的利润已经相差不多，说明美的利润增长速度快。

以上是两个公司的基本情况。一方面，美的比格力的业务更加多元化；另一方面，它的净利润从远远落后，上升到与格力相差不多。但总体上，格力赚的钱更多。

市盈率高低的讨论

现在我们来比较两个公司的市盈率。首先，从理论上来讲，市盈率等于分红比例除以利率与净利润增长率的差额，其中，分红比例指的是公司利润中有多少比例的钱是给股东分红的。换句话讲，一般而言，分红比例越高，或者利润增长率越高，那么，公司的市盈率就越高。而利率越高的时候，市盈率会普遍越低。简单来说，如果利率很高，更多投资者会去买债券、存钱到银行，股票就被相对看淡了。但是，利率对各公司都一样，不能帮助我们判断美的和格力到底谁的市盈率应该更高。

就分红而言，美的 2013 年是 46%，2014 年和 2015 年都为 40%，2016 年为 44%，所以，美的分红比稳定在 40% 左右。而格力电器 2013 年分红比为 41%，2014 年为 64%，2015 年和 2016 年分别为 72%、70%。可以看出，格力的分红比远高于美的集团。从这个指标来看，格力的市盈率应该更高才对。

第18章
投资股票的门道

从利润增长率来看呢？前面讲过两个公司的净利润情况。从 2013 年到 2016 年，美的由 53 亿增长到 147 亿，净利润翻了两倍，而格力从 109 亿增长到 154 亿，增长了一半。如果我们只看近两年，那么，两个公司不分上下。但是，对市盈率更重要的是未来净利润增长率，而不是过去的增长率，这就带来了挑战，也给各投资者留下太多想象空间。

自从美的上市以来，市盈率一直比格力高，美的的市盈率平均是格力的 1.3 倍。刚才说到，格力的分红比超出美的很多，所以，按照这个因素，格力的市盈率应更高才对，而不是反过来。因此，解释美的市盈率一直高于格力的挑战，就落在了净利润增长率上面。也就是说，是投资者预计美的的净利润增长率在未来会比格力增长得更快，才使美的的市盈率更高。当然，另外一种可能就是股市定价错了：高估了美的的增长前景，低估了格力的投资价值。

为什么投资者更看好美的呢？可能有四个方面的因素：第一，两个公司的所有制不同。格力电器是国有企业，第一大股东珠海格力集团是珠海市国资委直接控股的企业。而美的由美的集团的第一大股东控股，股份占比 34.7%，是民营企业。民企在机制与活力上强于国企。

第二，美的采用职业经理人制度。2012 年，美的集团原董事长卸任，由职业经理人方洪波接替，完成了从企业创始人到职业经理人的交接。而格力电器呢，还没有实现职业经理人制度。这一点我们留待下一章再谈。

第三，市场喜欢美的集团的多元化策略。前面谈到，美的的收入构成更加分散，而格力集中在空调业务上。格力也曾试图多元化发展，做其他种类产品，但都以失败告终。跟美国资本市场比，中国股市投资者总体更偏好多元化公司。

第四，美的集团的国际化比较成功。从 2008 年起，美的在越南建立空调基地，后来又在白俄罗斯、埃及、巴西、阿根廷和印度等地建立生产基地，完善其全球生产体系。2016 年，美的收购德国机器人公司库卡，据说该公司在机器人领域处于领先地位。而反观格力，其国际化进程总是磕磕绊绊。

综上四点因素，从中长期发展的角度来看，投资人认为美的比格力更有增长潜力，因而给予美的更高的市盈率。换个角度来看，也许正因为美的善于炒作，包括加入机器人热潮和多元化经营，所以，总能讨得股市的青睐，市盈率就更高。如果是这样的话，美的股价就太高了，格力反而有更好的投资价值。

要点：

1. 市盈率是股票市场投资者对该上市公司未来表现的一种期望。市场对公司未来看好，市盈率就高；对未来不看好，市盈率就会低。当然，预期越高的公司，一旦未来无法兑现，股价跌得也会很惨。
2. 从理论上来讲，未来利润增长前景越好，或者利润分红比越高，那么，市盈率会越高。利率高的时期，合理的股票市盈率就会低；利率低的时期，股票市盈率通常会高。
3. 对比美的和格力，美的集团的民营属性、职业经理人制度、多元化和追求热门题材的国际化，使投资者对美的的未来发展更有信心，因而给予它更高的市盈率。

思考题：

● 通过对比美的和格力，你看到格力的赢利能力比美的强。尤其是最近两年，虽然美的营业收入比格力高，但格力的利润照样更多。如果你是巴菲特，你会怎么评估美的和格力的投资价值？你不会选择格力电器吗？是股市错了，还是我们分析错了？

>>> 18.2 格力电器（2）：公司为啥留这么多现金？

股市上看起来稀奇古怪的现象很多，但都值得研究，尤其值得投资者研究，因为研究后，你不仅会发现现象背后的经济逻辑很到位，而且也是挖掘投资价值的重要方式。前面，我们讨论了为什么格力和美的这两个公司的市盈率差别很大。

如果你阅读格力电器公开的资料，你也会发现一个有趣的现象，格力账上有非常多的现金。资产负债表里的"货币资金"项主要包括现金、银行存款、其他货币资金、存放央行的款项、存放同业的款项。由于这些资产的流动性特别高，随时可提现，跟纸币其实没太大区别，所以，在金融里，我们一般把这些都等同于现金看待。

为什么格力会留这么多现金呢？是为应付意外突发风险，还是为其他？

👓 格力电器的现金有多少？

首先，我们看一组数据。2017年一季度报告显示，格力账上有1093亿货币资金或者说是现金，同期总资产为1987亿，也就是说，现金占总资产的比例为54.9%。再往前看，格力资产的现金占比在2013年年底为28.8%，2014年为34.9%，2015年为54.9%，2016年为52.4%。你看到，从2015年开始，格力又在账上留下了非常多的现金，现金占比高得惊人！之前我们谈到过，专业化集中的美国公司在金融危机之前的现金占比为35%左右，这让它们能更好地应对危机的冲击。但是，现金占比还是有个度，太高之后意义就变了。如果公司没有赚钱的投资机会了，把很多资金存在银行，那为什么不把现金分红？

这个巨额货币资金的结构也有意思。以格力2016年年报为例，货币资金总量为956亿，其中现金200万，可以忽略不计，银行存款为543亿，其他货币资金61亿，存放央行款项27亿，存放同业款项324亿。银行存款和同业款项占绝大多数。

☙ 格力电器为何留这么多现金？

你可能会问，留很多现金是各行业的普遍现象吗？

不同行业因为经营特征不同，公司最理想的现金水平会差异很大。例如，A股上市公司中，账上货币资金最多的是中国建筑，2016年年底有3209亿货币资金，占1.37万亿总资产的23%。你知道，建筑行业在承建工程的过程中需要先垫资，再按照工程进度收款，因此这些企业在账上留了非常多的现金，这是由行业特点决定的。

但是，空调制造是否需要留这么多现金呢？我们就拿美的集团做对比。2013年美的总资产为969亿，货币资金为156亿，是总资产的16.1%；2014年货币资金占比5.2%；2015年货币资金占比9.2%；2016年货币资金占比10.1%。显然，美的集团的现金占比一直在10%左右，远低于格力。

所以，格力的超高现金占比并不是由行业经营性质决定的。

那么，格力电器是不是欠了很多钱，需要留现金还账呢？2016年年底，格力的短期借款为107亿，应付票据为91亿，应付账款为295亿。而格力几乎没有长期债，非流动负债也很少。所有负债加在一起为500亿左右。从这里你看到，格力并没有很多负债需要偿还，保有巨额现金不是为了还债。

那么，格力的巨额现金是为了投资吗？对于这个问题，我们需要看公司的现金流量表。这里注意，现金流量表反映的是在一段时间内（如一季或者一年）公司的经营、投资和融资活动对其现金状况所产生的影响，这个影响可以是正，也可以是负。如果现金流是正的，就说明资金在流入而不是流出。2013年，格力的经营性现金流为130亿，当年投资活动支出21.9亿；2014年，经营性现金流为189亿，投资支出为28.6亿；2015年，总体现金流为正397亿。因此，除了2016年投资支出高于经营回收的现金，其他年份都是经营赚到的现金流比投资开支要多很多。也就是说，格力保有巨额现金也不是为了新的投资。

从公司治理角度来解释

你看到，格力总资产中有一半是现金，几乎是1000亿元，留这么多现金既不是为还债，也不是为投资，那到底是为啥？

对这个问题，我们倾向于从公司治理方面找原因。公司治理指的是企业内部的决策权安排，是股东、董事会及其专业委员会、职业经理人之间的相互制衡。我们以前谈过，在现代公司中所有权和经营权经常是分离的，因此，往往会出现委托方（即股东）跟代理方（即管理层）的利益冲突，即委托代理问题。企业股东追求的是利润最大化、公司市值最大化，而企业管理者追求的是自己的工资津贴最大化、自我感受最大化和公款消费最大化，比如公务飞机、浪费性形象工程等等。换句话讲，企业的所有者和经营者所追求的利益不同，必然会产生矛盾。

在格力电器这个例子中，珠海格力集团是国企，持有格力电器上市公司18.2%的股权，是第一大股东。河北京海担保投资公司持有8.9%的股权，是第二大股东。其他股东持股都没超过5%。由于没有一家的持股比超过1/3，所以，没有股东有一言而决的独断权。公司的持股结构非常分散。

格力董事会里，一共有5位董事和3位独立董事。在这5位董事里，只一人有珠海市国资委背景，其他都是负责公司运营，领公司薪酬的高管。管理层中只有董明珠持有公司4400万股，占总股本接近1%，其他人并未持有较多股份。可以看出，格力电器的所有权和经营权是显著分离的。

由于格力电器的大股东是国资委，属于国企，管理层薪酬就不会特别高。董事长董明珠2016年的税前薪酬为619万，常务副总裁为434万，其他副总裁的薪酬在200万左右。这些薪酬当然比普通大众高很多，但对一家年收入上千亿、净利润百亿的公司的高管来讲，这种薪酬水平是偏低的。

既然薪酬固定在这些水平上，同时管理层的持股又非常少，那么，在公司治理结构带来的压力又很有限的情况下，管理层更在意的是什么呢？是其手中所掌握的资源，货币资金就是一种珍贵资源。与其把利润分红出去，还不如留在公司里，等今后看着用。

如果企业的所有者和经营者是一致的，并且公司有很多现金没有地方使用，就会通过分红回报股东。举个例子，如果你持有一个公司 100% 的股权，现金放在你自己手里还是放在公司，区别不大；如果公司没有好的投资项目，而个人又有其他好的投资项目的时候，你当然会把现金从公司转到你手里去做投资。

而对于所有权和经营权严重分离的公司，情况就大不同，货币资金属于经营者几乎全权掌控的资源。如果分给股东，对经营者来讲，掌握的资源就少了，没任何好处。如果不分红出去，现金就在自己的掌控之下。对于一些国有企业，分红就相当于将资金上交给国家，经营者是不愿意的。关于这一点，不仅格力电器如此，其他一些国企也一样。比如，2016 年贵州茅台总资产为 1129 亿，其账上货币资金有 669 亿，占比接近 60%。

一般而言，所有权和经营权分离比较大的公司，更倾向于在账上留有较多的现金，而不是通过分红回报股东。这种局面对价值投资者来说，是好机会，但前提是上市公司的并购规则要足够宽松，甚至能鼓励"敌意收购"。因为只有"野蛮人"的敌意收购，才会迫使这些坐享巨额现金的公司管理层必须有所作为，否则就会失去饭碗！我们后面再回到这个话题。

要 点：

1. 2015 年以来，格力电器的货币资金占比连续超过 50%，而美的集团的现金占比在 10% 左右。为什么差别会这么大呢？
2. 格力电器保有这么多现金，既不是为了还债，也不是为了投资。关键还是要在公司股权分布结构和治理结构上找答案。
3. 所有权和经营权分离比较大的公司，往往倾向于留下较多现金，而不是通过分红回报股东。留下的现金越多，这些公司管理层掌握的资源就越多，对个人越有利。

思考题：

- 在生活中，你还见到过哪些委托权和经营权分离的例子？人们有哪些方法来处理这种委托代理问题？
- 所有权和经营权分离得越远，公司高管就越倾向于留有巨额现金。虽然这种局面对价值投资者来说是好机会，但前提是股市规则能允许甚至鼓励"敌意收购"，只有"野蛮人"的敌意收购，才会迫使这些坐享巨额现金的公司管理层有所作为——为什么是这样呢？我们应该如何看待金融市场中的"野蛮人"的角色呢？

>>> 18.3 北辰实业：如何挖掘投资价值？

之前，你看到了格力电器与美的集团的对比，了解到上市公司市盈率有高有低的原因，以及从公司治理角度理解了上市公司为何留很多现金。那些分析角度都很重要，能帮助你判断具体的公司值不值得投资。

其实，股票投资的方法有很多种，有基于数学模型的量化投资方法，也有靠分析公司基本面的选股方法。有一点是肯定的，就是不管是出租车司机，还是官员、教授、工程师、无业者，谁都可以给你推荐股票。也正因为谁都可以头头是道地告诉你怎么炒股，你尤其有必要聚焦基本面，搞清楚什么是价值投资。

那么，价值投资到底是怎么回事呢？

👓 清算价值法

在讲北辰实业的案例前，我们先说说价值投资指的是什么。这种做法当然不是现代人创造的，很多世纪以前的一些人就这样做了，只是最近这些年被巴菲特推广了开来。价值投资,简言之,就是投资那些很有价值但被市场低估的公司,就是在公司股票的市场价格远低于真实价值的时候买进。基本道理当然谁都知道。价值投资的第一步就是找到价值的参照系、价值的锚。

可是,公司的真实价值到底怎么确定呢?在金融理论里,学者们和专家们推出了很多不同的模型,包括我自己也研究出了一些模型,但最为主流,应用也比较广的方法就是所谓的"折现未来现金流"方法。也就是说,一个公司的价值等于其未来所有现金流的折现值之和。在计算上,意思是,你先要把未来每年的净收益(即现金流)估算出来,然后把未来每年的预期净收益做贴现,变成今天的等量价值(因为未来的钱不如今天的钱值钱),再把这些贴现值相加。简单说,公司的价值取决于未来各年能赚多少钱。

问题是未来是不确定的,你知道,有的公司可能今年很好,明年就不行了;也有的公司可能今年不行,但未来三五年都非常好。对未来的预测是很难的,会有很多分歧。有人乐观,有人悲观。那么,该怎么办呢?

我们今天介绍一个分歧不大的方法,就是按公司的清算价值来估算它的真实价值或者说内在价值。也就是说,如果把公司清算撤销或解散时,公司的资产被卖掉并还掉欠债后,到底还值多少钱?每股能分到多少实际价值呢?你一看就知道,这个方法是很通俗易懂的,也不用管公司未来的经营情况,而是站在现在的时间点看公司的资产值多少钱。

不妨先举一个最简单的例子。设想一下,如果一个公司没有负债,没有员工,也没有开支,它账面上有100块钱。那么,这个公司值多少钱呢?当然值100元!假设该公司的股东现在愿意以90块钱的价格出售,而且收购公司的过程没有会计费和律师费等,那么,你花90块收购公司后,就能得到公司的100块现金,有10块钱的利润。

你会问,现实中真的有这种机会吗?会有的,否则就不会有价值投资的机会了。只是在现实中,收购公司需要支付会计费、律师费等交易成本,解聘和遣散员工的成本也很高,股东分红也要缴税。另外,如果公司资产真的要出售,一般只能以低价出售,清算价格往往低于账面价值。所以,一般而言，公司股票的市场价跟真实价值的偏离必须足够大，要大到能覆盖交易成本，否则就不值得。

☙ 北辰实业

我们就来看看北辰实业这个房地产公司。1997 年 4 月，北京北辰实业集团独家发起设立北辰实业股份，同年 5 月在香港联交所挂牌上市，2006 年 10 月再在上海证交所发行 A 股。公司主营业务包括开发房地产、投资物业及商业地产。房地产开发目前集中在北京和湖南长沙，包括住宅、公寓、别墅、写字楼、商业，在内的多元化与多档次的物业。在武汉、杭州、江苏、成都等地也有项目，但大多体量小或者已经售完。我们就来分析这些地块能给北辰实业带来多少利润。

根据 2016 年财报披露的数据，北辰在北京开发物业的毛利率为 45.68%，在长沙的毛利率为 18.26%。因为北辰并未披露武汉、杭州等其他城市的毛利率，但长沙三角洲项目 18.26% 的毛利率属于业内较低的（由于长沙的房价相对全国省会城市是偏低的），而且三角洲项目在 2015 年的毛利率为 25%。保守起见，我们将北京的项目按照 45% 的毛利率、长沙的项目按照 18% 的毛利率计算，其他地区的项目毛利率也按照 18% 计算。

从 2016 年财报中看到，北辰在全国有 20 个开发中的项目，这里分几种情况：第一种是已竣工且几乎销售完成的，我们不计算这种项目的毛利润；第二种是已竣工但尚未销售的，我们按照全额计算该项目的毛利润；第三种是在建且有一定预售的，因为无法确定这些预售面积是否已经结算，所以我们取该项目计容建筑面积减去已预售面积的比例来计算该项目的剩余毛利润。这里还需要考虑一个因素，有些项目是合作开发的，例如，长沙的北辰中央公园项目，北辰的权益占比为 51%，因此在计算该项目的毛利润时还要乘以这个权益比例。下面我们以长沙的北辰三角洲项目为例。

长沙北辰三角洲项目备受关注，其开发用地"新河三角洲地块"在 2007 年 7 月由北辰实业联合北京城开以 92 亿的地王价格拍下，制造了当年中国房地产市场最轰动的一幕。该项目规划计容建筑面积为382万平方米（总建筑面积为520万平方米），该项目总投资额为330亿。2016年显示待开发面积为129万平方米，可供出售面积为107万平方米，计算得剩余比例为61.8%。如果参考18%的毛利率计算，该项目一共能为北辰带来72.44亿的毛利润，该项目的剩余毛利润为44.76亿。这里有一个地方需要注意，待开发面积指的是土地储备，并未投入市场销售；可供出售面积指的是已经开发好，可以销售的面积；而已预售面积，指的是已经预售但还未确认收入的面积，还未计入公司的财报。

按照这样的计算方法，北辰手中的20个项目可带来剩余毛利润123亿元。

该公司在北京和长沙还持有相当多的出租物业资产。北辰实业在亚奥核心区内持有并经营的物业面积有120万平方米。国家会议中心、北京国际会议中心、北辰洲际酒店、北辰五洲皇冠假日酒店等著名地产都是北辰实业的，主要以出租的形式收取租金。2016年，北辰在北京的租金总收入为24.2亿元，再加上长沙的北辰洲际酒店租金，租金总额为25.9亿元。

A股有家纯粹出租物业和经营酒店的公司——中国国贸。国贸的市值为出租物业和经营酒店收入的8倍。我们将北辰的出租物业和酒店，也按照8倍租金收入的估值计算，得到这些物业资产的价值为207.2亿元。而这些资产在报表中的投资性房地产项目中是以成本计价的，报表中显示为51.6亿，实际市场价值增值155.6亿元。

这里要说明的一个地方是，不管是开发项目还是出租资产，我们计算的都是相对公司的净资产而言的资产增值。换句话讲，开发项目创造的利润，在扣税以后可以形成资产负债表里的未分配利润。开发与出租项目的清算能一共创造毛利润278.6亿，从毛利润到净利润的计算，我们可以简单地扣除所得税和增值税，计算公式为：

净利润 = 毛利润 × (1-25%) / (1+17%)

计算得出开发和出租项目的清算价值增加值为178亿，加上北辰2016年的净资产122亿，总的清算价值为300亿元。

北辰实业到底值多少？

而实际交易中北辰实业的资产价值几何呢？北辰实业股票的总股本为33.7亿股，在2016年至2017年年初的整整一年当中，北辰实业在A股的交易价格徘徊在4元左右，总市值为130亿元左右。按照上述我们简略计算的北辰实业的清算价值为300亿元，北辰实业的总市值相对清算价值打四折左右。如果我们在2016年12月30日以4.11元的收盘价买入股票持有半年到2017年6月30日，北辰实业的收盘价为6.20元，买入该股票获得的收益为50%。可以说，6.2元的价格计算得总市值为209亿元，实现了该股票的清算价值的70%。

好啦，你看到北辰实业的股价太便宜了，除了买股票还能做什么呢？万一买了之后，股价常年不回归价值，你被套住了咋办呢？这是价值投资者经常面对的问题。

如果你能把北辰实业买下并清盘，你可以实现清算价值。可是，清算价值通常无法全额兑现，原因至少包括两方面：

首先，我们前面说了，在公司清算过程中会有很多交易成本。收购公司需要支付会计费和律师费，公司资产一般情况是无法按照市场价值出售的，一般以折扣价进行出售。同时，在公司清算时，遣散公司人员也需要支付遣散费。这些费用都是在公司清算过程中所需要支付的交易成本。

其次，北辰实业是国有企业，所以很难被收购或出售控股权，还会涉及国有资产流失问题、国资委审批问题等等。民营企业比较好办，跟公司的大小股东谈拢价格，就能获得公司的控股权或全部股权。历史上很少出现大型国有企业被收购的情况。

换句话讲，从这个角度去理解企业的内在价值，可以定义企业的内在价值为清算价值的六折或七折。比如，如果公司的市值为清算价值的四折甚至更低，那么买入该企业就是有利可图的。总之，我们可以根据公司的清算价值来判断一只股票是否值得投资。

要 点：

1. 价值投资的第一步是找到价值的参照系、价值的锚。对公司未来各年的预期现金流进行贴现并求和，是常用的办法。但是，现金流贴现法需要对未来现金流做预测，这个很难。所以，许多人喜欢找市盈率等这样的替代指标。
2. 清算价值是计算公司真实价值的简便办法。它不用考虑公司的未来收入和现金流，是站在现在的时间点看公司资产值多少。只是这种办法对资源性公司、老行业公司、重资产公司适用，对新产业不适用。
3. 当然，并非每当股价低于清算价值时就意味着价值投资机会，因为交易成本和国企属性带来的限制，只有在股价低于清算价值足够多的时候，才能从经济上合算，并且股价回归价值的过程可能比较漫长。

思考题：

● 北辰作为开发地产和经营物业的资产性公司，其清算价值是一个很方便的真实价值标准，但这个方法是假定公司未来从经营中获得的超额收益为零。如果你要把这个方法调整到用于分析高科技公司，比如腾讯，你会做什么调整？如何找到简便的定价方法？

延伸阅读
Extended Reading

金融通识课

大家可能都知道巴菲特与他的伯克希尔·哈撒韦公司，却不知道伯克希尔·哈撒韦公司是做什么的。师从投资大师格雷厄姆的巴菲特在毕业之后并没有直接去任何投资银行工作，而是自己创办了巴菲特联合有限公司，公司早期的资金不多，但巴菲特一向可靠的品质获得了周围人的信任。有了自己的资金，巴菲特开始如饥似渴地阅读各家公司的财务报告，并在不断的投资中形成了自己的投资原则：被选公司的标价必须合适或被低估，并有着持久的竞争优势（这被巴菲特称为"宽广的护城河"），公司从事的业务是他所能理解的（处于能力范围之内）。同时公司的管理层不是一群因缺钱着急的人，而是有着饱满热情来从事公司业务的人。

1962年，他买入伯克希尔·哈撒韦公司的股票，那时伯克希尔·哈撒韦公司还只是马萨诸塞州的一家纺织企业。不过因为投资者大多不看好这家花费大额资金改进工厂的纺织企业收回资金的能力，其股价被严重低估。这样一家"便宜"而"专注"的公司，就成为巴菲特投资大树生长的根基。

当巴菲特收购了国家赔偿公司与蓝筹印花公司并取得了巨额的回报后，他却感觉近来的美国股票市场投机心理盛行，股价处于不合理的范围内，于是在1969年宣布关闭巴菲特联合公司。他开始绕开股票市场，自己寻找价值被低估、有吸引力的公司。

1972年，巴菲特看中了一家糖果公司，这家喜诗糖果不仅有着股价低、产品长期受欢迎（持久的竞争优势）、业务可理解、管理层热情高涨等品质，更为突出的是，这家公司不会束缚住他的现金——糖果的生产成本低，只需要少量的资本即可维持长期的增长。到 2006 年，喜诗糖果的运营资本只有 4000 万美元，而利润（税前）却达到了 13.5 亿美元，这扣除的部分归入伯克希尔·哈撒韦公司的账户，被巴菲特拿来创造更多的价值。他写道："正如亚当和夏娃偷吃禁果而繁衍了数十亿人类一样，喜诗糖果开启了我们后来许多滚滚而来的新财源。"

对于被收购的公司，巴菲特不会插足它们日常的运营，而是让它们独自在自己的细分领域继续保持着优势，在这个意义上，它们只是伯克希尔·哈撒韦公司的投资对象。但巴菲特会关注各公司在运营过程中产生的现金，他要确定维持现有的增长率需要多少现金，以及有多少现金可以被拿来投资到其他领域。在这个意义上，每家子公司又是伯克希尔·哈撒韦有机体的一部分，现金作为血液在不同的组织间进行交换。2017 年，伯克希尔·哈撒韦公司已经是拥有了美国运通、可口可乐、《华盛顿邮报》等股权的国际多元化投资集团。在《财富》世界 500 强排行榜中名列第 8 位。这家公司本身也作为长期投资的典范，与巴菲特的价值投资原则一同被世人所称赞。

Chapter 19

第 19 章
价值投资的窍门

>>> 19.1 投资风格的选择：热门股票是好股票吗？

每个人都有追热闹的冲动，在街上走路，看到哪里乱哄哄的，都要去看看，问个究竟。股市也不例外，只是在股市上凑热闹，是会有具体后果的。问题是，这种后果是帮你添财，还是让你伤财？

我多年前的一个台湾学生林同学，回台湾后在证券公司工作，帮客户理财交易。1999 年，正当互联网泡沫热的时候，他跟我讲，一个台北汽车经纪商老板委托了 2500 万美元由他全权操盘。林同学说，为了分散风险，他通常持有 15 到 20 只股票。车行老板就问他："你对这 15 只股票，都同样看好吗？"他说："不一定。有些会更加看好。"老板问："那你为什么不买最看好的那几只呢？"而且这个老板每天都要打电话问几次，在新闻里一听到什么热门股票，马上就追问林同学："你怎么没有帮我买这些股票？！"

就这样，慢慢地，林同学就给老板只集中买三四只股票，并且只买交易量巨大的热门股，风险大增！也许你已经猜到了，一年后，林同学丢了饭碗，要我帮他介绍到上海去工作。

对此你可能要说，那是台湾，而且是互联网泡沫时期，大陆的 A 股市场不同！那么，大陆到底有多不同呢？

一个成为历史的 A 股指数

为了更系统地回答这个问题，我们来看看申银万国在 1999 年 12 月 31 日推出的几个"风格指数"，看这些指数从那时到最近的业绩差别。所谓的"风格"指数，是指按照某种选股办法将同类股票放在一起，组成指数并跟踪它们的表现。

这样做的出发点其实很简单，如果你说热门股的表现更优，那好，我选取每周换手频率最高的前 100 家上市公司，给每家公司权重 1%、形成投资组合，然后下一周就持有这个投资组合不变，并计算其下周的涨跌幅度；一周后再重复这个过程，然后每周轮换股票。也就是说，假设投资者一直买入交易最活跃的 100 只股票，并按周更新，一直重复下去。这就是"申万活跃股指数"的构建办法，该指数基期为 1999 年年底，起始点位 1000 点。活跃股指数的意义在于，如果你总是喜欢最活跃的股票，这个指数很快就能告诉你能取得怎样的回报。

有意思的是，申银万国在 2017 年年初公布说，自 2017 年 1 月 20 日收盘后，该指数不再更新！在坚持了 17 年后，这个指数成了历史。原因在于，到 2017 年 1 月 20 日，这个指数报收于 10.11 点。是的，你没看错，从 1000 点跌到 10.11 点，跌幅 99%！跌得连申万都不好意思再更新了，尽管他们知道这个指数的存在不是要推荐这个策略，而是作为一个参照系——作为教训，告诉投资者追求热门股票的后果会怎样。

尤其是，17 年里 99% 的跌幅，还没考虑到每周调仓过程中必然产生的交易费用。如果考虑到交易成本，跌幅 99% 就更早了。你知道，这些换手率最高的 100 只股票都是热门股，是被炒得最厉害的股票，所以，投资者

第19章
价值投资的窍门

如果总是像林同学的车行老板客户那样喜欢追风，到最后容易亏得一文不剩，劳民又伤财！从这个教训的意义上来讲，申万活跃股指数不应该被终止，而应该继续。

那么，有没有可能是在那17年里，各种股票都下跌了很多，甚至更多呢？

哪些风格的股票表现好？

其实，申万风格指数族里还包括不少其他风格指数，比如，每周末我挑选每股价位最低的100只股票，持有一周后再轮换，由此组建申万低价股指数；或者，每周都挑选市盈率最低的100只股票，组建申万低市盈率指数；又或者，专挑高市净率的100只股票，组建申万高市净率指数，等等。这里，市净率指的是每股价格除以每股净资产价值，反映股价相当于多少倍的净资产值，其含义跟市盈率雷同——通过跟踪这些不同风格股票的指数，你就能一目了然地看到哪种选股风格的长期业绩最好了！这些指数的起点值都设在1000点。

了解这些设计思路后，我们来看看实际表现。从1999年年底的1000点到2017年年中，表现最好的是低价股指数，上升到9175点，涨幅818%！其次是低市盈率和低市净率指数，分别升到6671点和6305点，累计涨幅分别为567%和630%！同期，上证综合指数累计涨幅131%。

而在另一端，除了活跃股表现最差，第二、第三差的分别是高市盈率指数和高市净率指数，分别升到1036点和1314点。这两个指数倒是在17年里没有累计下跌，涨幅分别为3.6%和31.4%。

正如之前谈到的，市盈率反映股票的定价水平。那些高市盈率、高市净率股票都是定价贵的股票，是价值投资的敌人，它们的表现最差；而低市盈率、低市净率股票的定价便宜，实际中的总体表现也最好。因为低市盈率代表着相对于它们的股价，这些公司有着较强的赢利能力。这种长期业绩对比完美地证明了价值投资的正确，价值投资不仅符合逻辑，也符合实际。

至于说申万低价股指数在同期涨幅高达818%，这又是为什么呢？根本原因在于，A股市场以散户为主，其中许多散户不去分析基本面，而是只看每股的价格，认为每股单价越低，股票的定价就越便宜，所以都喜欢去追买低价股，是"炒股"而非"投资"，这是典型的心理作用所致。不仅在A股市场如此，在香港和台湾的股市也如此，散户都追捧股价不到一毛钱的"仙股"，迫使上市公司竞相拆分股票，看谁的股价离零更近！所以，低价股指数表现最好至少部分是散户的功劳。今后我们再回头讨论这个话题，会从信息浑浊角度给出解释。

既然活跃股指数的表现最差，累计跌幅99%，这是不是因为有几年少数活跃股猛跌，但多数年份活跃股业绩不错呢？或者说，只是几年A股熊市导致的结果呢？

☙ 为何热门股表现最差？

从1999年年底到2016年，除了2010年的其他16年里，申万活跃股指数每年的表现都落后上证综合指数！即使在2010年，也只比上证综合指数超出1.6%。所以，追热点、跟风炒股，到最后不只是总体效果差，而且几乎年年都落后于大盘。你可能会说："我跟别人不一样，我追风也能赚！"我们就暂且把你的挑战留下吧。

那么，为啥热门股表现这么差呢？主要的原因还是热门股是炒作的结果，而且很多人只知道跟风，不问其所以然。以我自己对美国、日本和欧洲股市的多年研究，发现它们的投资者也会跟风，也有追求热潮的冲动，是人的社会都有从众倾向。但在中国，由于从小的教育不鼓励质疑思辨，从众倾向更强，几个名人鼓吹一个题材后就一窝蜂猛买，导致热门股的价格更加离谱虚高，这种高位买入的选择，不长期亏损严重那反倒怪了！

每位投资者都应该想办法止住自己的从众冲动，投资不是靠鲁莽跟风成功的。尤其是，在现实的股票交易中，不仅有佣金成本，而且你的频繁交易本身会冲击价格，让你更快实现99%的亏损！

要点：

1. 追风炒股是常见的投资者行为，但理性科学的研究会告诉你：这样做既劳民又伤财！除了肥了证券公司的佣金收入，不仅你自己要亏损，也扭曲了股市的价格秩序。
2. 从 1999 年年底到 2017 年年初，申万活跃股指数累计跌幅 99%，而同期上证综合指数累计涨幅为 131%，所以，每周炒热门股的业绩总体远远落后于大盘指数，而且几乎每年都落后于大盘。
3. 同期，价值股即低市盈率、低市净率股票的表现仅落后于低价股指数，长期业绩排第二、第三，远远超过高市盈率、高市净率指数的表现。说明在 A 股市场上也是价值投资明显胜出。

思考题：

● 追求热门股最终会劳民伤财，不值得。你可能会说："申万活跃股指数是每次持有 100 只换手率最高的股票，而我不会买这么多的，我只会精心挑选 10 只最好的。所以，这个指数的表现跟我没关系！"你真的能避免申万活跃股指数的命运吗？为什么？

>>> 19.2 不可忽视的股票流动性

前面我们说到，从 1999 年年底到 2017 年年初，申万低价股指数涨幅 818%，翻了 8 倍多；而申万活跃股指数则下跌了 99%，几乎赔光！投资股市或者说炒股方法不同，业绩差别真的很大，这是在前一节中我们了解到的最重要的教训。

可是，如果在现实中，你真的原原本本像申万风格指数那样，每周调整低价股投资组合，你能实现翻 8.18 倍的业绩吗？如果不行，又有哪些因素在现实操作中十分重要呢？

有一点是肯定的，这些指数都没有考虑到交易佣金、印花税等成本，这些因素必然会降低你的实际回报。这一点，你是知道的。

可是，有一个更重要，但许多人不了解的方面，就是股票流动性，尤其是低价股的低流动性会带来的影响，这也会降低实际操作低价股投资组合的业绩，让你根本达不到 8.18 倍的涨幅！也就是说，我们以前谈到的指数回报率都是理论层面的，所以尽管它们反映的基本方向是对的，尤其是帮助我们比较不同投资方法的回报差异，但这些理论的业绩都要打折扣，这也是我从 2001 年到 2011 年十年在美国做对冲基金的核心教训。因此，今天我们就集中谈股票流动性的话题。

"流动性"这个词在金融领域被到处滥用。在谈到货币政策、货币供应时，你可能听到过"流动性太多""流动性太紧""格力电器流动性很足"等说法，在那种语境下"流动性"就是"货币"或"钱"的代名词，因为货币是流动性的最理想境界。而在讨论股票、债券或者私募基金份额时，你也会听到"分众传媒股票的流动性好""腾讯股票流动性没问题"等说法，这里的意思是"分众传媒很受欢迎，随时有人要"。

那么，"股票流动性好"到底是什么意思呢？

股票流动性的维度

简单来讲，流动性就是能以最快的速度、最低的成本买进或卖出最大量的投资仓位。这就涉及三个维度：第一是时间（越快越好）；第二是成本（手续费与价格冲击越少越好）；第三是量（能够接受的投资额越大越好，即市场深度）。

为了方便讨论，我们不妨假设你打算买进 100 万元的仓位。我知道这个数字比较大，但能帮助把意思说清楚。即使你自己没这么多钱，至少这能

第19章
价值投资的窍门

帮你理解机构投资者面对的挑战，知道他们是如何看待不同股票的。

假如你要买的股票是低价股"ST 亚太"。这个公司总市值 22.6 亿，市净率 83 倍，市盈率 2312 倍，一天交易量不到一万手，交易额大约为 700 万元。所以，你要买 100 万元相当于一天中 1/7 的交易量。从这个意义上来讲，这只股票的流动性比较差，因为在你不冲击股价的前提下能够交易的金额非常少。比如，2017 年 8 月 18 日，最后成交价为 7.01。在这个价位上，如果不想让你的埋单冲击现有价格，那么，最多能买 16 手，也就是 1600 股，相当于 1.12 万元。

在这个情况下，为了买下 100 万元的"ST 亚太"，你有几个选择：要么慢慢地，每次 1.12 万元地买进，以避免冲击股价，这需要 89 笔交易，花上半天时间才能完成，也因此要承担整个股市上涨的风险；要么就通过市价委托单立即执行（"市价委托单"指的是"不管价格是多少，要赶快执行，抢时间"的委托单），但是根据市价委托单的规则，一次最多只能扫清五档限价委托卖单（"限价委托卖单"指的是"只能在限定的价格内卖出"的委托单），就是 7.02 到 7.06 元的各委托卖单，一共 836 手，大约是 59 万元，然后再下市价委托单买下剩下的 41 万元。你这样做，一方面平均价大概是 7.08 元，比当前价高 1%，使得你后续购买成本上升，另一方面在市场上制造了一定的恐慌，因为你这么猛，会让很多人以为有人要大买了，把价格炒到更高。换句话说，如果你要买"ST 亚太"，你要么必须牺牲时间，慢慢买进，减少你对股价的冲击；要么牺牲价格，花大成本买进 100 万元价值的股票。当然，你也可以在这两个极端之间找到折中办法，既牺牲一些时间，也牺牲一些价格，或者你就干脆少买"ST 亚太"，只买 10 万元或者 50 万元。

而如果你要买的股票是浙大网新，那就很容易了。同一天里，浙大网新的股价为 15.6 元，市盈率 53 倍，市净率 6.3 倍，日成交量 145 万手，交易额超过 2.2 亿元。就在收盘之前，如果你不想让埋单冲击现有价格，那么，最多能买 408 手，也就是 4.08 万股，相当于 64 万元。这样，不用两笔交易你就能买下 100 万元浙大网新，速度快而且不冲击股价。我们记得对于流动性差的"ST 亚太"，需要 89 笔交易才能保证不冲击股价。

从上面的例子中，你可以看到，像浙大网新这样的流动性好的股票，交易100万元甚至上亿元的仓位都比较容易，仓位容量大，速度快，交易成本和价格冲击小。而如果是要交易"ST亚太"这样的流动性差的股票，就反过来：容量小，速度慢，成本高，尤其是你的交易会冲击标的价格。这就是为什么一般投资者特别是机构投资者更喜欢流动性好的股票，避开流动性差的。

那么，为什么活跃股的业绩表现会比较差呢？

流动性溢价带来差异

正因为活跃股受到很多投资者尤其是炒家的热捧，所以，这些股票的交易量很大，流动性奇高，做快速换手买卖不是问题，导致这些股票有"流动性溢价"。也就是说，因为这些股票的流动性高，人们愿意为流动性带来的种种便利而支付额外的溢价。当然，这种流动性溢价越高，未来的回报率就越低。股价今天炒得太高，不要指望今后总是涨，出来混迟早是要还的。这部分解释了为什么申万活跃股指数在过去十几年累计跌幅99%。

相反，低价股很多时候是小盘股，被热捧的程度低，平均流动性比较差，所以，这些股票的价格包含了"低流动性折价"，也就是说，在同样的基本条件下，这些股票比一般股价格更低。如果你持有这些股票，长期回报率会高于其他股票，尤其高于活跃股、大盘股。因此，低价股过去胜过大盘指数也就不足为奇了。

最后，我们看看交易成本对投资低价股的影响。按照美国几个专门研究交易成本的公司估算，平均而言，美国小盘股的总交易成本大约为2.4%，大盘股为0.6%左右，小盘股的交易成本是大盘股的四倍！尤其是，他们发现，券商佣金和股价冲击成本加在一起，只占总交易成本的1/5不到，而主要的成本是因为等待、坐等自己想要的价格而错失的机会，也就是说，那些你真正看好的股票，可能别人也看好，就在你希望这些股票的价格暂时不动、给你买入机会的等待过程中，别人已经抢先买了，把价格越抬越高，迫使你要么放弃这些好的股票，要么以高价买进。这种因等待所带来的机会成

第19章 价值投资的窍门

本是更要命的！小盘股尤其如此。

下面我们在之前的计算里加入交易成本，看申万低价股是否还能在17年半里盈利818%？

假设A股总体交易成本跟美国的一样，大盘0.6%，小盘2.4%，而且申万低价股指数中的100只成分股平均偏小盘，使总体交易成本为1.5%，那么，买入、卖出一个来回的总体交易成本就是3%。另外，假设申万低价股指数平均每季度换盘一次，一年换盘4次，一年总体交易成本为12%。那么，在考虑到这些交易成本后，低价股指数的真实可得收益率会是多少呢？

在过去的17年半里，低价股指数累计涨幅818%，年化收益率12.7%。当然这是没有去掉交易成本的理论收益，去掉总体交易成本后，实际可得收益率大约为0.7%，整个17年半的可得累计收益会是13%，而不是818%！

同期，上证综合指数累计增幅131%，理论年化收益率4.8%。如果这个大盘指数一年换盘一次，总体交易成本1.2%，那么，去掉成本后的可得收益率为3.6%，累计增幅还是有87.8%。这比投资低价股好很多！

因此，在对比不同投资方法时，必须考虑两个维度上的差别：换手率和总体交易成本。否则，你会吃大亏！

要 点：

1. 流动性的高低决定一只股票的三个关键维度：投资者进出仓位的速度、容量和交易成本。这些维度部分决定了股票对于投资者的吸引力、股价和长期回报率。

2. 低价股指数、活跃股指数等申万风格指数，对于比较不同投资方法的优劣，价值很大，让我们大致看到了不同方法的差别。但是，这些指数反映的是理论业绩，没有考虑交易成本，不是投资者真实可得的业绩。

3. 在考虑到流动性带来的总体交易成本后，低价股的长期可得回报率可能还不如大盘指数。交易成本不只是券商佣金，更包括机会成本（在本例中就是等待成本）。投资者必须关注投资策略的换手率和所带来的总体交易成本。

> 思考题：
> - 既然从大盘指数来看，投资股票的平均回报率是正的，那为什么不是所有人都愿意进入股票市场呢？（提示：考虑交易成本与机会成本）
> - 热门股不只价位过高，而且往往意味着奇高的换手率，带来奇高的交易成本。什么投资风格的总体交易成本更低呢？股票指数 ETF？价值投资策略？还是跟风投资？

>>> 19.3 炒股行为学

十几年前，有一本畅销书，叫作《男人来自火星，女人来自金星》，书的作者是人际关系和情感问题专家，通过详解男女的不同，帮助夫妻更好地理解对方、调整预期，以减少挫折与失望感，强化快乐与亲密关系，使家庭和谐。你会问，男女的思维不同、性格相异、行为风格大相径庭，这会影响投资理财业绩吗？男人和女人，谁更适合管理投资呢？

这些年，特别是在 2013 年，耶鲁大学的席勒教授在获得经济学诺贝尔奖之后，行为经济学变得很流行。在金融领域里，有大量的投资者行为数据确实证明了，投资者经常是不理性的，甚至是有意地在"做亏本生意"。

当然，在学术界，大致分成两派，一派认为：你们说资本市场通过交易和定价，能够有效地配置资源，让好项目得到资金，让不好的项目得不到或者少得到资金，那好，我给你们看投资者是多么愚蠢地买卖股票、债券和理财，难道这些非理性行为能够把资源配置好吗？醒醒吧！

另一派则说：是的，的确有很多投资者很笨，经常胡买乱卖，而且有时自己被卖了还帮助别人数钱！可是，只要有的投资者今天傻，另外一些投资者明天傻，就对整个市场的影响不大。退一步讲，即使市场上的大部分人是傻瓜，只要有部分人是聪明理性的，他们的套利交易就足以纠错，把市场上错误的股价、错位的资源配置给纠正过来！更何况，那些非理性的投资者如果总不知悔改、坚持愚蠢决策，市场会不断教训他们，让他们亏损，最终被市场淘汰掉！市场就是一个竞技场。怕啥呢？

这些争论当然还在继续，这里我们就不具体卷入，而是介绍几种典型的投资者行为偏差。

女人是天生的投资经理

那么，回到本节的主题，男人和女人到底谁是更好的投资理财师呢？

十几年前，加州大学伯克利分校的 Barber（巴伯）和 Odean（奥戴思）两位教授研究了 3.7 万美国投资者的个人股票账户，发现单身男性平均每个月的换手率为 7.1%，而单身女性的换手率为 4.2%，所以，男人显然比女人交易得更加频繁，是来自火星。那么，男人更喜欢频繁炒股，业绩是否更好呢？数据告诉我们——不是的，男人每年比女性投资者少赚 1.5%。也就是说，对年收益平均 12% 左右的美国股市来说，男性投资者的收益要落后接近 13%！

当他们聚焦已婚男女群体时，发现已婚男人或许受到妻子的影响，会更加平静一些，每个月的换手率明显降低，下降到 6.1%；而已婚女性因为丈夫的影响，会比单身女性的交易频率高一些，上升到每个月换手 4.6%！并且，已婚男女之间的业绩差也少于单身男女间的差别，一年只相差 0.7%，而不是相差 1.5%！

最近，另一项研究看了 6 万股票账户的情况，也发现男女投资行为差别很大，女性投资者上网登录看股票账户的频率比男性低 45%，改变投资组合配置的次数也要少 1/4！

那么，为什么男女在投资场上差别这么大呢？真的是因为"男人来自火星，女人来自金星"吗？

这些研究除了进一步证明，过多的换手交易真是"劳民伤财"，也支持我们自己在生活中的感受：男人过于自信，不愿意承认或纠正错误，也缺乏耐心，容易激动，而女人更加冷静谦虚，富有耐心。

有意思的是，一项问卷调查发现：46%的男人认为自己的金融知识不错，而只有25%的女人这么认为。这可能本身就反映了男人的过于自信和女人的谦虚。

投资者，尤其是男人，难以避免的错误是过度自信。一旦有几次投资碰巧成功，就认为自己是巴菲特了，真能干，接下来就忘乎所以，或者总认为自己的水平比别人高，自己的小道消息比别人准，而没想到如果是你能听到、看到的消息，别人同样也能看到，等等。

过度自信往往导致"异想天开"的思维模式，使投资者感到某些特定的行为会让自己交好运，即使这些行动实际上对运气并无任何帮助。比如，相信风水，相信迷信，相信以8或9结尾的股票代码会表现更好，或者认为某件特定的服装颜色能带来好运，等等。实际的投资结局跟这些没有关系，但很多人还是坚信这些因果关系。过度自信导致过度交易、过度换手，男人尤其明显。

为了说明这一点，你实际上可以做一次投硬币的实验。假如投硬币出来的是头，你就让股票的价格涨一块；假如是尾，就让股价跌一块，所以，每次扔硬币的结果实际上是随机的。但是，在你重复投硬币好多次之后，把价格图画出来，你还是会看到经常是"头"连续出现，或者是"尾"连续出现。虽然每次涨跌是随机的，但看到由此画出的"价格图"，很多投资者会觉得价格背后有"涨势"或者"跌势"规律，会觉得可以根据画图去预测股价趋势！这当然是一种虚幻的感受，是一种错误！

在频繁波动、充满不确定性的投资市场上，来自火星、容易冲动的男人可能真的不适宜交易，而可能来自金星的女性更适合！

☙ "见好就收"的没道理

我有个亲戚，炒股很有纪律，坚守"套牢不出，见好就收"的原则，他定的"见好"标准是10%。

当然，在中国，不只是他这样做，大家几乎都这样做。比如，我研究了

第19章
价值投资的窍门

一下过去多年 A 股上市公司的股东数量变化情况，根据过去一年的股价变化把上市公司分成四等分组：涨得最多组、涨得次多组等等。结果发现：涨幅最多组经历的股民大逃亡最多，股东数一般减少 1/4 左右，而跌幅最大组上市公司的股东数量增加最多，经常出现股东数翻一到两倍的情况。

之所以是这样，显然是很多投资者见好就收造成的，所以，表现最好的公司，股东逃跑的也最多。而那些跌得最多的公司，不仅之前的股东被套牢动不了，很多捡便宜的"价值投资者"也会冲进来。因此，好股票被惩罚，烂股票被奖励，这真是"劣币驱赶良币"呀！基金投资者也是一样，越是亏损的基金，它们的投资者就越稳定，而业绩好的基金反倒被严惩，好多投资者跑掉了！

从投资者的角度来讲，"套牢不出，见好就收"是好政策吗？是会改进还是破坏回报前景呢？

实际上，稍微思考一下，就会发现这个原则不利。假设分众传媒每年的投资回报分布是：跌 20%、跌 10%、不涨不跌、涨 10%、涨 20%，概率各 1/5。如果你是根据公司的经营状况、人事变动或者股票估值来决定何时退出，这就是你未来每年的回报分布，预期回报为零。可是，如果你按照"套牢不出，见好就收"、一涨到 10% 就退出，那么，你没有降低未来亏损的概率，但去掉了 20% 回报率的概率（因为涨到 10% 的时候你就已经退出了），将本来的 20% 回报率变成了 10%，使新的预期回报降到 -2%，平均每年亏损 2%！

在理论上，现在分众传媒的股价为 9.1 元，到底你是在 40 元买进的，还是 8.2 元买进的，股市不会根据你的情况或者你的需要来确定未来怎么走！你是深度套牢、舍不得割肉还是已经赚够了 10%，对分众传媒今后的走向没影响。

很多人根据自己需要赚多少钱来确定何时该退出仓位，比如"我买房子还需要赚 100 万，所以，要等到多涨 100 万时才合适"，而不是根据上市公司的基本面来确定。投资者需要做的，不是看自己需要涨多少，而是分析投资标的，分析上市公司的前景。股市不会因为你的需要去决定走向。

在判断股价是太高合适还是太低合适的时候，投资者习惯于用记忆中离现在最近的价格为参照，比如，"分众传媒以前涨到过 50 元，所以现在 9.1

元好便宜",或者"腾讯曾经是 100 港元,要等它回到 110 港元才卖"。这些都是脱离基本面的判断,不对也非理性。

关于投资者行为的研究越来越多,我们在这里不能都讲完,但教训在于要多分析公司的基本面,少些迷信。

要点:

1. "男人来自火星,女人来自金星。"这也决定了男人和女人的投资行为差异,男人更加好动,交易更频繁,支付的交易成本更高,业绩表现更差。原因之一是男人更加盲目自信。这些研究表明,有些投资理财行业会更适合女性。

2. 不管是男性还是女性,非理性的投资很普遍。尤其是"这只股票曾经到过 5 块,今天 20 块了,太贵了""我买房子还需要 100 万,现在不能卖股票""那只股票代码以 4 结尾,怎么可以买呢""上次腾讯还在 100 港元的时候,我买了 1000 股,我比巴菲特还牛",等等,其实,股价走向不取决于你的心理状态或者实际需要,长期而言还是基本面为主。

3. 虽然资本市场上充满非理性的投资者和非理性行为,但是,由于不会从非理性行为后果中吸取教训的人最终会输光,会被市场淘汰,最后,只要有足够多的理性投资者,理性还是在市场上占上风的。过去 A 股市场许多投资者血本无归,当然有监管责任和上市公司责任,但投资者也需为自己的——非理性承担责任。

思考题:

● 投资者靠过去的股价、幸运数字或者自己还需要赚多少钱等来判断股票,是非理性的。可是,如果不依赖这些,你能依赖什么呢?上市公司财务报表吗?分析师的报告和推荐吗?你怎么看?

延伸阅读
Extended Reading
金融通识课

　　传统经济学认为人在决策中是理性的，我们可以考虑这样一个例子：如果你手头持有一只 A 股票与一只 B 股票，A 股票、B 股票其他特征一样，只是你在 A 股票上已经赚了 20%，而在 B 股票上已经亏了 20%，但现在因为某些情况你需要现金，必须抛售一只，你会选择哪一只呢？

　　从理性角度出发，你在这只股票上的历史收益与亏损不会影响到股票未来是涨是跌。但我们代入情境去想想，我们是否会不自觉地就倾向于抛售那只已经赚了 20% 的股票 A？这样我在陈述这件事时，就会说"我今天卖掉了一只股票，在这只股票上我赚了 20%"。类似的，学者发现人们哪怕获得了较多信息能证明自己持有的股票将要下跌，但在决定要抛售时也会犹豫，"这只股票现在才 10 块，我明明是 17 块买进来的"，抛售它说明了"我"买它的失败。

　　因此，我们在市场上能看到很多人过快地抛售上涨股票，却过久地持有跌价股票的行为——行为经济学能更好地解释这些特征。日常生活的每一个经济决策，都可能影响到生活世界、心理状态。因此，分析经济行为，离不开人类的心理规律，这是行为经济学的基本观点。

　　在开头我们介绍的例子来自行为经济学中的遗憾理论——我们可能为了避免各种造成自己心理不适的遗憾，而放弃理性的选择。我们下面介绍过度自信理论。

我们常常发现有些人买股的时候总是有一种盲目的自信（当然，可能只是我们认为他是"盲目"的），而当局者迷，自己做决策有可能会更充满这种"迷之自信"。这有什么心理规律上的根据吗？

Grifin（格里芬）和 Amos Tversky（特韦尔斯基）发现是否自信不能一概而论。在不同的任务情境下，人们的心理状态完全不同。他们在回答困难问题时，总倾向于过度自信，但当问题变得简单时，却又开始不自信起来。从这个意义上来说，大多数人可能会把买股票归结为一种困难任务，因而更加自信。

Amos Tversky 还发现人们在认识事物时也有一种对自己理性的自信表现——总认为自己看出了规律。很多事情的发生明明只是纯粹的偶然，人们却声称自己早就看出了规律——也许是因为人们习惯于用因果来认识世界，因此我们总在看似没有关系的两件事上强加一种联系，产生一种过度自信的倾向。

Daniel Kadmeman（丹尼尔·卡默曼）提出，人们的过度自信源于对于概率事件的错误估计，人们对于小概率发生的事件常常产生过高的估计，对于中等偏高概率的事件，又估计得不足。而如果一件事情发生的概率大于 90%，人们则下结论认为一定会发生。

我们也许不能认识股票价格波动的规律，但行动经济学或许能为我们揭示一些选择股票的规律。反思平时究竟是什么使我们购买或抛售一只股票的，可能有助于我们更理性地去关注每只股票的内在价值吧。

# 第 20 章
房产投资的教训

>>> 20.1 理财教训：美国中产家庭为何财富缩水？

根据美联储的资料，从 2008 年到 2010 年的三年是金融危机高峰期，这期间，最富的 1/10 的美国家庭财富平均累积增长 2%，财富不仅没跌，反倒涨了一点；而同期，中等收入家庭的财富缩水 39.8%（按照中等收入群体的中位数财富计算），他们显然受打击很大！相比之下，收入最低的 1/3 美国人，由于基本没有剩余财富，所以就无所谓财富缩水或者增值了。也就是说，在美国的财富分配结构中，最富和最穷阶层没受金融危机的冲击，反倒是位于中间的中产阶层遭遇最惨，导致所谓的中间阶层的空心化。很多人认为，是中产阶级的空心化造成了美国人选特朗普做总统，而英国投票脱欧。

中产阶级跟富人的不同经历到底是什么造成的呢？这是由体制问题，还是他们投资理财安排的问题造成的？有什么教训是中国家庭应该领会的，以确保即使有经济危机，财富也能保值呢？这是我们这一节的话题。

分散投资是上策

之所以有这种结局,主要还是理财安排的问题:美国中产阶层的财富过于集中在房地产,并且还有很高的住房按揭杠杆,把房价下跌的影响放大了几倍,而富人家庭的投资非常分散,既有房地产,更有金融投资。

根据波恩大学三位教授的估算,到 2008 年金融危机之前,美国富有家庭大约 30% 的财富在房地产;而收入处于中位数的真正中产阶级家庭,有近 65% 的财富在房产上,其中还有相当于房价 70% 左右的住房按揭贷款,也就是说,住房按揭大约是自有资金的 2.33 倍。这种房贷杠杆,在房价上涨时会让房产投资以 3.33 倍的速度上涨,但在房价下跌时会把冲击放大到 3.33 倍!

从 2007 年年底到 2010 年年底,全美房价大约下跌 20%(当然,各地区差别不小)。这等于使中产家庭投入房产的那部分财富下跌了 66.6%,让家庭总财富缩水 42%!

相比之下,富有家庭不仅房产投资占比要低很多,平均 30% 左右,而且他们中间的 85% 没有住房按揭或者只有少许杠杆。结果,房价下跌 20% 对他们总财富的冲击平均不到 10%。比如,对房产占财富 30% 并且没有杠杆的家庭来说,房价下跌只使家庭总财富受损 6%。

因此,中产阶级的财富过于集中房产并且有高杠杆,而富有阶层投资分散,是造成中产阶级空心化的主要原因。投资结构差别所造成的影响还不止于此,因为那三年里,很多金融资产不仅没跌,反而升值了很多,政府公债和一些对冲基金就上涨了不少,连股票指数在包括股息之后也基本持平。为什么金融资产价格能涨呢?

"量化宽松"的后果

你可能还记得"量化宽松"政策。在 2008 年 9 月金融危机爆发后,美联储把基准利率降到 0.25%,几乎为零,所以,到那时候,如果中央银行想继续放松货币供应,传统意义上的货币政策工具——"降低利率"或说"降

第20章
房产投资的教训

息"就没有空间了。怎么办呢?

既然资金的价格和利率不能再降了,美联储就改变策略,变成直接增加货币供应量(所以,就有"量化宽松"这个说法),通过美联储印钞票去购买政府公债、住房按揭贷款证券和其他金融证券。这样做能达到两个效果:其一是直接增加货币供应,帮助刺激经济,因为金融危机时期银行不愿意放贷,使银行作为货币供应放大器的角色萎缩,但量化宽松可以弥补这个空缺,让整个经济的货币流通量不至于下降太多,冲击经济。其二,是把金融资产的价格抬高。当时,美联储就说,因为危机时人们不敢花钱,企业也不敢扩张,那么,通过"量化宽松"抬高金融资产价格,让很多家庭的"金融财富"上涨;一旦家庭感觉更有钱了,他们自然会增加消费和其他开支,由此提升对商品的需求,进而带动制造业、服务业等的增长。这就是当时美联储希望通过"量化宽松"刺激经济的运作机制。

从2008年11月开始"量化宽松",美联储大量印钞票买债券,到2009年3月一共买了近两万亿美元。2010年11月看到经济还不够上进,又启动第二轮"量化宽松",继续大量放水。2012年9月,第三轮"量化宽松"启动。所以,2009年年初以后,各类金融资产的价格快速回升,金融市场超前实体经济,首先从危机中走出来也就不足为奇了。比如,债券市场就因此进入了全新的牛市,涨势持续到2015年,而标普500股票指数,在2008年年初为1411点,到2009年3月初跌到680点左右,到2010年年底恢复到1258点,2012年年底到达1460点以上。当然,这些指数水平并没有包括每年接近3%的股息收益,如果包括股息,实际上到2010年年底,美国股市基本恢复到了2008年年初的水平。

问题是,虽然"量化宽松"推高了金融资产价格,但这会让谁先富起来呢?

当然是谁有金融资产,谁就受益。低收入群体因为没有太多财富,所以没有金融资产,不能受益;中产阶级因为把财富加杠杆过多地集中在房产,也没能受益太多;但富有群体因为投资分散、有很多金融资产,所以,受益最多。就这样,量化宽松让富有群体受益,但其他群体就被排斥在外。

这里，你可以看到，一些历史规律被美联储"量化宽松"打破。斯坦福大学历史学家 Walter Scheidel（沃尔特·沙伊德尔）出版了一本著作——*The Great Leveler:Violence and the History of Inequality from the Stone Age to the Twenty-first Century*（《大调平器：从石器时代到21世纪的暴力和不平等历史》），通过众多国家的历史说明：自古以来，战争和危机一般会降低财富差距，其他方式都无效。比如，20 世纪 30 年代的经济大萧条和两次世界大战都大大摧毁了物理资本和金融资本，冲击富人的财富，但穷人没有资产，所以受打击有限，结果使财富分配比以前扁平。作者不是推崇战争或者危机，而是指出以前的历史规律。

但是，美联储"量化宽松"改变了历史规律，让危机反而强化了财富的不平等程度。由于经济大萧条时期美联储没有"量化宽松"干预，但这次有，使这次金融危机的结局跟以前不同：之前的经济危机对富人的伤害最大，中产阶级也受打击，却没有富有阶层那么严重，但这次正好反过来。

美国中产家庭的财富遭遇给了中国家庭什么启示呢？根据西南财大 2013 年《中国家庭金融调查》的结果，一线城市房地产投资平均为家庭净资产的 79%，二线和三线城市为 67%，都高于或者接近美国中产家庭在金融危机之前的水平。中国家庭的财富显然过度集中于房地产。

要点：

1. 在美国，中产阶级的财富主要集中在房地产并且有较高的按揭杠杆，而富有家庭的房产占比比较低，更多是投资金融资产。这就造成了，2008 年金融危机的三年里，富有家庭财富不仅没跌，反而上涨了一些，但中产阶级的财富受打击很大。
2. 金融危机之所以导致美国中产阶级空心化，重要原因是美联储的"量化宽松"政策，这种干预抬高了债券等金融资产的价格，让持有大量金融资产的富有家庭受益，但没有惠及中产和低收入阶层。政策干预不只是影响到经济，还改变了社会阶层的利益分配。

3. 由于中国富有家庭和中产家庭的财富 70%—80% 都在房地产，除非这种投资结构有所调整，否则，会面对极高的重复美国中产阶级财富大缩水经历的风险。

思考题：

● 把过多财富集中在房地产或者任何单项投资品上，风险很大。没人愿意重复美国中产家庭财富缩水 40% 的经历。你可能会说："我以前买房子都赚了！"或者"我认识的朋友中，有钱的都是过去买了好多房子的"，所以，过去集中投资买房的都成功了。那么，为什么今后要不一样，要分散投资呢？

>>> 20.2 房价为什么越调控越上涨？

我夫人的好朋友小李，住在深圳，她自己不工作，有两个孩子上中学，丈夫是高级工程师，收入不算很高。可是，小李很能干，而且胆子也特大，从 2005 年开始不断炒房，每次不仅把手头的钱都砸进去，而且最大化加杠杆按揭。经过几次翻手倒腾，她把原先 30 万左右的家产，变成了差不多 1200 万的财富，其中除了一小部分投在 A 股市场，其他都在三套房产上，房产占净财富之比超过 91%。按照三套房子 2700 万左右的市值估算，她目前的杠杆是 2.4∶1。你看到，她的房产投资占比和杠杆都超过了美国中产家庭在金融危机之前的水平。

那么，小李今后是否会重复美国中产阶层过去财富大缩水的经历呢？其他中国家庭呢？每次跟小李提醒她所承担的风险，她当然都说："我以前都这样做，不是每次都成功了吗？中国不一样，政府不会让我们吃亏的！"

这下挑战来了，如何说服小李要分散投资，不要盲目炒房呢？所以，这里的关键在于：为什么中国的房价这些年一直在涨，而且从 2002 年开始调控至今，越调控涨得越多？不搞清楚这个，就无法判断上涨趋势今后是否会继续，也更无法说服小李。

☙ 预期决定投资市场的一切！

首先，我们必须看到，不管是房地产还是其他投资市场，对未来的预期决定一切，包括决定当下的供求水平和价格。市场参与者的行为也由对未来的预期决定。不理解这一点，就不能理解房产市场，也不能理解金融。

这是区分投资市场和商品市场的关键点。比如，猪肉价格由今天的供求关系决定，但受未来猪肉价格的预期影响很小。如果对未来的肉价预期很低，预计肉价今后会下跌，那么，投机者不能把未来的猪肉转移到今天卖，实现今天的高肉价和未来的低肉价之间的套利。唯一能做的是一些农民减少养猪，降低未来的猪肉供应，但那样对今天的肉价没有影响。而如果未来的肉价预期比今天高很多，那么，农民可以决定多养猪，增加未来的供应，但对今天的肉价没影响；当然，投机者可以买些猪肉现货，囤积到未来高价卖出，这会抬高今天的肉价，可是囤积猪肉的成本很高，要先修建大量冷冻柜等，因而，在今天和未来肉价预期之间的套利交易量有限。所以，今天的猪肉需求和价格由当前的供求关系决定，不受未来价格预期的影响。

但是，作为投资市场的房地产不同。房价不仅受今天的供求关系影响，而且还受未来房价的预期影响。如果大家都预期未来房价上涨，那么，不管今天价格如何，谁都要去买，使预期马上成为需求，推高今天的房价；在没有房产税等持房成本但有房租的情况下，房价预期跟买房需求之间的通道更是畅通的。未来的涨价预期会变成今天的涨价。而如果大家预计未来房价会跌，不仅今天的买房需求会低，而且很多人会提前卖，增加今天的供给，也就是把未来的供给转移到今天。所以，房地产和一般投资市场的价格实际上主要由未来预期决定。

这种差别对管理层的政策调控带来完全不同的要求。监管猪肉市场的部门完全可以以稳定肉价为目标，因为让肉价稳定了不会让更多人增加吃肉，但可以减少老百姓生活的烦恼。可是，如果房价调控部门的目标是让房价稳定不跌，尤其是把房产调控政策定位在房价不跌并稳定上涨，那么，投资买房、投机买房就永远不会消停，堵也堵不住。相比之下，如果房价有时涨有时跌，甚至于大跌，人们对房价的预期就会大为不同，投资和投机需求就会下降许多。

那么，在实际中，房产调控政策是如何做的？怎么会"房价越调控越涨"呢？

房产调控的逻辑

对房产市场的"宏观调控"从 2002 年就开始了，那年出台了《招标拍卖挂牌出让国有土地使用权规定》，让土地供应走上正轨，这是好事。但对房产影响更大的是央行 2003 年的"121 号文件"，提高了地产商自有资金的比例。当时的背景之一是上海地产商周正毅出事了，搞得群情激愤，非整治、约束一下房产开发商不可。可是，客观上，这类举措只不过是抬高房产开发的创业门槛，把那些没门路、平民百姓出身的张三、李四开发商拒之门外，让他们得不到贷款，逼着他们另找他业，从而减少普通开发商进入，使中低档住房的供给减少，促使房价上涨。

第二波调控是 2004 年的一系列文件和通知，限制了农用土地转非农建设（包括房产开发），控制建设用地的审批，等等，这些措施的直接效果也是减少住房的供给。同时，央行进一步控制对房产开发的信贷资金，将开发商项目资本金比例从 20% 提到 35% 以上，把资金短缺的房产商淘汰掉。于是，房地产业的竞争减少，进一步降低住房供给。结果呢？房价涨速加快，而不是像人们希望看到的下跌。2004 年全国房价涨幅 14.4%，比 2003 年高了 10.6 个百分点。2005 年还是大涨。

2002年、2003年时北京大大小小的房产开发商很多，竞争局面明显越来越激烈，老百姓买房有很多选择空间，那是"买方市场"。到后来，竞争越来越少，各城市的房产市场慢慢变成了"卖方市场"，想买房的人恨不得要找关系才能买到房！在"卖方市场"下，卖方当然更能涨价。

这些年的房产调控一方面是本质上降低供给，另一方面是不让房价下跌。每次房价有下跌苗头时，地方政府就采取措施管制开发商，对降价者进行惩罚。2009年当房地产面对考验时，还推出"买房就是爱国"的保房价运动。另外一个很有代表性的例子是房地产"去库存"运动，这是2015年、2016年房产调控的重点。背景是虽然不少一、二线城市因买房太火而实施"限购"政策，但三、四线城市盖房太多，卖不出去，库存严重。那么，怎么做到去库存呢？

先是2016年2月，央行放低需要去库存城市的住房贷款政策，把"首套首付三成降至两成"等。财政部发布通知，为去库存城市全面降低交易环节税费，降低购房成本。国家发改委也放出大招，商品房库存较多的城市，可以发放购房补贴、先租后售、与政府共有产权等方式促进购房。在地方政府层面，"发放购房补贴"被各地采纳，比如，辽宁、河南、四川等鼓励各地发放住房补贴。

如果你仔细看这些去库存措施，你会发现唯独少了"降房价"举措。道理很简单，如果是市场化去库存，当然首先是降价而且必须实质性降价，但这偏偏是调控政策不允许的。在不降价的前提下去库存，不仅难以达到目的，没有几个老百姓会上当，而且变相鼓励开发商继续增加库存，因为他们会知道"反正政府会帮我去库存，我不用在做项目之前做市场需求调查"。为什么地方政府不允许降价呢？这主要还是地方财政对房地产的依赖度太高，房地产一旦价格下跌导致经济不景气，会威胁地方财政开支。

所以，你看到，过去的调控一直不让房价真正下跌，而过去两年的去库存举措进一步验证了管理层不会让房价下跌的信念。虽然人们普遍觉得房价高得难以持续，但对未来的房价预期持续乐观，至少知道官方不会允许房价下跌。在这种不断得到强化的预期之下，2016年8月房地产又表现得过于火热，"限

第20章　房产投资的教训

购"甚至"限卖"等政策又被加强。相关决策层没有意识到，除非让房价在该跌的时候去跌，否则，买房需求只会不断自我强化，"限购"也挡不住。一般人都会基于过去的经历去判断未来，而他们的过去经历中没有房价下跌吃亏的情况，所以，调控使预期不断乐观，不断带来新需求，这就造成"越调控房价越涨"，也使得各家的房产占财富比奇高。但是，这样下去的风险不低。

要　点：

1. 一般消费品价格主要取决于当下的供求关系、受未来的预期影响有限，但房地产和其他投资市场不同，房价受未来预期的影响特大。对未来房价预期乐观时，今天的买房需求和房价会立即上升；反之亦然。
2. 房地产调控必须记住这个道理，否则就会"越调控房价越涨"。过去的调控一方面降低了供给，另一方面是稳定房价，不让房价下跌，使人们对未来房价的乐观预期不断得到强化，导致买房需求持续上升。只要房价被调控得不跌，买房需求就不止，投机买房更是如此。尊重市场规律的意思是，该跌的时候还是要让其跌。
3. 管制的房价会带来很多扭曲，泡沫也比一般情况更大。而人类历史教训告诉我们，是泡沫都会破。

思考题：

- 你肯定听到很多人讲"要好好投资理财，要管理好风险"。到最后，认真管理风险的人往往更吃亏——这个经历告诉你什么呢？房地产跟其他市场一样，有它自身体系的规律，该生病时就应该生病，因为生病是身体对不健康东西的一种回应。而如果市场被不断干预、扭曲，那么，市场就容易变成"劣币驱赶良币"的地方。你这些年的房地产投资经历是什么呢？

>>> 20.3 房产属性：投机炒房好不好？

这一节，我们探讨一个热门话题，就是投机炒房到底好不好、是否该禁止的问题。就像一位朋友前不久争论说："房子只是住的，怎么可以用来做投资交易，甚至做投机呢？"这位朋友的观点当然很流行，从表面来看，说得也没错，房子当然是用来住的，而且房子即使作为投资品、投机品，其投资价值、投机价值也最终取决于是否好住、是否舒适、是否好看。那么，房子买卖是不是该受到禁止？如果受到禁止，结果会怎样呢？

我们的祖先在九千年前放弃游牧狩猎，开启定居农耕的长征。从那时候开始，房子就成了耐用品，或者说是投资品而非单纯的消费品，盖房、买房就成了跨期投资，尽管"房子"的形式在不断演变，当初是草房、窑洞，到今天是别墅或者公寓房。今天买房不只是今天住，也更是为了明天、后天，或者是为了在未来卖。

那么，既然房子是用来住的，怎么可以用作投资品甚至投机品，用于跨期价值交换呢？

投机优化地产市场的跨期配置

王总的故事或许能帮我们看清一些道理。就在 2009 年年中，当时在金融危机冲击下房地产市场一片萧条的局面，供过于求，房价下跌势头越来越明显，只是在地方政府干预下不让降价。于是，就有了"买房就是爱国"的声音。在王总看来，完全用不着那样上纲上线，鼓励更多投机者买房不就行了吗？因为在他看来，中国的城市化空间还很大，人们投资途径不是很多，加上一般人都喜欢买房子，所以，今后的需求只会更高，房价也会猛涨。看准了这些，王总就把他之前做企业赚的两亿，在北京买了近 100 套房子，帮助"去库存"，每套在 100 到 130 平方米之间，平均价每平方米 1.9 万，那时北京还没推出限购政策。

之后，房价越走越热。2010 年北京开始限购。到 2012—2013 年供求关系越来越紧张，在那期间王总开始逐步出手，按每平方米 4 万多的价格卖出。

王总就是典型的投机炒房人。但是，他的炒房行为是否该被谴责呢？

其实，从他的故事里我们看到，投机买房可以帮助平稳房价、拉平不同时间点的房子供求关系。把房子卖给今天有刚需的人，解决了今天住房的需求，而当王总预测几年后房价会高于今天并决定立即买房时，他实际上是帮助降低了今天供过于求的局面，帮助"去库存"，把供给转移到未来供不应求的时候。也就是说，投机者在发挥两种作用：一是把未来的涨价提前一些到今天，让今天的房价涨一些，同时让几年后的房价少涨，这就减少了房价从今天到未来的波动；二是把今天的部分过剩供给转移到未来，改善住房供应的跨时间配置。因此，投资买房、投机买房不也是在稳定市场秩序，给社会做贡献吗？

房子的终极价值的确在于住，但这包括今天和未来。如果不允许投机者和投资者通过跨期交易来优化不同时间段的供求关系，那么，房价波动会更加剧烈，未来住房的不确定性会很大。投机买房者的角色跟一般期货市场的作用甚为雷同，今后我们再回到这个话题。

交易增加房子的价值

退一步来看，计划经济原来就是基于对投机的完全否定、对市场交易的完全排斥而来的。其思想逻辑就是把所有东西只看作消费品、只定位在"用"上：既然生产的东西是为了吃、穿、住、行，我们何必要"黑心的"中间商、投机分子和那么多虚的交易市场夹在生产者与消费者之间呢？因为一旦允许自由交易，不管是消费品还是投资品，就必然有人根据对未来的预期而进行跨期套利交易。比如前几年生姜、大蒜也可以变成投机品、投资品。既然交易必然带来投机行为，为什么不能把生产者和消费者直接通过不"唯利是图"的政府部门对接上呢？这就是计划经济的逻辑。

对只熟悉物资短缺、没走出过温饱挑战的农业社会来说，所有活动的价值都是相对于看得见、摸得着的"东西"来定义的。所以，如果你做的事不直接产生"东西"，那么，你就没有创造价值，就应当被禁止。比如，投机或者其他市场交易本身就没有产生看得见、摸得着的"东西"！于是，今天对待房地产也不例外，只看到房子这个"东西"的使用价值，看不到房子交易本身的价值，尤其要否定"投机炒房"的价值。

其实，早在公元前三百多年，亚里士多德在《政治学》中就有过类似的陈述："以鞋为例：同样是使用这双鞋，有的人用来穿在脚上，有的人则用来交易。那位把鞋交给正需要穿鞋人的人，以换取他的金钱或食物，固然也是在使用'鞋之所以为鞋'。以有余换不足，'交易'（物物交换以适应相互的需要）原来是自然地发展起来的。"但如果交易的目的不是满足需要而是为了营利（例如，投机炒房、投资买房），或者生产的目的就是不管卖给谁，只为了卖出去营利，则交易是不自然的，用于交易的商品本身也失去了自然的属性，这就需要否定。所以，今天否定投资买房、投机炒房的思维就是亚里士多德的翻版。

改革开放以来，特别是1998年住房市场化以来，房子既可以直接卖给需要房子住的家庭，也可以卖给投资者甚至炒家，由此产生的结果是不断扩大的房地产行业和不断提升的房子质量与花样，解决了千千万万家庭的居住问题，而且推动了经济增长，使众多相关产业得到巨大发展。之所以有这样的结果，一方面是允许房地产开发商为了交易盈利而盖房（不是为了自己住），是他们对营利的追求才不断了改善房子的设计和质量；另一方面是由于房子可以交易买卖，才成为投资品、投机品，由此进一步催化房地产市场的发展和改良，增加房子的"资产"属性、"财富"属性。

从表面来看，投资买房、投机买房违背了"房子之所以是房子"的自然属性，但其实不然，只是绕了一道弯。一是通过一些人的投资买房，让那些还买不起房的人有更多房子可以租；二是很多人因为担心未来房价风险，即使有钱也不想自己买，所以，投机买房者替他们承担价格风险把房子买下，增加出租市场上的供给；三是有了投机买房、投资买房者的存在，房地产市场的流动性和交易量都大大增加，让本来担心买了房子后万一需要变现而难以出手的自然消费者不再担心，使他们能更大胆地买房。再就是前面说到，投机买房帮助平滑房价、优化房子供给的跨时间配置。所以，虽然表面看投资买房使房子不再只是房子，但只要加深一点理解，实际上投机和投资也都是为了"房子之所以是房子"。

在计划经济时期，房子是按单位分的，个人既没有产权，也不能交易，更不能投机炒作。结果，那时候住房紧张，质量也烂，而且个人没有财富。1998年的住房市场化改革让房子私有并可以交易买卖，从而使房子成为投资品甚至投机品，于是，许多家庭在20世纪50年代后第一次有了真正的资产、有了财富。

不管是刚需买房，还是出于投资、投机，一旦房产市场交易活跃、流动性好，不仅房子会像过去二十多年经历的那样越建越好，而且房主也会更加爱惜自己的房子，因为除了住，他们还可以指望将来卖个好价钱。而一旦将房子的投资品或者投机品属性扼杀掉，那么，房主们会降低对房子的投入，慢慢地就不再有好住或可住的房子了。

对房子交易的限制越多，其财富属性就越低，纯消费品属性就越高，改善房子的激励就下降得越多。房地产流动性的消失只会毁掉社会的总体财富，其他国家的经验也证明了这一点。

要 点：

1. 1998年的住房市场化改革，不仅让房子可以私有，而且让房产可以自由交易，这就使房子有了"资产"或"投资品"属性，使中国家庭有了财富。房产可交易也使其成为投机工具。

2. 投机买房对社会的贡献有两方面：一是帮助把今天过剩的供给转移到未来供不应求的时候；二是把未来的涨价提前一些到今天，让今天的房价涨一些，同时让几年后的房价少涨，降低房价的跨期波动。所以，投机买房有利于稳定市场。

3. 投资买房、投机买房不仅会增加出租市场的供给，而且会提升房产市场的流动性，让更多家庭能更放心地买房子。流动性越高，社会的房地产财富就越高。提升房地产流动性就是提升社会财富。相反，限制房地产交易会毁掉社会财富。

思考题：

- 对房地产交易（包括对投机炒房）的限制越多，房产市场的流动性越差，房子的价值就会越低。所以，让房地产交易充分自由的社会，也是让房地产价值最大化的社会。对这个结论，你怎么看？在什么情况下，可自由交易的房地产市场容易带来投机性泡沫呢？

延伸阅读
Extended Reading

金融通识课

中国房地产涨速这么快，使得我们想探究一番20世纪80年代日本房价飞涨的那段历史。1985年，日本、美国等五大资本主义强国在纽约广场饭店签署了《广场协议》，当时美国汇率较高，在与日本的贸易中产生了巨大的逆差，《广场协议》则以人为干预汇率的方式，使得日元在一年内大幅升值。日元升值——意味着日本出口品的价格更贵，而坚持"贸易立国"的日本政府为了支持受到日元升值影响的出口企业，采用宽松的货币政策——实行更低的利率来鼓励企业投资。《广场协议》与宽松的货币政策，这两个看似距离普通日本人生活十万八千里的东西，构成了日本房产飞涨时代重要的背景。

日元升值意味着以日元表示的资产也随之升值，国际资金涌向日本。低利率的货币政策中，留在银行里的钱产生不了多少利息，更多地流向股市与房市。从1985年开始，日本央行连续5次下调利率，从5%降至1987年2月以后的2.5%。在这种低利率的背景下，日本形成了一种炒房的社会氛围。人们在"土地无法贬值"的土地神话的影响下，把注意力更多地放在了房市，以转卖为目的的土地交易量增加。在宽松的货币政策下，市场上都是较为廉价的资金，银行为了将贷款发出去，劝说投资者贷款买房。全日本房价都在不断攀升，而拥有较好就业机会、教育、医疗资源的大城市房价增速更是令人瞠目结舌。在"全世界只有一个东京"的信念下，东京23区地价总和甚至达到了可以购买美国全部国土的水平。当时虽然有学者指出这是种不合理的增长方式，但反对的声音未能影响到社会主流。投资品的价格因为人类预期的模糊性本身也难预测，人们永远无法精确指出一个泡沫会在什么情况下破灭。人们眼看着房价的增速已远远超出了正常范围，但仍然陶醉于一片繁荣的经济景象中，地产增值使得许多人一夜暴富，他们拿着同样走高的日元到海外购买古董、奢侈品，日本企业也形成了收购海外资产的热潮，美国哥伦比亚电影公司、纽约标志性建筑洛克菲勒大厦，在"买下整个美国"的豪气中变成了日本人的囊中之物。

不过，是泡沫总有破的时候。因为宏观政策上的失误，日本房产泡沫的破裂尤其猛烈。1989年，紧缩政策突然来临，日本连续5次上调银行贴现率，从2.5%上升至6%。同时，日本大藏省（财政部）突然要求银行控制不动产贷款——商业银行大幅削减住房贷款。利率上升、贷款发放减少使得购房成本上升，这并不会直接导致房价大幅下跌，但这伴随而来的恐慌情绪，对房价下跌的预期则无疑会导致下跌预期的自我实现。

对于在房价低点就已经买好房的人们，房价的大起大落无非只是人生繁华虚空的一个缩影而已。对于金融界的投资精英们，这一次风暴也不过是行情不好时的一次职业挫折。而对于贷款在高点买房的家庭，房子价值的剧烈缩水则无情地让他们背上了沉重的债务。昔日涨幅最大的前三座城市成了跌幅最大的前三座城市。灯红酒绿的东京出现了一批流浪汉。

第六部分
银行与金融危机

票号与钱庄的兴衰

银行是什么？

金融业的挑战与发展

金融危机的起因与监管

中央银行与货币政策

第 21 章
票号与钱庄的兴衰

>>> 21.1 钱庄的兴起与民间货币

之前我们谈了借贷市场、上市公司、企业融资、商业模式和个人投资理财的话题，这一节我们开始讲银行，看看银行是怎么来的、做些什么事情，也谈谈过去为什么多是由银行引发金融危机。当然，如今生活在中国，你每天都逃脱不了这个或那个大银行，尤其是最近几年的世界银行排名，不管是按利润还是存款规模，总是中国工商银行排第一，一年赚钱超过 2800 亿元，还有建设银行、中国银行和农业银行都排在前五，至少前十。可是，从前可不是这样的。那么，中国的银行业是如何走过来的呢？是什么催化了它们的发展呢？

我们今天从钱庄和民间货币讲起，"告诸往而知来者"，了解钱庄的历史有助于我们理解银行的本质。你可能听说过古代的钱庄，但也许不知道它们是干什么的。另外，你可能认为人类历来只有政府发行的官方货币，没有民间发行的货币，等等。实际情况当然是相反的，人类原先以私人货币为主，到近现代才出现由国家垄断货币发行权的情况。

清朝的一桩命案

北京的朋友应该知道通州这个地方，在清朝是属于直隶。通州的刘某要向同村的李某买一斗小米，价格 1250 文钱。然后，李某看到交来的钱就说："你这个虽然是 1250 文，但里面混杂了很多小钱，不是标准的铜钱。小钱没有标准的铜钱值钱，所以你没有给够。如果你真的要买小米，那就把小钱换成标准铜钱吧。"但是刘某说："那不行，按照市场惯例，最多只能换掉一半小钱，换一半就够买你这些小米了。"结果，两边争执不下，打了起来，最后刘某失手将李某打死，闹出了一桩命案。

这个故事告诉了我们什么呢？一件商品值多少钱？这个问题对今天读这本书的你是很容易的。货物有标价，我们都清楚这个标价指的是中国人民银行发行的人民币。红色的那种是 100 元，绿色的是 50 元。如果李某生活在今天，他完全可以给小米标价，比如 12.5 元，刘某照这个价格付人民币就可以。但是，当时没有这么方便的交易工具。

那么，过去的人怎么避免在交易时发生冲突呢？

钱庄的主业是兑换货币

"一件商品值多少钱"这个问题为什么这么难？原因在于古代的货币很复杂，虽然基本以金属货币为主，但货币发行方很多，同一类货币的成色也不同。我们就拿铜钱做例子。刚做好的铜钱，就像新钞一样，都是很规矩整洁的。大小一致，重量相等，字迹清晰。问题是通行一段时间后，大家的手摸来摸去，铜钱放在一起也会相互磨损，慢慢就会变薄。所以，过一段时间，不同铜钱重量就不一样了。如果铜钱磨损得不厉害，大家能将就，继续当作新钱使用；但如果铜钱磨得很厉害，就成了前面提到的"小钱"了。

在很多地方，这种破烂的铜钱是折合成一半价来使用的。但是，什么样的铜钱才叫破烂？买方肯定觉得自己是好的铜钱多，卖方肯定觉得很多铜钱成色都不好，双方就常常吵架。像清朝的时候，市面上除了清朝政府铸的铜

第21章
票号与钱庄的兴衰

钱,还有明朝,甚至唐、宋时期铸造的铜钱,也有清朝不同府、不同县甚至不同钱庄铸的铜钱,然后还有大家熟悉的银两,甚至黄金。铸造商和铸造地也各异,有武昌银、长沙银等,成色各不相同。

这些不同的铜钱、银子之间怎么互相折算,相互兑换的比例是多少?然后铜钱、银子、黄金的成色如何,纯度不够的话,怎么打折扣呢?这些都是双方在交易的时候要考虑的。所以,货币系统这么复杂,市场交易的不确定性、交易成本就太高,交易的效率就非常低,经常出现打架的情况。

钱庄就是在这样一个背景下出现并发展的,其重要作用也在于帮助降低交易成本、提高交易便利。一般来说,小本交易的双方,没法掌握这么多关于货币的知识,只能用一些笨方法。比如,电视剧里你可能经常看到一个情节,就是药店或者丝绸庄的掌柜收到银圆,用牙齿去咬,看成色如何。但是,如果是比较大的交易,涉及十几或者上百两银子,全部用牙齿去咬一遍是很不方便的。大家就去找钱庄。

钱庄一开始不是专业的,都是一些做生意的店铺。店铺经营一段时间后,积累了关于各类货币的知识和经验,就在做生意之外,同时帮大家兑换。根据历史学家的研究,清朝最早的钱庄就是绍兴经营煤炭生意的商家。帮助兑换不同的货币,按比例收一点手续费,这就成了钱庄的主要业务。比如说,你有一些银圆,但表面有很多划痕,分量可能有一些损失。如果对方商家不肯要,你就去钱庄支付一点手续费,把烂银钱换成崭新的。大家在机场可以看到很多找换店,也叫两替店,帮你在许多外币之间兑换,赚取买入和卖出的差价。过去钱庄的经营模式和这些两替店是类似的。

◯▬ 民间货币是怎么回事?

黄金、银子作为货币,有一个好处或者说便利是谁都可以把这些贵金属搞成一块一块的,然后在做交易支付时,对方只要评估成色、称重量就行。这也是在近代以前政府难以垄断货币发行权的原因。贵金属不需要由国家发行。

但是,仔细想一想,金属货币其实很不方便。如果每次交易之前,都要跑去钱庄把钱换好，又笨又重的，交易成本仍然很高。于是，一项新的业务诞生了——就是发行民间纸币。钱庄会接受一些存款，清政府还规定钱庄要交一些保证金。有了资本以后，钱庄就可以发行钱票。只要当地的店铺愿意接受这家钱庄的钱票支付，这些钱票在当地起的就是货币的功能。

你可能会问：货币不应该是国家发行的吗？怎么私人也可以发行货币呢？还有一些人说，美国美联储的股份是私有的，是不是一小部分人控制了整个国家呢？

其实，如果你熟悉一下货币的历史，你就会知道，哪怕是在中国，一直到20世纪上半叶，货币也是以私人发行为主的。我们知道全世界最早的纸币，也就是宋代的交子，其实就是当地的大户私自发行的。只不过因为后来无法兑现，持有交子的人把大户家里围了起来，引发了冲突，政府才把交子的发行权接收过来。

到清朝的时候，官方发行钱票，私人也发，一般互相竞争但不干预。清朝时候，哪怕是很偏远的地区，比如今天的黑龙江呼兰区，城乡钱庄自己也发行钱票。

民间发行货币，最大的好处是方便。交易时不需要再为铜钱分量等琐碎的话题吵架了。找一家当地有信誉的钱庄，指定单位开一张银票，然后带出来。只要对方认这家钱庄，交易立马就可以完成。

清朝有个王鎏，他记下了很多当时钱庄的状况，其中提到今天的北京，只要双方交易的规模大于五百钱，一般就走银票支付。记得开头那个案子吗？一斗小米也就一千多钱，这说明银票在当时的市面上已经很通用了。

民间发行货币的另外一个特点是通过竞争，达到"良币驱逐劣币"的状态。我们一般听到的是"劣币驱逐良币"，意思是如果市场上有两种不同的金属货币，比如银币，大家拿到纯度比较高的银币就会储藏起来，拿纯度比较低的银币花出去。所以，久而久之，市场上都是纯度比较低的银币了。

但是，一位名叫哈耶克的拿过诺贝尔经济学奖的经济学家就提出"良币会驱逐劣币"。如果市场上有很多种货币相互竞争，大家就会选择声誉比较好的钱庄发的银票，而不接受信誉差的钱庄发行的货币。钱庄知道这一点，

第21章
票号与钱庄的兴衰

也会控制发票的数量,保证自己的信用。河南大学彭凯翔教授对这一点进行了研究,发现清朝确实有"良币驱逐劣币"的情况出现。咸丰年间,政府曾强迫官方货币贬值。结果,官府的银票是贬值了,但私人钱庄发行的货币,价值反而相当稳定,更受市场欢迎了。

所以,虽然钱庄的规模一般很小,但在发行民间货币、便利交易、润滑市场这些方面,它的贡献很大。到清朝后期,钱庄联合起来成立了钱业公会,相互监督。原来钱庄发行的钱票只能小范围通用,后来逐渐出现了南北通用的银票。这一发展大大便利了贸易。到1949年全国统一货币并把货币发行权集中在国家手里后,钱庄的历史就结束了。

你可能会问,钱庄是过去的金融机构,对今天的我们会有什么意义呢?实际上,一个地区当年钱庄的发展程度,对今天当地金融的发展还有影响。马驰骋等三位学者收集了晚清山东的数据,各个府内钱庄的数量。结果发现:当年钱庄数量越多的地区,今天当地的小贷公司的数量就越多,小贷公司的资产也更充足。金融的逻辑不随时间而变化,理解钱庄的运作方式与逻辑,对于理解今天的金融仍然意义重大。

要 点:

1. 中国历史上多数时候是使用金属货币的,包括黄金、银子、铜钱、铁钱等等。这些金属货币不存在严格意义上的发行权,因为各地私人和政府都可以铸造,所以,货币发行权以前没有集中在政府手里,而是分散在民间,由民间机构自己去竞争,达到"良币驱逐劣币"的状态。
2. 有了这么多不同成色、不同类别的金属货币,复杂的货币体系使市场交易变得很难。这自然带来了货币兑换的业务需求。钱庄就是这样应运而生的,为社会提供货币兑换服务,降低市场交易成本,促进发展。
3. 到20世纪中期以前,中国既有官方纸币,也有各类民间钱票,相互制约、相互竞争。中华人民共和国成立后,货币得到了统一并只由央行发行。钱庄业务也到此终结。

思考题：

● 你原来可能觉得货币发行权历来就由政府垄断，认为"由民间发行货币，那不是乱套了吗?!"看完这一节之后，你怎么看呢？为什么人类社会到近现代才由政府垄断货币发行权，之前没有发生这种情况呢？这跟现代的什么体制、什么发展是相关联的吗？在两个不同体系——只有国家才能发行货币和谁都可以发行货币——之中，其好处和坏处有哪些？

>>> 21.2 票号的兴起

这些年电视剧、电影不断讲山西票号的故事，是有其道理的，因为票号作为明清时期在山西发展起来的金融机构，在中国金融发展的历程上有其特殊的意义和价值，也是我们银行业的前身。

那么，票号是做什么的？在山西出现票号后，又是如何推广到其他地方的呢？

◠◠ 票号兴起的经济推动力

票号跟钱庄不同，它兴起的关键原因是长途贸易的上升。票号可以帮商人汇兑，就像今天的汇票一样。

假如当时有位山西商人张三，要到江苏去买 10 吨茶叶，价格可能近 5 万两银子，然后运回北方做成砖茶，卖到内蒙古和俄罗斯。如果没有票号，张三会难办，因为这么多钱，他会给江苏卖方说"如果货不到山西，我不能给你钱"，而对方说"如果不先付钱，我就不能发货"。就这样，交易无法进行！

第21章
票号与钱庄的兴衰

那么,张三该怎么办呢?当然,一个变通办法是他派好多员工,每人运上一大车银子,千里迢迢,从山西跑到江苏。中间既要小心强盗抢劫,也要小心自己的雇员反叛。等把银子运到江苏,对面的商人看过银子,觉得没问题之后,再把茶叶拿到手,运回北方。但这样做的风险太大!

有了票号,张三的交易就好做了。首先,他可以到山西本地的票号分号,把买茶叶的钱存进去,和票号掌柜说要汇到江苏,但票号要先写一张汇票,然后撕成两半,给张三一半,票号拿一半。付1%的汇费,张三就可以带着这一半汇票,轻装赶往江苏了。票号这时候当然也不会闲着,他们会把另一半汇票送到江苏的分号。等张三到了江苏,给茶叶卖方看手中的汇票,让对方发货后就马上得到汇票的一半。卖方拿着这一半汇票,到票号分号去对正另一半,即可提出现银。到此,交易就算完成了。

从这个过程中,我们看到,就跟今天的网购一样,买家、卖家互不相识,买家先付款,怕卖家不发货;卖家先发货,又怕买家抵赖。票号在这个过程中解决了信任问题,提供了双方都能认可的信任,因为山西票号在各地生意做多了后,自己就建立了被广泛认可的信用,充当了"支付宝"的作用。就这样,张三一旦出示汇票,对方就相信他的确已经在票号存好了足够的钱,这笔银子不会缺斤少两,而且自己拿着汇票去票号,一定可以兑出银子。这和现在的支付宝机制是一样的:买家先把钱打到支付宝上,卖家知道后,明白支付宝能为这笔钱安全抵达自己手上提供保障,就会发货。买方收到货,有问题可以向阿里巴巴投诉,没问题就签收。等双方的问题解决好,钱再从支付宝转到卖家处。

票号发展到后来,也提供存款和放贷业务,因为如果你经常和票号打交道,是票号的熟客,票号还可以给你信用贷款,也可以吸收你的存款。比方说,买茶叶的最好季节到了,但张三的应收账款很多,暂时还收不回来。如果他不想失去这个商机,怎么办呢?张三可以跟平时相熟的票号商量好,让江苏那边的分号先把钱垫上,过几个月再把垫的钱加上利息和汇费,一起还给票号。这种转变,就跟今天阿里巴巴先做支付宝,然后转变到余额宝一样。或者说,是阿里巴巴复制了当年票号的做法。

山西票号是如何推广的？

那么，是不是有了业务需求就能发展出遍及全国的票号网络呢？当然不是！特别是对于跨地区汇兑这种业务，信任是非常关键的前提。没有跨地区的信任网络，金融业务就难以跨越疆土。

就以我的湖南老家为例。票号起源于山西，但如果不能在其他各地立足，其业务就很难发展，一个巴掌是拍不响的。那么，票号来到湖南的经历是怎样的呢？1825年，康绍镛从广西调到湖南当巡抚，来做省长。他是山西兴县人，当时属于太原府，今天隶属吕梁市。在他调来之前，湖南只有4家票号分号。他在湖南巡抚的位子上干了五年。短短五年间，当地票号增加到16家，是之前的4倍。其中，扩张最厉害的，是太谷县的4家票号，而太谷县当时也属于太原府。这4家票号，分别叫锦升润、大德川、三和源和大德玉，大股东是太谷县的常家。常家后来在1923年编纂了一本家谱《常氏家乘》，记载了祖上和康绍镛交往的故事。

1830年，康绍镛离开湖南，调到工部。之后的三十年里，湖南的山西票号只增加了5家。票号在湖南发展的另一个黄金年代，要等另一位山西人的到来。1861年，山西汾州人白恩佑调到湖南当学政。汾州和太谷一样，也是山西票号集中的大本营。学政管教育，主持一个省的科举，管理一个省的学生，影响力很大。白恩佑自己也是有名的文人雅士，他的山水画很有名气。他在湖南只待了三年，但这段时间，湖南的山西票号多了5家，增量跟之前三十年里一样多。白恩佑1863年调走后，一直到辛亥革命，湖南的省级层面都没有山西官员。而这几十年，票号的数量也没有增加。

所以，在将近一百年的时间里，山西票号在湖南的发展有一个特点：有山西官员的时候扩张快，没有山西官员的时候扩张慢。

这个现象是否只是湖南的特色呢？

第21章
票号与钱庄的兴衰

苏州府、松江府的故事

江苏、浙江历来都是经济重镇，贸易都很发达，但是，江苏的票号数就远多于浙江。就以苏州府和松江府两个府为例，其中松江府位处今天的上海市内，有一个人发挥了重要作用，就是山西徐沟人乔松年。徐沟县当时归太原府管，现在是太原市。乔松年20岁就中了进士，30岁当上松江知府，之后为苏州知府。清朝时期，苏州是江南地区最繁华的大都市。当时国内有三条很重要的商路：一条从东北，通过海路到广州；一条从北京通过京杭大运河南下，然后再通过赣江水路到江西等各个省；还有一条是横跨大半个中国的长江商路。这三条商路都交会于苏州。所以，当时的苏州知府管着全国的贸易流动。后来，乔松年又被调去扬州，做两淮盐运使。垄断食盐是古代朝廷很重要的一块收入，而当时两淮又是全国大部分食盐的来源地。再后来，乔松年又任江宁布政使。

乔松年在江苏任职期间的1853—1863年，也是山西票号在苏州和松江一带发展最快的十年。苏州原来有7家票号，十年之后增加到11家；松江府更多，从9家增加到23家。对比一下，在乔松年离任后的三十年，苏州城只增加了3家票号，松江府只增加了5家票号，都比不上前十年的扩张速度。

相比之下，浙江的杭州府也是商业重镇，但是，在1823—1911年几乎没有山西籍官员去那里任职，杭州的山西票号数即便在最多时的1883年，也只有6家，不及松江府同期票号数的1/4。

实际上，香港大学马驰骋教授和他的同人，通过对全国各省的量化历史研究发现，湖南、苏州、松江的经历并不特殊，而是全国范围内的普遍现象：当地有山西籍高官任职，比如总督、巡抚、知府等，都对山西票号在当地的扩张有正面影响。这些历史经历我们当然似曾相识，为什么呢？

要　点：

1. 丝绸之路贸易的发展催生了山西票号，长途贸易的需求是票号兴起的主要原因。具体来说，票号提供方便的汇兑服务，在交易中间充当可信的第三方，后来也为一部分客户提供了贷款和存款服务。
2. 在现代跨地区市场体系建立之前，不同地区之间的商人信用网络还没有建立，这尤其挑战异地金融交易的发展。"同乡"尤其是做官的同乡成为跨地区扩展业务的商人最自然的选择。山西票号在全国的扩张受益于山西籍官员的帮助，"朝中有人好办事"。当地有山西高官，票号扩张的速度就会加快，这使山西票号网络快速膨胀。

思考题：

- 你可能听说过，丝绸之路是从汉朝慢慢开始发展起来的。但是，票号是明末清初才开始出现的。在票号之前的一千多年里，丝绸之路上的长途贸易是怎么解决交易支付问题的？是靠什么解决"你不发货，我不付款""你不付款，我不发货"的挑战的？在今天的"一带一路"上，这些挑战怎么解决？不同货币的存在会带来什么问题？

>>> 21.3 票号的衰落和教训

上次讲到，山西票号是因为跨地区贸易的增长而快速发展的，同时也是因为山西官员在不同地区任职之后都很帮忙。那么，为什么今天你看不到票号，它们后来怎么消失了呢？有一点是很显然的，就是鸦片战争之后，清朝贸易总体上升了很多，特别是20世纪内地贸易和外贸都有增长，所以按理说，对票号业务的需求只会增加，而不是减少。

为了理解这一点，我们上次说到，票号在湖南省有两个黄金发展时段。在两个时间段里，湖南都有山西官员任职。到1863年，整个湖南有27家票号分号。而不远的福建，情况就很不一样。福建是贸易大省，康熙年间就向东南亚三十几个国家进口大米，还向日本出口砂糖换取白银，福建华侨遍及东南亚。鸦片战争之后厦门、福州成为通商口岸，福建贸易量更是大增。福建贸易也不只是与海外进行，也需要跟内陆连通，否则无法得到那么多货物。按理说，贸易量这么大，福建对票号服务的需求应该也很大。但是，即使是票号总数最多的1880年，福建也只有12家分号，还不到湖南的一半。怎么解释这一点呢？

重要原因之一当然是在福建的山西官员很少，特别是1851年以后，福建高级官员里没有一个山西人。但是，这不是票号之后衰败的原因。

☯ 票号走向过度依赖官方业务

跟政府关系太紧是票号走向衰败的核心起因。1851年，太平天国运动开始，1852年太平军进军江南，长江航路阻断。到1853年，当时贸易最多的江苏省和福建省，船只大部分歇业。原本往来各地的贸易商也纷纷逃难。南北交通断绝以后，南方各省收上来的税赋没有办法向北运输，而政府打仗又急需用钱，情况非常紧迫。当时能把这么多钱从地方发往中央的，只有资本雄厚的山西票号。在此之前，朝廷是禁止各省委托票号向中央运送税赋的，但形势比人强。1861年，朝廷本来应该收到七百万两白银的税，但在战乱的影响之下，实际只收到一百万两。别无他法。1862年，朝廷下达命令，让各省找资本充足的票号，尽快把税款汇往京城。对票号来说，帮地方往中央汇兑税款是大生意，但福建当时没有任何一位山西籍的官员，没能抓住这个好机会，影响了票号在福建的扩张。

但是，上面的发展给票号带来了深远的影响。一是从票号帮政府汇兑税款开始，票号和政府的利害关系就深深地纠缠在一起了。政府好，票号也好；可是，清政府一垮台，票号也很快衰败了下来。1911年清廷垮台时，全国有26家票号，到1921年就只剩下4家了。票号除了帮地方政府向中央汇兑税款，跟政府的业务往来还包括贷款给政府和帮助官员隐瞒财产。八国联军攻进北京，慈禧和光绪帝向西逃难。由于行程匆忙，身上的钱不能满足开支，而等其他省送钱又来不及，只能在路过山西时向票号借款。后来朝廷暂时安顿在西安，又多次向在西安的票号分号借款。这些借款无疑在后来拖垮了一些票号。

在帮助官员隐藏财产方面，民国时期，有人采访清朝时期的一位票号掌柜。按掌柜的说法：清朝晚期，一些王公贵族、高官都有自己的专用票号。按他们的合法收入，完全没法解释为什么自己可以拥有几十万甚至上百万两白银。这些钱只能存进山西票号，信誉好，而且守口如瓶。票号老板对王公贵戚的行径心知肚明，而这些人也把票号老板视作心腹。很多话没法和妻子儿女说，但是可以和票号老板说。山西票号和清政府利益的联系如此之深，清朝灭亡时自然要受到冲击。

☯ 票号不能适应海洋贸易和外国银行的挑战

票号在清朝倾覆后衰败的另外一个原因，是没能抓住海洋贸易的机会。山西票号本来就是伴随陆地贸易出现的。明代末年，山西就有了晋商。他们在当地种粮食，然后运到北方边境交给政府，换取政府开的食盐专卖许可证。然后再长途旅行到江苏，领取食盐之后，再运到山东、河南这些地方出售。到了清朝，山西商人走得更远，南下到湖南、福建收购茶叶，然后北上，运到内蒙古和俄罗斯销售。分号遍布天下的山西票号，能够为这些陆上贸易提供很好的金融支持。

但是，鸦片战争之后，中国逐渐开放，融入世界市场。增长最快的是海洋外贸，通常经过通商口岸进行。而占据这部分汇兑生意的主要是外国银行和钱庄。比如，厦门和福州成为通商口岸后，外国洋行在那里大量收购茶叶，然后打包出口到欧洲。汇丰银行在厦门开了分行，大买办叫叶鹤秋。他

第21章
票号与钱庄的兴衰

的弟弟——叶谅卿，开设了当地最大的钱庄源通银号。外国银行以及跟银行密切关联的钱庄，占据了厦门市场。

山西票号这时候在干吗呢？上面我们谈到，太平天国期间票号开始帮政府汇兑税款，这些油水高的业务使票号失去了参加海洋贸易竞争的动力。除了继续经营以往的内陆生意，票号资金平时都存在钱庄中赚利息差，钱庄可以随意动用这些资金。叶谅卿的钱庄，号称一年可以周转五十万两白银，很大一部分是票号的钱。在快速发展起来的国际贸易中，票号没有什么作为，而是让给了外国银行和钱庄。到19世纪末期，如果一个英国商人在厦门买茶叶，他首先会找汇丰或其他外国银行，从自己的账户开一张支票，由于这些银行的支票在口岸通用，信用很好，中国商人在收到支票后，也会找更熟悉外国银行业务的钱庄，让钱庄帮忙兑现。在整个交易过程中，票号除了充实钱庄的资本，并没有发挥作用。

除了与政府关系过于密切、没有抓住海洋贸易的机会，票号衰落的第三个原因是现代银行的冲击。除了外国银行，清朝末年在国内成立的现代银行也是票号的直接竞争对手。1897年，盛宣怀组建中国通商银行。盛宣怀叮嘱董事会：一定要尽力招揽政府和商人的汇兑生意，哪怕亏本也要做。并且点名要和山西票号直接竞争。1904年成立的户部银行，政府直接出了章程，要求有户部银行分行的省份，地方向中央上交钱款，必须通过户部银行汇兑。这笔生意之前是票号占大头，现在直接被国有银行接管了。

票号内部也有人意识到了形势严峻。当时的一位分号掌柜写了一份报告，提出两点：一是户部银行和各省自己办的银行，争夺政府资金汇兑的业务，导致票号这部分业务一下丢了一半；二是外国银行的存款利息更高，导致存款纷纷从票号流到外国银行，票号可以利用的资本因此减少了六七成。报告还特意警告说：等哪一天外国银行的分行开遍全国，无论是贸易业务，还是官员士绅的存款，都要被外国银行夺走。

票号内部有人尝试改革，但没能成功。当时有家很大的山西票号，叫蔚字五联庄，由五家实力不错的票号联合组成。辛亥革命之前，其北京分号的掌柜李宏龄给总号写信，提议将蔚字五联庄改组成现代银行。但是，大掌柜害怕改革之后，自己的权力变小，于是给各个分号写信，说李宏龄改组的提议完全是为了他的一己私利，大家不要理会。大掌柜带头反对，改组的努力只能是失败了。就这样，山西票号走向了衰落。

要点：

1. 山西票号衰落的原因之一，是和政府纠缠太深，导致政府垮台之后，票号也跟着衰败了。而之所以会这样，是因为太平天国运动期间票号得到了汇兑政府税款的业务，这笔业务使票号的收入太好，让它们失去了适应新增长的动力。
2. 票号没能抓住鸦片战争之后兴起的国际贸易这个机会快速发展，而外国银行和钱庄抓住了。山西票号以陆路贸易起家，对海路贸易不熟悉。福建的例子也说明了这一点。
3. 票号面临现代银行的激烈竞争。尽管票号内部有人意识到了改革的必要，但最终没能成功。所以，就如其他行业一样，金融业也必须时时刻刻与时俱进。

思考题：

- 当时，山西票号面对海洋贸易和外国银行的到来，就如今天的传统银行面对互联网、互联网金融的挑战一样。马云等人说传统银行会很快像恐龙一样消失。你怎么看在互联网金融的挑战下传统银行的命运？这些银行会重复山西票号的经历吗？如果要避免山西票号的衰败，传统银行和证券公司该如何调整呢？

延伸阅读
Extended Reading

金融通识课

晚清政府扶持了一批公有银行,中国现代银行出现。到 20 世纪 20 年代,中国现代银行业形成崛起之势,但即使在这个时间点,钱庄仍然保持着相当广大的金融市场,使得自认为采用了先进的管理方法的现代银行精英们都有相形见绌之感。

为何形式原始的钱庄反而胜过了现代银行?马寅初等学者经过一番调查后总结了钱庄相对于银行的诸多优势:首先在于手续简便、不用抵押品,而"中国商人,以抵押借款妨碍体面,所以均愿与钱庄往来",用经济学来说就是钱庄更能减少交易成本,无论是实际上的还是心理上的;其次在于数额灵活,"银行放款数目较大,数目小者,不甚欢迎。钱庄放款,数目随便,数百上千元均可";最后,钱庄的认可度更高,银行所发支票,并没有像钱庄的庄票一样"得社会之信仰",在国际贸易中也"能在洋行出贷"。

这里有一个让我们吃惊的结论,钱庄初期接受度更高的重要原因之一竟然就是其约束的非正式性!我们知道繁杂的手续虽然耗费时间,但能依靠正式的契约、抵押来减少不确定性。商人们却认为这种正式的关系不是保证信誉,反而是对信誉、对"体面"的损害。非要把自己的东西作为抵押,像是交换人质一样拿到一笔钱,反而体现不出银行对于自己的信任,儒家传统下的人不适应生活在这种关系中,因此更加习惯于找钱庄。

当然,钱庄相对(国有)银行的一个大优势还在于民企相对国企的优势:

不像银行官员更多的是面对晋升的激励，只与大企业合作，民企在激烈的市场竞争中，抱着赚更多钱的想法，自然会服务到每一个可以赚到钱的顾客，从而满足了中小企业的金融需求。

但一切历史都在演变中，现代社会在本质上变得更加陌生化，社区内的信任无法扩充到陌生人群中，无法适应全球化的竞争，因此钱庄长时间的业务发展难以打败建立在正式关系上的银行。传统儒家的观念也已经不再是指导人们社会经济生活的有力工具。我们能从两者竞争中发现，更加现代化、自由竞争的金融市场才是未来的主流。

但不管是与陌生人的交易，还是契约关系的建立，从古到今没有变化的就是"信用"。这是金融最基本的逻辑。只不过现代人与古代人，所能信赖的、依靠的东西在随着时代而变换。

Chapter 22

第 22 章
银行是什么？

>>> **22.**1 晚清银行：金融现代化的起源

几年前，一位银行行长说："企业利润那么低，银行利润那么高，所以有时候我们利润太高了，自己都不好意思公布。"对这一发言的解读万千，但有一点是肯定的：人们对银行的兴趣因这一句话而大大提升了。为什么银行会这么赚钱？如果银行赚得太多，对中国经济、对家庭财富增长、对个人创业会带来什么影响呢？为了搞清楚这些问题，我们追根溯源，从中国银行业的来历谈起。

如今，中国银行业包括你熟悉的工、农、中、建、交这五大国有银行，招商、民生等股份制银行，地方性小银行，包括汇丰、花旗等外资银行在国内开设的机构。最近几年也出现了新潮，那就是民营银行热。阿里巴巴、腾讯、百度、小米等知名民营企业纷纷牵头设立银行，很多人都说，中国将迎来民营银行蓬勃发展的时代，它们的技术优势、资金实力和市场口碑，将会让新的民营银行快速占领市场，成为生力军，解决民营企业和中小企业的融资难问题。

那么，这一波新潮会发展到哪里呢？在这一波热潮之前，国内只有民生银行一家半民营银行，这还是 1996 年由全国工商联牵头设立的。民营银行就这么难搞吗？我们来看看历史能给我们哪些可以借鉴的地方。

银行是舶来品，在鸦片战争后进入中国

中国原来没有银行这回事，那还是鸦片战争之后的事情。1842 年鸦片战争结束，根据中英签订的《南京条约》和《中英五口通商章程》，广州、厦门、福州、宁波、上海五个口岸开始通商。1845 年，英国的丽如银行（Oriental Banking Corporation）在香港设立分行，并在广州开设代理处，随后又在上海设立分行，这是第一家在中国设立机构的外国银行。

1900 年之前，英国的麦加利银行、汇丰银行和有利银行，法国的东方汇理银行、德国的德华银行、日本的正金银行，俄国的华俄道胜银行等，都在中国设立了分行；从 1900 年到辛亥革命，又有美国的花旗银行、比利时的华比银行、荷兰的荷兰银行、日本的台湾银行等相继在中国设立分行。到清末，在华设立营业机构的外国银行不下 40 家。经过改组、清理，到 1912 年还有 11 家在营业；到 1936 年，也是全面抗战的前一年，仍在中国营业的外国银行有 30 家。

这些外国银行的名字大部分都在中学近代史课本里以负面形象出现过。从某些角度说，这正说明了它们在中国的影响力之大。从 1865 年到 1930 年，中国的历次外债基本都是通过外国银行借的；所有铁路，几乎全是依赖外国资本修建的，而铁路借款，基本是从外国银行或者银团贷款的。汇丰银行、德华银行、华俄道胜银行是中国关税的存储保管者，加上东方汇理银行和横滨正金银行，这五家银行是中国盐税的存储保管者。它们给中国政府提供的几笔贷款都很巨大。

我们可以换个角度想一下，对内忧外患的清政府而言，能够通过外国银行借款，无论是要镇压叛乱还是加快国内建设，都是上佳的选择。比如，我

第22章
银行是什么？

们之前谈到左宗棠收复新疆的故事，从 1874 年到 1881 年，左宗棠湘军累计花费 5230 万两白银的军饷，用以粮食供应、武器购买、长途跋涉等，这笔军饷是湘军获得胜利的重要原因之一。其中，1877 年，左宗棠从汇丰银行借款 500 万两，分七年偿还；1878 年，左宗棠借款 350 万两，半数借自汇丰银行。如果没有汇丰银行的借款，左宗棠能收复新疆吗？

另外，无论是应对危机还是推行改革，外国银行都提供了关键支持。还是以汇丰银行为例。20 世纪 30 年代初，在当时上海的金银市场上，汇丰银行拥有充足的外汇，还库存了数量庞大的白银，能左右市场价格。当 1934—1935 年中国发生货币危机时，汇丰银行力挺上海汇市。1935 年 11 月国民政府实行币制改革、放弃银本位，汇丰银行带头把库存的数千万银圆移交给中国中央银行，换取中国的纸币——法币，对于国民政府币制改革的成功起到关键作用。

所以，近代外国银行对缺乏现代金融手段的中国具有重要的意义。

中国的银行在与外国银行的竞争中诞生

正如以前谈到的，中国本土原来的金融主体是钱庄和票号，没有真正意义上的银行。正是外国银行在鸦片战争后的到来，才催生了中国自己的银行。

清朝光绪二十三年（1897 年）4 月 26 日，中国的第一家银行——中国通商银行成立，这是由盛宣怀向户部借银 100 万两，仿照汇丰银行的章程合股创办的。清朝之所以创立这家银行，一是为了与外国银行竞争，二是发展中国的对外贸易。

1904 年，户部试办银行成立，1908 年更名为大清银行，辛亥革命之后称为中国银行，这就是现在的中国银行的前身。户部试办银行在设立之初有两个使命：总揽金融、推行币制。俨然是一家中央银行。1907 年，邮传部奏请清廷，设立交通银行，最初是为了掌握轮、路、电、邮四政回收利权。"民国"三年修改章程，受政府之委托管理金库、掌管国库金、专理国外款项及承办其他事件，也受政府之特许，发行兑换券，所以也有国家银行的性质。

1928年之前，中国银行和交通银行被当作中国的中央银行。1928年冬天，位于上海的中央银行成立，中国银行变为国民政府特许的国际汇兑银行，交通银行变为特许实业银行，致力于全国实业的发展。

上面都是官办的银行，也是我们今天熟悉的国有银行的前身。为什么中国最早的银行都是国有的，而不是等到计划经济时期才国有呢？这一方面是我们的文化中对商人赢利动机的怀疑，认为私人办银行信不过，只有官办银行才信得过，就跟洋务运动本身也先是"官办"，等官方办不下去才"官督商办"一样，银行也必须先有政府的信誉。另一方面对于银行这种新鲜业态，当初被认为不确定性太大，传统中国商人未必愿意冒险。

在国有银行经营一些时日之后，银行业开始对商人开放，私人也效仿办起民营银行。早在清末1906年，商人周廷弼就筹集资本50万两，在上海设立了信成银行，这是中国第一家民营银行，比民生银行整整早了90年。此外，还有与交通银行同年设立的浙江兴业银行，1908年设立的四明银行和1909年设立的浙江实业银行。1912年之后，银行大量设立，其中以上海最多，天津次之。

1927年南京国民政府成立后，中国进入经济快速发展的"黄金十年"，许多银行出现。从1928年到1935年共新设银行129家。到了1936年，中国本土银行有160多家，大致可以分为三个体系：一是四大国有银行：中央银行、中国银行、交通银行和中国农民银行；二是规模较大的七家民营银行："南三行"——上海商业储蓄银行、浙江兴业银行、浙江实业银行，"北四行"——盐业银行、金城银行、中南银行、大陆银行；三是其余的150多家小型民营银行。三者的存款占比分别是将近59%、18%和23%。到1936年，外国银行在华的存款份额只有中资银行的1/4左右。

我特别想强调的是，"南三行"和"北四行"是中国民营银行的杰出代表，它们紧跟时代步伐、持续创新业务、强调服务社会、重视人才培养、营造企业文化。它们的成功证明民营银行不可怕。

如果没有这些现代民营银行的支持，中国的早期工业化和民族工业的发

第22章
银行是什么？

展能够那么顺利吗？

早在1934年，吴承禧先生在《中国的银行》这本著作中说道："一般来说，近代新式银行的发展乃是伴着产业发展而来的一种并行的产物：产业的发展促进了银行业的发展；而银行业的兴盛与集中，又反作用于产业，使其兼并扩大，二者的关系是非常之密切的。"当时，几乎没有一家工业企业不向银行借款，几乎没有一家国货工厂不是由银行信贷扶植壮大的。1936年，金城银行对工矿企业和铁路的贷款占总量的42%，浙江兴业银行达到62%。所以，如果没有民营银行的信贷支持，早期工业化企业就可能陷入困境而难以生存。

有意思的是，中国银行业的起源是国有银行，然后才开放民营银行的发展，而现在我们又是在经历了多年只有国有银行的局面之后，才再次开放民营银行的发展。历史不只是停留在书本里。

要 点：

1. 银行是舶来品，在鸦片战争之后开始进入中国，1845年丽如银行在上海设立分行，是中国出现的第一家现代银行。直到20世纪30年代初，以汇丰银行为代表的外资银行一直在中国银行体系内占主角地位，对整个金融体系有举足轻重的影响。

2. 中国第一家自办银行是1897年成立的中国通商银行，由盛宣怀创办。此后，户部银行、交通银行等相继成立。再往后才开始出现民营银行。辛亥革命后，银行大量设立，到1936年，中国本土银行达164家，其中四家是国有银行，其余是民营银行。

3. "南三行""北四行"是中国民营银行的代表，有力地支持了早期工业化和民族工业的发展。1937年之后，随着日本全面侵华和国共内战，中国的政治、经济和社会发生了翻天覆地的变化，银行业也不例外。

> **思考题：**
>
> - 国有银行早在晚清就已出现，但在清末以及民国时期，总体是民营银行唱主角。可是到了 1978 年改革开放之后，国有商业银行慢慢恢复，民营银行却没有开放。1996 年成立的民生银行实际上不完全是民营，最近由腾讯、阿里巴巴等参股设立的民营银行也只是在"试点"。为什么推出民营银行这么艰难呢？原因在哪里？

>>> 22.2 间接融资与直接融资

不管是在政府文件和领导报告中，还是在媒体和专家讲话里，都说要"提高直接融资比重"。既然官方多年来都这么强调，那就说明"直接融资比重"高是好的，是政策目标，但是很难实现。那么，直接融资和间接融资到底是什么意思？为什么提高直接融资比重那么难呢？

间接融资就是金融中介化

南昌的小伙子张三是白领，他以前没有学过金融，也没有投资管理的经验，但是每个月有两万元剩余收入，需要将其投资理财。而在武汉的李四几年前开始创业，做高端制造，现在销售订单增长很快，需要更多资本投入，抓住机会大发展，以便尽快实现公司上市的目标。

这时候，如果张三把每个月的两万剩余收入直接投资给李四的公司，那么，李四的公司就是在"直接融资"，是通过发行李四公司的股权或者债权给投资者张三，从张三手里直接融到资金。当然，李四公司也可以通过其他金融工具从张三手里直接融资，但核心仍然是资金需求方跟资金供给方直接

第22章
银行是什么？

进行交易。交易过程中可能有朋友或者投资银行人士牵线介绍，要给他们支付佣金，但整个投资的风险完全由投资者张三自己承担。所以，张三需要有专业能力做自己的判断，有经济实力承担风险，也要有时间去跟踪、监督李四公司的方方面面。比如，如果李四公司出现欺诈或者违约，张三知道如何保护自己的权益，能够请律师去保护自己的利益，等等。

可是，张三说他不仅没有时间去跟踪、监督，也没有专业知识去自己挑选好的投资项目，去分辨李四公司的好坏，更没有实力自己去找律师打官司，也不愿意承担风险，等等。作为普通白领，张三怎么可能有那么多资源和精力去确保自己的利益不受损呢？如果直接投资不可行，张三该怎么投资理财呢？

张三当然可以把钱储蓄在银行，由银行向张三保证几个百分点的回报，然后张三就不用管了，由银行把他的两万和千千万万个其他存户的钱汇集在一起，向李四的公司提供所需要的贷款。就这样，李四公司从银行融到资金，只跟银行打交道，而不是直接跟真正的出资方——张三打交道，所以，这种融资方式被称为"间接融资"。这里，银行就成了金融中介。

从张三和李四的例子中，你可能会有这样的问题：银行是否只是起到"媒婆"的作用呢？为什么全社会的间接融资规模远大于直接融资？

一般来讲，每个社会都有很多人和机构有剩余资金，需要投资出去，而同时又有很多企业和个人、家庭缺少资金，需要融资。金融市场的基本功能就是把这两方面的主体撮合到一起，实现资金从盈余的一方到短缺的一方的转移。而实现这种交易的方式就是上面讲到的两种：直接融资和间接融资。

现代银行跟传统钱庄和票号不同，属于有限责任公司，由自己的股东资本作为基础，让张三这样的存户把资金存放在银行，由银行去决定这些汇总的资金应该投资给哪些有需要的经济主体，并且赚取贷款收益跟支付给存户的利息之间的差值，也就是说，银行赚取这个利差。贷款风险和投资风险都由银行承担，张三这些存户只有在银行出现破产时才会面对风险。

比如，中国移动从工商银行获得 100 亿的贷款，这 100 亿并不是工商银行自己的本金，绝大多数是来自个人和企业在工商银行的存款，中国移动只知道自己从工商银行贷了 100 亿，并不清楚这 100 亿是来自张三的两万、王五的一千还是五粮液集团公司的 20 亿等，只要按合同还本付息就是了；而张三、王五等人和五粮液集团公司，也不清楚自己存在工商银行的钱是贷给了中国移动、贷给了李四公司还是被用去买国债做投资了，只要存款安全并得到利息就行了。

商业银行、信用社等被称为金融中介，它们促进了资金盈余方和资金短缺方之间的资金流通。利用金融中介机构进行的间接融资过程被称为金融中介化，尽管媒体更加关注证券市场，尤其是股票市场，但是，对公司和家庭而言，金融中介机构是比证券市场更重要的融资渠道。在中国如此，在欧洲国家也是如此。在许多国家，企业主要的外部融资是银行以及其他非银行金融中介所发放的贷款，德国、日本和加拿大都占融资总量的 70% 以上，中国更是超过 85%。

☯ 金融中介和间接融资为何重要？

那么，间接融资为什么是各国的首选呢？这主要涉及金融交易的安全度的问题，直接融资对信任以及各方面制度的要求最高，就像张三的考虑所反映的那样。今后我们再慢慢谈这些问题，在这里，我们先从交易成本、风险分担和信息成本三方面来解释张三的逻辑。

首先是**交易成本**，指的是进行金融交易所耗用的时间、金钱和精力，这是像张三这样的个人或机构所普遍面临的问题。比如，要聘请律师起草投资或借款合同，既要付律师费又要花很多时间。银行这样的金融中介可以大幅度降低交易成本，它们不仅有专门的人才和工具降低成本，而且有明显的规模经济好处。银行的资金多，每笔贷款可以很大，能节省很多成本。

第22章
银行是什么？

其次是**风险分担**，就跟张三一样，绝大多数机构和个人不通晓各行各业，如果他们直接投资企业，会面临很大的风险，而通过银行就不同了。一方面银行把每笔贷款的风险分摊给众多存户，实现了投资的多样化，让每个存户几乎感觉不到风险；另一方面银行的专业能力和规模经济让它有更高的投资水准，这也帮助降低了风险。

最后就是银行比个人和非专业机构更能解决信息不对称带来的挑战。在金融市场上，交易的双方往往互相不了解，就是所谓的双方"信息不对等"，这对出资方尤其不利，容易被骗。比如，对李四公司的潜在收益和风险，李四是知道的，比任何人都更知情。在这种情况下，就容易出现所谓的"**逆向选择**"：如果李四公司的确很好，他要么不愿意把股权卖给别人去融资，要么就在亲戚朋友内部借钱了，肥水不流外人田；而如果李四公司不好、风险很高，他更可能对外出售股票或者从银行贷款，并且愿意承诺30%甚至更高的贷款利率。当然，像华为这样的好公司看到这种高利率，是不会在金融市场上玩的。所以，就出现了逆向选择的局面：只有坏公司去金融市场融资，而且越坏的公司，越容易得到贷款，又是"劣币驱逐良币"。

要避免这种情况发生，就需要专业技术和经验。而在这一点上，银行当然比个人和非专业机构更有优势，况且银行掌握更多资源，形成了对坏公司行为的威慑。

以上这些原理是银行等金融中介的重要性的来源，如果交易成本等问题能被解决，银行的重要性自然会有所降低。随着信息技术和金融体系本身的发展，尤其是各种大数据被利用之后，金融市场上信息不对称问题的严重性在下降，这使直接融资变得更容易，企业发行股票和债券融资的空间会更大，相应地，银行在金融体系中的重要性就会减弱。在过去20多年里，信息技术不断发展，由此使美国银行贷款在社会融资中的份额逐渐下降，这一趋势在中国和其他国家也在继续。

要点：

1. 直接融资指出资人和用资人之间直接进行的融资安排。即使有金融机构在双方联络间发挥作用，只要风险后果是由出资人直接承担的，就属于直接投资。如果是出资人把资金通过银行，由银行再投向用资人，并且风险后果由银行承担的融资交易，就称作间接融资。
2. 在世界各国，企业外部融资以间接融资为主，银行等金融中介所发放的贷款唱主角。间接融资之所以最重要，是因为银行等金融中介能利用规模经济降低交易成本、分摊风险、减少信息不对称的后果。
3. 金融中介机构帮助提高经济效益，因为它们帮助把资金从储蓄者手里配置到好的投资项目或家庭。如果没有运行良好的金融中介机构，社会上很多剩余资金就没地方可去，有潜力的项目也得不到发展所需的资金。

思考题：

● 银行能够把存户的资金做全权贷款、投资安排，并且承担贷款投资的风险后果，赚取贷款收益跟存款付息之间的利差。过去多年里，存款利率、贷款利率一直都由央行决定并控制着，所以，给谁办银行的牌照就等于给谁印钱的特权，而且央行基本决定了各银行能赚多少钱。在这种情况下，如果银行赚钱太多，到底是金融市场的责任还是管制的责任？如果要改变金融行业赚钱太多的局面，应该是强化监管还是反之呢？

>>> 22.3 金融体系差异：英美为何以资本市场为主？

为什么有的国家以银行为主，而另一些国家则以资本市场为主？以银行为主的金融体系又有什么不好呢？

如果你经常看一些省电视台的新闻节目，你可能已经发现了一个现象：省委书记和省长都很忙，每天那么多活动，涉及政策学习、人事安排、经济民生、社会稳定等方方面面。一个大型企业的董事长要去拜访省委书记或者省长，除非是承诺在当地有巨额投资，否则不容易被接见；而一家全国性银行，无论是国有银行还是股份制银行，董事长或者行长到某个省考察，基本都会与省委书记、省长会见，并且承诺投入信贷资源支持当地经济，甚至具体到支持地方融资平台或者当地重大项目。

为什么银行董事长和行长会受到省领导的热情接待？因为银行在中国金融体系中是绝对主角，银行的信贷资金是地方建设项目能否开工、宏伟GDP目标能否实现的关键。如果没有银行的支持，地方经济发展，特别是基础设施和重大项目就难有作为。

当然，这就引出一个问题：以银行为主的金融体系究竟好不好呢？

◉ 以银行为主体的金融体系导致创新不足

让我们先看一组数据，2016年年末，中国社会融资规模存量156万亿元，其中贷款余额105.2万亿元，非金融企业境内股票融资5.8万亿元；2016年当年社会融资增量17.8万亿元，其中贷款增量12.4万亿元，非金融企业境内股票融资增量1.2万亿元，其他的包括影子银行债务和私募股权融资。在中国的金融体系中，银行贷款占到了社会融资总量的70%，前些年更是达到85%左右，而股市融资还不到社会融资总量的4%。以银行为主体的特点显而易见。

除中国，日本、德国、意大利等其他欧洲大陆国家的金融体系也都是以银行为主，而只有美国和英国的金融体系以资本市场唱主角。在英美，银行当然也重要，但包括股票和债券在内的资本市场更重要。也就是说，到目前为止，只有普通法系的英美才做到以资本市场为主，而像中国、日本、德国等这些成文法系国家都以银行为主。

那么，以银行为主体的金融体系会带来哪些特点呢？

首先，不利于创业、创新。正如我们之前多次谈到的，之所以要推出银行存款保险，要有"大而不能倒"的政府干预，并且强化银行监管，就是因为银行一旦出现风险事件就会威胁社会稳定，甚至整个经济。正由于创新和创业都包含大量风险，因此，创业阶段的企业、以创新为主的公司自然是银行不能碰的，得不到银行的贷款。虽然本届政府鼓励"大众创业、万众创新"，但创新在经济增长中扮演的角色还几乎微不足道。因为同样的原因，日本、德国、意大利、法国等也不以创业文化和创新能量而出名，这些国家的创新基本以改良为主，但很少带来全新的技术革命。

其次，政府主导型的经济体更会发展出以银行为主的金融体系。以中国为例，到2017年，大型商业银行5家，股份制银行12家，这17家银行占整个银行业资产的比重超过55%，几年前这个比重还超过80%。由于社会金融资产绝大多数都集中在银行，而整个银行业资产又高度集中在这17家银行，并且都是政府管控的银行，这自然为政府调控经济提供无二的便利。相比之下，资本市场中，金融资产由数千万甚至数亿的投资者自己拥有、自己管理，资产配置权分散在数亿投资者手中，每个投资者有独立的决策权，不一定会听从政府的安排。

因此，以资本市场为主的金融体系跟政府主导型经济体难以兼容。政府主导型经济体不容易给资本市场足够空间，必然会演变出以银行为主的金融体系。从这个意义上来讲，经济由政府主导、金融体系以银行为主、增长靠投资拉动——这些都是中国经济体系里互为依赖的必要构件。以前我们谈到，2008年金融危机之后，面对国际需求的断崖式下降，中国政府为了保增长，出台了4万亿经济刺激计划，各地方政府也纷纷出台自己的刺激计划，主要是进行一些"铁公基"和房地产投资项目。而如果不是

第22章
银行是什么？

银行控制全社会的金融资产，同时如果不是政府控制各银行，那么，银行提供配套贷款十几万亿是不太可能的，进而那次经济刺激举措就难以实现；2015年以来，面对经济增速的持续下滑，保增长成为政府的首要目标，而具体还是要通过一系列经济刺激政策来实现，以银行为主的金融体系再次提供便利。

之前我们谈到，日本明治维新是自上而下的改革举措，一开始就着力于发展以银行为主的金融体系，这些银行提供的融资便利不仅促使明治维新成功，而且也为"二战"后日本政府主导产业发展提供了方便。德国在19世纪统一之后，在政府主导下大举发展经济，那时期建立的以银行为主的金融体系持续存在到今天。从这些分析中，你看到，以银行为主的金融体系是强调政府对社会资源的主导权的社会所共有的特点；在法律体系上，这些国家都采用强调权力集中、排斥法官裁量权的成文法或者说大陆法系。

资本市场不同

那么，为什么以资本市场为主的金融体系就不一样呢？

首先，在于银行作为吸纳并管理公众存款的金融中介，是老百姓存户的代理人，它们不能承担太多风险。所以，银行在发放贷款时往往要求抵押品，以便降低风险，而抵押资产又偏偏是新创业的公司和聚焦创新的公司所没有的，因此，银行会远离创新、创业的企业。

资本市场则不同，因为资本市场上的投资者是自己管理自己的钱，他们是直接投资，可以通过自己的了解判断选择多承担风险。因此，资本市场更有利于培养创业文化，为创新奠定基础。

其次，由于银行是通过汇集大量资金后集中决定资源的配置，而资本市场是由分布在不同地理位置、处于不同行业和专业领域的千千万万个投资者分散决策自己的投资配置，所以，他们在信息上比银行的集中决策模式占有明显优势。尤其是，创业投资基金、私募股权基金以及个人投资者比银行经理们有更多的激励去找寻最准确、最有价值的信息，并利用这些信息去决定投资。这些优势也使资本市场比银行更能、更愿意冒险，催生一代又一代的新经济。

再次，资本市场有利于资产的价格发现，提升资产流动性。银行贷款资产没有每天、每月的公开定价，而股市、债市等资本市场每天甚至每时每刻都对其交易的资产定价并提供换手机会，为整个经济和社会提供价值评估信号。比如，股市通过连续交易使股票价格实时反映最新的相关信息，让一些行业的股价上涨，另一些行业的股价下跌，以此来帮助人们更清楚地判断哪些行业、哪类企业受欢迎，更有投资价值，哪些行业或企业应该被抛弃。尽管个人创业、私募股权投资、房产投资等不一定与股市直接关联，但所有这些创业和投资的决策都间接受股市发出的价值信号所影响。因此，以资本市场为主的金融体系通过提供这些价值信号，比银行更能提高整个经济的资源配置效率。

最后，在高度监管之下，银行体系里不容易留下"投机者"，但资本市场欢迎"投机者"。新的科技创新想法可能不确定性太大、风险太高，银行是不会愿意去投机的，但资本市场上可能总是有"投机者"愿意去冒险。我们以往总喜欢把"投机"看得非常负面，总要"抑制股市投机"。其实，如果没有投机，就可能只有"股"但不会有"市"，也难以有人为创新埋单。从美国的历史，你可以看到，如果他们也不认同投机，美国也不可能有发达的股权文化，就不会有过去两百年的科技发明史。正是一波一波资本市场"投机热"，才为美国每次大的科技创新提供了资本的支持。美国的创新文化不是由银行体系而是由资本市场催生的。

好啦，中国也好，欧洲大陆国家也好，谁都想要以资本市场为主的金融体系，可是至今，为什么只有作为普通法国家的英国、美国等做成了呢？我们今后会回到这个话题，但有两点是肯定的，一是要有可靠的法治体系；二是支持权力分散、资源配置权分散的制度体系，包括支持"小政府、大社会"的制度文化。否则，法治越不可靠，体制越不到位，就只好以银行为主。

第22章
银行是什么？

要 点：

1. 中国的金融体系以银行为主，资本市场融资占整个社会融资的比重还不到 4%。日本、欧洲大陆国家也以银行为主，而美国、英国的金融体系则以资本市场为主。
2. 政府主导型的经济体往往需要以银行为主的金融体系配合。银行带来的是资源配置决策相对集中，而资本市场的投资决策是高度分散、独立进行的，不一定受政府支配。政府主导型经济和以资本市场为主的金融体系不能完全兼容。
3. 资本市场为主的金融体系更能鼓励创业创新、培植创业创新文化。原因在于资本市场以直接投资为特点，投资决策分散在千千万万个投资者手中，这既有利于承担风险，也有利于汇集各种可能的信息，有助于改善资源配置效率。

思考题：

- 在中国晚清时期，1872 年就推出了股票交易，但直到 1898 年才推出第一家现代银行。可是，一百多年后，股市还在折腾之中长不大，但世界前十大银行中有一多半在中国。为什么即使法治发展不到位也能发展出大银行，但资本市场却不然？

>>> 22.4 银行的风险

如果我问你：在今天的 A 股市场上，哪个行业的股票最便宜？你肯定会脱口而出：银行业！

的确，你可能会觉得奇怪：大家都说中国股市的市盈率很高，大大超过国际水平，但是作为股市权重最大，盈利也最多的银行股，市盈率却很低，市净率也低。

比如说，工商银行的资本、资产和盈利都排名全球第一，被称为宇宙大行。那么，工商银行的市盈率和市净率水平如何呢？用2017年5月的数据，工商银行A股的市盈率是6.2倍；市净率是0.9倍；H股更差，市盈率5.8倍，市净率0.8倍。如果看中国银行，5月A股市盈率6.3倍，市净率0.8倍；H股市盈率6.2倍，市净率0.7倍。那么，股份制银行呢？浦发银行市盈率6倍，市净率是0.9倍；作为城商行的北京银行稍好一点，市盈率7.4倍，市净率1倍。而相比之下，2017年5月，上海证交所股票的平均市盈率是16.3倍，深交所平均市盈率是35.3倍。上交所非银行股的平均市盈率（当前股价与每股收益之比，可以理解成需要多少年才能收回投资）要比银行股高出好多倍！

2016年，全国商业银行当年实现净利润1.65万亿元，而同年A股上市公司的总利润为2.75万亿元，上市银行的利润占了全部上市公司利润的一半还多。既然银行这么赚钱，为什么市盈率和市净率还这么低呢？这是不是说银行股太便宜，特别值得投资呢？

当然，很多机构投资者不这么认为。他们认为，这些银行蕴含着很多尚未暴露的风险，所以股价并不便宜。那么，银行的风险都有哪些？中国银行业真的有那么大风险吗？

🕶 银行的三大风险是什么？

一般而言，银行经营面临三大类风险：信用风险、市场风险和操作风险。什么是信用风险呢？简单地说，就是借款人违约，银行不能收回贷款本金和利息的风险。上次谈到，银行主要的业务是吸收存款和发放贷款、赚取利差，贷款能不能如期收回、能不能完整收回是银行最大的风险。在什么情况下银行贷款会出现风险呢？这包括两种情况：一种是贷款对象丧失了还款

第22章 银行是什么？

能力；另一种是贷款对象虽然具备还款能力，但是不愿意还，想通过不正常手段避免偿还贷款，也就是所谓的逃废债。

银行的信用风险管理，就是通过对贷款申请人进行事前审查和事后监控的方式，确保借款人是经营风险低、信用等级高的机构或个人。许多人认为，信用风险管理，就是要把贷款给最安全、没有风险的企业或者个人，其他事情不用操心。实际情况是，贷款后的监控和出现问题后的贷款处置和清收同样重要。信用风险管理水平高，可以在贷款发放后及时发现借款人的经济状况变化，及时采取措施收回部分或全部贷款，以避免发生损失或者是止损。

银行为了降低信用风险，往往会采取分散化贷款的策略，也就是避免在某个行业、某个区域、某个企业发放过多贷款，避免把所有鸡蛋放在一个篮子里。当然，这些措施主要针对常态化的信用风险。而如果一个国家整体陷入经济衰退或者遭遇危机，造成大量企业经营困难甚至倒闭，就像1997年亚洲金融危机时的泰国、印度尼西亚和韩国那样，或者像最近的委内瑞拉那样，那么，审慎贷款、分散化贷款都不能避免大量贷款者违约。不良贷款就不可避免。

什么是市场风险呢？就是当利率、汇率或者其他资产价格发生变化时，银行交易账户中的资产和负债面临的波动风险。2016年年末，中国银行业总资产超过230万亿，其中总贷款大约为100万亿，大量资产是交易型资产，包括债券、外汇、其他金融品等等。银行持有这些资产是为了交易获利，当这些金融资产的价格变动方向对银行不利时，银行就面临着市场风险。持有的交易资产规模越大，价格变动幅度越高，面临的市场风险就越大。这就要求银行加强对交易型资产的管理和控制，包括限制某些资产的规模、限制交易员买卖资产的头寸，同时也要建立模型，评估和度量市场风险。

那么，什么是操作风险？这是指由不完善的内部操作流程、员工个人和信息科技系统，以及外部事件所造成损失的风险。操作风险是所有银行业产品、服务和活动所固有的风险，银行的运转离不开信息科技系统的支持。如果银行出现技术故障导致不能正常交易或者客户信息丢失、网络被黑客攻陷、后台系统发生故障,都会引发操作风险。此外,员工失误和欺诈也是操作风险的重要来源,会给银行带来风险。

除了三大风险,银行还面临着流动性风险,这个今后再谈。再就是法律风险、声誉风险等其他风险。

中国银行业的风险有多大?

如今,中国银行业的风险状况到底如何呢?

首先,我们看信用风险。衡量信用风险的主要指标是不良贷款率,也就是出现了问题的贷款占总贷款的比例。2016年年末,商业银行的不良贷款余额为15,123亿元,不良贷款率为1.74%。对于这个数字,很多机构认为低估了,有的机构认为目前国内银行的不良贷款至少有5万亿元,不良贷款率远远高于5%;有的机构估计的数字更高。按照波士顿咨询公司的估计,2015年年末中国银行业的不良贷款可能高达9.3万亿—11.6万亿元,而整个中国银行业的资本金(银行股本金额)只有13.1万亿元。无论真实的不良贷款状况如何,大家普遍认为都会远高于官方公布的数字。这样算下来,国内银行的赢利能力可能远低于公开披露的数字,在考虑这个因素后,实际的市盈率和市净率要大大高于公开的数字,因此股价并不算便宜。这些信息的模糊性本身也增加了市场的怀疑,对银行股的评估十分不利。

其次,看市场风险。从2013年年中到2016年年底,中国银行业经历了两次严重的"钱荒",整个银行业间市场的资金短缺,多数银行被迫以很高的利率去到处拆借资金,甚至从中国人民银行申请紧急流动性支持。2013年钱荒最严重的时刻,有的股份制银行一天资金交易的亏损就超过10亿元,这就是市场风险。如果说国内银行在信用风险管理方面已经积累了一些经验,那么在市场风险管理方面还需要更多的积累,风险应对经验和风险管理建模也有一段路要走。

最后,看操作风险。2017年4月,银监会下发了一系列文件,治理银行的"三违反""三套利""四不当"以及"银行业市场乱象",从银监会的这些文件可以看出，国内银行经常存在经营不规范的情况，除了打监管的擦边球，推出一些不规范的产品和服务，还存在着普遍的经营混乱问题，比如员工私自出售非银行产品的"飞单"行为，员工伪造合同出售"假理财"产品，内外勾结骗取客户资金和银行资金，等等，并不是个别银行的个别现象，这些都是操作风险。

从上面的分析中可以看出，国内银行面临的各种风险挑战很大，风险管理水平有待改善，未来几年还会面临风险压力。面对这些风险，你对中国银行业怎么看呢？

要点：

1. 银行经营主要面临着信用风险、市场风险和操作风险这三大风险。风险管理是银行最关键的能力，也是银行的核心竞争力。在金融危机来临时，风险管理水平的高低决定着银行的生死。
2. 境内外很多机构都认为中国银行业的风险很大，还没有完全暴露，所以一些投资者不看好银行的前景，导致银行的股价很低，并且认为这一价格并不便宜。
3. 风险管理既是一种科学，也是一门艺术。说是科学，是有大量的学术论文研究风险问题，也发展出很多工具和方法，这些都有很大帮助；说是艺术，是要对风险有感知，特别是要对未知的风险和不可知的风险有所感知。

思考题：

- 对于银行业的呆坏账和其他风险，各种报道很多，监管部门也做了很多调查研究并经常发文、发通知。但是，还是搞不清到底有多少不良资产，这也不怪国内外投资者对银行股的不信任了。为什么会是这样呢？是因为行政部门干预太多，还是因为这些银行高管造假？

延伸阅读
Extended Reading

金融通识课

从本章的内容中我们可以发现，银行在经营过程中面临着信息不对称带来的种种问题。由于监管的成本高，银行难以确保所有贷款申请者都有能力还款。同时，银行自己的经营和政府的监管之间也存在着信息不对称的问题，因而存在银行为了攫取利润而采用对储户不负责任的经营方式的可能性。

信息不对称问题指在买卖双方中，一方比另一方掌握更多的信息，因此两方的地位并不完全对等。比较通俗地理解，我们可以认为"逆向选择"问题是由事前的信息不对称问题导致的——比如在二手车市场中，卖方在签订合同之前就掌握二手车这一商品的信息了。最后市场被劣等品充斥，而优质产品不再出现在市场上。所谓的"劣币驱逐良币"指的也是信息不对称问题。

而"道德风险"问题是由事后的信息不对称问题所导致，即买卖关系中的一方采取了无法预期，或者无法被监管、抑制的行为。比如购买了车险的驾驶员往往会不太谨慎，导致了更高的事故率，但保险公司无法强制司机安全驾驶。在恋爱时海誓山盟，而在结婚后丧失了原有"好好表现"的激励，暴露出婚前不曾有的问题也算是道德风险的体现。

逆向选择与道德风险问题在博弈论、机制设计等方面有着广泛的讨论。如果人性是自利的，通过相应的制度来引导市场参与者的动机，让他们主动暴露信息或保证良好欣慰，就可以在一定程度上解决信息不对称带来的种种问题，提高市场的效率。比如保险公司愿意让事故率低的车主付更低的保费，从而让司机谨慎驾驶。在职业经理人和公司股东的互动中，也存在着道德风险问题：股东希望公司市值上涨，而职业经理人可能更希望扩大自己的权力、减少工作量等。因为现代公司的管理经营非常复杂，股东无法保证经理人完全不偷懒、不牟私利。这时也可以通过股权激励等方式来促使公司管理人员努力工作。在机制设计中，一个核心的概念是"激励相容"：让人自发地选择对机制设计者而言最有利的方案。

2007年，赫尔维茨（Leonid Hurwicz）、罗杰·B.迈尔森（Roger B.Myerson）、埃里克·马斯金（Eric Maskin）三人因机制设计理论而获得诺贝尔经济学奖。机制设计的重要性可见一斑。

Chapter 23

第 23 章
金融业的挑战与发展

>>> 23.1 银行为什么会发生危机？

前面我们谈到中国银行业面对的挑战，尤其是许多市场人士对国内银行业到底有多少不良贷款的猜疑。那么，他们为什么有这么多担忧呢？这些不良资产真的会导致银行危机并进一步延伸成经济危机吗？银行危机的一般成因又是什么呢？今天我们就谈谈这个问题。

说到银行危机，你可能会立即想到 20 世纪 30 年代的美国金融危机和由其引发的大萧条时期，那也是现代世界经历的最严重的经济危机。从 1929 年 10 月华尔街股市崩盘开始，先是大量工商企业破产，再到 1930—1933 年出现多次银行挤兑危机，迫使许多商业银行停业，再加上主动清算和收购兼并等，美国商业银行的总数因此减少 1/3 以上。

那次危机对经济和社会的影响又如何呢？不管按照哪种方式计算，美国经济总量的收缩幅度超过 1/3，失业率最高时超过 25%。而之所以那期间被称为"大萧条"，就是因为危机的持续时间长、紧缩程度高、社会危害大。

第23章
金融业的挑战与发展

连英国、德国、日本甚至中国经济都因此经历了严重衰退。由于大萧条的影响，贸易保护主义、左派民粹主义在美国和其他国家快速盛行，各国设立贸易壁垒、关闭国门，最后发酵到1939年爆发第二次世界大战。从这个意义上来讲，1929年开始的金融危机全过程包括了30年代的经济大萧条，到1945年"二战"结束才算真正画上了句号。

那么，那场史无前例的大萧条为什么会发生？破坏力怎么会那么大呢？

空前的银行危机

20世纪20年代后期，美国股市空前繁荣，这离不开美联储为了让欧洲各国重回金本位来推行的宽松货币政策，让国际上的很多资金流到了美国，让很多银行资金都流向了股市和房地产，导致了股票价格和房地产价格飞涨，产生了严重的资产泡沫。1929年10月股市泡沫开始破灭，到1932年年中，股指已经下降到1929年最高峰时的10%。股灾也刺破早就被吹大的房地产泡沫，使各种资金链相继断裂。许多研究也表明，20世纪20年代的房地产和股市泡沫是大萧条的根本前提。

泡沫破灭又是怎么演变成银行危机的呢？之前讲过，即使到今天，各国银行在金融体系中还是起关键作用，老百姓把剩余零钱和多数金融资产存在银行，所以，银行是老百姓财富安全感的锚，银行体系一旦不安全了社会就会崩溃。

银行的盈利模式主要靠赚取利差，也就是吸纳存款，给存户保证利息回报，然后把汇集的存款放贷出去，得到贷款利率。这里，给存户的利息是固定的，因此，银行是否安全不倒就主要取决于贷款是否能回收、贷款利率是否足够高。而在20世纪20年代后期，银行相当多的贷款都投入了股市和房地产，资产泡沫破灭立即冲击了银行。

那么，银行危机具体是怎样演变的呢？

股灾开始后的一年内，到1930年10月，美国已经有大量银行破产，人们出于担心，普遍把活期存款和定期存款从银行取出来，转化成硬通货，造成了大量存款的流失。刚开始，银行把流动性好的资产先变现，以应付提款需求，但后来流动资产越来越少，这就引发更多存户赶去银行提现，恐慌蔓延，挤兑局面强化。1930年11月，有256家银行破产，12月有352家破产，特别是当时的美国银行（Bank of the United States，不是现在的美国银行——Bank of America）的破产，因为它的名字容易被误认为官方银行，严重打击了人们的信心。

1931年3月，第二次银行挤兑危机来临，一直持续到8月。在此期间，国际事件也与美国银行危机相互影响。1931年5月，奥地利最大的私营银行倒闭，震惊整个欧洲大陆。紧接着，德国一些银行在7月相继倒闭，其他国家的银行业未能幸免。美国大量的银行倒闭导致银行体系的存款在6个月里下降7%。

1932年第四季度，银行倒闭风潮再次席卷美国，这次主要集中在中西部地区。到1933年2月，更多地区发生银行倒闭风潮，银行歇业局面蔓延。在3月初罗斯福总统正式就职之前，好几个州的州长宣布，在全州范围内实行银行歇业。

1933年3月5日，罗斯福宣誓就任美国总统，3月6日午夜，他宣布全国银行休假一周，只好以此稳住市场情绪。

而那次银行危机之所以那么严重，也是因为当时美国银行业的一些结构性问题。一方面是我们今后要谈到的贷款流动性问题，另一方面是经济大萧条之前美国采用的单一银行制（unit banking），也就是不允许银行有多家分行或分支机构，这就大大制约了各银行分散风险的能力。到1929年时，只有2%的银行在全国有网点，3.6%的银行在本州内开分支网点，剩下的银行都只有一个网点；而即使是有分支网点的银行，平均每家的网点数也不到4.4个！这跟当时的加拿大形成了极大的反差，因为加拿大只有18家银行，但有4676家分支银行，而全美国的三万多家银行中，在总行之外的网点数才1281个！之所以当时的美国银行结构如此，是因为担心银行过大，怕它们太大之后会控制太多经济资源。

从银行风险的角度来看，单一银行制的风险承受能力最低，因为一家单

金融业的挑战与发展

一银行是否能活下去完全取决于本地经济,当地经济一有大的波动就容易威胁其生存,而那些跨地区开分支网点的银行则可利用各地经济的不完全关联性达到分散风险的效果,其抗拒经济波动的能力显然会更高,就跟印度农民喜欢把女儿外嫁很远的地方道理一样。银行体系的结构差别使同在北美的美国和加拿大在1929—1933年的遭遇完全不同:加拿大没有一家银行破产(尽管有10%左右的网点被关停),而美国有1/3的银行关闭,银行挤兑风潮一波接一波地发生,这严重影响金融体系给实体经济的供血,在信用支持大大萎缩之下造成更多实体企业倒闭,使美国经济的下行和失业压力远比加拿大严重!这些教训都应该被铭记。

大萧条重塑了美国银行业

大萧条深刻影响了美国政治、经济和社会生活的方方面面。1933年,国会通过美国金融立法史上著名的《格拉斯-斯蒂格尔法案》,也叫作《1933年银行法》,对美国银行业有两个巨大影响:一是建立联邦存款保险公司。在此后短短半年时间内,美国97%的商业银行参加了存款保险,未参保的商业银行不到400家,它们的存款占比不到1%。存款保险制度的建立,消除了储户的恐慌,让他们在发生危机时不需要到银行挤兑,维护金融稳定,同时也大大降低了储户在银行倒闭时的损失。比如,我们看一组数据:从1921年到1933年的13年间,美国所有商业银行每100美元的存款,每年遭遇破产损失45美分。在建立存款保险制度后的27年间,每100美元存款,每年遭遇破产的损失不到0.2美分。

二是《格拉-斯蒂格尔法案》规定,商业银行、投资银行和保险等必须分离,建立所谓的分业经营,使美国商业银行在此后的60多年不能从事投资银行业务。当年大名鼎鼎的摩根财团,就是根据这个法案而拆分为J.P.摩根公司和摩根士丹利投资银行的。金融行业的分业经营有其深刻的道理,因为商业银行以间接融资服务为主,并给老百姓提供稳定的财富安全感,而投资银行从事的是直接融资,尤其是随着金融产品和业务的不断复杂化,分业经营是更好控制风险的办法。可是，1999年这个限制被正式废除，这在一定程度上为2008年的金融危机埋下了隐患。

美联储是另一个大萧条后改革的对象。1913年美联储正式成立，但是，起初它的权力有限而且集中在纽约联储。直到20世纪30年代早期，美联储对于货币政策的认识还处于金本位和真实票据层面，不具备现代中央银行的理念和知识。大萧条之后，美联储的结构和权力发生较大变化，《1935年银行法》将最初的联邦储备委员会进行重组，延长委员的任期，改革联邦公开市场委员会，并且取消了储备银行买卖政府债券的权力。同时，联邦储备体系的权力也得以扩大，包括货币政策、信用政策以及银行监管三大方面的权力，使美联储成为真正的现代中央银行。

美国今天的金融体系，特别是银行体系，基本上是大萧条之后一系列立法所建立的，并且延续至今。

要 点：

1. 20世纪20年代后期，美国房市和股市空前繁荣，让很多国际资金也流到了美国，银行资金则更是流向了股市和房地产，导致了股票价格和房地产价格飞涨，泡沫空前。

2. 1929年10月19日，美国股市开始出现大幅下跌，进入熊市。股市崩盘也刺破巨大的房市泡沫，导致大规模银行亏损，进而引发银行的持续挤兑和大量倒闭，停止了银行以往的供血功能。前所未有的经济大萧条就这样发生了，但前提是房地产泡沫和股市泡沫。

3. 大萧条带来美国金融体系的一系列改革，包括商业银行、投资银行和保险业务的分离，建立全国性的存款保险制度，等等。那次美国重建的金融体系尤其是银行体系一直持续到今天。

第23章　金融业的挑战与发展

> **思考题：**
>
> ● 既然金融的好处这么多，为什么不是每个社会都有发达的金融市场呢？答案当然在于金融市场很难发展，因为金融是跨期价值交换，而未来又充满不确定性，这就带来了风险。那么，接下来的问题是，为什么金融市场容易形成泡沫？是因为人性的贪婪吗？那为什么商品市场里的泡沫似乎更少出现一些？

>>> 23.2 流动性管理：银行为何不宜投资股权和房产？

一位朋友老王在美国佛罗里达工作，他妻子过去好多年专门买房子投资，要么出租，要么持有一段时间就转手卖掉。而她的特长是专门参加银行的住房拍卖，也就是说，在美国各个地方，总是有人因为失业或者收入出现问题，还不起房贷，导致银行把作为抵押品的房子收回，然后转手拍卖。我的朋友说，这种拍卖房价一般比市场价要低10%—15%。经济不景气时，这种拍卖机会就更多，折扣也会更大。

为什么这些银行这么傻，非要把房子卖掉，还把价格放得这么低呢？如果自己持有这些房子，并一个个出租、收租金，岂不是赚得更多？

在流行私人股权投资的今天，你可能也想，银行怎么只是给各类公司提供贷款，收一些固定的利息，而不是也在其他公司上市之前要求它们给股权？我知道这些都是监管部门的要求，但这些监管要求又是怎么来的呢？

这就是我们今天要谈的银行流动性管理话题。管理好流动性风险对银行至关重要，甚至生死攸关，因为一旦存户来大量取款，如果银行拿不出钱兑现，就容易引发恐慌。而如果恐慌演变成挤兑危机，招致银行贱卖资产，最终银行会破产。那么，银行如何管理流动性呢？

流动性风险

你知道,银行最核心的业务是存款和贷款,特点是"短存长贷":从企业和个人手中吸收存款,通常是活期存款或者期限很短的存款;然后贷款给企业和个人,企业贷款中比例最高的是中长期贷款,还款期限3年以上,而个人贷款最多的是10年以上的住房按揭,再就是可以随时透支的信用卡贷款。

由于期限短的存款利率低,期限长的贷款利率高,靠"短期存款"成本来赚"长期贷款"的利率收益是银行收入的主要来源,换句话说,"短存长贷"是银行赚钱的诀窍。为了追求更高的利息收入或投资收入,银行通常会对期限较长或者流动性较差的资产进行投资。

尽管大多数资产最终都能变现,但是对某些流动性不够好的资产而言,比如房地产、公司股权,如果要在短期内变现,就需要付出较高的代价——当银行需要立即出售时,就必须通过打折,而且越是着急出售,打折就越大。所以,前面说到,在美国,那些银行宁可接受一些折扣也愿意把按揭贷款收回来的房地产卖掉,以避免今后出现流动性危机,要付出更大折扣。

流动性最好的资产当然是现金,银行可以随时用它满足存款人的提款要求。但是现金放在账上不会带来利润,所以银行倾向于尽可能少持有现金,只留存满足监管需要的存款准备金。那么,如果银行出现短期资金不足的情况怎么办呢?一般可以通过银行间同业拆借市场或者货币市场借入资金,弥补突然出现的现金短缺,甚至可以从中央银行申请紧急贷款援助来渡过难关。所以,这里你看到银行间隔夜拆借市场的作用了。

当然,银行间市场发挥作用的前提是:各银行不同时出现现金短缺状况,这样现金充裕的银行可以帮助暂时短缺的银行,大家可以相互支持。而当所有或大多数银行都遇到大额现金需求时,短期额外融资的成本就会上升,现金供给吃紧;最终,一些银行只能通过急速变卖一些流动性较差的资产,来满足存款人的提款要求,但这样做的挑战在于,银行没有时间讨价还价,致使一些交易不活跃的资产,比如房子、股票、大宗商品、长期贷款等，低价甩卖，让银行遭遇亏损，甚至面临破产威胁。

银行遇到这类流动性挑战时，可能造成挤兑，因为存款人都会担心银行将来是否能继续满足提现要求。比如一家小银行，如果媒体报道它有比较多的不良贷款，或者某项债券投资业务出现较大亏损，就会引发人们对其倒闭的担心；一旦银行倒闭，只有部分储户能得到全额偿付，所以，一些人会考虑把存款从这家银行转到一家大银行。如果很多人都这么想，都去小银行提款，就会鼓励其他储户也来排队取款，导致更多恐慌和挤兑——当然，有银行存款保险之后，这种挤兑风险就能减少很多，但储户还是希望尽量提前换银行，因为一旦一家银行发生破产，其资产和各账户会被冻结一段时间，等待统一清算。

那么，如果这家银行门口排起了长队取款，其他银行是不是可以高枕无忧呢？不一定。很多人就会想：这家银行出事了，其他银行会不会也有问题呢？还是先把钱取出来放在家里再说吧！这样一来，原本经营正常的银行也会受到传染，遇到储户突然大量取款和挤兑，威胁到整个银行体系。你看到，正因为金融交易是跨期的、是基于对未来的信心，一旦有迹象表明未来很不确定，就容易引发恐慌，因为金融市场上恐慌很容易传染。这就是为什么银行的流动性管理非常关键，不能用储蓄账户的资金去投资房地产、股权等流动性差的标的。

实际上，除银行外，其他金融机构也有流动性风险和潜在挤兑挑战，比如，寿险公司、开放式基金、私募基金也面临流动性风险。如果很多保单提前终止，就会导致退保金额增加，如果像宝能或者安邦的寿险公司这样被暂停几个月申报新的保险产品，新增保费收入将会很少，不能满足退保提现需求时，也必须出售其他资产。当人们担心寿险公司的清偿能力时，也会导致挤兑，让其面临破产威胁。基金公司也类似。

如何管理流动性风险

那么，银行该如何管理好流动性呢？

前面说过，银行可以持有很多现金、国债、高等级企业债券等流动性资产，或其他易于快速出售的资产，来降低流动性风险。但这些资产的收益很低，持有这些资产甚至会带来收益损失。

在这里，我们应该可以发现，银行的本质角色就是以其股东的资本为基础，为社会提供流动性增强的服务，也就是说，正如"短存长贷"所讲的，一方面银行愿意接受企业和家庭的流动性相对低的资产，比如长期债券、10年期住房按揭贷款；另一方面又给存户提供"活期存款"的超级流动性，或者说"即期流动性"。从表面来看，银行是把贷款的长期限转变成存款的即期，由银行承担流动性风险，而由此赚取的利差实际是给银行承担的流动性风险的补偿。

所以，银行的流动性风险不应该为零，它的业务定位决定了必须要承担一定的流动性风险，否则就不应该存在。因此，一般的银行都会在流动性好的资产外，持有各种资产的某种组合，包括短中长期债券、短中长期贷款、贵金属等。

但问题是，多少流动性风险最合适呢？针对这一点，监管部门对银行有存款准备金的底线要求，就是怕银行手上的流动性太少，也限制银行为了收益而去收购太多实物资产和企业股权。也正因为这个问题，一些跨国金融组织推出各种银行监管协议，比如《巴塞尔协议》，也是为了确保各国的银行体系的稳定，对银行的各种流动性指标设定范围，让银行在这些相对安全的范围内进行最大化收益的运营。

一般而言，贷款组合的流动性越高，银行就越不需要持有大量传统的流动性资产作为缓冲。同样，小银行持有的流动性资产要多于大银行，因为与小银行相比，大银行更容易进入资金市场。此外，银行可以"逆周期"地管理流动性，也就是说，经济越火热的时期，贷款组合的流动性可以低一些；反之，可以高一些。

要点：

1. "短存长贷"是银行经营的主要特征。这就导致了对流动性管理的需求，包括存款准备金、银行资本金率等的底线要求，也包括银行不能用存款金买太多房地产和企业股权，以控制期限错配带来的流动性风险。
2. 即使一家经营良好的银行，面临挤兑时也存在不能及时偿付的风险。因此，需要中央银行提供"最后贷款人"的紧急救助，由央行在关键时候提供流动性支持，避免挤兑危机。
3. 保持一定的流动性与避免投资品的价格大幅波动，这是银行进行贷款和投资的首要考虑。因此，银行不能过多地给长期固定资产和基础设施等提供中长期贷款，也不能过多地给房地产或股市贷款，以避免房价和股价的波动带来灭顶之灾。

思考题：

● 你了解到了银行对社会稳定的重要性，还有就是一个银行的问题很容易传染到其他银行。这似乎为银行"大而不能倒"的政府干预提供了理由。那么，"大而不能倒"的后果是什么呢？尤其是2008年金融危机之后，似乎各国政府都会在关键时候救银行，这对今后各国银行的发展会带来什么影响呢？

>>> 23.3 住房贷款证券化：流动性驱动金融创新

2008年金融危机之后，各路人士都乐于讨伐金融行业，谁都要说"金融创新过度""金融市场在自己空转"，原因据说是有很多金融创新让他们看不懂，也不理解有什么用。

一个用来评价金融创新是否有价值的流行观点是：看金融产品是不是老百姓或企业直接使用的。如果是，那就是对真实社会和经济有用的金融；否则，就是金融行业内部空转的东西，因此对社会没有用。

好的，今天我就谈住房按揭贷款证券化，这个创新虽然距离老百姓的生活很近，但这基本是专业金融机构才使用的证券投资工具，老百姓不用感受到这个金融品种的存在，也不需要知道它是什么意思，但是能享受住房按揭贷款证券化的好处。

那么，什么是住房按揭贷款证券化，它的价值又在哪里呢？

◐ 二级住房按揭贷款市场的出现

上次我们谈到银行的流动性管理问题，因为银行的存款以短期为主，所以它们不敢做太多长期住房贷款，流动性风险太高。因此，在20世纪30年代大萧条之前的美国，银行住房贷款的期限都很短，不超过五年，能给老百姓带来的好处有限，因为贷款期限越短，老百姓每个月的月供压力就越大。

一方面，那时的住房贷款在结构安排上也有问题，比如，在贷款到期之前，借款方每个月只需支付利息，等贷款到期时再把所借本金一次还清。这种支付安排使银行承担了过多的风险，因此，银行不愿意给老百姓提供太多住房贷款。另一方面，给借款方带来了太多的一次性还款压力：如果借本金800万元，一次还清800万元本钱，谈何容易！这要求借款人有很好的财务纪律，提前准备好那么多钱。因此，一般老百姓从住房贷款中得到的便利有限。

1929年10月，美国股市泡沫破裂，股灾随后引发了房地产泡沫的大崩盘。在之后的三年多时间里，许多股民血本无归、众多公司相继破产，住房贷款违约导致9000多家银行破产，失业率高到每四人中就有一人失业。在这样的背景下，多数银行在5年期住房贷款到期时，就不再续贷，要求借款人还本金。可是，那么高的本金要一次还清，挑战可想而知！这就逼迫很多家庭赖账不还，抬高银行亏损。因此，还款结构上的弊端也加重了当时银行

第23章
金融业的挑战与发展

危机的深度。

接下来，罗斯福总统推出一系列改革法案，重新构造美国金融体系，包括改变美国房地产市场的《全国住房法》，这部1934年推出的法案的立意在于成立"联邦住房管理局"，专门为中低收入家庭提供住房贷款保险，并同时把贷款期限从原来最长5年增加到最长30年，而且把贷款本金分摊到每个月中支付，这样，月供里既包括当期利息，也包括一部分本金。延长了的住房贷款期限，使居民的短期支付压力减小，让老百姓有钱去做其他消费，促进了经济增长。

可是，把住房按揭的期限延长为30年后，给银行带来了什么影响呢？

对银行来说，挑战增加了，因为今天发放的贷款，要等上30年才能完全收回！如果银行做太多这类长期房贷，会使其面对太大的挤兑风险：万一银行的许多存户都跑过来提现金，那怎么办呢？这些贷款要等上30年才能全部回笼呀！这让银行承担了太多流动性风险。

好在联邦房管局于1938年成立"房利美"公司，简称Fannie Mae，房利美的作用在于：如果任何银行需要把之前借出去的房贷变现，房利美随时愿意从银行手中买过来，买走住房贷款！这一招很厉害，等于建立了二级住房贷款市场，把长期房贷变活了，而不是锁定在30年！这种金融创新增加了死资产的流动性。

这样一来，银行就不用担心给老百姓做房贷了，房贷资金供应量大大增加，因为在银行给老百姓做按揭贷款后，不用担心手中持有的房贷流动性问题。这使更多老百姓能实现"居者有其屋"的梦想。1940年，只有44%的美国家庭有自己的房子，到1970年63%的家庭住自有房！这种金融创新的社会价值显而易见。

◢ 第一个资产证券化案例

当然，话又说回来，房利美公司的资金又不是无穷无尽的，它从银行等房贷机构收购了一定的房贷以后，也会碰到资金上限！那么，房利美的资金如何扩大呢？

为解决这个问题，1970年另一个金融创新出现：房利美成立了一个叫"吉利美"（美国政府全国抵押协会，Ginnie Mae）的子公司。吉利美的运作方式是成立一个个信托计划，每个信托计划类似一个有限责任公司，然后，把不同地区、不同种类的老百姓房贷装入信托计划，打成包，并将该贷款包的未来还款流分成众多份额，比如分成一亿份，再把这些信托份额以证券的形式，向国内外投资者发行。这些份额之所以能够证券化，是因为通过各种发行程序和手续后，这些份额可以在公开市场上的不同投资者之间进行交易。由于这些份额背后的现金流是来自房贷的还款，在风险特征上，这样的证券跟债券类似，收益相对稳定，可预期性比较高。

吉利美的这一金融创新成为20世纪首例资产证券化操作，它是把住房按揭贷款这样的金融资产进行证券化。其效果是进一步增加房贷的流动性，同时大大扩张了住房贷款的资金来源，使房贷资金的供应达到几乎无穷尽的地步！而且因为这一创新降低了住房按揭贷款的流动性风险，银行和其他金融机构可要求更低的贷款利率，降低老百姓的按揭贷款利息成本。结果，当然是美国家庭的自有房比例进一步上升。

为提升资产的流动性、增加专业金融机构的避险工具而推出的金融创新很多，今后我们还会介绍一些。但是，今天你学到了：有些表面看只是专业人士才使用的金融创新，其社会作用其实很大，会改变许多老百姓的生活，也会促进经济增长。试想，如果没有这些金融创新，美国的整体金融市场怎么会那么丰富，消费需求怎么会如此旺盛？

> **要 点：**
>
> 1. 流动性是评估金融产品的第三维度。所以，许多金融创新就是围绕把"死资产"搞活、提升资产流动性而来的。许多金融创新虽然不一定是行业外人士会看到或用到的，但这不能否认其价值，只要它们给社会带来便利，即使这种价值是间接的，也是在给社会做贡献。

2. 建立二级住房按揭贷款交易市场，使长期房贷一下子变活。结果，银行不用担心长期房贷的流动性，给普通家庭供应的买房资金因此大大增加，普通家庭自有房比例上升，社会受益。
3. 资产证券化本质上是把未来收入流打成资产包，然后，将资产包的收益分成份额，将这些份额标准化、证券化后，向投资者销售。从此，房贷资金的供应就可源源不断。资产证券化这样的创新也被应用到许多其他领域。到2017年第二季度，中国的资产证券化存量规模也超过1.2万亿元。

思考题：

- 资产证券化说起来似乎很简单，但并非很多国家在这样做，或者尝试了但不成功。为什么？从其他领域中，找一两个例子，说明哪些领域也可以进行资产证券化。

>>> 23.4 互联网金融的变与不变

相信你也体会到了互联网金融对我们生活的改变，以前到哪里都要带上一大堆现金，既笨重，又不安全，容易招致抢劫，可是如今，你不再带现金了，用手机支付就行，连在市场买菜、报亭买杂志都可以用微信支付了。

在银行逐步远离人们视线的同时，一些互联网金融机构却受到大量关注，阿里巴巴通过天弘基金推出的"余额宝"，到2017年3月末资产净值已经达到1.14万亿元。很多人都把钱从银行取出来，去购买陆金所、京东金融等互联网金融产品。

现在很多人感觉：银行已经离他们越来越远了，可以一个月甚至几个月都不去银行了。银行和其他传统金融机构是不是已经不再重要了呢？

☙ 互联网金融有多新？

互联网对金融的影响主要是改变了其销售渠道和金融产品获取方式，也改变了部分产品的设计和定价能力。我们可以从以下几方面来理解这种变化：首先，互联网使金融交易成本大大降低，这主要表现在信息成本降低、信息量大增、在网上和手机上就能处理许多金融交易（而不是亲自跑银行、基金公司柜台或券商柜台）。信息量与质的提升，不仅降低了金融交易两方的信息不对称程度，使更多金融市场发展得更好，也改变了金融产品的个性化设计和定价。

其次，金融交易的地理范围大大拓展了，使渗透面和参与人数都大大提升。做得最好的互联网金融公司，可以渗透到连农行、工行都渗透不到的地方，客户量甚至可以超过工行、农行。今天，农行的网点最多，但其网点还是无法涵盖每个村、每个镇。而互联网金融公司尽管没有农行和工行那么多网点，但只要人们能够用手机上网，就能参与互联网金融交易，成为客户。正因为这样，互联网金融公司的客户量可以非常大。

那么，客观来讲，互联网金融公司是否真的会超越老牌银行，使后者消失呢？以我对金融和人性的理解，答案是否定的。的确，互联网使物理网点的价值大大下降，所以，商业不能再一味地追求网点数量，而是要慢慢减少。但是，银行不能没有网点，因为金融交易的本质是信用、是信任，而在出现问题、需要服务的时候，金融客户是否能去一个看得见、摸得着的网点得到服务，在相当程度上会决定客户能否放心、能否对银行或其他金融机构信得过。人对抽象的东西总是更加怀疑，而更愿意相信那些看得见、摸得着的东西。这就是为什么不管是在中国，还是在欧洲，银行、券商总喜欢以大楼这样非常坚实的建筑结构来表现其"信得过""靠得住"的一面。尤其是只要出现一次银行挤兑或金融机构破产，人们就能认识到"出问题时有地方去找人解决问题"的价值。金融交易本来就是基于信任的跨期价值交换，本来就充满怀疑、充满信息不对称,单纯的手机界面、互联网界面虽然能带来便利,但不利于增强信任。尤其对缺乏诚信、看重人情、太认关系的中国人来说,面对面的交流、有形坚实的建筑往往是信任的不可或缺的基础。

当然,在交易额只是几千甚至几万元的情况下,许多人会把方便看得更重要,因为即使全丢了,也不一定会影响到自己的生活。这也是余额宝等产品的吸引力所在。对于从事互联网放贷的金融机构,也大致如此:只要每一笔贷款投资数额很小,"大数定律"使金融机构能够通过"量"来化解单项投资的损失。但这些"小额"互联网金融也只能停留在"小额",上升到几十万甚至几百万的金额后,人们不见面就交给"机器"去帮自己理财的可能性会降低。即使今天许多人没有认识到这一点,未来一场小小的金融危机就会提醒甚至教给人们这一点。我从事过对冲基金十几年,接触过数百个潜在投资者包括个人和机构投资者,感受最深的是人们对资金安全的担心、对保底的热衷,而且面对面接触几次也不见得就放心了。金融交易面对面都这么难,不见面就能做成大额金融交易当然会更难。

金融的本质是跨期价值交换,不管金融产品的发行、交易和交割是在线上还是在线下,这一本质不会变。股票还是股票,基金还是基金,债权还是债权,期货、期权、信托等其金融产品结构与性质不会因互联网渠道而发生改变。

因此,你看到,互联网金融所经营的产品在支付结构上并没有明显的创新,互联网金融仍然是金融,只是在销售渠道、金融获取渠道上有创新。换言之,互联网在渠道意义上会挑战传统的银行和资本市场,但在金融本质上跟银行、保险、资本市场等所经营的产品没有区别。互联网金融依旧是交易各方的跨期价值交换,是信用的交换。

ᓂ 为什么互联网金融可以骗这么多人?

进入 2015 年,互联网金融泡沫开始破灭,持续几年的热潮所带来的后患逐步显现。据网贷之家统计,到 2015 年年底,全国网贷行业运营平台 2595 家,比上一年年底多了 1020 家,全年网贷成交量高达 9823 亿,在经济和社会中已是举足轻重。但是，累计的问题也开始快速暴露，一年内896家网贷公司倒闭或者卷款逃跑，是前一年的3倍多！

这些问题公司多以骗局为特色，涉及的金额和人数惊人！已经破局的P2P精英中，e租宝融资达750亿，涉众500万投资人；昆明泛亚有色金属交易所将其"日金宝"等金融产品，通过互联网线上和线下在20多个省销售，骗取了22万投资者450亿的资金；河北一家叫"卓达新材"的材料公司也忍不住进入互联网金融，推销其声称年化收益率20%—30%的理财产品，从40万投资者手中骗取近百亿的资金。之后，武汉盛世财富也出现挤兑危机，又一家P2P网贷公司跑路。

看到这些似乎像很久以前的历史故事，你可能会问：互联网是可以给金融带来方便，但不是给骗子也带来了方便吗？监管者怎么没看到呢？

过去几年里，很多人只看到互联网带给金融消费者的便利，只看到给千千万万个过去跟金融服务沾不上边的老百姓所带来的机会，而没看到互联网也同样给骗子带来了史无前例的机会和空间！原来骗子只能在自己的圈子里以及周边骗几个人，但是，有了互联网特别是移动互联网之后，他们可以在全国范围内行骗，可以骗上几百万甚至几亿人。

千千万万的老百姓把钱交给金融服务商之后，怎么就不考虑那些服务商会不会跑路？会不会像他们承诺的那样兑现？原来没有互联网金融的时候，只能面对面做金融交易，物理距离短虽然限制了交易范围、增加了交易成本，但这些缺点对大众客户也是优点，因为他们会亲眼看到金融提供方是谁、是什么样的人、懂不懂金融、他们是真人真物还是根本就是骗子！

现在，移动互联网金融把这些本来有利于消费者识别金融服务商的机会都灭掉了，普通老百姓根本不能看到是谁在给他们提供金融产品，也不能知道这些提供商是否真的拿了资金去投资。在这个意义上，互联网是增加了金融交易两方之间的信息不对称情况，而不是减少了。

也就是说，如果不对互联网金融的提供方进行规范约束和监督的话，互联网特别是移动互联网给骗子们带来了史无前例的天堂！没有互联网的时候，他们只能在左邻右舍间骗几个人的钱；有了互联网，他们可以骗千里万里之

第23章
金融业的挑战与发展

外几百万甚至几亿人的钱，不需要见面，也不需要支付成本就能骗到他们！

为什么互联网金融出了那么多骗子？为什么骗子那么容易得手？这与监管的缺失密不可分。按照常理，互联网金融比传统金融更需要监管，因为诈骗的空间范围和受众数量翻了几个数量级，潜在的社会危害比以前大得多，而不是更小。可是，过去多年里，这种基于常理的逻辑却淹没在互联网金融热潮中，没有太多人看到或谈到互联网金融带来的潜在危机风险、社会风险。为什么会这样？

这主要是有关部门在极力鼓励互联网+，使监管机构在互联网金融发展中明确站边，不仅监管规则一直到2015年之后才出台，而且既有的工商、税务、法律、司法规则在面对互联网金融企业和个人时，也只是松散地执行或者尽量视而不见。就这样，互联网金融成了法外之地，骗子和好人都可以进，鱼龙混杂。当然，受害被骗得血本无归的是千千万万的老百姓，而且由于这么多人受害了，接下来社会将全面警惕互联网金融，使本来靠市场自身力量就能快速发展的互联网金融反而难以前进了！

当然，随着互联网金融走上了合理的监管轨道，它对社会和经济的积极潜力还是会逐步实现的。

要 点：

1. 过去20年来，银行经历了从有形网点到"电脑加鼠标"的网上银行，再到手机银行的变化，互联网技术改变了银行和其他金融服务，意义重大。

2. 虽然很多互联网金融机构和第三方支付机构出现，改变了金融服务的范围和体验，但金融的本质并没有因为互联网而改变，金融仍然是基于信用的跨期价值交换。而互联网金融更难保证信任，因此违约"跑路"的隐患也就更大。

3. 2015年，互联网金融泡沫开始破灭，持续几年的热潮所带来的后患已经显现出来。互联网既给金融服务商和消费者带来了巨大好处，也给骗子带来了前所未有的空间。

思考题：

- 银行在社会中有特殊地位和作用，已经成为社会稳定的基石，也正因为这一点，各国对银行的监管都很严。现在，互联网特别是移动互联网金融正在挑战银行，这对银行的监管会带来什么影响？会导致银行监管的进一步强化，还是反之？

延伸阅读
Extended Reading

金融通识课

和物理、化学等自然科学不同，社会现象背后是一个巨大复杂的系统，而且无法通过实验的方法来控制变量，因此一个事件的背后有许许多多的原因，一时难以分析到位，往往陷入公说公有理、婆说婆有理的困境。可是为了避免下一次的危机，我们又必须抓住主要问题。怎样才能在纷繁复杂的成因中找到主要的那一个呢？定量思维在分析中起到了重要的作用。

爆发于 2007 年的金融风暴被称为"次贷危机"，即信用评级较差的贷款（次级贷款）所引发的一系列金融危机。次贷危机的产生和金融衍生品的发明有着十分密切的关系。在资产证券化的运作中，原有的产品被不断打包、定价、重新出售，一份次级贷款的背后可能有着各种各样的互换协议等。在得到适当的定价后，金融产品的风险可以用函数估计，从而转换成概率问题。

然而，就如新任诺贝尔经济学奖得主塞勒在电影《大空头》中所演示的一样：这些潜在的风险被不断打包转手，一切看起来都很好，雪球越滚越大，但一旦那些"小概率"事件爆发，不仅是赌桌前坐着的人（直接放贷的人员），背后押注的这些人（其他参与次贷衍生品买卖的机构）也会大亏一笔。当房贷断供时，以次级贷款为核心打包的各类金融产品也丧失了原本的价值，进而让各大金融机构都受到了严重的损失。

究竟是什么让各大商业银行大幅度扩张次级贷款的发放呢？来自普林斯顿大学的 Atif Mian（阿提夫·米安）和来自芝加哥大学的 Amir Sufi（阿米

尔·苏菲）在 2009 年的顶级期刊 Quarterly Journal of Economics（《经济学季刊》）上做了详细的分析。他们主要提出了三大假说：

一、贷款需求端：由于 2000 年以来美国经济形势较好，低收入人群的可支配收入和收入前景变得更为乐观，从而提升了他们贷款买房的动机。这些低收入人群所增加的贷款需求属于次级贷款。

二、人们对房价有较强的增长预期，这使得他们就算收入较低，也会努力买房作为投资。因为他们觉得房子日后总会涨价，买房是一种很好的投资。

三、资产证券化导致的信息不对称与道德风险问题。作者发现在次级贷款批准较多的地区，拒绝贷款请求的概率大幅度下降，这似乎证明了银行在审核时有些"放水"，没有有效地控制风险。在次级贷款被有效证券化、能够自由转手给非商业银行的地区后，贷款的违约率明显更高。且的确存在证券化率高的地区次贷比例更高的现象。

笔者使用了利率、当地房价变化的情况等数据对以上假说进行了统计验证。最后结果表明，假说三是最可能出现的现象。这一研究为后来者对次贷危机原因的分析起到了重要贡献。

值得注意的是，这篇文章早在 2009 年便已发表在顶级期刊上。也就是说，早在次贷危机爆发之前两位学者就已经详细分析了银行次级贷款增多的背后机制与可能的结果。这也体现了经济学提炼规律、做出预测的魅力。

第 24 章
金融危机的起因与监管

>>> 24.1 银行存款保险的是与非

存款保险何时开始推出？为什么要给银行存户提供存款保险？具体金额和规则又是怎样的呢？

2014年3月24日下午，江苏射阳农村商业银行设在盐城环保产业园的一个网点，遭遇近千名群众挤兑现金。第二天再波及射阳县特庸镇、盘湾镇、黄尖镇等多个网点，位于盐城市区的黄海农商行的伍佑、步凤等网点也受到兑付压力，出现了储户排队取钱的状况，恐慌快速蔓延。

挤兑发生后的三天内，涉事银行调集大量现金，射阳农商行董事长也参与现金押送，以应对挤兑压力。射阳县县长通过电视讲话，宣誓保证储户利益不会受损，乡镇领导也到现场呼吁不要受谣言影响；央行负责人更是针对此情况开通绿色通道，确保资金能充裕到位。而中国银行业协会也声明，江苏各农商行不存在破产倒闭风险，也更不缺钱。各方力量一同参与解决危机。到3月26日下午挤兑风波逐渐平息。

到 2015 年之前，中小金融机构经营危机、存款挤兑时有发生，特别是一些借互联网金融之名而起的 P2P 金融公司更是制造了许多不安，但还没出现过银行倒闭的情况。其原因在于政府对银行的隐性担保。只是这种担保不是正式的，所以总能给一些谣言提供空间。

早在 1993 年就提出建立存款保险基金，可是之后的 21 年里都没有推出。还是在上面讲到的盐城射阳农商行的挤兑事件后，才进一步重视存款保险的话题。2014 年年末把存款保险条例正式公开并征求意见。2015 年 5 月 1 日，存款保险条例正式实施。从此，在全国各家银行开的储蓄账户，50 万元以内的存款都享有保险，超出 50 万元的金额不在保障之内。也就是说，张三如果在一家银行存款 80 万元，一旦这家银行倒闭，存款保险基金将会保证赔付 50 万元，而另外的 30 万元，就要根据倒闭银行清算以后的资金情况来进行支付，也就是不能确保全额赔付。

那么，存款保险制度是基于什么逻辑呢？为什么这么迟才推出，而且还要设置 50 万元的保险上限？这对于非国有的小银行跟大型国有银行的竞争又有什么影响呢？

☞ 为什么要存款保险？

从射阳农商行的故事，你看到，银行因为经营不善或者恐慌传言，容易发生挤兑，而且挤兑具有传染性，会波及经营稳健和财务状况未必不好的银行。在发生传染性挤兑或恐慌的情况下，存款人就不会对银行的好坏进行区分了，而是尽快将存款变成现金。传染性挤兑会对地区、全国乃至国际金融体系产生破坏作用，甚至引发金融危机，威胁社会稳定。

之所以会有这些传染式连锁反应，关键在于存户担心在银行的钱的安全。所以，只要存款人认为自己的存款是安全可靠的，就不会有挤兑的动机了。银行监管机构或者中央银行向存款人提供担保，就可以让存款人放心，避免金融恐慌的蔓延，有助于社会稳定。

那么，在全球范围内，是谁最先推出存款保险制度的呢？

第24章
金融危机的起因与监管

早在 19 世纪，美国有些州先建立了存款保险制度，但是由于保险金不足，在 20 世纪初那些州建立存款保险制度的公司纷纷倒闭了。经济大萧条期间，《1933 年银行法》授权设立覆盖全美国的联邦存款保险公司（FDIC）。当时，联邦存款保险公司对银行个人储户的保险额为 2500 美元，随后提高多次，到 1980 年提高到 10 万美元；2008 年金融危机时，再次提高到 25 万美元。由于这只是针对每个银行账户的，同一个人可以在多个银行开账户，因此，实际上每个人可以得到的保障不止 25 万美元。当然，那样做，你可能会比较辛苦。

迄今为止，全球有 113 个国家和地区建立了存款保险制度。其中，日本于 1971 年设立；由于欧洲建立了统一的银行体系和资本市场，欧盟于 1999 年年底设立了一个面向各本地银行的单一存款保险制度；中国是到 2015 年 5 月 1 日才实施《存款保险条例》的。存款保险与审慎监管是金融安全网的重要组成部分，主要解决两方面问题：一是防止金融恐慌及传染；二是保护小额存款人的利益。

2009 年 6 月，国际存款保险人协会和巴塞尔银行监管委员会联合发布了《有效存款保险制度核心原则》，已经在一些国家运用。这个核心原则强调存款保险制度的重要性和基本功能，已经成为 G20 推行的金融行动计划的一部分。

☞ 存款保险的道德风险问题

当然，问题也来了。存款保险制度是有利于减轻金融体系的恐慌，维护金融稳定，可是，它是否会带来后患呢？

很多研究指出，设计不佳的存款保险制度可能削弱市场约束，尤其是带来道德风险、逆向选择等负面效应，不利于长期金融稳定。道德风险是说，有了存款保险后，银行股东和经营者都不在乎贷款风险、投资风险了，因为就算投资出问题了，也不用担心存户们闹事，风险后果反正由存款保险制度背负了。

而过分的风险投资或者赌博行为获得的高回报，又让银行的股东和经营团队受益，利润会意外升高。正因为放贷失败了，存款保险基金会承担大部分亏损，但是贷款投资赚钱了又都归银行股东，加上银行是有限责任公司，这就产生让银行股东"只赢不输"的结局。

同时，存款人也存在道德风险，因为存款保险会弱化他们对银行的外部监督：只要在存款保险的限额之内，哪家银行的存款利息越高就往哪家存，存款人也就不用管这些银行的好坏了。

如果存款保险制度是自愿投保，并且保费是单一费率，那么，经营不善的银行会更想加入存款保险，而经营最佳的银行有可能选择退出，最终导致参加存款保险的都是经营状况不好、风险程度高的"坏"银行，这就是**逆向选择**。

那么，该怎么做到既避免挤兑风险又不带来太多道德风险呢？

可以从三方面进行调整：一是加强股东约束；二是加强储户约束；三是加强监管者约束。具体包括：以风险为基础的存款保险定价，而不是统一保险价格；提高银行资本充足率，让股东投入更多自己的资本；发挥次级债持有人对银行的监督，等等。也有研究指出，要克服这些负面效应特别是道德风险，还需要不断完善存款保险运作的外部环境，包括法律框架、会计制度和监管安排等等。

中国建立存款保险制度的情况可能正好相反，在某种程度上降低了道德风险。20世纪90年代后期以来，由于没有存款保险制度，在处置问题金融机构的过程中，为了维护存款者的利益、维护社会稳定，对被撤销的金融机构，采取了由省级政府通过地方商业银行向中央银行专项借款的办法，全额偿还自然人的存款本息。也就是说，原来的隐形担保反倒是没有成本、不需要交保费的，所以，正式推出的存款保险实质上是把人民银行提供的隐性保险转变成显性保险，而且要银行付出一些成本、交保费。

最后，我们透过2008年金融危机看存款保险的作用，因为这次危机是对存款保险有效性的一次压力测试。实际情况表明，存款保险制度在防止大范围银行挤兑、增强市场信心以及维护金融稳定方面的作用是显

第24章
金融危机的起因与监管

著的。同时，主要国家应对金融危机效果的对比也凸显了保险制度设计的重要性。

美国作为2008年金融危机的起源地，银行体系在危机中遭受了巨大冲击，共有500多家银行倒闭。但是，得益于联邦存款保险公司（FDIC）的有序专业化处置，如此众多的银行倒闭没有引发公众挤兑，保持了银行体系的稳定。这些结果证明了存款保险制度的有效性。

要 点：

1. 由于存款保险制度的建立，你的钱放在银行比以前安全多了。在限额之内，存在小银行也不用担心银行倒闭的风险。这也有利于银行业的竞争。
2. 存款保险制度也带来道德风险和逆向选择的问题，储户不再关心银行的经营，不再努力去识别银行风险，也助长一些银行采取激进策略吸收存款并进行高风险的贷款和投资，进而增加了金融风险。越是容易破产的银行越希望加入存款保险体系。
3. 美国经济大萧条期间建立了全国性存款保险制度，并在2008年金融危机期间成功处理了大量银行机构的倒闭问题，避免了银行破产对民众的心理影响，降低了大众恐慌，进而减轻了金融风险的蔓延和扩散。

思考题：

● 现在有银行存款保险基金，所以银行做贷款和投资也不用像以前那样担心风险了，也更能够做到"做好了是自己赚，做不好了有别人埋单"的效果。于是，谁都要去办银行。当然，银监会和央行也不会那么傻，它们也知道你会这么想，所以，必须强化银行牌照的严格审批，要把用心不正的人排除在外，同时必须对已经营业的银行加强监管，而且是什么都管，就怕你乱来。由此带来的结果是什么呢？这样一来，存款保险制度会不会弊大于利？

>>> 24.2 2008 年金融危机：历史会重演吗？

在美国过去 200 年的历史中，差不多每隔十几年就有一次不同规模的金融危机，经历了那么多次之后，为什么 2008 年还会再来呢？过去多年的改革怎么就不能除掉金融危机的种子呢？

金融危机有时候能颠覆一些固有观念。就在 2009 年年初，正处于危机高潮时期，一位在香港做私募基金的朋友老刘激动地跟我讲："简直难以相信，花旗银行的股价跌到了 99 美分，几个月前还是二十几美元！"我说："大概花旗银行会破产，撑不下去了。"他说："这怎么可能?! 这样的百年老店、美国最大的银行！如果这个银行也倒闭，那整个华尔街不是都完蛋了?!"所以，他二话不说就买了一百多万股。

花旗银行成立于 1812 年，到 2009 年已经是 197 年的老牌公司，它的一生几乎就是华尔街的一生，不管从哪个意义上来讲，花旗银行就是华尔街的象征，也是美国金融实力的象征。在 2007 年次贷危机爆发之前，花旗是市值 3000 亿美元，排名全球第一的银行，也是盈利水平全球第一的银行，一年盈利 270 多亿美元。可是，世界就是这样残酷，在 2007 年之前培植的房地产泡沫破灭并带来金融海啸时，以前看似倒不了的老店未必就能不倒。所以，我跟老刘说："不能因为一个公司老或者大，就认为它不会倒！" 2009 年年初，花旗的市值跌到不到 25 亿美元！

2008 年 10—11 月，美国财政部等联邦政府机构注资将近 500 亿美元到花旗，并且提供数千亿担保之后，还是不够，到 2009 年年初眼看要倒闭的时候，花旗再通过主权财富基金、机构投资者和美国政府筹集了 1000 多亿美元资本金，最终依靠美国政府的全面救助才避免了破产，也因此使美国政府成为花旗的最大股东。当然，这些救助也使老刘的投资在两三个月内翻了一倍多，尽管这是美国政府史无前例救助的结果。

在 2008 年的金融危机中，花旗还不是最悲惨的金融机构。在危机中，美国五大投行全军覆没——第四大投行雷曼兄弟倒闭，第三大投行美林被收

第24章
金融危机的起因与监管

购，第五大投行贝尔斯登被接管，最大的两家投行高盛和摩根士丹利转为银行控股公司，分别享受政府的救助；第一大保险公司美国国际集团被国有化，依靠1850亿美元的政府注资和救助才免于倒闭；"两房"——房利美和房地美被政府接管。

这场20世纪30年代大萧条以来最严重的金融危机，到底从何而来，又带来了什么影响？为什么之前的努力改革没能避免这场危机呢？

惊心动魄的危急时刻

2008年的金融危机，是由2007年美国次级房贷危机引发的全球性危机，危机的核心地带在美国，但很快蔓延到欧洲，也波及了广大新兴市场国家。

关于那次金融危机，你可以记住以下几个危急时刻：

2007年7月，美国第五大投行贝尔斯登旗下的两只房地产基金清盘，标志着美国次级房贷市场开始崩盘。

2007年9月14日，英国300年来首次出现银行挤兑，英格兰银行救助北岩银行。

2008年3月14日，美联储提供了300亿美元支持摩根大通收购贝尔斯登。

2008年7月13日，美国财政部宣布对房利美和房地美的救助计划；9月7日，房利美和房地美被托管。

2008年9月15日，美国第四大投行雷曼兄弟倒闭，引发了全球金融市场的剧烈动荡；同一天，美国银行收购了第三大投行——美林。

2008年9月16日，美国财政部为美国国际集团提供了850亿美元的紧急贷款，并获得其79.9%的股份；同一天，第一储备基金由于持有雷曼兄弟的债务而跌破净值，触发了货币市场基金的挤兑。

2008年9月20日，美国财政部宣布购买高达7000亿美元不良资产的草案。

2008年9月21日，美联储批准高盛和摩根士丹利转为银行控股公司，至此，美国的五大独立投行全部消失。

2008年10月3日，美国众议院通过7000亿美元的问题金融机构救助计划。

2008年9—10月，多个欧洲国家纷纷接管或者救助本国银行。

2008年11月23日，美国财政部和联邦存款保险公司宣布了对花旗集团的救助计划。

随着金融危机的加剧，股票市场也剧烈动荡。2009年3月9日，全球股票市场跌到了过去十年内的最低值，标准普尔500指数从2007年的高峰下降了57%。

金融危机带来了经济衰退。美国经济从2007年2月开始出现衰退，GDP增长率在2008年第三季度降到了-1.3%，接下来的两个季度分别为-5.4%和-6.4%，失业率飙升，2009年年末超过了10%。这是"二战"以来美国最严重的经济收缩。大衰退的代价严重：400万美国家庭失去了房子，超过2600万人失业，近11万亿美元的家庭财富蒸发。

当然，2008年金融危机的后续影响还在发酵中，比如，2016年是国际社会充满"出乎预料"政治事件的一年：先是英国脱欧，再是美国特朗普胜选总统，意大利的公投结果也出乎预料。驱动发达国家相继"出乎预料"的共同因素是贸易保护主义、反全球化民粹主义的兴起，而这种社会潮流只是2008年金融危机后果的延续表现，是大危机带来的一连串反应的一个环节，就如1929年金融危机引发类似的贸易保护主义、导致各国关起大门的经历一样！

◐ 2008年金融危机的成因

那么，这次危机背后的原因是什么呢？

学界讨论最多的几个关键因素如下：首先，是货币政策的问题。在2001年"9·11"恐怖袭击之后，美联储为了避免经济衰退，推行宽松的货

第24章　金融危机的起因与监管

币政策，先后六次降息，使得美国长期维持着1%的历史低利率。这就导致过多的资金流向了房地产市场，使2001年到2006年的美国房价快速上涨，出现巨大的房地产泡沫。

其次，是"居者有其屋"的住房政策。从克林顿政府到小布什政府，都积极推行"居者有其屋"计划，要求金融机构为那些没有购买能力的低收入群体提供信贷支持，让他们能够拥有自己的房屋。尤其是，一些国会议员要求房利美和房地美通过购买金融机构的住房贷款来支持这一目标的实现，导致了很多没有信用、没有偿付能力的人获得了住房贷款，也就是"次级房贷"，从而导致银行的基础资产蕴含着大量风险。这也大大推动了房地产泡沫的形成，并最后通过"次贷危机"引爆2008年的金融危机。因此，房地产泡沫是危机的首要原因。

再次，就是美国金融体系本身的问题。我们之前谈到，因为银行挤兑恶化了经济大萧条，所以1933年美国推出存款保险。那项创新降低了挤兑风险，但同时鼓励银行去冒险。这直接影响了2007年之前房地产泡沫形成过程中银行的房贷发放行为，让它们敢于冒险，通过高杠杆追逐利润，忽视市场扭转时可能引发的风险。

最后，也是我们之前谈到的，20世纪30年代大萧条初期银行持有了太多流动性差的贷款，所以，为了增加住房贷款的流动性，先是建立二级住房贷款市场，让银行随时可以转手卖出去住房贷款，后来也把这些住房贷款打包、做资产证券化。再后来，又有华尔街公司推出专门投资住房按揭贷款证券的基金产品，专门针对特定投资者发售这些基金的份额，等等。

这一系列的创新就把原始出资人和资金的最终使用者之间的交易链条拉得很长、很长，先是贷款经纪商把钱贷给要买房子的家庭，并把贷款合同卖给银行，银行再把贷款合同转手卖给房利美，房利美再转手卖给吉利美，由后者再打包卖给住房按揭贷款证券投资基金，基金再卖给投资者，等等。整个链条中的每一方都赚一些手续费和佣金，但每一方都不为贷款最后是否成为坏账负责。因此，最初的借款方是否有还款能力，就没有谁去管了；委托代理链条太长之后，风险就被不断扩大。

从最后的两点，你看到，在美国历史上，每次金融危机之后都会有改革和创新，但这些改革和创新都对于解决造成上次危机的原因有效，可是又都埋下了新的危机种子，而这些新问题的种子在短期内是看不出来的，只有等到下次危机时才知道！这就是金融危机历史不断重演的原因，尽管每次危机的形式跟上次不同。

也正是由于20世纪30年代的金融危机时期美国政府和美联储没有救市，所以，2008年金融危机时期美国政府几乎没有犹豫就去救了，包括后来推出几轮"量化宽松"刺激政策。而这样做当然避免了20世纪30年代的挤兑和经济大萧条。但是，这种救市的手法和传递出的"政府兜底"信号是否又为下一轮危机埋下了种子呢？

> **要 点：**
>
> 1. 始于2007年的次贷危机，到2008年演变为全球金融危机，这是1929—1933年大萧条以来最严重的一次金融危机，引发许多美国金融机构倒闭，重塑全球金融格局。从中让我们再次看到，没有什么老店是"大而不能倒"的。
>
> 2. 2008年全球金融危机的起因很多，与全球经济失衡有关，但主要的原因跟20世纪30年代大萧条的原因一致：都是之前的房地产泡沫太大！这次房地产泡沫是由"9·11"后美联储的宽松货币政策铺垫的，也跟多年推行的"居者有其屋"政策密不可分。
>
> 3. 实际上，20世纪30年代开始的一系列金融创新，包括存款保险、二级住房贷款市场、住房按揭贷款证券化，都是为了纠正造成30年代银行危机的原因而做的。但是，这些创新带来了道德风险，鼓励金融机构去冒险，为这次危机做了铺垫。而这次美国政府积极主动救市，也是为了避免30年代政府不作为带来的挤兑危机，因此，结果是这次的危机没有蔓延太久，造成的后果也没有之前那么严重。但是，这样做所带来的道德风险可能为下次危机埋下了种子。

第24章
金融危机的起因与监管

> **思考题：**
>
> ● 人类社会总是在努力规避风险，把金融危机的风险降到零。所以，每次危机之后都努力改革、创新。可是，回头看，每次只是把造成上一次危机的原因通过创新去纠正，没想到的是这次创新又为下一次危机奠定了基础，只是下次危机的形式会跟这次不同。面对不断重复的金融危机，难道人类就没有办法根治了？该怎么办呢？

>>> 24.3 银行监管的多与少

前面谈到，因为银行是整个社会心理安全的核心，所以有必要推出存款保险基金，等等，以避免恐慌，但这也可能鼓励银行冒险，就像2008年之前美国金融机构所做的一样。那么，怎么保证银行不会乱来，同时又能保障老百姓存户的利益呢？

说起银行监管，你可能记得，2017年2月底，郭树清从山东省省长调任中国银监会主席。到4月初，银监会一口气发布了七个监管文件，就银行"三违反""三套利""四不当""市场乱象"等进行专项治理，以化解银行风险。一时之间，银行业反应剧烈，多家银行为了避免违规而暂停很多资金交易和同业业务，银行间市场的资金出现紧张，银行间短期拆借利率开始飙升；一些通过各种渠道从银行流向股市的资金也往回撤，引发A股市场较大幅度的调整。就这样，银监会的举措引发社会各界的纷纷议论，有人认为这是在化解银行业潜在的风险隐患，拍手叫好；有人则认为如此暴力地去杠杆，导致金融市场剧烈波动，甚至可能引发金融动荡。

几个文件就能对银行业乃至整个金融体系产生这么大的影响和冲击，银行监管的威力之大可想而知。那么，为什么要有银监会这样的监管机构？银监机构主要管什么？是不是强有力的监管就能让银行"老老实实""规规矩矩"地做事，就能避免银行危机？少管就不行吗？

我们就来讲讲银行监管这个话题。

☙ 银行为什么需要监管？

这个很好理解。由于银行是直接跟广大老百姓打交道的，存户数量可以多到几个亿，而这一庞大人群中的情况千差万别。张三、李四、王五可能是年轻大学生，也可能是退休工人，不再有收入来源了，存在银行的钱就是他们所有的财富。所以，他们是经不起欺诈冲击的——这很容易成为社会稳定问题——但是，他们又偏偏不懂银行、不懂金融，很容易被骗。这就是我们以前谈到的"信息不对称""逆向选择"的含义，因为他们对金融机构和金融业务不能分辨好坏（即"信息""知识"没有银行专业人士那么多），越是不负责任的骗子银行，越容易得到他们的存款和投资，反倒是那些认真、守规矩的好银行被他们抛弃（即"逆向选择"）。

那怎么保护老百姓，让他们不受骗，又让好银行胜出呢？

首先，这就是为什么银监会要对银行准入进行监管，不是谁都能开银行的，比如对办银行的资格与资本要求、对银行业务范围和经营地理范围的限制。

其次，就是对银行运行方方面面的监管。也就是说，给了你办银行的审批，你把银行办起来了，但是你不能在存款保险的庇护下去乱冒险，最后给社会搞出个金融危机、把整个经济拉下水！这主要表现在对道德风险的监管。当然，这方面可以做的就多了，也容易让银监会越权，做过度监管。通常来讲，这包括对银行持有资产类别和分量的限制、资本金要求、准备金要求、注册和银行检查、风险管理评估、信息披露要求、反洗钱要求、金融消费者保护和对竞争的限制。这些都由银行监管机构来做。

看到这里，你可能要问：监管机构通常说它们的使命包括创造良好的金融生态，促进资源有效配置，推动经济增长，保障经济机会的获取，减少系统性风险，等等。这些目标都很光明鲜亮，但也正因为这些目标太笼统，会

第24章
金融危机的起因与监管

不会被监管者用来为自己扩大权力呢?

关于银行监管,有两点需要强调:第一,在很多国家,银行监管并不是由一个机构垄断执行的,往往由多个机构竞争执行,并且各自有所侧重,这多少能制约监管部门的过度权力扩张。比如说,很多国家虽然有银行监管局或者金融监管局,但是中央银行也负有部分监管职能,具体表现在银行发生危机时由央行作为"最后贷款人"提供紧急救助并以此介入银行的某些监管,存款保险公司也肩负对投保银行的部分监管职能。第二,银行监管是一个逐步发展和深化的概念。在18世纪至19世纪前期,政府除了对银行发放牌照,基本上没有监管;当然,在银行遇到危机时,政府和中央银行也往往袖手旁观,很少去救助,让金融市场和银行体系自己去应对和吸取教训。在20世纪30年代大萧条之后,银行监管架构才逐渐成为重要角色。

在国际银行监管史上,一个标志性事件是1975年巴塞尔监管委员会的成立。那年,12个发达国家在瑞士的巴塞尔组建了银行业监管机构联合委员会,简称巴塞尔监管委员会,推动这些国家对银行实行一致的监管。巴塞尔的侧重点是资本监管,也就是强化银行股东的责任,通过对银行的信用风险、市场风险、操作风险等进行测算,确定银行的风险加权资产,再根据银行的资本金状况,来计算银行的资本充足率。换句话说,就是把银行股东资本要求跟它持有的贷款等资产的加权风险水平对应起来,以此约束银行冒险的冲动。从1988年开始,巴塞尔委员会先后发布了三个版本的银行资本协议,分别简称《巴塞尔协议Ⅰ》《巴塞尔协议Ⅱ》和《巴塞尔协议Ⅲ》。

在中国,银行监管是一个比较晚的现象。在1993年之前,中国只有银行管理,没有银行监管的概念。1993年,为了控制通货膨胀,时任国务院副总理的朱镕基开始对银行"约法三章",进行金融治理整顿,"金融监管"的概念开始出现。但是当时的银行监管主要是合规监管,也就是看金融机构是不是合规经营、有没有违法乱纪现象。1995年《中国人民银行法》和《中华人民共和国商业银行法》通过之后,中国人民银行开始从单纯的合规监管向以风险防范为核心的审慎监管转变。1997年亚洲金融危机爆发之后,银行监管开始列入政府的重要议事日程。1998年,中国人民银行机构改革,银行监管力量开始充实，对商业银行的监管开始加强。2003年4月，中国银监会成立，银行监管开始独立于中央银行。目前，微观的银行监管是银监会的职责，宏观审慎监管，也就是维护金融体系稳定的监管，还是中国人民银行的职责。

☙ 从严监管能否避免银行危机？

以前我们谈到过，每次金融危机都催生新的金融监管改革。比如，大萧条让美国的金融监管体系诞生；2008年金融危机之后，2010年7月，美国总统奥巴马正式签署金融改革法案——《多德-弗兰克法案》，内容包括：第一，在美联储体系下建立金融消费者保护局，对向消费者提供信用卡、按揭贷款等服务的金融机构进行监管；第二，建立由9家金融监管部门首脑组成的金融稳定监管委员会，由美国财政部长担任主席；第三，建立新的系统风险监管框架，将所有具有系统重要性的金融机构纳入美联储的监管之下，并引入"沃尔克规则"（Volcker Rule），限制银行控股公司从事自营性交易。英国也在2012年1月把之前的金融服务管理局（FSA）拆分为三部分，监管职能并入英格兰银行，其余两部分分别组建为审慎监管局和金融政策委员会。

那么，加强银行监管能否真的避免金融危机呢？监管是高成本的，也更会抑制社会的创新和创业动能、减少金融服务的供给，最终让许多家庭和个人尤其是社会底层人员得不到金融服务，牺牲社会的真实利益。

从国际经验来看，银行监管是一件进退两难的事。首先，银行监管更像是监管机构与银行进行猫捉老鼠的游戏：银行为了追求利润，有足够的动机钻空子，逃避监管规定，而监管者总是很被动。其次，银行监管受到资源和技能的限制。在一个不断变化的金融环境里，监管者不断面对新的挑战，只有迅速对变化做出反应才能阻止银行过度冒险。如果监管者不具备足够好的专业技能或者在知识上落后于银行从业者，那么，就难以把银行监管得很好。最后，监管机构不是生活在真空中，会受到很多政治压力或者其他压力，或者监管机构本身就是一个行政机构，这就会让监管要求偏离审慎的方向，让监管部门为政策或政治服务，助长银行的冒险行为。如果是这样，就还不如没有监管机构了。谁来监督监管者本身也是一种新的挑战，否则，容易出现过度监管。

> **要 点：**
>
> 1. 在各个国家，银行和金融机构是最受严格监管的。政府之所以对银行进行监管，主要有两个原因：银行的受众人数多、面太广，以及银行是否安全会威胁到整个社会和经济。
> 2. 银行监管包括准入监管、微观行为监管和宏观审慎监管。前两者监管金融机构的合规和风险，降低单个金融机构倒闭的概率，并减轻倒闭的损失。后者避免银行体系出现系统性风险。
> 3. 由于银行监管和银行往往是在进行"猫捉老鼠"的游戏，监管有很大的局限性，加强监管也很难避免金融危机的发生，尤其是监管越严，所带来的社会代价越大，也容易让监管者过度扩张权力。

> **思考题：**
>
> ● 在中国社会环境下，对加强监管的认同总是很高，所以，监管机构很容易设立。可是，一旦监管机构成立了，具体它的权力是什么、界限在哪里、每次监管政策的利与弊的权衡等等，少有公开的论证。由此带来的结果是什么呢？如何做才能保证"银行继续是银行"？

>>> 24.4 银行何以"大而不能倒"？

过去几年，安邦集团一方面买主要银行的股份，甚至要控股，另一方面到纽约等地方收购地标大楼。一时间，很多朋友纳闷：安邦怎么这么喜欢追求规模大，尤其是名牌公司呢？实际上，安邦熟知"大而不能倒"的逻辑，在当今世界上，如果你规模小，你就只能听别人的；而如果你规模够大，别人就必须听你的！这是"规模制胜"的另一个道理。那么，这个潜规则是怎么流行起来，或者是在何时成为明规则的呢？

在2008年金融危机之前，"大而不能倒"只是潜规则。2008年9月15日，这一天被称为"雷曼时刻"——美国具有150多年历史的投资银行雷曼兄弟倒闭，引发了全球金融市场的大地震，使次贷危机演变成1929年大萧条以来最严重的全球金融危机。在接下来的一周时间里，美国道琼斯指数下跌了20%多。各国决策层进入深度焦虑。

当时的雷曼兄弟是美国第四大投资银行，总资产6000多亿美元。按照国内银行业的标准来看，算不上巨头。但是，就是这样一家看起来并不巨大的投资银行的倒闭，却把全球金融市场带入深渊，让各国似乎都见到了棺材。这就是大型金融机构"大而不能倒"的体现。

这些经历成为许多政客和非金融人士要求救助大型金融机构的理由。在雷曼兄弟倒闭之后，美国财政部和美联储没有让规模更大的金融机构"美国国际集团"和花旗集团倒闭，而是不惜花政府资金大举救助，以稳定金融体系为目标。

更深一点来分析，为何大型金融机构"大而不能倒"呢？它们倒闭的危害有多大，如果救助出问题的金融机构，又有何后患呢？

◐ 大型金融机构为何会"大而不能倒"？

大型金融机构特别是大型银行的倒闭，往往会给其他金融机构以及经济和社会带来挑战，威胁社会稳定。

以前我们谈到，如果一家银行倒闭甚至还没有倒闭，都会引起储户的挤兑和恐慌，然后波及其他银行，等等。所以，20世纪30年代存款保险制度开始推出。只是存款保险有金额限制，只能覆盖部分存款，超出上限的个人

第24章
金融危机的起因与监管

储户和企业储户的资金就得不到保障，将很难收回，因此，银行倒闭会给成千上万储户带来直接损失，也会给银行的几十万乃至上百万的股东带来数千亿元的投资损失，这些都直接影响社会稳定。

其次，一家重要银行的倒闭，容易引发其他银行和金融机构的连环倒闭。一方面，银行的倒闭会严重影响市场信息，导致传染式挤兑；另一方面，由于各金融机构之间往往有大量的相互交易，比如各类金融衍生品契约。银行破产后，其作为相对交易方的金融合同要么无法履约，给其他交易方带来损失，要么就被冻结，等待漫长的破产清算。在交易关系错综复杂时，银行倒闭将会严重影响市场秩序。就像雷曼倒闭后，市场人士都在测算各家其他金融机构有多大头寸受影响，这种猜疑导致金融市场出现一定程度的冻结。

在这种时候，倒闭银行和其他受牵连的金融机构会甩卖大量金融资产，这对整个金融市场会有什么影响呢？——这必然导致多类金融资产价格大跌，让持有大量此类资产的金融机构也遭受重大损失，也面对破产倒闭风险。这就是所谓的大型金融机构"大而不能倒"。

以2008年金融危机时美国最大的保险公司——"美国国际集团"为例。美国国际集团同很多金融机构，主要是银行和基金公司，签订了大量CDS合约（credit default swaps，也就是"信用债担保合约"），由美国国际集团给银行等提供信用债的担保。如果美国国际集团破产，那么，从它那里购买了信用债担保的银行等就不再有担保了，银行资产的风险就大幅增加，需要立即补充资本来覆盖新风险。这就危及整个金融体系，进一步放大危机。为避免这一结果，美国政府就不得不花巨资救助美国国际集团。

再次，就是会严重挫伤实体经济。一旦银行系统出现冻结，银行的借贷、结算以及其他银行业务就都会收紧，没法正常开展。你知道，银行的供血是经济正常运行的关键。而如果一家重要银行倒闭，那么其他银行也会变得非常谨慎，暂缓给企业和家庭提供新贷款、加速收回现有贷款，或者缩短信贷期限、改变贷款条件。银行供血功能的收缩迫使企业压低投资，甚至减产裁员，对宏观经济产生重大负面影响。

根据国际货币基金组织的定义，系统性风险指的是对金融稳定产生威胁的风险。这种威胁会涉及金融系统的绝大部分，也会波及整个经济。由于担心大型金融机构倒闭会引发系统性风险，很多国家都会强化对银行的监管，也对濒临破产的大银行提供救助。这就是"大而不能倒"。

◉ "大而不能倒"引发道德风险

从维护金融稳定、避免系统性风险的角度来看，救助大型银行免于倒闭似乎是天经地义的。但是，救助大型银行的代价是什么呢？

最主要的代价就是道德风险以及由此制造的更大隐患。"大而不能倒"问题的本质是，大型银行的债权人和股东相信，银行将会受到政府的援助而不会倒闭，他们的资金放在大型银行是安全的。于是，他们就会放松对银行的监督，因为反正有中央政府的保护。就这样，"大而不能倒"银行将会发放风险很高的贷款，并在其他高风险业务上下赌注，从而让银行面临更大的风险。这种不良行为就是"大而不能倒"的"道德风险"。

一些学者研究日本的银行借贷行为后发现，由于政府的援助，日本的银行易于将信贷资源分配给财力低的借款者，而这种行为促使借款人变差、没动力做好。总之，这些行为使资源配置到低产出领域，阻碍经济增长。

如果政府无法将救援大型银行与改革金融机构结合起来，救助行为只会鼓励大型银行重复高风险运作，损害社会资源。

那么，如何做到既确保金融体系稳定，降低系统性风险，又避免"大而不能倒"的道德风险呢？美国前财政部长保尔森强调："为了保证市场约束力能够有效控制风险，我们必须允许金融机构破产。但现在有两个因素，使人们开始期望监管措施防止金融机构破产：一是它们相互关联，所以不能破产；二是它们规模太大，所以不能破产。我们必须采取措施改变人们的这种观念，当然这就需要我们降低这两种情况出现的可能性。"

2010年11月，金融稳定理事会向G20首尔峰会提交了一揽子政策

第24章
金融危机的起因与监管

建议。首先，要提高系统重要性金融机构自己对冲损失的能力，主要是通过提高这些金融机构的资本要求、应急资本和自救债券等方法实现，也包括更高的流动性要求和更加严格的大额风险暴露。其次，提升系统重要性金融机构的监管强度和有效性，涵盖监管的目标、监管的独立性与资源投入、监管的具体权力、监管的持续性、并表监管、监管技术和国际合作等方面。再次，各国应建立有效的危机处置框架。最后，就是强化核心金融市场的基础设施，包括支付体系、证券交易与结算体系、中央交易对手等，目的是弱化系统重要性金融机构之间的关联性，降低风险传染的程度。

在中国，相应监管部门和央行都积极推动改革，以稳固整个金融体系的自我调剂机制，规避系统性风险。但是，"大而不能倒"尤其是"刚性兑付"等政策所带来的隐患还继续存在。

要点：

1. 银行具有很强的外部性。跟一般工商企业不同，金融机构的相互关联度很高。一家银行的倒闭也能对经济运行带来很大的负面影响，大型银行更是如此。如果大型银行倒闭，容易影响到整个金融体系的稳定，甚至影响到整个经济。

2. 当前的大型银行，已经从"大而不能倒"转变为"复杂而不能倒"，雷曼兄弟就是一个案例。

3. 跟存款保险一样，"大而不能倒"也带来巨大的道德风险，鼓励银行从业者和金融消费者去冒险。2008年金融危机之后，从巴塞尔新协议到金融稳定理事会，都在努力解决"大而不能倒"的道德风险问题，加强监管，力求降低大型银行的倒闭概率。

思考题：

- 在"大而不能倒"的银行政策框架下，老百姓都更愿意把钱存到大型银行，远离小型银行。长此以往，银行业、金融业会越来越高度集中，达到谁都是"大而不能倒"的银行，使整个金融业成了实际的国有行业。那么，小型银行还有空间发展吗？如何发展呢？金融创新和竞争的空间还有多大？

延伸阅读
Extended Reading

金融通识课

在本章内容中,我们可以发现以银行为代表的金融机构在给生活带来便利的同时,也带来了金融危机的隐患。为防范金融危机,政府采取了多种方式来应对金融系统中的风险,包括银行存款保险、银行准入与行为监管、对面对危机的机构进行救助等。然而,每一种政府干预市场的手段都或多或少地给市场秩序与效率带来了负面影响。政府干预市场的利弊均很明显,在经济学界,一个很核心的问题便是:政府究竟是否应该插手市场的进程?如果要出手,如何把握尺度?

传统的经济学理论认为政府是经济社会的"守夜人"。政府不能干预市场,其主要职能是维护市场的自由秩序不被强买强卖、社会治安等因素干扰。但在大萧条后,凯恩斯主义盛行,经济学主流思想不再是自由放任的古典主义思想,转而认为国家应该对经济进行积极的干预和调节,建立国家资本主义。

一般认为,市场所得的结果是最有效率的。但在一些情况下市场会失灵,这时可能就需要政府的干预了。当存在信息不对称现象时,可能会出现欺诈等行为。这时就应该由政府以强制手段监管市场。比如为了保护投资者利益,政府要求公司在 IPO(首次公开募股)时必须要透露相关信息,并且经历相关审核。

另外一方面,当存在市场势力,也就是垄断时,垄断者很可能为了自身利益哄抬物价,从而造成消费者的利益受损。在这种情况下,政府需要拆分过大的企业,瓦解市场势力。比如 1984 年美国司法部根据《反托拉斯法》分拆

AT&T（美国电话电报公司），人为在通信行业制造竞争，从而降低了电话的资费。

在供应公共品时，政府的力量也必不可少。总有一些社会必不可少的产品是私人经营无利可图的，或由于初始投入太大（如自来水网），或没有直接的经济利益可言，比如说国防开支、消防救灾队伍等。由于资本投入、商业模式或者道德上的约束，私人投资者往往不会涉及相关行业——如果私人经营的救火队只有在给钱之后才救火，难免受到道德抨击。这时就需要政府出手，弥补供给缺位。

此外，关于效率和公平之争也给了政府干预市场的理由。诚然，市场所决定的结果是有效的，但可能导致了贫者越贫，富者越富的马太效应，不利于社会稳定。而政府的转移支付给社会底层的人民以生活保障。这样一来，社会会更加安定，人民生活总体而言也会更加幸福。

从上述论述中我们可以发现，政府在市场失灵的时候能够起到积极的作用。但政府应该在市场中保持活跃吗？我们不妨来思考几个问题：如果政府所从事的是有利可图的行业，这算不算政府与民争利？政府固有制度决定其不能像私人企业一样行动灵活，这是否会影响市场的反应速度？在西方国家中，人才可能更倾向于进入待遇更好的私有部门，那么政府真的会比企业更为明智吗？如果深入思考这些问题，让政府积极干预市场似乎又变成了一个并不是太好的主意。

此外，即使经济学家能够精确地计算出政府干预市场的成本和收益，我们也无法确定哪一个选项是最优的。举例而言，是否应该牺牲部分长远利益来避免短期严重的危机？长期利益和短期利益哪个更重要呢？凯恩斯曾这么回应在大萧条中仍主张政府不应插手的经济学家们："在长期，我们都会死去。"什么时候的利益最重要，这已经是一个哲学上的问题了。

在本质上，政府是否应该干预经济不是一个纯粹的经济学问题，单纯的量化方法难以指出明晰的道路。经济问题背后的政治角力、当下的思潮、社会潜在的矛盾在政府做出决策时起到了非常重要的作用。

Chapter 25

第 25 章
中央银行与货币政策

>>> 25.1 中央银行是怎么回事？

在现代世界上，"货币政策"似乎是一个永恒的话题，"加息""降息""货币宽松""货币收紧"等等，不仅在财经频道出现，甚至成了日常词语。这些话语是怎么来的？何时开始的？为什么要有中央银行？今天我们就谈这个话题。

原来以黄金、银子做货币的时候，企业只管做业务就行，不用关心什么宏观经济政策、货币政策走向，因为那时候没有这些东西。今天则不同，你不关心货币政策动向，货币政策也会找到你。

张文是一家大型地产公司蓝天地产的财务总监，经常和不同银行打交道。最近，蓝天在集中开发几个楼盘，资金紧张，需要从银行贷款 30 亿。张文联系几家银行支行行长，明显感觉到贷款比以前更难了——以往求着他贷款的银行，现在都说信贷额度不够，不愿提供大额贷款；有两家银行同意贷款，但是要求利率相对于基准利率上浮 40%，以往只是上浮 10%。蓝天实力雄厚，一直是银行的 AA 级优质客户，并不担心贷款的违约风险。那么，是什么原因导致蓝天突然之间很难获得贷款，并且贷款利率高了很多呢？

无独有偶，张文的股票投资也不理想，一个月来股市每天成交量不大，一些机构投资者宁愿亏损也要出货，深证指数下降了将近 10%，张文持有的中小板股价更是下跌了 30%。这是怎么回事？

原因没有别的，就是一个月以来，人民银行收紧了货币，没有加息，但从市场上回笼了大量资金，并且限制银行贷款规模的增加速度。所以，各银行都感到资金紧张，银行间市场的拆借利率上升，资金也从股市向银行回流，这既影响到了公司的贷款，也影响到了股市。实体经济和金融市场就是这样通过货币政策串通在一起的，货币就成了中央银行调控企业和居民的经济活动的工具。

那么，货币政策的发出者——中央银行，它有哪些职责？又是否受到什么制约呢？

中央银行的职责

在今天的世界各国，中央银行是负责货币发行的权力机构，关键职能包括发行货币、调节信贷供应量、在外汇市场上调控汇率、持有银行的存款准备金，以及维护国债市场的运作和秩序。

以前说过，人类社会原来是由民间货币主导的，官方没有垄断货币的发行权，也就没有中央银行。最古老的中央银行是 1656 年成立的瑞典银行和 1694 年成立的英格兰银行，只是它们当时并不是现代意义上的央行。

中央银行经历了此后三百多年的演变。曾经担任过以色列中央银行行长、现任美联储副主席的斯坦利·费歇尔，在 1994 年的文章中把中央银行的发展概括为四个阶段：第一阶段，一些欧洲国家建立了专门的银行，比如，1694 年的英格兰银行是为英国政府融资而成立的；作为交换，英格兰银行获得了一些银行业特权，垄断英国政府公债的发行。第二阶段始于 19

世纪，标志着中央银行常规化的开始。此时的中央银行更多是作为"其他银行的银行"（banks to other banks）而存在的，提供银行间的互助服务。1900年之前，大多数中央银行都被要求保持本币与黄金的可兑换性，汇率是固定的，因此，中央银行的职责是稳定本国货币跟黄金的固定汇率。那是金本位时代。

从20世纪30年代大萧条时期开始，中央银行进入第三阶段。在大萧条和金本位崩溃的过程中，很多本来私有的中央银行被收归国有；那些仍在私人手中的中央银行则与其政府建立了更加紧密的约束关系。从20世纪40年代到70年代，很多中央银行在制定货币政策方面只是起到了附属作用。

20世纪后期，中央银行才发展到第四阶段。从20世纪70年代开始，中央银行重新获得更多自主权，一心一意专注其国内价格稳定的目标。从第三阶段到第四阶段，中央银行保留了货币职能，对金融体系的稳定肩负总体责任。此外，在这个时期，多家中央银行参与到银行的审慎监管中来，强化它们作为"最后贷款人"角色。

当今世界上的央行格局如何呢？今天最有影响力的中央银行是美国联邦储备银行，简称美联储。它有12家地区性联邦储备分支银行，是1913年根据《联邦储备法》成立的。美联储虽然是政府机构，但具有很强的独立性，很少受到美国总统和国会的干预。

1999年1月设立的欧洲中央银行，负责实施欧元货币联盟国家的货币政策，是世界上独立性最强的中央银行，成员国政府不允许向欧洲中央银行发布指令。

在中国，从清末到1928年，中国银行和交通银行都行使了部分中央银行的职能；1928年11月，国民政府的中央银行在上海成立，取代中国银行和交通银行的中央银行职能。然后，1948年12月1日，中国人民银行在河北省石家庄成立，开始发行人民币；中华人民共和国成立后，中国人民银行成为国家银行，而且很长时间里只有中国人民银行这一家银行机构，甚至在"文化大革命"期间，人民银行也被并入财政部。直到1983年9月，国务院才明确了中国人民银行专门行使中央银行的职能。与其他主要的中央银行相比，中国人民银行的独立性不多。

不管在过去还是现在，价格稳定是中央银行最重要甚至唯一的政策目标。在早期，央行通过一系列政策工具来稳定当下价格（即币值），如调控货币供应量、政策利率等。发展到一定阶段后，中央银行开始更多关注通货膨胀预期，根据预期调控货币供应量、政策利率，并强调中央银行的职能越简单越好。到今天，许多央行明确给出通货膨胀目标值，以此把货币政策透明化。

到这里你看到，正因为央行的核心职责，甚至唯一职责是保持币值的稳定，货币政策应该由通货膨胀的高低决定，而不应该受政治或政策的影响：通货膨胀太高，说明货币供应太多，就应该加息并收紧信贷；如果通货膨胀太低，就可以降息并放松信贷。这就是为什么一般国家都会要求央行是相对独立于政治的专业机构。

按照中国人民银行行长周小川的说法，央行有四个目标：保持低水平通货膨胀、促进经济增长、保持相对较高的就业率，以及保持国际收支平衡。另外，与第四个目标相关的汇率制度和汇率政策，也是中国人民银行的职责。周小川认为，中国经济正处于改革转轨期间，至少在市场化程度、货币政策的运行机制和传导机制上不同于发达国家，也不同于市场化程度较高的新兴市场国家，所以，货币政策单一目标制在中国还行不通。这样一来，货币政策就变得不可预测，受非经济因素的影响较大。

◐ 中央银行政策影响老百姓的生活

到这里，你可能会问：央行的所作所为会影响到你的生活吗？

前面讲到的张文故事中，蓝天地产所需的资金，一方面通过银行贷款，另一方面也在市场上发行一种债券——不超过9个月的中期票据。2016年7月，蓝天从银行获得一年期贷款50亿，利率是基准利率上浮10%。由于2015年8月和10月人民银行两次降息，使一年期基准利率从5.5%下降到5%。所以，蓝天2016年的贷款利率为5.5%。也由于2015年下半年中国人民银行两次下调了存款准备金率，2016 年银行间市场上资金很充裕，所以蓝天发行的中期票据利率只有 4%。

而到 2017 年 3 月，蓝天计划再次发行 50 亿中期票据时，由于中国人民银行近期在市场上缩紧资金供应，中期票据的发行利率已经上升到 5.5%，并且银行建议蓝天只发行 15 亿。同时，由于一季度银行贷款增加过多，中国人民银行要求各商业银行限制贷款规模，只有两家银行愿意给蓝天贷款，但是贷款利率使基准利率上浮 40%，也就是高达 7%，比上一年高出很多。

当然，这样一来，蓝天就只好减少地产项目。由于很多开发商都经历类似的约束，这就意味着一年多后的新房供应会减少，房价上涨压力因此而增加，直接影响老百姓的生活。

另外，央行货币政策收紧之后，银行的住房按揭贷款资金也大大压缩，按揭利率也上升。

由此，你看到，中央银行的货币政策既影响到企业，也影响到老百姓的生活。货币政策宽松，企业和个人获得资金更容易、利率更低、规模更大；货币政策收紧，企业和个人获得资金就更困难、利率更高、规模更小，股市和其他投资市场也有更多挑战。

要　点：

1. 中央银行是负责货币政策的政府机构，也是银行危机发生时的"最后贷款人"。1694 年成立的英格兰银行是世界最古老的中央银行之一，当前世界上最有影响力的是美联储和欧洲中央银行。与欧美的中央银行相比，中国人民银行的独立性要少很多。
2. 基于通货膨胀的单一目标制是如今很多发达经济体中央银行的货币政策模式。中国人民银行作为中央银行，有四个目标：保持低水平通货膨胀、促进经济增长、保持相对较高的就业率，以及保持国际收支平衡。
3. 虽然中央银行不向你吸收存款，也不对你发放贷款，但是，它的每一项政策操作都会影响到你的经济活动和金融生活。

第25章 中央银行与货币政策

思考题：

● 货币作为跨期的价值载体，它的原始目的只是给人们提供一个统一的价值工具，便于交换，也便于跨期储存价值。所以，央行作为掌控货币发行大权的机构，它的唯一责任本来应该是维持货币价值的稳定，也就是尽量把通货膨胀率保持在零的附近。这样一来，如果货币政策不只是保持币值稳定（即控制通货膨胀率在零附近），而是也包括其他政策目标，那么，必然意味着央行有时要大量放水，即使这样做会大大贬低货币的购买力、引发通货膨胀，也在所不惜。这样做会牺牲谁的利益呢？哪些群体会受益，哪些群体的利益会受损呢？

>>> 25.2 货币的适度供应与经济增长

2016 年，中国 GDP 大约 11 万亿美元，排名世界第二，美国 GDP 为 18.6 万亿美元，日本 GDP 是 5.3 万亿美元；而到 2016 年年底，中国银行业的总资产折合 33 万亿美元，是 GDP 的 3 倍，美国的银行总资产 16 万亿美元，差不多为 GDP 的 0.9 倍，日本的银行资产 7 万亿美元，是 GDP 的 1.3 倍。这些数据说明，中国的银行业规模的确是世界第一。但是，银行业资产负债表庞大到底是好，还是不好呢？

银行的资产以贷款为主，所以，银行资产负债表庞大说明发放的贷款量很大。曾经担任国际货币基金组织中国部负责人的普拉萨德教授说："中国银行体系规模庞大与其说是一件值得欢呼的事情，不如说是一个迹象，表明经济过度依赖银行融资，资源配置效率低下，而且面临着巨大的信用风险。"

也就是说，银行业资产规模的高低是货币发行量松紧的反映。我们就以广义货币供应量 M2 余额，来度量货币政策的松紧程度。到 2016 年年末，中国的 M2 余额 155 万亿元，是 GDP 的 2 倍，每一块钱的 GDP 就有两块钱广义货币在流通，这远高于美国 0.7 倍和日本 1.6 倍的广义货币供应量，说明中国货币政策比美国和日本更加宽松。

那么，货币发行量到底为多少最合适呢？在什么情况下说明央行是过度利用货币发行权，超发货币？是不是货币供应越多越有利于经济增长呢？

货币政策是如何奏效的？

以前我们谈到，人类社会直到近现代才由政府垄断货币发行权，但这样也会带来新的问题，就像拉美、非洲国家那样出于政治需要，经常滥发钞票，让物价每天涨几个百分点，引发社会动荡。

为了约束垄断了货币发行权的中央银行，很多发达国家把保持价格水平稳定作为央行的单一政策目标，只要管好通货膨胀率就行。而中国人民银行的货币政策包括四个目标：保持低水平通货膨胀、促进经济增长、保持相对较高的就业率，以及保持国际收支平衡。人民银行为什么要追求这么多目标呢？

政策背后的逻辑主要基于货币政策的短期效果，因为如果货币供给与市场利率发生变动，就会影响企业的生产和投资计划，也会影响家庭的消费，从而影响到宏观经济的产出水平。

比如，货币供给的增加会导致利率下降，利率下降会引起投资开支上升，进而增加总需求并导致总产出上升。货币供给的减少会带来相反的过程，导致利率上升和产出下降。除此以外，货币政策影响经济增长的传导机制，也包括通过资产价格来实现，比如让股票等金融资产价格上涨带来财富效应，由此影响家庭和个人的消费和投资行为，并进一步刺激产出。只是对中国而言，由于老百姓的股市参与率很低，通过股市等资产价格来传导货币政策的通道不会太有效，所以，人民银行一般把注意力集中在银行体系上，通过银行贷款途径来传导货币政策的变化，因为银行才是中国金融体系的主心。这是理解中国货币政策的重要视角，也是一开始谈到的中国银行业资产

第25章 中央银行与货币政策

规模奇高的重要原因。

因此，短期而言，总产出与货币供给正相关——货币供给增加时，总产出扩张；货币供给减少时，总产出水平会下降。从这个意义上来看，放弃金属货币和金本位、银本位，采用完全的信用货币体系，不仅能把货币发行权集中到政府手里，而且还给现代政府带来了前所未有的经济增长调控手段。这个政策工具是过去历朝皇帝做梦也没法想到的。

可是，货币供应量的增加无法带来长期的产出影响，这种情形被称为"长期货币中性"。这一结论不太奇怪，因为如果印钞票就能带来长期繁荣的话，每个国家就都能繁荣昌盛了。长期而言，货币供应量增加的唯一后果就是物价水平的同比例上升。货币主义大师弗里德曼有一个著名的论断：无论何时何地，通货膨胀都是货币现象。他指出，历史上所有的通货膨胀都是源于货币供应量的高速增长。

☙ 金融危机后各国货币政策——非常规的手段

好啦，既然货币政策工具这么方便，现代国家又是怎么用的呢？

最突出的应该是2008年金融危机时期开始的各国货币政策举措。之前我们谈到，这次金融危机的主要起因是美国的房地产泡沫，而房地产泡沫又是美联储货币政策和国会议员帮助吹大的，所以，一定程度上是现代货币政策的产物。当然，一旦泡沫破灭引发金融危机了，就又要靠新的货币政策干预去解救之前的干预所埋下的祸根。那么，这次的货币政策干预如何呢？

2008年危机发生后，无论是美国、欧盟、日本还是中国，都可以用"非常规"来形容货币政策举措，都说是为了止住恐慌，同时避免经济衰退、刺激增长。美联储、欧洲中央银行和日本银行都采用了"量化宽松"（Quantitative Easing，QE）的货币政策，中国人民银行在2008年之后采取了宽松的货币政策。

"量化宽松"货币政策，这个名字起源于一个想法，就是常规的宽松政策是通过调低货币的价格（也就是降息），来刺激经济。但是，如果利率已经调低到零或者接近于零，利率就不能再下调了！此时还需要进一步刺激经济，怎么办呢？这时候，中央银行可以通过扩张自己的资产负债表来直接增加货币供应，也就是央行印很多钞票，去购买银行和其他金融机构手中的各类资产，而银行得到这些货币后自己的流动性就增加了，就能做大量的信贷扩张；另外，央行购买资产的行为也抬高相应金融资产的价格，产生财富效应，等等。这是我们以前介绍过的逻辑。

美联储第一轮"量化宽松"是从2008年9月开始的，一直做到了2010年3月，其间美联储大规模购买房利美、房地美和住房抵押贷款证券，也买了大量国债。随后再继续几轮"量化宽松"，到2013年年底为止，美联储相继购买了两万亿美元左右的抵押贷款证券和其他金融资产。从2014年1月起，美联储开始削减其每个月的资产购买规模，并于10月结束了资产购买计划。随着美国经济全面复苏，2015年12月美联储正式开始逆转"量化宽松"政策，首次加息25个基点，收紧货币供应。

但是，多年的"量化宽松"虽然帮助了美国经济从危机中走出来，可是也带来了严重后患，就是我们之前说到的"让美国中产阶级空心化"：不仅没有让中产阶层受益，反倒让他们在财富分配中的地位下降，使美国社会和政治走向民粹主义，以特朗普总统为标志的后续影响还没结束。

为了应对2008年金融危机和2011年主权债务危机，欧洲中央银行从2011年11月起，更是全面推行宽松的货币政策，包括向银行业提供超过1万亿欧元的流动性、承诺无限额购买国债等。到2014年6月，欧洲央行甚至做出了一个历史性的举动，将存款利率下调至负数。直到2016年，欧洲央行还在继续"量化宽松"，并把存款利率下调到-0.30%！日本央行的做法跟欧洲央行类似。

那么，中国央行呢？你知道，2008年金融危机后，为了防止经济出现大幅下滑，中央政府推出了"4万亿"的刺激计划，这个计划要求人民银行在货币政策上做出大动作，增加货币供给、大幅度降息、降低存款准备金率等。比如，2008年年末，广义货币供应量M2余额47.5万亿元、贷款余额 30.3 万亿元；到了 2016 年年末，M2 余额 155 万亿元，人民币贷款余额 106.6 万亿元。在八年的时间里，中国的 M2 就增加了 100 多万亿元，翻了两倍多，而贷款余额增加了 76.3 万亿元，翻了 2.5 倍多！

所以，过去几年里，人民银行货币政策宽松的力度之大，并不低于美联储、欧洲和日本央行。正因为如此，才有了中国银行体系的资产规模排世界第一，与此相对应的孪生兄弟是一、二线城市的房地产泡沫，以及严重的产能过剩和经济结构失衡。

量化宽松政策属于非常规的实验性策略。实施的时间越久，中央银行就逐渐从问题的解决方变成问题的一部分。中央银行在避免经济衰退、确保短期经济增长中扮演了关键角色，但是，央行最终能否成功地将经济重新带回持续高增长的道路上，是否能保证金融体系的持久稳定，或者在不带来严重经济问题和造成金融动荡的前提下，能否退出这种非常规的货币政策操作，这一切都还不可知。因为金融危机已过去 9 年，但包括中国人民银行在内的各国央行仍然处于宽松的政策之中。

要 点：

1. 走出金属货币和金本位之后，信用货币的普及不仅使货币发行权由政府垄断，而且带来了货币政策工具。中央银行的货币政策是影响短期经济增长的工具之一。央行通过改变利率或者货币供应，对经济产出发挥影响。
2. 短期看，宽松的货币政策促进总产出的增长；长期看，货币供应的增加无法影响产出和利率水平，这个情形被称为"长期货币中性"。货币供应量增加的唯一后果就是物价水平的同比例上升。
3. 2008 年全球金融危机之后，各国都在推行宽松的货币政策，中国的货币供应量自 2008 年以来也有巨大增长。这些举措虽然确保了经济的短期适度增长，但是隐患很大。

思考题：

- 现代政府是不可能愿意回到金本位、银本位等那种货币体系的，因为它们不会主动放弃货币政策这种工具。有了货币发行权，政府除了调控利率、直接散发钞票等举措，甚至可以通过"量化宽松"这种非常规手段来刺激经济。但是，这就带来史无前例的道德风险，靠什么来抑制央行过度宽松货币的冲击呢？既然货币政策能刺激增长，我们为什么要停止印钞机呢？如果货币政策就能制造增长，谁还有兴趣去做伤筋动骨的体制改革呢？

>>> 25.3 外汇市场与汇率政策

说到外汇，张文很有经验，因为他喜欢出国旅游，以前常去银行换外汇。有时候拿着好几个身份证去，每个身份证可以换 5 万美元，以前没遇到什么麻烦。可是，自 2016 年以来，张文发现换外汇比以前麻烦多了，甚至为他女儿换钱出国读书也难上加难。除了必须本人亲自去，银行还严格控制 5 万美元的额度，换汇时还需要填写详细的购汇用途，比如旅游要填写预计境外停留期限，目的地国家和地区，是跟团游还是自由行；境外留学要填写留学国家、学校名称、学费金额和币种、年度生活费金额等等。如果用汇时实际用途与原来填写的《个人购汇申请书》不一致，还要重新填写。而即使都填好了，也未必能换上 5 万美元。张文询问银行工作人员原因，得到的答复是：加强外汇管制了。

不仅仅像张文这样的个人会遇到这些麻烦，企业购汇、换汇也遇到很多刁难、限制。前些年，政府鼓励企业"走出去"进行海外投资，但是现在，一些企业签订了海外投资协议，却由于外汇管制而被迫取消交易；

甚至一家外资银行卖掉了国内某银行的股份，也还是不能兑换成外汇汇出去。

那么，为什么要加强外汇管制？如果是为了阻止外汇储备的快速下降和人民币兑换美元的贬值，这样做的后果又会如何呢？今天我们就来谈外汇市场与汇率政策的话题。

☙ 外汇管制与人民币汇率

很显然，从官方角度来看，之所以要管制外汇，让外汇难以流出，主要是担心外汇过多流出可能会引发金融动荡和经济大幅下行。过去几年外汇储备从 4 万多亿美元下降到 3 万亿美元，驱动力在以下几个方面：一是人民币贬值预期逐步被加强，而且由于是渐进式贬值，这就激励好多人把资金转移出境，换成美元资产、欧元资产等，希望从外币相对人民币升值的趋势和境外资产升值中获益。二是中国经济结束粗放式增长期，进入中低速的新常态。所以，一些人觉得在国内投资赚钱不再像过去那么容易了，尤其是国内房地产估值明显太高，国内和国外投资者希望调整资产配置，减少人民币资产的占比。三是政府也鼓励企业和个人"走出去"，加上"一带一路"、丝路银行、中非基金、中国拉美基金等，这些当然也影响外汇储备。

如果人民币贬值和资金流出的趋势被进一步强化，这势必导致更大量的资金流出，国内资产价格尤其是地产价格、股票价格会面临很大下行压力，甚至引发房地产泡沫的破灭，进一步给银行带来大量坏账，威胁金融体系的稳定，实体经济必然会受损，就业面临挑战。

所以，官方就要干预，以扭转外汇储备的下降，止住人民币贬值。但问题是，不允许市场机制配置境内外的资金和决定汇率，而是强行限制换汇，让资金不流出，并让人民币不贬值甚至要升值，又会带来什么后果呢？

通过行政手段把资金关在国内，甚至通过形成人民币升值预期鼓励一些外资进来，这只会带来更多的结构性扭曲，加大潜在危机风险。第一，房地产、股市等资产泡沫会更离谱，资金走不出去了，不投房产、股票，投什么呢？第二，产能过剩局面只会更加严重，原因也是很多资金出不去了，就只好去那些已经产能过剩的行业去找投资机会，顾不上今后的回报了！第三，让出口行业受损，因为人民币越贵，中国商品出口换成外汇价之后会显得更贵，失去竞争力。

发展中国家一般不愿意让自己的货币升值，而更喜欢币值低估的政策，这就是为什么特朗普等人喜欢指责中国操纵汇率、说中国有意让人民币被低估。

在许多经济学家看来，我国1978年改革开放以来经济的高速增长，在相当大程度上是由币值低估政策催生的。之前，人民币币值总体上处于高估状态，但从1978年开始，人民币启动了快速、大幅贬值之路。1993年，人民币的汇率差不多是1977年人民币实际汇率的1/3。从1994年人民币汇率并轨到2005年的汇率改革，虽然对美元的名义汇率没有变化，但整体上人民币是在进一步贬值的。人民币被低估导致了中国巨大的贸易顺差和巨额的外汇储备，这也是2008年金融危机之前全球经济失衡的一个因素。面对来自美国和欧盟的人民币升值要求，2005年7月，中国开始人民币汇率改革，人民币逐步升值，但是，人民银行不断通过外汇市场的操作来控制人民币升值速度，以避免对出口造成太大的冲击。

当然，原来在中国经济的高速增长时期，外资是想方设法要进入中国，人民币升值压力不轻，那时候外汇管理部门要"堵热钱"，把它们拒之门外，并鼓励国内企业"走出去"直接投资。那么，现在呢？正如上面谈到的，进入新常态之后，情况就反过来了。

外汇市场与浮动汇率

那么，外汇市场又是怎么确定汇率的呢？首先，你要记住，两种货币之间的汇率就是一种货币以另一种货币计算的价格，比如1美元兑换6.7元人

中央银行与货币政策

民币，或者反过来，就是 1 块钱人民币兑换 0.149 美元。从这里我们看到，汇率不能用国家主权来套，因为人民币兑换美元，一边是人民币，另一边是美元，所以，两方都可以说这是它的主权，这就说不清了。

外汇市场是全球最大的金融市场，每天交易量超过 4 万亿美元。参与者主要有四类：银行和非银行外汇交易商，进行商业或投资交易的个人和企业，投机套利商，中央银行和财政部。其中，中央银行和财政部在外汇市场上买卖本国的外汇储备，影响本币的汇率价格，它们的动机不是获利，而是以认为有利于本国利益的方式影响本币汇率。

外汇市场并不是一个像纽约证交所或者上海证交所那样的有形市场，而是一个场外交易市场，就跟农村菜市场一样，谁都可以参与买卖。在这个市场上，成百上千个交易商，通过电话或者电脑账户，随时准备买进或者卖出不同国家的货币。因为这个市场没有集中做市商，所以是高度竞争性的。

外汇市场是一个横跨全球 24 小时不间断的市场。比如，工商银行在世界主要金融中心有外汇交易部，北京时间的白天由北京总部负责客户的外汇交易，下午到晚上交给伦敦分行负责，半夜之前到第二天早上交给纽约分行负责，就这样绕着地球走，24 小时都能交易外汇。

各国的汇率是不是历来就是由市场决定，随便浮动的呢？不是的！当今外汇市场规模如此巨大，是 1973 年布雷顿森林体系崩溃之后，主要国家都实行浮动汇率制度的结果。

也就是说，在第一次世界大战之前，世界主要货币都采用金本位制度，这是一种固定汇率制度。在这种制度下，大多数货币都可以按照规定的比率直接兑换成黄金。金本位制度下的固定汇率，消除了由汇率波动引起的不确定性，短期内有利于国际贸易的发展。但是，金本位太死板，不能适应经济结构的变化，也在两次世界大战之间带来外汇市场的动荡。"二战"快结束时的 1944 年，以美国和英国为首的同盟国决策者，在美国新罕布什尔州的度假胜地——布雷顿森林，跟其他国家确立了新的汇率制度，被称为布雷顿森林体系。在这个体系下，大多数货币盯住美元，而美元与黄金挂钩，但是这种挂钩并不像战前的金本位那样严格。

到了20世纪60年代，黄金的官方价格与市场价格之间出现了差距。当这一差距变得非常大时，美国政府就拒绝以官方平价兑现黄金，甚至停止向他国政府出售。结果，1973年，布雷顿森林体系最终崩溃，世界进入浮动汇率时代，使各国外汇交易需求大幅上升，外汇市场就蓬勃发展起来。

在浮动汇率下，中央银行如何管制汇率呢？有两种主要工具：一种是货币政策，比如短期利率。加息会提高本币的价值，降息会拉低货币的价值。另一种是买入或者卖出外汇储备，也被称为外汇干预。央行如果为了保住人民币汇率或者要让人民币升值，可以抛售外汇储备、买进人民币，这种干预会降低外汇储备，过去几年就是这样做的。而如果干预是卖出人民币、买进美元，那么，结果就相反，会使人民币贬值并增加外汇储备。

那么，今天的中国该怎么办呢？不管制外汇和汇率，大规模资金外流还带来了巨大的经济风险；而如果管控外汇和汇率，又会进一步扩大房地产等资产泡沫、恶化产能过剩，埋下更大的祸根。在金融理论里，一个被广泛接受的原则是三元悖论，也被称为货币政策的三难选择。意思是，决策者只能在三个原则中选择两个：一是货币政策的独立性——能够自主设定短期利率；二是汇率政策的独立性——自主设定从而稳定汇率；三是自由且开放的资本市场。由于发达国家没有进行资本管制，所以货币政策的选择往往介于货币独立性和汇率独立性之间。这不是一个非此即彼的选择，可以部分放弃货币独立性以获得某种汇率独立性。

由于中国的金融市场不够成熟，所以，官方选择通过限制资本的跨境流动，来获得自主制定利率和汇率的空间。但代价是外汇储备下降、资产泡沫和经济结构进一步恶化。看来，张文当前遇到的情形还要持续。

第25章　中央银行与货币政策

要　点：

1. 外汇市场是全球最大的金融市场，24小时不间断进行交易。外汇交易规模是布雷顿森林体系崩溃后各国实行浮动汇率的产物。
2. 发展中国家往往通过币值低估来促进出口，进而推动经济增长。中国1978年之后的经济增长也与人民币的不断贬值密切相关。
3. 在中国经济高速增长时期，外资想方设法进入中国，人民币升值压力大，外汇管理部门忙着"堵热钱"并鼓励国内企业"走出去"。可是，在经济进入新常态之后，情况就反过来了，现在是欢迎外资进来、限制资金出去。但是，外汇管制容易形成恶性循环，后患严重。

思考题：

- 在资金被堵住、不让走出去的状态下，哪些行业会受益？该如何投资理财呢？

延伸阅读
Extended Reading

金融通识课

我们知道中央银行调控货币能起到促进币值稳定、经济平稳发展的作用。那么，中央银行增加货币供给，难道真的像字面上的暗示一样，更多的"货币供给"意味着中央银行需要印刷出更多的纸币吗？

👁 对"货币"的定义

问题的核心就在于什么是货币——人们平时定义的"钱"是什么？小张的爸妈对小张说，家里有 100 万元（不包括房子等资产），这肯定不是指爸妈在床底下藏着 100 万元的钞票。家里的 100 万指的是很多种形式的钱，有 50 万的银行存款、20 万的支票，还可能把 3 个月国债券也算进去了（因为国债券很容易变成现金，所以小张的爸妈也把它视为可以马上用的"钱"）。这里我们所说的"钱"指的就是广义的货币了（相对于被称为狭义货币的现金）。换一些更加专业的名词，"M0"指现金，"M1"包括"M0"再加上活期存款，"M2"则包括更多种期限与形式的存款了。M0、M1、M2 都是有不同流动性的"钱"。

打开一本经济学教材，很容易找到现代银行的一个功能——即"创造货币"，其实是指根据少单位的狭义货币创造出更多单位的广义货币的功能。银行收到了 10 万元的定期存款，转手就能借出去 8 万。这样存钱的人拿着 10 万元的账户余额，贷到款的企业拿到 8 万元的现金，市场里一共就有了 18 万元的"钱"（而基础货币其实只有 10 万元），这个 18\10=1.8 就是货币乘数。

调控货币的方法

回到我们的话题，如果央行增加货币供给，直接以发行基础货币的形式调控的话（即印钞票），这些基础货币流到市场上来，再经过银行体系的放大，会增加大量的货币。而且发出去的钞票就难收回来了，央行也不能控制这些钞票以后会以多大的倍率继续在市场上活跃着。因此，为了更加精准、平稳地调控货币量，央行一般不会采取直接增发货币的方式调控。

如果你点开中国人民银行网站的"货币政策"的栏目，会发现列举出的货币政策工具一共有 5 个：公开市场业务、存款准备金、中央银行贷款、利率政策、常备借贷便利。公开市场操作其实是在欧美市场经济国家中更加常见的一种调控手段，如果央行要增加货币，则在债券市场上投入现金、购买国债；如果要回收过多的流动性，则只要抛售囤积的国债券，吸纳现金即可。这样一放一收，岂不比单纯地印刷钞票发出去更加平稳、可控吗？

央行还有一种调控货币的方法，回到我们刚才的例子，银行吸收了 10 万元的定期存款，但没有借出去 10 万，而只借出去了 8 万，这其中剩余的 2 万就成了银行的准备金，准备金的用处在于当很多用户都来提钱时（而短时间内又难以收回一些贷款），能用这些准备金来满足用户的提款需要。在这个例子中，银行的准备金率为 2 万 /10 万 =20%，准备金率直接影响到银行能借出去多少钱；在现实中，央行对银行准备金有一个最低的要求，必须把百分之多少的准备金存到央行中来。如果央行上调了准备金率，银行能借出去的钱也成比例地缩小了。

总之，调控货币的央行极少直接"发钱"，往往是改造银行这一个创造货币的体系，或者通过公开的市场购买方式。

参考文献

第一部分

第 4 章

4.1

1. 陈志武. 金融的逻辑 2：通往自由之路 [M]. 西安：西北大学出版社，2015.
2. 陈志武. 金融的逻辑 1：金融何以富民强国 [M]. 西安：西北大学出版社，2015.

4.3

1. 陈志武. 金融的逻辑 2：通往自由之路 [M]. 西安：西北大学出版社，2015.
2. 陈志武. 金融的逻辑 1：金融何以富民强国 [M]. 西安：西北大学出版社，2015.

第 5 章

5.2

1. 陈志武. 金融的逻辑 2：通往自由之路 [M]. 西安：西北大学出版社，2015.
2. 陈志武. 金融的逻辑 1：金融何以富民强国 [M]. 西安：西北大学出版社，2015.

第 6 章

6.3

1. 安志达. 日本：启示与警示 [M]. 北京：中信出版社，2000.

2.Saumitra Jha.Can Financial Innovations Mitigate Civil and Ethnic Conflict[J].The World Financial Review,2013（3）.

3.Saumitra Jha.Swords into Bank Shares:Financial Innovation and Innovators in Solving the Political Economy Challenges of Development[J].The World Bank,2014（10）.

4.Wenkai He.Paths toward the Modern Fiscal State:England,Japan, and China[M].Cambridge and London:Harvard University Press, 2013.

第二部分

第 7 章

7.1

1. 陈志武. 金融的逻辑 1: 金融何以富民强国 [M]. 西安 : 西北大学出版社 ,2015.

2.Lendol Calder.Financing the American Dream: A Cultural History of Consumer Credit[M].Princeton:Princeton University Press,2001.

7.2

1. 陈志武. 金融的逻辑 1: 金融何以富民强国 [M]. 西安 : 西北大学出版社 ,2015.

2.Lendol Calder.Financing the American Dream: A Cultural History of Consumer Credit[M].Princeton:Princeton University Press,2001.

7.3

1. 陈志武. 金融的逻辑 1: 金融何以富民强国 [M]. 西安 : 西北大学出版社 ,2015.

2.Lendol Calder.Financing the American Dream: A Cultural History of Consumer Credit[M].Princeton:Princeton University Press,2001.

第 8 章

8.1

1.Lendol Calder.Financing the American Dream: A Cultural History of Consumer Credit[M].Princeton:Princeton University Press,2001.

8.2

1.陈志武.金融的逻辑 1：金融何以富民强国 [M]. 西安：西北大学出版社 ,2015.

第 9 章

9.1

1.陈志武 , 林展 , 彭凯翔 . 民间借贷中的暴力冲突：清代债务命案研究 [J]. 北京：经济研究 ,2014（9）.

9.2

1.陈志武.金融的逻辑 1：金融何以富民强国 [M]. 西安：西北大学出版社 ,2015.

9.3

1.陈志武.金融的逻辑 1：金融何以富民强国 [M]. 西安：西北大学出版社 ,2015.

2.Lendol Calder.Financing the American Dream: A Cultural History of Consumer Credit[M].Princeton:Princeton University Press,2001.

第三部分

第 10 章

10.1

1. 陈志武. 金融的逻辑1: 金融何以富民强国 [M]. 西安: 西北大学出版社, 2015.
2. John Micklethwait, Adrian Wooldridge. The company: a short history of a revolutionary idea[M]. NewYork: The Modern Library, 2005.

10.2

1. 陈志武. 金融的逻辑1: 金融何以富民强国 [M]. 西安: 西北大学出版社, 2015.
2. John Micklethwait, Adrian Wooldridge. The company: a short history of a revolutionary idea[M]. New York: The Modern Library, 2005.

10.3

1. 陈志武. 金融的逻辑1: 金融何以富民强国 [M]. 西安: 西北大学出版社, 2015.
2. John Micklethwait, Adrian Wooldridge. The company: a short history of a revolutionary idea[M]. New York: The Modern Library, 2005.

第 11 章

11.1

1. 王洪军. 清代济宁孙氏家族文化研究 [M]. 北京: 中华书局, 2014.
2. Kenneth Pomeranz. Traditional Chinese Business Forms Revisited: Family, Firm, and Financing in the History of the Yutang Company of Jining, 1779-1956[J]. Late Imperial China, 1997.

11.2

1. 谭凯. 中古中国门阀大族的消亡 [M]. 北京：社会科学文献出版社, 2017.
2. Kenneth Pomeranz.Traditional Chinese Business Forms Revisited: Family, Firm, and Financing in the History of the Yutang Company of Jining, 1779-1956[J].Late Imperial China,1997.

11.3

1. 费孝通，张之毅. 云南三村 [M]. 北京：社会科学文献出版社, 2006.
2. 李玉. 晚清公司制度建设研究 [M]. 北京：人民出版社, 2002.

第 12 章

12.2

1. 兹维·博迪(Zvi Bodie)、罗伯特·C.默顿(Robert C. Merton)、戴维·克利顿（David Cleeton）. 金融学 [M]. 曹辉. 第二版. 北京：中国人民大学出版社, 2010.

12.3

1. 兹维·博迪(Zvi Bodie)、罗伯特·C.默顿(Robert C. Merton)、戴维·克利顿（David Cleeton）. 金融学 [M]. 曹辉. 第二版. 北京：中国人民大学出版社, 2010.

12.4

1. 兹维·博迪(Zvi Bodie)、罗伯特·C.默顿（Robert C. Merton）、戴维·克利顿（David Cleeton）. 金融学 [M]. 曹辉. 第二版. 北京：中国人民大学出版社, 2010.

第 13 章

13.1

1. 36氪. 美年健康收购慈铭体检过会，成为民营体检"一哥" [EB/OL]. 北京：搜狐网.[2017-7-13].http://www.sohu.com/a/156855590_114778.
2. 兹维·博迪（Zvi Bodie）、罗伯特·C. 默顿（Robert C. Merton）、

戴维·克利顿（David Cleeton）.金融学[M].曹辉.第二版.北京：中国人民大学出版社,2010.

13.2

1.G. Grullon, G. Kanatas, J. P. Weston.Advertising, Breadth of Ownership, and Liquidity[J].Volume17.TheReview of Financial Studies,2004:439-461.

2.Luo Dong.Attracting Investor Attention through Advertising[J]. Volume27.The Review of Financial Studies,2014:1797-1829.

13.3

1.兹维·博迪（Zvi Bodie）、罗伯持·C.默顿（Robert C. Merton）、戴维·克利顿（David Cleeton）.金融学[M].曹辉.第二版.北京：中国人民大学出版社,2010.

13.4

1.兹维·博迪（Zvi Bodie）、罗伯持·C.默顿（Robert C. Merton）、戴维·克利顿（David Cleeton）.金融学[M].曹辉.第二版.北京：中国人民大学出版社,2010.

第四部分

第14章

14.1

1.兹维·博迪（Zvi Bodie）、罗伯持·C.默顿（Robert C. Merton）、戴维·克利顿（David Cleeton）.金融学[M].曹辉.第二版.北京：中国人民大学出版社,2010.

14.2

1.Ran Duchin.Cash Holdings and Corporate Diversification[J].The Journal of Finance,2010.

2.Lawrence Franko.The death of diversification? The focusing of the world's industrial firms, 1980-2000[J].Business Horizons, 2004.

14.3

1. 陈清伟 . 香港电影工业结构及市场分析 [M]. 香港：电影双周刊出版有限公司 ,2000.

2. 钟宝贤 . 香港影视业百年 [M]. 香港：三联书店（香港）有限公司 ,2004.

3. 吴咏恩 . 邵氏电影初探 – 邵氏大事记 [EB/OL]. 康乐及文化事务署香港电影资料馆 . http://www.lcsd.gov.hk/CE/CulturalService/HKFA/zh_CN/web/hkfa/publications_souvenirs/pub/englishbooks/englishbooks_detail06/englishbooks_shawstory.html.

第 15 章

15.1

1. 陈志武 .24 堂财富课 [M]. 北京：当代中国出版社 ,2009.

15.2

1. 安邦保险集团 . 集团介绍 [EB/OL]. http://www.anbanggroup.com/jtjs/index.htm.

2. 中国银行保险监督管理委员会 . 保监会 [EB/OL].http://www.circ.gov.cn.

3. 安邦财产保险股份有限公司 . 安邦财险历年年度信息披露报告 [EB/OL]. http://www.ab-insurance.com.

4. 安邦财产保险股份有限公司 . 安邦人寿历年年度信息披露报告 [EB/OL]. http://www.anbang-life.com

5.Nan Ma.Anbang's predicament amid bank-risk probe[J/OL]. Financial Times,2017. https://www.ft.com/content/526ef434-54d3-11e7-9fed-c19e2700005f.

6. 曲哲涵 . 保监会取消万能险最低保证利率 [N/OL]. 北京：人民日报 ,2015.http://www.gov.cn/xinwen/2015-02/14/content_2819495.htm.

7. 吴红毓然. 安邦悄然买入四大行，均跻身前十大股东 [EB/OL]. 北京：财新网，2016.http://finance.caixin.com/2016-04-05/100928101.html.

15.3

1. 陈志武. 金融的逻辑 1: 金融何以富民强国 [M]. 西安：西北大学出版社, 2015.

2. Lendol Calder.Financing the American Dream: A Cultural History of Consumer Credit[M].Princeton:Princeton University Press,2001.

第 16 章

16.1

1. 陈志武. 金融的逻辑 1: 金融何以富民强国 [M]. 西安：西北大学出版社, 2015.

16.3

1. Alex Edmans.Does the stock market fully value intangibles? Employee satisfaction and equity prices[J].Vol.101.Journal of Financial Economics,2011:621-640.

第五部分

第 17 章

17.2

1. 甘犁，李凤，路晓蒙等. 中国家庭金融资产配置风险报告 [R/OL]. 西南财经大学中国家庭金融调查与研究中心, 2016.

17.3

1. 云妍，陈志武，林展. 清代官绅家庭资产结构一般特征初探——以抄产档案为中心的研究 [J]. 金融研究, 2018（2）.

2.黄隽.从金融学角度看艺术品投资[J].财富管理,2016(3).

3.Jianping Mei,Michael Moses.Art as an Investment and the Underperformance of Masterpieces[J].Vol. 92.The American Economic Review,2002:1656-1668.

第18章

18.2

1.Alexander Dyck,Luigi Zingales.Private Benefits of Control: An International Comparison[J]. Vol. 59.The Journal of Finance,2004:537-600.

第19章

19.2

1.Zhiwu Chen,Werner Stanzl,Masahiro Watanabe.Price Impact Costs and the Limit of Arbitrage[J]. Yale School of Management Working Papers,2002.

2.Jeff Bacidore,Di Wu,Wenjie Xu.Balancing Execution Risk and Trading Cost in Portfolio Trading Algorithms[J].Journal of Trading,2013.

19.3

1. 席勒.非理性繁荣[M].北京：中国人民大学出版社,2004.

2.朱宁.刚性泡沫[M].北京：中信出版社,2016.

第20章

20.1

1.Walter Scheidel.The Great Leveler: violence and the history of inequality from the stone age to the twenty-first century[M]. Princeton:Princeton University Press,2017.

第六部分

第 21 章

21.1

1. 陈明光. 钱庄史 [M]. 上海：上海文艺出版社, 1997.

2. 黄鉴晖. 中国钱庄史 [M]. 太原：山西经济出版社, 2005.

3. 彭凯翔. 从交易到市场 [M]. 杭州：浙江大学出版社, 2015.

21.2

1. 黄鉴晖. 山西票号史 [M]. 太原：山西经济出版社, 2002.

2. 黄鉴晖, 中国人民银行山西省分行, 山西财经学院《山西票号史料》编写组. 山西票号史料 [M]. 太原：山西经济出版社, 2002.

3. WentianDiao, Jinyan Hu, ChichengMa. The Political Origin of Banking Development in Qing China[C]. 出版者不详, 2015.

21.3

1. 黄鉴晖. 山西票号史 [M]. 太原：山西经济出版社, 2002.

2. 黄鉴晖, 中国人民银行山西省分行, 山西财经学院《山西票号史料》编写组. 山西票号史料 [M]. 太原：山西经济出版社, 2002.

3. 张国辉. 晚清钱庄和票号研究 [M]. 北京：社会科学文献出版社, 2007.

第 22 章

22.1

1. 洪葭管. 中国金融通史 [M]. 第四卷. 北京：中国金融出版社, 2008（5）.

2. 吴承禧. 中国的银行 [M]. 长沙：岳麓书社, 2013（11）.

3. 王志莘. 中国之储蓄银行史 [M]. 北京：知识产权出版社, 2015（6）.

22.2

1. 弗里德里克·S. 米什金. 货币金融学 [M]. 第九版. 北京：机械工业出版社, 2011.

22.3

1. 弗里德里克·米什金.货币金融学[M].第九版.北京：机械工业出版社,2011.

22.4

1. 安东尼·桑德斯,马西娅·米伦·科尼特.金融机构管理：一种风险管理方法[M].北京：人民邮电出版社,2009.
2. 彼得·佩尔泽.银行业的风险管理与监管——即将来临的风险[M].北京：中国金融出版社,2017.

第23章

23.1

1. 罗伯特·科尔布,戴维·罗默,金融危机的教训：成因、后果及我们的经济未来[M].北京：中国金融出版社,2012.
2. 陈志武.金融危机的教训和启示[J].博鳌观察,2017（4）.

23.2

1. 安东尼·桑德斯,马西娅·米伦·科尼特.金融机构管理：一种风险管理方法[M].北京：人民邮电出版社,2009.
2. 伦纳德·麦茨,彼得·诺伊.流动性风险计量与管理[M].北京：中国金融出版社,2010.

23.3

1. 罗伯特·科尔布,戴维·罗默,金融危机的教训：成因、后果及我们的经济未来[M].北京：中国金融出版社,2012.
2. 陈志武.金融的逻辑2:通往自由之路[M].西安：西北大学出版社,2015.

23.4

1. 陈志武.金融的逻辑2:通往自由之路[M].西安：西北大学出版社,2015.
2. 克里斯·斯金纳.Fintech:金融科技时代的来临[M].中信出版社,2016.

第 24 章

24.1

1. 宣昌能. 国际存款保险制度进展的简要述评 [EB/OL]. 中国人民银行网站,2015（7）.
2. 米尔顿·弗里德曼, 安娜·施瓦茨. 美国货币史 [M]. 北京：北京大学出版社,2009.
3. 弗里德里克·米什金. 货币金融学 [M]. 第九版. 北京：机械工业出版社,2011.

24.2

1. 本·伯南克. 行动的勇气：金融危机及其余波回忆录 [M]. 北京：中信出版社,2016.
2. 亨利·保尔森. 峭壁边缘：拯救世界金融 [M]. 北京：中信出版社,2010.
3. 杰弗里·弗里德曼等. 助推金融危机：系统性风险与监管失灵 [M]. 北京：中国金融出版社,2013.
4. 陈志武. 金融危机的教训和启示 [J]. 博鳌观察,2017（4）.

24.3

1. 中国银行业监督管理委员会国际部. 次贷危机后美国金融监管改革进程 [EB/OL]. 中国银行业监督管理委员会网站,2015-7-31.
2. 中国银行业监督管理委员会国际部. 危机以来国际金融监管改革综述 [EB/OL]. 中国银行业监督管理委员会网站,2011-2-12.
3. 罗伯特·科尔布, 戴维·罗默, 金融危机的教训：成因、后果及我们的经济未来 [M]. 北京：中国金融出版社,2012.
4. 詹姆斯·R. 巴斯, 小杰勒德·卡普里奥, 罗斯·列文. 金融守护人：监管机构如何捍卫公众利益 [M]. 北京：生活·读书·新知三联书店,2014.
5. 陈志武. 金融的逻辑 2：通往自由之路 [M]. 西安：西北大学出版社,2015.
6. 陈志武. 金融的逻辑 1：金融何以富民强国 [M]. 西安：西北大学出版社,2015.

24.4

1. 加里·斯特恩. 大而不倒：如何让大银行建立有效的风险防范机制[M]. 北京：中国人民大学出版社,2014.
2. 达雷尔·达菲. 论大银行的倒掉[M]. 上海：格致出版社,2012.
3. 马克·威廉姆斯. 雷曼兄弟之殇：无约束的系统性风险[M]. 北京：中国金融出版社,2014.

第25章

25.1

1. 罗伯特·黑泽尔. 美联储货币政策史[M]. 北京：社会科学文献出版社,2016.
2. 约翰·辛格顿.20世纪的中央银行[M]. 北京：中国金融出版社,2015.
3. 皮埃尔·L.希克洛斯，马丁·波尔，马克·瓦厄. 中央银行的挑战[M]. 北京：中国金融出版社,2013.

25.2

1. 中国人民银行. 中国货币政策执行报告[R/OL]. 中国人民银行网站,2016.
2. 周小川. 国际金融危机：观察、分析和应对[M]. 北京：中国金融出版社,2012.

25.3

1. 约瑟夫·加侬. 浮动汇率：货币价值波动与世界经济稳定[M]. 北京：中国发展出版社,2015.
2. 瑟吉特·巴拉. 货币贬值：通向繁荣之路[M]. 北京：中国发展出版社,2015.